Research on Liaoning Industry

从“十三五”到“十四五”辽宁产业研究

夏德仁／主编

东北财经大学出版社
Dongbei University of Finance & Economics Press
大连

图书在版编目（CIP）数据

从“十三五”到“十四五” 辽宁产业研究 / 夏德仁主编. — 大连：东北财经大学出版社，2021.3
ISBN 978-7-5654-4140-0

Ⅰ. 从… Ⅱ. 夏… Ⅲ. 产业发展-研究-辽宁 Ⅳ. F269.273.1

中国版本图书馆CIP数据核字（2021）第033887号

东北财经大学出版社出版发行
大连市黑石礁尖山街217号 邮政编码 116025
网 址：http://www.dufep.cn
读者信箱：dufep@dufe.edu.cn
大连图腾彩色印刷有限公司印刷

幅面尺寸：170mm×250mm 字数：334千字 印张：28.25
2021年3月第1版 2021年3月第1次印刷
责任编辑：李 季 郭海雷 魏 巍 责任校对：石建华
张晓鹏 刘 佳 刘慧美
封面设计：冀贵收 版式设计：原 皓
定价：66.00元

教学支持 售后服务 联系电话：（0411）84710309

如有印装质量问题，请联系营销部：（0411）84710711

目录

绪论

一、产业内涵与发展规律

研究辽宁产业，涉及相关的产业内涵与发展规律，编者力争把产业内涵与辽宁实际相结合，严格遵循发展规律，针对辽宁产业的现状、问题和对策，进行梳理、分析和表述。

1.产业结构内涵

辽宁产业研究中的“产业”一词，是个多义的概念，在不同发展时期、不同理论范畴、不同研究领域，有着不尽相同的含义。与“产业”对应的英文是“industry”，可以有“产业”“工业”“行业”等不同理解。

通常所说的“产业”主要指经济社会的物质生产部门。一般而言，每个部门都专门生产和制造具有独立功能的产品，某种意义上每个部门也可成为一个相对独立的产业部门，如“农业”“工业”“交通运输业”等。同时，提供劳动服务、金融服务等行业，也被看作独立的产业，称为第三产业。由此可见，“产业”作为经济学概念，具有深刻的内涵与宽泛的外延。[①]

随着社会生产力水平的不断提高，产业的内涵不断充实和丰富，外延不断扩展。在农业作为主导产业的时期，产业主要是指农业；在工业作为主导产业的时期，产业主要是指工业。到了近代，产业形态日益丰富，产业可以包括农业、工业和服务业及其细分行业，甚至一项技术或者产品都可以对应一个产业，例如信息技术产业和手机产业。总之，凡是具有投入

① 王俊豪．产业经济学[M]．3版．北京：高等教育出版社，2016：1-4.

产出活动的产业和部门都可以列入产业的范畴。投入产出活动不仅包括生产领域的活动，还包括流通领域的活动；不仅包括物质资料生产部门的生产、流通和服务活动，还包括非物质资料生产部门（例如服务、信息、知识等）的生产、流通和服务活动；不仅包括生产部门，还包括流通部门、服务部门、信息技术以及文化教育等部门，其中有文化产业和教育产业。[①]

国民经济中各产业之间和产业内部各部门之间的比例关系构成了产业结构，它表明产业和部门之间的技术变动和扩散的相互关系，是经济结构的关键组成部分。按照现行的三次产业分类法，全部的经济活动可划分为第一产业、第二产业和第三产业。第一产业可细分为种植业、畜牧业、渔业、狩猎业、林业；第二产业可细分为工业、建筑业、采矿业；第三产业可细分为交通运输、仓储及邮电通信业、信息传输、计算机服务和软件业、批发和零售业、金融业等。[②]

2.产业结构演进

产业结构演进，是指产业结构本身所固有的从低级到高级的变化趋势。产业结构演进是随着各个产业比重增减而变化的，产业结构调整就是不断优化各个产业的比重。

改革开放以来，辽宁的产业结构发生了比较大的变化。第一产业增加值占地区生产总值比重持续下降，从1978年的14.1%下降到2015年的7.2%，第二产业增加值比重从1978年的71.1%下降到2015年的46.2%，第三产业增加值比重从1978年的14.8%增加到2015年的46.6%。总的来说，辽宁三次产业增加值所占比重始终在调整和优化之中。在此期间，辽宁三次产业增加值占地区生产总值比重大体呈“二、三、一”结构形式。

① 张小梅，王进. 产业经济学[M]. 成都：电子科技大学出版社，2017.

② 于淑艳. 产业结构调整与区域经济发展研究——以辽宁为例[M]. 北京：经济科学出版社，2012.

其中，第一、二产业增加值占地区生产总值比重总体呈下降趋势；第三产业增加值比重总体上呈上升趋势，第三产业首次微超第二产业，但第二产业始终占据主导地位，这体现了辽宁作为国家重要的老工业基地，其工业为国民经济发展做出了重要贡献。①

产业化的过程其实也是服务业加快发展的过程，向服务业转型升级是转变经济发展方式的重要途径。“十三五”期间，加快推进服务业转型升级成为辽宁在新一轮振兴发展中的重要目标。以供给侧结构性改革为主线，辽宁亟须加快产业结构调整的步伐，促进第三产业转型升级。

到2016年底，辽宁第一、二、三产业增加值结构为8.4∶39.3∶52.3，辽宁服务业增加值占地区生产总值比重首次超过第二产业，扭转了工业长期占据主导地位的格局，符合“三、二、一”结构中三次产业结构演进的一般趋势，但第三产业增加值比重仍低于全国平均水平，且与发达省份相比仍有较大差距，这也说明辽宁服务业仍有较大的上升空间。

从三次产业的增加值数据和增速来看，2019年辽宁三次产业结构为8.7∶38.3∶53，保持“三、二、一”的排序。全省第三产业增加值为13 200.40亿元，比2018年增长5.6%；全年第二产业增加值为9 531.20亿元，比2018年增长5.7%；第一产业增加值为2 177.80亿元，比2018年增长3.5%。②

从世界产业发展历程来看，笼统地讲，曾经和正在经历“农业→轻工业→重工业→高新技术产业→服务业”这样一个主导产业发展轨迹，由农业占主导，到工业占主导，再到服务业占主导。新中国也经历着从工业化前期、工业化初期、工业化中期、工业化后期到后工业化时期的变迁。辽宁产业化的演进也基本走过了类似的历程。

---

① 辽宁省统计局．2017—2019年辽宁统计年鉴数据(Excel)下载[EB/OL]．[2020-12-26]．http://tjj.ln.gov.cn/tjsj/sjcx/ndsj/202006/t20200609_3874385.html.

② 梁启东．2020年辽宁经济社会形势分析与预测[M]．北京:社会科学文献出版社,2020.

在产业演进过程中，科技作为第一生产力，发挥了推动产业发展的关键作用。从第一次科技革命开始，人类进入工业社会以来，科技进步始终是产业布局演进的决定性力量或主导力量，它通过对自然、经济等原始性和基础性产业布局影响因素的作用，直接或间接地影响着产业布局及其变动方向。

3.产业生命周期

产业生命周期是每个产业都要经历的一个由成长到衰退的演变过程，是指从产业出现到完全退出社会经济活动所经历的时间。产业生命周期一般分为初创期、成长期、成熟期和衰退期四个阶段。

初创期是新产业刚刚诞生或初建不久的阶段。由于初创期行业的创立投资和产品的研发费用较高，而产品市场需求较少，销售收入较低，创业公司可能不但没有盈利，反而普遍亏损。较高的产品成本和价格与较少的市场需求让创业公司面临很大的投资风险。在初创期，企业还可能因财务困难而面临破产的危险，因此，这类企业更适合投机者而非投资者。这一时期的市场增长率较高，需求增长较快，技术变动较大，产业中各行业的用户主要致力于开发新用户、占领新市场，但此时技术上有很大的不确定性，在产品、市场、服务等策略上有很大的余地，对行业特点、行业竞争状况、用户特点等方面的信息掌握不多，企业进入壁垒较低。在后初创期，随着行业生产技术的提高、生产成本的降低和市场需求的扩大，新行业便逐步由高风险低收益的初创期转向高风险高收益的成长期。

成长期是产业发展较快的阶段。拥有一定市场营销和财务能力的企业逐渐主导市场，这些企业往往是规模较大的企业，其资本结构比较稳定，因而它们开始定期支付股利并扩大产能。在成长期，新产业的产品经过广泛宣传和消费者的试用，逐渐以其自身的特点赢得了大众的欢迎或偏好，市场需求开始上升，新产业也随之繁荣起来。与市场需求变化相适应，供给方面相应地出现了一系列的变化。由于市场前景良好，投资于新产业的厂商大量增加，产品也逐步从单一、低质、高价向多样、优质和低价方向发展，因而新行业出现了生产厂商和产品相互竞争的局面。这种状况会持续数年或数十年。由于这一原因，这一阶段有时被称为投资机会期。这种状况的继续将导致生产厂商随着市场竞争的不断发展和产品产量的不断增加而相应增加，市场需求趋于饱和。生产厂商不能单纯地依靠扩大生产量，提高市场份额来增加收入，而必须依靠追加生产、提高生产技术、降低成本，以及研制和开发新产品的方法来获取竞争优势，战胜竞争对手和维持企业的生存。这一时期的特点是市场增长率很高，需求高速增长，技术渐趋定型，产业特点、产业竞争状况及用户特点已比较明朗，企业进入壁垒提高，产品品种及竞争者数量增多。

成熟期是产业发展比较稳定的阶段，通常是一个相对较长的时期。在这一时期内，在竞争中生存下来的少数厂商垄断了整个行业的市场，每个厂商都占有一定的市场份额。由于彼此势均力敌，市场份额发生变化的可能性较低。厂商与产品之间的竞争手段逐渐从价格手段转向各种非价格手段，如提高产品质量、改善产品性能和加强售后维修服务等。企业的利润由于一定程度的垄断达到了很高的水平，而风险却因市场份额比较稳定，新企业难以进入而较低。由于市场已被前期进入的大企业分割，产品定价比较低，因而，新进入的企业往往会由于创业投资无法很快得到回收或产品销路不畅、资金周转困难而倒闭或转产。

在产业成熟期，产业内行业增长速度降到一个更加适度的水平。在某些情况下，整个产业的增长可能会完全停止，其产出甚至会下降。由于资本增长很难实现，致使产业的发展很难较好地保持与GDP同步增长，当GDP增速下降时，产业甚至会蒙受更大的损失。但是，由于技术创新，产业中的某些行业或许会找到新的增长点。虽然在短期内很难识别何时进入成熟阶段，但进入这一阶段，投资者便希望收回资金。这一时期的特征表现为市场增长率不高，需求增长率不高，技术上已经成熟，行业特点、行业竞争状况及用户特点非常清楚和稳定，买方市场形成，行业盈利能力下降，新产品和产品的新用途开发更为困难，行业进入壁垒很高。

衰退期是在经历较长的稳定阶段后，产业规模进入收缩的阶段。由于新产品和大量替代品的出现，原产业的市场需求开始逐渐减少，产品的销售量也开始下降，某些厂商开始向其他更有利可图的产业转移资金，因而原产业出现了厂商数目减少、利润下降的萧条景象。至此，整个产业便进入生命周期的最后阶段。在衰退期，厂商的数目逐步减少，市场逐渐萎缩，利润率停滞或不断下降。当正常利润无法维持或现有投资折旧完成时，整个产业便逐渐解体了。这一时期的特征为市场增长率下降，需求下降，产品品种及竞争者数目减少。①②

二、产业发展与产业升级

辽宁产业从“十三五”到“十四五”时期，正是新一轮振兴东北的重要阶段，也是产业克服困难、促进产业升级发展的重要时期。借助产业发展升级，实现辽宁全面振兴和全方位振兴。

1.产业竞争与生产要素成本

产业竞争是在产业生态系统中，不同行业、企业之间直接或间接存在的，对区域内有限资源和市场需求的竞争活动的总和。一个产业占用了较多的某种资源，其他产业对该资源的需求就会受到制约，资源对该产业的供给就会不足，进而抑制这个产业的发展。正是资源的稀缺性，导致产业之间广泛存在着竞争行为。③

生产要素的早期概念仅包括劳动力、土地、资本、企业家才能四种，随着科技的发展和知识产权制度的建立，技术、信息也作为相对独立的要素投入生产。这些生产要素进行市场交换，形成各种各样的生产要素价格

① 苏东水. 产业经济学[M]. 北京:高等教育出版社,2000.
② 张会恒. 论产业生命周期理论[J]. 财贸研究,2004(6):7-11.
③ 黄传峰,等. 产业间竞争的内涵、特征及其理论依据[J]. 工业技术经济,2013(8):11-18.

及其体系。生产要素成本主要是指资本、劳动力、土地等的生产费用，现在也包括知识产权、数据等的使用费用。[①]

近年来，辽宁工业产品价格持续走低，生产要素成本不断上升，企业经济效益明显下滑。“十四五”时期，辽宁将处于工业化后期和城市化成熟期，依靠劳动、土地、资源等传统要素的经济增长方式将难以为继。

辽宁生产要素成本较高的情况，一直是影响企业效益的重要因素。随着就业人员工资的持续上涨，人工成本不断提高，与同一企业的其他要素成本增加相比，劳动力成本的上涨成为企业的负担，而工资不上涨，劳动力就会流失，进而影响企业的生产经营。同时，土地成本的升高也会增加企业的负担。能源成本仍然偏高，与周边的河北、吉林等省份相比，辽宁工业用电的成本一直居高不下。[②]

辽宁也一直在采取措施降低生产要素成本。主要措施为：降低用工成本，对稳定就业的企业按企业及职工上年度实际缴纳失业保险费总额的50%给予稳岗补贴；降低工业用地成本，全面推行工业用地长期租赁、先租后让、租让结合等供应方式；降低物流成本，进一步清理规范口岸经营服务性收费，严禁违规加收其他费用；降低通关成本，提高通关效率，整体通关时间一再压缩；降低用电成本，扩大电力直接交易规模，参与直购电企业越来越多；大幅压缩办水办气时间，逐步取消申请费、手续费等收费项目，切实降低企业成本。[③]通过降低生产要素成本，提高企业效益，增加研发投入，进行技术和产品创新，增强企业发展后劲，促进产业健康发展。

2.技术进步与产业升级

技术进步成为推动产业升级的核心因素。通过改变生产过程中各个要

---

① 符晓燕，孙亚君. 微观经济学[M]. 北京：人民邮电出版社，2013.

② 郭宝荣，笪可宁，彭一峰. 辽宁省营商环境优化对策[J]. 沈阳建筑大学学报（社会科学版），2019(6)：64-69.

③ 辽宁省政府网站. 降低融资成本、生产要素成本、制度性成本 营口以问题为导向给民企纾困解难[EB/OL].[2020-12-12]. http://mini.eastday.com/a/190219113919996.html.

素投入的比例和边际生产率，推动产业结构升级，提高能源利用效率，降低能源消耗，增强产业竞争力。技术进步提供新的生产技术、生产方法，可以显著提高生产效率，能够以相同的投入量得到更大的产出量，或以更少的投入量达到原有产量水平，这意味着在既定产量上，投入量减少，生产成本降低，带来社会收入水平的提高，带来社会需求结构的深刻变化，成为拉动产业结构升级的重要力量。①

技术进步与产业升级是促进经济增长的重要因素，产业升级必须依靠技术进步。在技术进步的过程中，要素在部门内的生产效率提高会促进经济的增长。各个部门的技术水准有差异性，技术进步的速度不同步，能够引起产业的扩张和萎缩，进而影响产业结构调整的方向和幅度。②

技术进步是影响产业相对成本变化的重要因素。相对成本是各种生产要素组合的综合比较利益指标，相对成本的决定因素有很多，如技术、经济规模、自然资源禀赋及劳动力价格等。技术进步较快的，相对成本下降也较快，有助于利润增加，带动资源流入，促进产业发展。③

产业升级主要是指产业结构的改善和产业素质与效率的提高。产业结构的改善表现为产业的协调发展和系统匹配，产业素质与效率的提高表现为生产要素的优化组合，表现为技术水平、管理水平和产品质量的提高。传统产业升级，具体包括高新技术应用于传统产业而引起的技术结构升级、组织结构升级和管理水平升级等。④

3.产业链与产业集群

产业链是指某种最终产品的生产加工过程——从最初的矿场资源或原材料一直到最终产品到达消费者手中——所包含的各个环节所构成的

---

① 于光远. 经济大辞典[M]. 上海:上海辞书出版社,1992.

② 刘伟,张辉. 中国经济增长中的产业结构变迁和技术进步[J]. 经济研究,2008(11):4-15.

③ 何春,苏兆荣. 技术进步、经济增长与环境质量的系统关联与协同优化——基于辽宁省联立方程的实证分析[J]. 管理现代化,2016(6):62-64.

④ 宁高平. 产业升级,中国工程机械已备东风[J]. 工程机械,2009(5):1-3.

整个纵向的链条。因此，一个产业链是由多个关联又相对独立的产业构成的完整链条，产业链也表现为产品在生产过程中上下游配套形成的链式关系。①

产业链是产业价值创造、实现和增值的根本途径。任何产品的价值只有通过最终消费才能实现，否则所有中间产品的生产就不能实现。随着产业链的发展，产业价值由在不同部门间的分割转变为在不同产业链节点上的分割，实现产业价值最大化，体现“1+1＞2”的价值增值效应。产业链中的某一个节点的效益发生变化时，会导致产业链中的其他关联产业相应地发生增值效应。②

在对区域产业发展和结构调整进行精准引导和调控的探索中，在强链、补链、稳链的过程中，“链长制”应运而生。为切实以产业链为抓手，一些省市包括辽宁的城市已经实施了“链长制”，由政府领导亲自挂帅，打破常规分工界限，统筹行政资源、生产要素、支持政策，在形成发展合力、提高统筹效率、实现高质量发展中发挥了积极作用。

后疫情时期，在构建国内循环为主、国内国际双循环新发展格局的过程中，辽宁要重点稳定产业链供应链，强化产业集群发展，拓展产业聚集区发展空间。产业生产环环相扣，产业链供应链是重要支撑，市场链和价值链是关键环节。稳定产业链和供应链，强化本地化配套，形成上下游协同联动机制，成为保发展、化风险的关键。供应链影响着企业的生产经营，也决定着产业发展的状态和趋势。生产企业需要抓住全球制造格局调整和产业转移的机遇，通过加快产业链的重构来实现稳链、强链，通过补链、延链、扩链，促进产业更好发展。同时，要继续实施供给侧结构性改革，加强需求侧管理，扩大生产和消费通道，通过进一步畅通经济双循环，促使生产企业与消费市场更紧密相联，以需求侧的鼓励政策加快带动

① 卢福财. 产业经济学[M]. 上海:复旦大学出版社,2013.
② 刘志彪,等. 产业经济学[M]. 北京:机械工业出版社,2015.

生产运行，为产业布局和优化上下游产业链，创造更大的发展潜力和拓展空间。[①]

产业集群一般指地理上相近，处于同一或相似行业的企业，形成聚集式发展的形态。产业集群在本质上是集群内的企业在空间上接近，行业上趋同，企业相互竞争又相互依存，形成产业链上的相互配套关系，面对市场的竞合关系，企业文化的融合认同，分享集群式发展的规模效益。[②]

在振兴东北的背景下，辽宁的产业集群得到了稳定发展，已经形成装备制造业、汽车产业、镁制品产业、激光产业、制药产业、仪器仪表产业、农产品加工产业等具备一定规模的产业集群。辽宁已经把发展产业集群作为促进经济增长的产业组织形式，基于辽宁产业规模、产业关联度及市场潜力，培育和发展多种形式的产业集群，提高产业的组织化程度，提升产业集中度和聚集度，通过集群内企业间的合作与竞争，发挥产业的聚集功能和群体协同效应，促进优势产业集群发展，扩大产业规模，增加集群内企业的相互配套，缩短物料运输距离和降低物流成本，在产品差异、区域营销等方面获得市场竞争优势，提高产品利润率，增强产业发展的竞争力。但是，辽宁产业集群的产业集中度、主导产品的核心竞争力、发展后劲等有待提高的问题，还需要在发展中加以解决。[③]

4.产业布局与区域发展

在静态上，产业布局是指形成产业的各部门、各要素、各链环在空间上的分布态势和地域上的组合；在动态上，产业布局则表现为各种资源、各生产要素甚至各产业和各企业为选择最佳区位而形成的在空间地域上的

---

① 刘志彪. 产业链现代化的产业经济学分析[J]. 经济学家,2019(12):7-15.

② 甄翠敏. 产业集群形成机理与运行机制[M]. 北京:光明日报出版社,2012.

③ 王妍,刘雪梅. FDI对辽宁省产业集群升级的影响[J]. 中小企业管理与科技(中旬刊),2019(5):67-68.

流动、转移或重新组合的配置与再配置过程。[①]

辽宁的产业布局形成有历史的和现实的原因，与区域发展有密切的联系和明显的相互影响。在形成过程中，受到自然因素、社会经济因素、体制因素、科技因素等方面的影响。自然因素主要包括自然条件、自然资源禀赋等先天因素。在工业化初期，产业布局主要受自然条件和自然资源禀赋的影响，随着科学技术的进步，先天因素的影响逐渐弱化。社会经济因素主要包括经济区位优势、人力资源禀赋、基础设施条件、市场因子及生态因素、政治军事因素等。是否具有集聚、辐射、增长能量强大的核心经济区或同等增长能量的城市，以及二者之间如何相互作用，左右着区域产业布局和区域发展。体制因素主要包括政府治理体制、经济体制、企业的组织水平等，经济体制乃至政治体制对产业布局和区域发展的影响一直很大，体制创新有助于提升地区产业竞争力和区域发展后劲。科技因素是地区的技术资源禀赋及创新能力，是影响人们利用和改造自然的能力，是产业布局形成与变动的推动力。产业革命由科技革命推动，科技水平影响产业布局和区域发展。科技水平决定自然资源利用的深度和广度，科技进步和科技革命影响地区产业结构，推动产业布局调整，通过改变生产工具、交通工具和交通方式，推动人力、物力、财力、信息等要素在区域间流动，从而推动产业布局优化。

历史上形成的产业基础始终是调整产业布局的出发点，并影响着调整的全过程，最终表现为路径依赖。一个地区一旦历史性地选择了某个产业，无论以后它所具有的区位因素是否更具有比较优势，发展该种产业是否更有效率，要想从最初的选择中摆脱出来都并非易事。现在的产业布局战略性调整，就是要打破已经无效率的路径依赖，营造新的集聚因子，并进行制度创新、体制创新和机制创新，形成新的发展路径，创造新的产业

---

① 干春晖. 产业经济学:教程与案例[M]. 2版.北京:机械工业出版社,2015.

发展格局。随着科学技术进步、社会发展和经济全球化进程加快，影响产业布局和发展重点调整的各个因素，将不断被赋予新的内涵。作为区域间联系的纽带和动脉，交通设施的建设和交通格局的调整，交通方式和运输工具的改进，对一个区域的经济区位优势会产生较大影响。①

辽宁的地理区位、资源禀赋和交通条件，决定辽宁形成了以冶金、石化、建材、农产品加工等自然资源密集型产业，以及为其提供装备、动力支撑的机械、电力等相关产业的最初空间布局，也影响着布局的形成和演进的方向。②辽宁现在的产业布局，也是受国家工业化进程和体制变革进程的双重影响的结果。在新中国成立之前，东北特别是辽宁具备国内最强的工业基础。在计划经济时期，由于国家的重视和投资，辽宁的产业得到了快速发展，苏联援建的156个项目中有56个落在辽宁，特别是从“一五”到改革开放初期，辽宁的工业实力排在全国前列。改革开放以来，辽宁借助改革开放和利用外资，实现了较快的发展，扩大了产业规模，增强了经济实力。③但是，由于对外开放和体制改革滞后，历史包袱没有能够及时解决，影响了经济发展。2003年开始实施振兴东北战略，辽宁经济发展取得了一定成效。从2014年开始，同样由于体制机制等方面的原因，辽宁产业发展放缓，经济指标下滑，国家开始实施新一轮振兴东北战略。④

三、产业政策与振兴发展

国家及辽宁相关的产业政策，特别是战略性的重大政策，能够紧密结合辽宁实际，发挥引领作用，推进辽宁的振兴发展。从“十四五”规划和

① 邢军伟. 区域产业集群发展对策研究——以辽宁装备制造业为例[J]. 科技促进发展，2016(4):454-459.

② 柏宇光. 论辽宁工业产业布局的优化[J]. 沈阳师范大学学报(社会科学版),2011(5):15-17.

③ 宫秀芬. 辽宁产业布局及发展方向[J]. 党政干部学刊,2007(2):31-32.

④ 鲍莹莹. 辽宁省产业的区域分布及空间关联研究[D]. 阜新:辽宁工程技术大学,2017.

远景目标来看，辽宁要在2035年前实现全面振兴和全方位振兴，现在，全省的产业发展和经济增长已经走在振兴发展的路上。

1.产业政策与政府规划

产业政策是指国家根据国民经济发展的内在要求，调整产业结构和产业组织形式，从而提高供给总量的增长速度，并使供给结构能够有效地适应需求结构要求的政策措施。产业政策是国家对经济进行宏观调控的重要手段。产业政策作为体现国家和政府意志的具有很强计划性的政府行为，实际上是从更高层次纵向深入市场机制里面，促进市场机制和市场结构的完善与优化，是一种主要通过市场机制起作用的事先规划和组织安排。①

有效的产业政策有利于产业结构合理化，实现产业间的协调和配合，在朝阳产业、主导产业、夕阳产业之间形成合理的推进序列，推动产业结构升级换代，实现转型升级。市场上只有过时的技术、过时的产品、过时的服务，而不会有过时的产业，即使是夕阳产业，只要能够转型升级，就可能焕发青春，仍然可以成为主导产业。产业政策还能够在一定程度上纠正市场失灵，规范市场秩序，利用市场机制，促进新兴产业发展，更好地发挥辽宁比较优势和发展潜力。推动企业技术进步，加速产业间技术转移，引进、吸收、消化国际先进技术，促进各产业技术水平不断提高，参与国内和国际分工，分享经济发展成果。辽宁的产业政策作为政府对全省经济发展过程的整体性、系统性的干预手段，与落实全面振兴发展战略相关联，表现出一定的前瞻、长期、优化、整体协调的系统性特征。②辽宁的经济发展得益于符合辽宁实际的产业政策的作用，在“十四五”时期，可以通过引导发展方向，加速产业转型升级，实现产业结构高级化，优化

---

① 佚名．产业政策[EB/OL].[2020-12-12]. https://www.mbalib.com/s? q=%E4%BA%A7%E4%B8%9A%E6%94%BF%E7%AD%96.html.

② 边俐婷．促进辽宁省高新技术产业发展的公共政策研究[D]．大连：辽宁师范大学，2020.

资源配置，促进经济增长。[①]

作为政府对辖区经济和社会发展的阶段性安排，国家、省市县各级政府都编制五年发展规划，以及中长期远景规划。从计划经济时期的五年计划，转变为现在的五年规划，把执行性的计划改为指导性的规划，表明了政府执政方式的根本性转变。在编制规划时，政府对上个五年规划任务目标完成情况的判断，对新规划时期面临形势和挑战的认识，对指导思想和原则的确定，对发展目标和任务的安排，以及需要采取的保障措施，都要安排部署到位。特别是现阶段，执政党通过提出规划建议，体现中国共产党的集中统一领导和执政理念以及党政有别的执政方式。由政府牵头编制好规划，经由同级人民代表大会审议通过，形成法定化的规划，具体指导未来五年的发展。在编制规划的多个环节，广泛征求意见，让规划体现人们的意愿，让人民参与规划的制定和实施。辽宁的国民经济和社会发展五年规划，同样体现了辽宁人民的发展意愿，实施过程也得到了全省人民的积极参与，规划发挥了应有的作用。辽宁“十四五”规划及远景目标同样值得期待，同样会对促进经济社会发展起到指导和推动作用。

2.转型升级与新兴产业

产业转型升级，即产业结构高级化，从低附加值转向高附加值升级，从高能耗高污染转向低能耗低污染升级，从粗放型转向集约型升级，即向更有利于经济高质量发展方向升级。新兴产业是关系国民经济社会发展和产业结构优化升级，具有全局性、长远性、导向性和动态性特征的产业。与传统产业相比，新兴产业具有高技术含量、高附加值、资源集约等特点，也是促使国民经济和企业发展走上创新驱动、内生增长轨道的根本途径。[②]根据《战略性新兴产业分类（2018）》（国家统计局令第23号）规

---

① 王晓东．辽宁省人力资本水平对产业结构升级的影响研究[D]．沈阳：辽宁大学，2017.

② 李飞，丁唯佳，李娉婷．辽宁省战略性新兴产业发展现状研究[J]．管理工程师，2019（5）：18-22.

定，战略性新兴产业是以重大技术突破和重大发展需求为基础，对经济社会全局和长远发展具有重大引领带动作用，知识技术密集、物质资源消耗少、成长潜力大、综合效益好的产业，包括新一代信息技术产业、高端装备制造产业、新材料产业、生物产业、新能源汽车产业、新能源产业、节能环保产业、数字创意产业、相关服务业9大领域。①

一直以来，推动辽宁产业升级和促进新兴产业发展，都是辽宁振兴发展的重要抓手。中国作为全世界唯一拥有联合国产业分类中全部工业门类的国家，具备独立完整的现代工业体系，辽宁作为国家的老工业基地，也形成了比较完备的现代产业体系。面对新一轮科技和产业革命机遇，辽宁应增强制造业技术创新能力，推动制造业质量变革、效率变革、动力变革，以新产业生成新动能，以新动能赋予新兴产业发展，提高战略性新兴产业在经济结构中的比重。②

借力信息技术，抓住数字化机遇进行改造提升是制造业高质量发展的关键。通过加快“数字辽宁”建设，给传统产业赋能，实现新旧动能转换，推动创新链、产业链、资金链、政策链精准对接，大力发展工业互联网、推进智能制造、拓展5G应用，推进智能云工程，加速产业智能化，将推动形成全新工业生产制造服务体系，带来更多新的业态和模式，从而推动制造业产业模式和企业形态发生根本性转变，促进制造产业迈向价值链中高端。③

加强技术创新、产业创新，推动辽宁制造业升级和新兴产业发展。以智能制造为主攻方向，推动产业技术变革和优化升级，推动产业链不断由中低端迈向中高端升级，继续走好新型工业化发展之路。同时，要加大投

---

① 国家统计局．战略性新兴产业分类(2018)(国家统计局令第23号)[EB/OL]．[2020-12-12]．http://www.stats.gov.cn/tjgz/tzgb/201811/t20181126_1635848.html.

② 王素珍，邱明，张利民．辽宁省产业转型升级研究[J]．中国集体经济，2018(24):10-12.

③ 于娇，等．“互联网+”驱动辽宁装备制造业产业升级研究[J]．沈阳工业大学学报(社会科学版)，2020(4):312-317.

入、加强科技研发、加快推广应用，增加应用场景，以大数据、云计算等新技术给制造业的生产模式、生产技艺带来新的变革，增强辽宁制造业的核心竞争力。①

3. 利用外资与产业转移

利用外资是我国对外开放基本国策的重要内容。改革开放以来，我国利用外资取得了举世瞩目的成就，辽宁利用外资同样成效显著。通过利用外资，大大加速了辽宁外向型经济的发展，弥补了建设资金的不足，扩大了经济建设的规模，挖掘了生产潜力，及时促进了新兴产业的建立和发展，弥补了辽宁经济的薄弱环节，调整和完善了经济结构，促进了转型升级，在引进先进技术、人才、信息，加速老工业基地技术改造方面发挥了积极作用。②

中国加入WTO后，加快了推进全方位、多层次、宽领域的对外开放进程，利用外资进入新阶段。伴随着外商投资领域的进一步扩大，中国对外资的优惠政策逐步为国民待遇所取代，对外商投资所采取的有违WTO规则的限制被逐步取消，利用外资的方式更多地采用国际通行惯例。中国遵循国际规则和参与国际规则制定，提升了自身对外资的吸引力，同时，大量利用外资对国家及辽宁经济的快速发展产生了积极而深远的影响。

随着中国逐步成为世界第二大经济体，利用外资的目的、理念、方式、领域、结构等都发生了变化——更加注重经济安全和产业安全，注重生态建设、环境保护、资源能源节约与综合利用；努力把利用外资从简单的加工、装配和低水平生产制造层次，逐步向研究开发、高端设计、现代流通等新领域拓展；努力把利用外资同提升产业结构、技术水平结合起来，推动产业向高附加值产品制造升级，向提高服务业开放水平转型，向制度性开放迈进。借助外资企业，引进国外先进技术和管理经验，发挥外

① 杨硕. 辽宁省重工业转型升级问题研究[D]. 呼和浩特:内蒙古师范大学,2019.

② 路鸣,宗慧. 新形势下辽宁利用外资的贡献与对策研究[J]. 辽宁经济,2019(4):58-59.

资企业对国内企业的引导、辐射作用，促进自主创新能力的提高。辽宁在继续扩大对外开放的过程中，进一步完善投资环境，不断提高利用外资的规模和水平，以促进经济又好又快发展。同时，辽宁要深度融入“一带一路”建设，在继续吸引外资的同时，鼓励辽宁企业加大境外投资力度，利用国内、国际两种资源和两个市场，特别是在推进东北亚经济一体化的进程中，在构建“双循环”新发展格局的过程中，加快构建中日韩的“小循环”态势，在相互利用外资中实现共同发展。

产业转移是发生在不同经济发展水平的区域之间的一种重要的经济现象，是指在市场经济条件下，发达区域的部分企业顺应区域比较优势的变化，通过跨区域直接投资把部分产业的生产转移到发展中区域进行，从而在产业的空间分布上表现出该产业由发达区域向发展中区域转移的现象。同时，由于资源供给或产品需求条件的变化，引起了产业在区域内或区域间、以企业为主导的布局活动，形成一个具有时间和空间维度的动态过程。通过生产要素的流动，从一个区域转移到另一个区域的经济行为和过程，使产业转移成为国家或地区产业结构调整和升级的重要途径。①

辽宁利用外资与承接国际产业转移相辅相成。制造业是辽宁利用外资和承接国际产业转移的重点领域，外商在制造业投资涉及领域广泛，涵盖金属冶炼、金属制品、交通运输设备制造、电子及通信设备制造、食品饮料加工、纺织、化学纤维制造、橡胶塑料制品等部门。未来一段时间，制造业仍将是辽宁利用外资的主体。同时，服务业成为新的接续领域，成为推动辽宁经济发展的重要力量。随着金融、保险、商业等领域对外商投资限制的逐步放宽，跨国公司投资的热点也转移至相关服务产业，辽宁服务业利用外资比例也有了大幅提升。②

---

① 佚名．产业转移[EB/OL]．[2020-12-26]．https://wiki.mbalib.com/wiki/%E4%BA%A7%E4%B8%9A%E8%BD%AC%E7%A7%BB.html.

② 赖忠孝．辽宁省承接国际产业转移概况与对策[J]．吉林工商学院学报，2014(5)：5-6.

4.研究辽宁产业，促进振兴发展

进入2020年以来，在应对新冠肺炎疫情和恢复经济的过程中，面对百年未有之大变局，面对以构建内循环为主、国内国际双循环新发展格局的机遇，面对“十四五”发展关键时期高标准规划和高起点开局，《从“十三五”到“十四五”辽宁产业研究》针对辽宁“十四五”规划编制提出了意见和建议。在调研、素材梳理和书稿编写过程中，辽宁省政协始终以习近平总书记提出的高质量发展理念为指导，以为辽宁在“十四五”时期实现高质量发展建言献策为己任，积极发挥政协的参政议政作用，体现了对谋划“十四五”时期高质量发展的责任担当，体现了对全省发展振兴的责任担当。

2016年5月，习近平总书记到黑龙江视察指导工作，明确要求着力优化产业结构，改造升级“老字号”、深度开发“原字号”、培育壮大“新字号”。2018年9月25日至28日，习近平总书记在东北三省考察，在沈阳主持召开深入推进东北振兴座谈会，强调“以新气象新担当新作为推进东北振兴”，明确提出“新时代东北振兴，是全面振兴、全方位振兴”。各领域都要按照党中央、国务院振兴东北地区的决策部署，充分利用各种有利条件，深化改革、破解矛盾，扬长避短、发挥优势，开创东北振兴、高质量发展的新局面。

高质量发展是以习近平总书记为核心的党中央根据国内外发展形势和现阶段中国发展需要，提出的一个全新发展理念，是五大发展理念的浓缩表述，有着丰富深刻的内涵和引领发展的现实意义。高质量发展是发展经济学理论的重大创新，是习近平新时代中国特色社会主义经济思想的重要组成部分。

自高质量发展理念提出以来，经济发展的投入质量、过程质量和产出质量都有显著提高，辽宁的经济发展质量也得到了提高。同时，高质量发展是个长期的过程，辽宁与高质量发展的要求还存在差距，高质量发展的社会文化氛围还未形成，体制机制尚不健全，高端要素供给还存在短板。

实现经济高质量发展，需要坚持“质量第一、效益优先”的原则，以供给侧结构性改革和需求侧管理为主线，按照“着眼产品和服务质量、提高全要素生产力、统筹供需支撑力”的思路，加快推动经济发展质量变革、效率变革和动力变革。

东北振兴，产业振兴是关键。习近平总书记深刻指出，东北地区是我国重要的工业和农业基地，维护国防安全、粮食安全、生态安全、能源安全，产业安全在战略中的地位十分重要，关乎国家大局和国家战略。东北振兴正处于爬坡过坎、滚石上山的关键时期和可以大有作为的重要战略机遇期，要全面推进经济结构优化升级，协同推进新型工业化、信息化、城镇化和农业现代化，构建供需两侧共同发力、信息化和工业化深度融合、新兴产业和传统产业并驾齐驱的产业发展新格局，有效提升产业发展活力、内生动力和整体竞争力，努力完成辽宁“十四五”规划的各项任务，实现辽宁2035年远景目标。

总论

在党的十九届五中全会上，习近平总书记在“关于《中共中央关于制定国民经济和社会发展第十四个五年规划和二〇三五年远景目标的建议》的说明”中明确指出，“‘十四五’时期是我国在全面建成小康社会、实现第一个百年奋斗目标之后，乘势而上开启全面建设社会主义现代化国家新征程、向第二个百年奋斗目标进军的第一个五年”，在“两个一百年”历史交汇点上，制定好“十四五”规划对“战胜前进道路上各种风险挑战，为全面建设社会主义现代化国家开好局、起好步，具有十分重要的意义”，“十四五”规划的制定，要“突出新发展理念的引领作用，提出一批具有标志性的重大战略，实施富有前瞻性、全局性、基础性、针对性的重大举措，统筹谋划好重要领域的接续改革，为实现第二个百年奋斗目标、实现中华民族伟大复兴的中国梦奠定坚实基础”。

他同时指出，规划建议的“一个重要特点是坚持发扬民主、开门问策、集思广益”。作为制度性参政议政的重要机构，人民政协积极参与“十四五”规划的形成与制定具有重要的积极意义。

改革开放40多年来，辽宁社会经济发展取得了显著的成绩，与全国一道初步建成了支撑高质量发展的现代产业体系。辽宁近年来经济发展速度放缓，当前正走向全面振兴——曾经取得的辉煌成就，特别是业已建成的产业体系，成为辽宁“十四五”规划编制的重要基础。

当前，我国经济发展正在迈向全面现代化建设的新阶段，着力构建新发展格局，其核心是深入贯彻新发展理念，长期持续推进高质量发展。而要实现经济高质量发展，关键是要构建高质量的现代产业体系。辽宁作为新中国工业崛起的摇篮，在新一轮东北老工业基地振兴中具有举足轻重的地位。习近平总书记在深入推进东北振兴座谈会上指出，要“以培育壮大新动能为重点，激发创新驱动内生动力”，为辽宁振兴发展指明了前进方向。

新时期，辽宁省委、省政府深入贯彻落实习近平总书记重要讲话精神，坚持新发展理念，大力实施老工业基地振兴战略，主动顺应新一轮科技革命和产业变革大势，紧紧抓住产业变革的重要战略机遇，将现代产业体系作为辽宁建设现代化经济体系的重要支撑和关键领域，率先肩负起引领东北老工业基地全面振兴和全方位创新改革试验的重大使命。

“十三五”期间，辽宁坚定不移走实体经济发展之路，加速产业集群化、协同化、高端化进程，构建以实体经济为主体的现代产业体系。辽宁老工业基地靠实体经济起家，新一轮振兴发展也要靠实体经济。实践证明，实体经济强则辽宁强。推进产业集群发展，发挥专业化功能园区引领、带动、集聚、示范、辐射的载体功能，是建设现代化产业体系的重要支撑。以“一带五基地”建设为主线，牢牢抓住关键核心技术、产业基础能力、产业、产业链四个核心要素，制定并实施《中国制造2025辽宁行动纲要》《辽宁省装备制造业重点领域发展指导意见》《辽宁省培育和发展新兴产业三年行动计划》等一系列措施，推进省内相关机构参与“德国工业4.0”标准对接，积极构建具有辽宁特点的现代化工业体系。

2020年，辽宁省政府工作报告将认真落实《中共中央 国务院关于支持东北地区深化改革创新推动高质量发展的意见》，并将其作为政府工作的总体要求，这充分表明加快构建具有辽宁特色的高质量现代产业体系已成为辽宁率先建设体现高质量发展要求的现代化经济体系的重要任务。加快构建具有辽宁特色的高质量现代产业体系，有利于推进辽宁产业转型升级及经济高质量发展，增强产业国际竞争力，促进经济发展方式转变及实现质量变革、效率变革和动力变革，打造高质量发展高地；有利于发挥辽宁作为“共和国长子”、国家重要制造业基地的引领作用，充分挖掘沈阳作为全国中心城市和大连作为沿海开放城市的优势和潜力，全面提升辽宁在东北亚区域的现代产业体系竞争力；有利于辽宁实体经济振兴发展，尤其是国有企业做强做优做大，培育核心竞争力，争当创新驱动发展先行军，在推进建设现代化经济体系上走在全国前列。

“十四五”时期应深入贯彻习近平新时代中国特色社会主义思想和党的十九届五中全会和《中共中央关于制定国民经济和社会发展第十四个五

年规划和二〇三五年远景目标的建议》精神，结合辽宁实际，以高质量发展为主题，主动适应以国内大循环为主体、国内国际双循环相互促进的新发展格局，统筹发展与安全，坚持系统观念，以促进全省人民共同富裕为最终目标，全面推进辽宁全面振兴，特别是产业全面振兴。辽宁应在全面落实各领域三年行动计划的基础上，进一步明确全面振兴、全方位振兴的任务书、时间表、路线图，描绘高质量现代产业体系发展的“辽宁蓝图”，在重塑营商环境、重抒长子情怀上迈出坚实步伐，推动全省经济社会向高质量发展迈进。

处在从“十三五”到“十四五”规划的衔接时期，辽宁省政协成立了23个调研组，在深入开展调查研究的基础上撰写了23篇报告，对事关辽宁中长期发展的全局性、关键性、深层次重大问题与主要任务建言献策。许多民主党派及社会团体的驻辽机构、省政协委员、省政协各委员会等，通过提出意见积极参政议政，希望提升辽宁“十四五”规划编制的科学性、前瞻性和指导性，确保习近平新时代中国特色社会主义思想在辽宁落地生根、开花结果，确保习近平总书记对辽宁的一系列重要指示与要求落实到位，为推动辽宁高质量发展探索出一条科学的可持续发展道路。

本篇第1章介绍了产业高质量发展的理论与实践，第2章至第4章分别叙述了辽宁工业、服务业和农业高质量发展的实践，对工业、服务业和农业发展的现状、存在的主要问题、面临的机遇与挑战、“十四五”时期的重点任务和产业对策等进行了论述。

第1章

产业高质量发展的理论与实践

在党的十九届五中全会上，习近平总书记代表党中央对《中共中央关于制定国民经济和社会发展第十四个五年规划和二〇三五年远景目标的建议》做了说明。在“说明”中，习近平总书记对“十四五”时期我国经济社会发展的重点问题作出了明确阐述，这些阐述为“十四五”时期我国的发展要求明确了方向，其中包括：以高质量发展为主题，构建以国内大循环为主体、国内国际双循环相互促进的新发展格局，促进全体人民共同富裕，统筹发展和安全，以及坚持系统观念。其中，发挥统领作用的要求是以高质量发展为主题。

党的十九届五中全会通过的《中共中央关于制定国民经济和社会发展第十四个五年规划和二〇三五年远景目标的建议》进一步明确：在“十四五”时期，我国经济社会发展要“以推动高质量发展为主题，以深化供给侧结构性改革为主线，以改革创新为根本动力，以满足人民日益增长的美好生活需要为根本目的，统筹发展和安全，加快建设现代化经济体系，加快构建以国内大循环为主体、国内国际双循环相互促进的新发展格局，推进国家治理体系和治理能力现代化，实现经济行稳致远、社会安定和谐，为全面建设社会主义现代化国家开好局、起好步”。

改革开放以来，中国经济发展突飞猛进，取得了举世瞩目的成绩，同时也付出了巨大的资源环境代价，出现投入质量、过程质量和产出质量不高的问题，与高质量发展的要求还存在差距，突出表现为高质量发展的社会文化氛围还未形成、高质量发展的体制机制尚不健全、高质量发展的高端要素供给还存在短板。

中共十九大和中央经济工作会议作出了“中国特色社会主义进入了新时代，我国经济发展也进入了新时代”的重大论断，指出新时代我国经济发展的基本特征，就是我国经济已由高速增长阶段转向高质量发展阶段。在党的十九届五中全会上，习近平总书记进一步指出“‘十四五’时期经济社会发展要以推动高质量发展为主题”，这是根据我国发展阶段、发展环境、发展条件变化作出的科学判断。

推动经济实现高质量发展，是适应我国发展新变化的必然要求，也是当前和今后一个时期谋划经济工作的根本指针。过去四十年的高速增长，成功解决了“有没有”的问题，现在强调高质量发展，根本在于解决“好不好”的问题。高质量发展，意味着高质量的供给、高质量的需求、高质量的配置、高质量的投入产出、高质量的收入分配和高质量的经济循环。①

从需求端看，近些年消费对我国经济增长的贡献率呈上升趋势，2018年达到76.2%，从2014年开始对经济增长的拉动超过了投资，保持了经济增长的主引擎地位。从供给端来看，与发达国家相比，我国产业在增加值率、劳动生产率、产品质量和品牌建设等方面都处于较低水平。在制造业全员劳动生产率方面，中国与美德日等国存在数量级上的差距，中国29 053美元/人，美国142 298美元/人，德国95 170美元/人，日本79 431美元/人。在产品质量方面，根据原国家质量监督检验检疫总局公布的数据，美国制造的产品平均合格率为4.5 sigma（合格率为99.99932%），而

---

① 李伟. 高质量发展有六大内涵[N]. 人民日报(海外版)，2018-01-22.

中国总体为2.5 sigma（合格率为98.76%）。2018年世界品牌500强中，我国仅有38家入围，世界知名品牌数量不足美国的20%。为此，推动产业发展质量和效益变革，扩大优质增量供给，对满足人民日益增长的美好生活需要，促进我国产业迈向全球价值链中高端，推动经济高质量发展具有重要的现实意义。

畅通内外大循环，有效应对经济运行风险。我国拥有超过14亿人口，中等收入群体规模全球最大，市场规模位居世界前列，超大规模的市场优势和内需潜力有利于我国产业发展更好地实现规模经济和范围经济，增加应对国内外风险挑战的回旋余地。特别是面对疫情冲击，如果能用好多重有利因素，采取多种有效方式，从供给侧发力，改善供给结构，提升供给体系质量，创造适应新需求的有效供给，想方设法把超大规模市场优势充分激发出来，就能克服此次冲击，为我国经济发展拓展更大空间。[①]数字经济正成为全球产业变革和经济增长的重要驱动力，党中央、国务院高度重视数字经济发展，先后出台一系列政策措施，大力推动信息基础设施、传统数字化转型、新技术新业态、信息服务等方面建设，成为经济高质量发展的新变量。通过持续推动数字经济网络化、智能化、服务化、协同化发展，不断拓展经济发展新空间，不断促进企业由规模速度型向质量效益型转变，由以成本、价格优势为主向以技术、标准、品牌、质量、服务为核心的综合竞争优势转变，推动我国技术、品牌、市场更深更广融入全球供给体系，推动中国产品、中国企业、中国制造更多地在价值链高端深度参与国际竞争与合作。

维护国家战略安全，加快全面、全方位振兴进程。东北地区面积占全国的1/7，人口超过1亿，历史上是我国工业相对集中、实力最强、资源最丰富的地区，为我国形成门类齐全的工业体系作出了巨大贡献，被誉为

---

① 姜长云. 提升产业发展质量要聚焦五个着力点[N]. 经济日报，2020-04-23.

“共和国长子”“共和国的装备部”。东北地区粮食产量占全国的20%，粮食外调量占到全国的60%以上，是全国粮食增长最快、贡献最大的区域，在全国粮食安全中占有举足轻重的地位。东北地区，无论在地域、人口还是经济安全等方面都拥有极高的战略地位。[①]2018年，习近平总书记提出新时代下东北振兴是全面振兴、全方位振兴。东北地区是区域经济的重要板块，对全国发展、生态文明与国防建设及地缘政治均具有战略意义。目前，质量和效益是东北地区产业发展的短板。2016年，习近平总书记指出东北地区要以“油头化尾”“煤头电尾”“煤头化尾”“粮头食尾”“农头工尾”为抓手，按照“五头五尾”的思路，加快产业转型发展，向资源开发和精深加工发展。同时，生态资源成为东北转型的重要财富。2016年，习近平总书记提出“绿水青山就是金山银山，冰天雪地也是金山银山”，要求东北地区推动生态优势→产业优势→经济优势转变，实现可持续发展。[②]

1.1　产业发展理论

发展是人类社会永恒的主题，产业发展是主题中的重要议题，研究产业发展有助于理解经济和社会发展。

1.1.1　产业发展内涵

产业发展是经济发展在中观层面的集中体现。通常来说，经济发展是在经济增长的基础上，一个国家或地区经济结构和社会结构持续高级化的创新过程或变化过程，衡量的是价值发展不是货币增长，是效益发展不是效率增长，是全面发展不是片面增长。经济发展把发展经济学和增长经济

---

① 李凯，高宏伟，孙涛．新一轮东北振兴有基础、有信心！[EB/OL]．[2020-10-10]．http://theory.gmw.cn/2017-01/16/content_23482244.htm?tt_group_id=6376018295397400834.

② 王成金，等．“十四五”时期东北地区高质量发展总体思路和路径[EB/OL]．[2020-10-10]．http://cn.chinagate.cn/news/2020-07/28/content_76320804.htm.

学区别开来，使发展经济学成为一门科学。[①]产业发展是产业的产生、成长和进化过程，既包括单个产业的进化过程，又包括整个国民经济的进化过程；既包括某一产业中企业数量、产品或者服务等量的变化，也包括产业结构的调整、变化、更替和产业主导位置等质的变化。[②]从产业发展的角度来看，主要有以下两种观点：

一是结构演进角度的产业发展问题。20世纪30年代，费希尔提出三次产业分类法的思想，配第和克拉克继承了费希尔的研究成果，揭示了人均国民收入水平与产业结构变动之间内在关联规律——随着人均国民收入水平提高，劳动力由第一产业向第二产业转移，当人均国民收入水平进一步提高时，劳动力向第三产业转移，这一规律被称为“配第-克拉克定理”。库兹涅茨在配第和克拉克研究的基础上，对欧美发达国家的产业结构演进规律进行了实证研究。研究表明，产业结构与需求结构、贸易结构和技术进步有关，新兴产业不断涌现，产业门类也不断细分，工业结构中，计算机及电子设备、通信等新兴部门在GDP和劳动力中所占份额趋于上升；教育服务、研发服务以及公共服务在服务业中的份额趋于上升。钱纳里等吸收了克拉克和库兹涅茨的研究成果，把研究扩展到低收入的发展中国家。研究表明，发展中国家的产业结构演进经历了初级产品生产、工业化和发达经济三个阶段，劳动力转移主要发生在农业和服务业之间。[③]

二是产业关联角度下产业发展问题。产业结构不仅反映了各个产业部门在国民经济体系中的数量比例关系，也体现为产业之间的技术经济联系。投入产出分析极大地推动了产业关联问题的研究进展。时至今日，投入产出分析已经广泛应用于诸多领域的研究，包括能够测算产业对其他产

---

① 陈世清．超越中国“主流经济学家”[M]．北京：中国国际广播出版社，2013．

② 杨建文，周冯琦，胡晓鹏．产业经济学[M]．上海：学林出版社，2004．

③ 钱纳里，鲁宾逊，赛尔奎因．工业化和经济增长的比较研究[M]．吴奇，王松宝，等译．上海：格致出版社，上海三联书店，上海人民出版社，2018．

业的关联效应，识别国民经济发展的主导产业，对产业政策效果进行评估①，产业融合发展②、区域产业转移③、产业集群④以及中国制造的全球价值链地位⑤等问题。随着环境问题的凸显，经济学家开始探讨经济增长与生态环境以及协调发展问题。⑥

1.1.2　创新驱动发展

20世纪50年代，以电子信息技术为核心的信息化革命在全世界掀起了信息化浪潮。电子信息产业成为新兴主导产业的同时，也逐步渗透到其他国民经济产业部门，重塑产业之间技术经济联系，以工业经济为主导的产业结构得到了根本性的改造，逐渐被以信息技术和其他高科技产业为主导的产业结构所取代。早在20世纪40年代，熊彼特在《经济发展理论》一书中率先提出创新的概念，又相继在《经济周期》和《资本主义、社会主义和民主主义》两书中加以运用和发挥，形成了以“创新理论”为基础的独特的理论体系。创新理论强调生产技术的革新和生产方法的变革在经济发展过程中的重要作用。熊彼特指出，经济发展由一个个的经济周期构成，以重大技术创新为标志，资本主义经济发展可分为三个长波：

（1）1787—1842年是产业革命发生和发展时期；

（2）1842—1897年为蒸汽和钢铁时代；

（3）1898年以后为电气、化学和汽车工业时代。

每一轮经济周期都是由重大技术创新开启，随着技术创新在产业之间

① 苏东水. 产业经济学[M]. 4版. 北京:高等教育出版社,2015.

② 胡晓鹏,李庆科.生产性服务业与制造业共生关系研究——对苏、浙、沪投入产出表的动态比较[J]. 数量经济技术经济研究,2009(2):33-46.

③ 刘红光,王云平,季璐. 中国区域间产业转移特征、机理与模式研究[J]. 经济地理,2014(1):104-109.

④ 朱英明. 产业的集群化特征与集群式发展研究——基于中国投入产出的方法[J]. 数量经济技术经济研究,2006(9):105-113.

⑤ 倪红福,龚六堂,陈湘杰. 全球价值链中的关税成本效应分析——兼论中美贸易摩擦的价格效应和福利效应[J]. 数量经济技术经济研究,2018(8):74-90.

⑥ 唐志鹏. 中国省域资源环境的投入产出效率评价[J]. 地理研究,2018(8):1515-1527.

的扩散，重新生成主导产业，进而带动新一轮成长，开启新一轮经济增长周期，资本主义经济发展就是不断创新的结果。熊彼特特别突出了“企业家”的创新主体地位，认为企业家只有实际上实现了某种“新组合”时才是一个名副其实的企业家。此后，诸多学者对熊彼特的创新理论进行了发展和延伸。如英国学者弗里曼以第二次世界大战之后日本汽车等产业为研究对象，提出了国家创新系统（NIS）理论[①]；库克以美国硅谷和欧洲电子信息产业为研究对象，提出了区域创新系统理论（RSI）；意大利学者马勒巴则提出了产业创新系统理论。对创新的认识与理解，从简单的投入产出分析逐步过渡到系统的视角，创新被认为是各创新主体、创新要素交互作用下的一种复杂涌现现象，为此政府可以通过制定相应的科学技术政策加快技术创新，通过科技创新政策来构建一个完整创新生态，最大限度地集聚国内外优质研发资源，形成持续创新的能力和成果。

1.1.3 要素禀赋依赖

与国家经济增长规律相一致，产业发展依赖于各类生产要素投入、要素禀赋以及要素成本。世界各国的经济增长历史表明，不同国家和地区经济增长态势的差异归因于要素禀赋的投入差异。经济增长理论着重于研究产生这种差异的原因。亚当·斯密在研究国民财富增长的源泉时指出，经济增长的主要动力在于劳动分工、资本积累和技术进步，市场容量决定着分工水平。[②]受斯密影响，出于凝练共性因素和简化分析的需要，西方学界对增长的研究建立在一系列模型的基础上。Harrod-Domar模型将决定经济增长的主要因素归纳为两个：（1）决定全社会投资水平的储蓄率；（2）反映生产效率的资本-产出比率。Arrow（1962）提出了技术进步或生产率的提高是资本积累的副产品的观点，认为企业可以通过积累生产经验

---

① 弗里曼. 技术政策与经济绩效：日本国家创新系统的经验[M]. 张宇轩，译. 南京：东南大学出版社，2008.

② 斯密. 亚当·斯密的国富论[M]. 孙基华，申春梅，朱顺兰，译. 北京：科学普及出版社，2014.

而提高生产率，而且其他厂商也可以通过“学习”提高生产率。据此，将技术进步看成是由经济系统决定的内生变量。Romer（1986）沿用Arrow（1962）用技术外部性或知识的溢出效应来解释经济增长的研究思路，克服了Arrow“干中学”模型的缺陷，将技术进步内生化，建立了Arrow-Romer模型。[①]西方学界对经济增长的研究表明，产业发展需要一系列生产要素投入，包括资本、劳动力、技术进步、外部性等，这些研究为政府财政、货币以及科技教育等产业政策的制定提供了相应的理论依据。

产业发展依赖要素投入，国家和区域的要素禀赋情况成为决定产业竞争力的关键因素。迈克尔·波特认为，存在明显竞争优势的产业是由生产要素条件、需求条件、配套产业、企业战略与竞争、政府以及机会六个要素共同决定的，生产要素禀赋情况决定着产业的国际竞争力。大卫·李嘉图认为，要素禀赋的比较优势决定着国际产业分工及其全球价值链的地位。随着信息技术的深入发展与应用，产业要素投入的内涵也有了新的变化，数据资源收集与处理也成为产业发展的重要投入之一，并成为数字经济、智慧经济的重要组成部分，而且以数据处理和智能算法为核心的人工智能、智能制造等新兴产业部门的成长，也将逐步摆脱产业发展对传统要素如劳动力的过度依赖，使得理论界重新思考产业要素投入的内涵。

1.1.4　政策干预理论

关于产业发展的政策干预问题，主要归纳为两个方面。

第一，制度环境论。产业是社会分工和生产力不断发展的产物，分工与合作都需要适宜的制度安排，以激励和规范人、组织之间的行为。产权制度和市场机制在产业发展中起着更为根本性的作用，它们是决定产业发展甚至长期发展绩效的根本因素。[②]为什么技术和组织的巨大进步是在工业革命中实现的?为什么欧洲成为工业革命的发源地，并实现了经济、技

---

① 潘士远，史晋川．内生经济增长理论：一个文献综述[J]．经济学，2002(3)．

② 诺思．制度、制度变迁与经济绩效[M]．杭行，译．上海：上海人民出版社，2014．

术以及人均收入的跨越式增长?为什么在非欧洲文化中，技术知识的巨大进步没有导致一次工业革命?特别地，为什么中国历史上的卓越技术尤其是宋代技术从未转变为一次生产革命?诺思认为，在中国和其他亚洲大国中缺乏支撑私人产权和市场机制的社会政治和法律等制度是其根本原因。各国的增长态势固然与地理位置和资源等结构性因素有关，但主要还是取决于初始收入水平及其制度和政策的运行情况。

第二，政策干预论。这种观点的出发点是“市场失灵”，政府可以通过“有形之手”加以克服。第二次世界大战之后，日本、韩国等赶超经济体的产业发展经验，也给政府产业政策实施提供了成功的模板，各国针对各自的国情制定了一整套产业政策来加速产业发展。美国学者查默斯·约翰逊在《通产省与日本奇迹：产业政策的成长（1925—1975）》一书中指出，产业政策是一系列对产业发展有重大影响的政策措施和制度安排，侧重于中观层面的政府干预，是对国家宏观财政政策和货币政策的有效补充，有助于提高产业国际竞争力和国家综合实力。

1.1.5 高质量发展理论

习近平总书记在“关于《中共中央关于制定国民经济和社会发展第十四个五年规划和二〇三五年远景目标的建议》的说明”中明确指出：“我国仍处于并将长期处于社会主义初级阶段，我国仍然是世界上最大的发展中国家，发展仍然是我们党执政兴国的第一要务。必须强调的是，新时代新阶段的发展必须贯彻新发展理念，必须是高质量发展。当前，我国社会主要矛盾已经转化为人民日益增长的美好生活需要和不平衡不充分的发展之间的矛盾，发展中的矛盾和问题集中体现在发展质量上。这就要求我们必须把发展质量问题摆在更为突出的位置，着力提升发展质量和效益。”“以推动高质量发展为主题，必须坚定不移贯彻新发展理念，以深化供给侧结构性改革为主线，坚持质量第一、效益优先，切实转变发展方式，推动质量变革、效率变革、动力变革，使发展成果更好惠及全体人民，不断实现人民对美好生活的向往。”这些论述为高质量发展的理论与实践发展指明了基本方向。

学术界对高质量发展的研究主要涉及高质量发展的内涵及特征、从高速增长阶段转向高质量发展阶段的必要性、评价高质量发展的标准、中国经济高质量发展存在的问题、实现高质量发展的途径等内容。

一是关于高质量发展的内涵和特征的研究。中国国际经济交流中心常务副理事长郑新立认为，“转向高质量发展”这一论断的本质含义，就是我国经济已经从主要依靠增加物质资源消耗实现的粗放型高速增长，转变为主要依靠技术进步、改善管理和提高劳动者素质能力实现的集约型增长。[①]杨伟民认为，高质量发展就是能够很好地满足人民日益增长的美好生活期望的发展，同时体现新发展理念的发展。[②]国家发改委宏观经济研究院研究员林兆木认为，经济的高质量发展讲的就是能够满足人民对美好生活需要的要求，具体包括商品和服务质量普遍持续提高的发展、投入产出效率和经济效益不断提高的发展等。[③]任保平认为，高质量发展是数量和质量的有机统一体，体现了五大发展理念，其中，创新发展、协调发展、绿色发展、共享发展分别解决的是高质量中的动力问题，高质量发展中的不均衡，人与自然如何和谐共处，如何实现社会利益的公平正义问题等。[④]何立峰认为，高质量发展是体现五大发展理念的发展，是能够不断满足人民可持续、全方位的对于美好生活的客观需求的发展。金碚指出，高质量发展是能够更好满足人民不断增长的真实需要的经济发展方式、结构和动力状态。[⑤]

二是高质量发展在产业层面的体现。冯俏彬从以下方面界定高质量发

① 曲哲涵. 如何理解中国经济转向高质量发展[N]. 人民日报,2017-10-31.

② 杨伟民. 贯彻中央经济工作会议精神 推动高质量发展[J]. 宏观经济管理,2018(2).

③ 林兆木. 关于我国经济高质量发展的几点认识[N]. 人民日报,2018-01-17.

④ 任保平. 创新中国特色社会主义发展经济学阐释新时代中国高质量的发展[J]. 天津社会科学,2018(2).

⑤ 金碚. 关于“高质量发展”的经济学研究[J]. 中国工业经济,2018(4).

展的特征，一是三大产业中对于经济增长贡献率增速最快的是第三产业，二是创新对于经济增长的贡献显著增加，三是经济增长的消费贡献明显增加，四是经济结构优化，五是包容性、惠普式增长。[①]任保平认为，高质量发展的特征主要体现在产业结构的合理化、创新成为推动经济发展的第一动力、供给体系有质量、人民对美好生活需要不断得到满足四个方面。[②]产业高质量发展是指产业布局优化、结构合理，不断实现转型升级，并显著提升产业发展效益的发展。其具体包括以下特征：一是产业规模不断壮大。高质量发展意味着产业规模不断扩大，现代农业、先进制造业、现代服务业等不断完善发展，形成健全的现代产业体系。二是产业结构不断优化。产业实现高质量发展，要求产业组织结构日益优化，一二三产业结构合理，并且不断深化融合发展。三是创新驱动转型升级。创新是引领发展的第一动力，是建设现代化经济体系的战略支撑；创新是产业实力的综合反映，是竞争能力的核心要素。迟福林认为，经济转向高质量发展，要突出强调动力变革，动力变革是实现质量变革、效率变革的前提条件，要以动力变革来推动效率变革，进而促进质量变革，由此形成质量效益明显提高，稳定性和可持续性明显增强的高质量发展新局面。[③]四是质量效益不断提升。质量与效益提升是产业转型的重点，要以最小的质量成本产出最大的质量效益，并不断提升可持续发展的能力。[④]

三是经济高质量发展是体制机制创新的过程。国务院发展研究中心副主任张军扩等指出，高质量发展是以满足人民日益增长的美好生活需要为目标的高效率、公平和绿色可持续的发展。[⑤]从高速增长转向高质量发

---

① 冯俏彬. 我国经济高质量发展的五大特征与五大途径[J]. 中国党政干部论坛，2018.

② 任保平. 创新中国特色社会主义发展经济学阐释新时代中国高质量的发展[J]. 天津社会科学，2018 (2).

③ 迟福林. 转向高质量发展，要突出强调动力变革[J]. 环境经济，2018(5).

④ 史丹，赵剑波，邓洲. 从三个层面理解高质量发展的内涵[N]. 经济日报，2019-09-19.

⑤ 张军扩，等. 高质量发展的目标要求和战略路径[J]. 管理世界，2019(7).

展，既是经济增长方式和路径的转变，更是一个体制改革和机制转换的过程。因此，转向高质量发展的关键是加快形成与之相适应、相配套的体制机制。高质量发展是一个总括性理念，经济高质量是社会高质量和治理高质量的输出。中国迈向发达国家的核心经济机制在于要素质量升级和创新，但需要以社会高质量和制度高质量作为前提。①

关于经济发展问题，西方学界主要贡献了经济发展理论、创新理论、经济增长理论以及制度变迁理论等理论学说。不同理论学说各有侧重，分别指出了影响经济发展的主要因素，经过国内外大量学者的完善与实证检验，这些理论学说日趋成熟，日渐成为世界各国政府制定宏观经济政策和学界理论研究的基础、核心理论。自1978年实施改革开放以来，中国经济正式开启了高速增长模式，国民收入水平大幅提高，科技创新能力长足进步，综合国力日渐增强，取得了举世瞩目的成绩，创造了国家经济发展的“中国模式”。中国特色发展道路逐渐成为世界各国政府和理论研究的热点。但是，正像世界其他国家的发展历程一样，中国经济的高速增长也衍生了一些发展中的不平衡、不充分的问题，例如高速增长的资源与环境压力、区域发展不平衡、城乡差距以及经济体制改革“双轨制”等，加之我国人口众多、幅员辽阔以及历史社会文化差异等因素，使得中国经济发展带有很强的独特性和专属性，既无法照搬西方国家的经验，也不能完全遵循现有理论的引导，相应地，理论研究工作也只能在中国特色经济发展实践中不断完善和丰富。综上所述，本书认为，高质量发展的概念在理论层面具备以下三个特征：

一是高质量发展是带有“目标、问题和结果导向”的概念。习近平总书记在党的十九大报告中提出，“我国经济已由高速增长阶段转向高质量发展阶段”，“坚定不移贯彻新发展理念，坚决端正发展观念、转变发展方

---

① 高培勇，等. 高质量发展的动力、机制与治理[J]. 经济研究，2020(4).

式，发展质量和效益不断提升”。这是根据国际国内环境变化，特别是我国发展条件和发展阶段变化做出的重大判断，也是区别于众多“学术概念”的主要特征，既符合中国特色理论研究的大趋势，也兼顾了中国经济社会改革的实际特点。

二是高质量发展是“包容性”的概念。纵观中国经济体制改革的历史，经济社会改革的系统性、艰巨性和复杂性大大提高，任何一项经济现象都兼顾了创新、制度与增长等问题，而且中国经济高速发展的动态性和多样性也决定了改革问题研究只能遵循“问题导向”的核心原则，通过“因势利导”“因地制宜”“摸着石头过河”，解决发展过程中的实际问题。因此，高质量发展的概念是对既有中西方经济发展问题相关理论的一种兼收并蓄的概念，它突出了经济问题的改革引领、创新驱动，也关注了经济发展中的不平衡、不充分现象，是立足中国实际、符合中国特色发展模式的概念。

三是高质量发展是与“新发展理念”一以贯之的概念。习近平总书记指出：“高质量发展，就是能够很好满足人民日益增长的美好生活需要的发展，是体现新发展理念的发展，是创新成为第一动力、协调成为内生特点、绿色成为普遍形态、开放成为必由之路、共享成为根本目的的发展。”作为拥有14亿人口的发展中大国，中国经济发展模式已经引起全球诸多国家的关注，践行新发展理念，突出创新、协调、绿色、开放、共享发展，体现中国对全世界的责任担当，为全球可持续发展贡献中国力量，具有重要的示范引领作用。

1.2 产业高质量发展的核心特征

创新发展是产业高质量发展的核心特征，符合创新驱动的新机制和新要求，能够满足化解科技基础薄弱难题的基本需求，有着十分重要的作用。

1.2.1 创新引领发展

创新发展是解决产业高质量发展动力问题的强大因素。从当前全球发展趋势来看，新一轮的科技革命和产业革命正在兴起，知识和技术的创新速度惊人，以互联网、物联网、云计算等技术为核心的新的经济模式和业态也在不断涌现。为了顺应这一发展趋势，使创新成为促进产业发展的重要内生动力，必须摒弃高速增长阶段对劳动力数量优势和物质资源投入的依赖，实现从劳动力与资本驱动的模式向创新驱动模式的转变。尽管目前创新对经济社会发展的支撑和引领作用也有所加强，但是整体水平还不足以达到高质量发展的要求，需要推进以科技创新为核心的全面创新。创新发展不仅有利于突破当前产业发展中资源与环境的约束，提高资源配置效率，提升各生产要素的作用，强化经济发展的效率与效益，还有利于实现产业转型升级和经济社会的可持续发展。只有持续推进创新体系和能力的建设，提高创新在实体经济发展中的贡献，才能使创新发展真正成为产业高质量发展的强大动能，实现效率与质量的同步提升。

1.2.2 实施绿色发展

绿色发展是实现产业可持续发展的重要保障。增强绿色发展动力，提升绿色发展水平成为产业高质量发展的重要使命和特征。高速发展阶段长期存在的高投入、高消耗、高污染的经济增长模式，导致了资源约束趋紧、环境污染严重、生态系统退化等一系列问题的出现。在新时代的背景下，若要实现产业高质量发展，必须坚持绿色发展理念，加快推进生态文明建设，推动生态补偿机制的市场化，在创造更多物质财富与精神财富的同时，也要注重为人民创造更加优美的生态环境，提供更加优质的生态产品，满足人民日益增长的美好生活需要以及对和谐生态环境的期盼。同时，绿色发展需要在生产方式上实现绿色与环保，发展循环经济，切实提高资源利用效率，这不仅有利于产业的可持续发展，而且有利于延长产业价值链。另外，绿色发展也表现为发展过程中对生态、环保、绿色等内容的相关政策、法律法规、体制机制的建立健全，并以此作为国民经济运行体系的支撑，推动形成人与自然和谐发展的现代化建设新格局。因此，从这两个方面而言，坚持绿色发展对于实现产业高质量发展具有重要的保障作用。

1.2.3 坚持开放发展

开放发展是实现产业经济发展内外联动的重要前提，高水平开放是高质量发展不可或缺的动力。从国际发展的趋势来看，多极化、全球化、信息化仍然是世界发展的主流，并处在持续加深的阶段，这就意味着中国经济与世界经济之间的联系也会进一步深化，在这样的国际背景下，中国想要实现高质量发展，就必须坚持开放发展，在拓展开放范围的同时提高开放档次，完善对外开放的结构布局和体制机制。开放发展一方面表现为政府在对外开放层面发挥更大作用，进而扩大对外开放程度和水平，推动对外开放新格局的形成；另一方面表现为充分利用自身的比较优势，以寻求在全球层面配置资源，在提高国际竞争力、获得经济发展的同时，为推动世界经济的包容性增长作出贡献，实现真正的经济高质量发展。因此，只有坚持开放发展，才能积极应对外部环境变化，利用高水平开放推动产业高质量发展。

1.2.4 区域协同发展

区域协同是解决区域经济发展不平衡不充分问题的重要前提。目前区域经济发展中不平衡、不协调、不可持续等问题仍然突出，这些问题若不能得到解决，高质量发展就难以真正实现。这就要求政府必须正确处理好发展中的重大关系，贯彻落实乡村振兴战略和深入推进区域协调发展战略，不断增强发展的整体性和协调性，实现更加公平、更为协调的发展。从另一方面来看，高质量发展也表现为经济重大关系协调、循环顺畅的发展，需要利用整体性思维，注重整体效率的提升。协调发展，要求政府从整体的角度进行发展规划和战略实施，充分发挥宏观调控的作用，完善经济协调机制，实现由高速增长阶段追求的总量扩张向追求结构合理优化的转变，实现经济社会效率与效益提升、抗风险能力和可持续发展能力不断增强的高质量发展。因此，将协调发展作为产业高质量发展的核心特征，能够有效化解可能引发的不平衡与不协调问题。

1.2.5 发展成效共享

共享发展是产业高质量发展的核心特征之一，是解决社会公平正义问题的重要路径。共享发展的实质是以人民为中心的发展，体现了实现共同富裕的最终目标。目前我国经济发展面临着收入分配差距过大的社会公平问题，公民在养老、医疗、教育、就业等公共服务的获得上仍然存在困难。当前我国社会主要矛盾的深刻转变，意味着经济要实现高质量发展，就要坚持共享发展，努力推动社会公平的实现，不断满足人民对美好生活的需要和对高质量生活的追求。共享发展的具体要求一方面是要促进收入公平，缩小居民收入差距，实现居民收入与经济发展的同步增长，实现居民收入与劳动报酬和劳动生产率的同步增长，使人民共享产业高质量发展的成果；另一方面，共享发展要求政府从社会公共利益以及社会公平与正义出发，着力解决公平与效率之间的冲突，完善社会保障制度和相关政策，提高公共物品和服务的提供水平，坚持实施积极的就业政策和就业战略，以此提高居民收入水平，缩小居民收入差距，提高居民生活水平，加快建成覆盖全民、城乡统筹、权责清晰、保障适度、可持续的多层次社会保障体系，实现真正的幼有所育、学有所教、劳有所得、病有所医、老有所养、住有所居、弱有所扶，真正体现共享发展的理念，使产业高质量发展成果惠及全民。因此，共享发展从覆盖面上深化了产业高质量发展的内涵，若要实现产业高质量发展，必须将实现共享发展作为重要的环节。

1.3 产业高质量发展的主攻方向

经济高质量发展重点解决的是以追求规模扩张、经济增速为主的发展方式向追求经济结构升级和效率的发展方式转变的问题。制造业是实体经济的主体，制造业的高质量发展关系到经济高质量发展的全局，2018 年年底召开的中央经济工作会议将推动制造业高质量发展作为当前经济工作的首要任务，这是党中央综合研判国际国内经济形势作出的重大战略选择。当前和今后一个时期，要坚决贯彻落实党中央、国务院的决策部署，把推动制造业高质量发展放在经济工作的突出位置，聚焦制约制造业发展的突出问题，采取有针对性的政策举措，加快推动制造业迈向价值链中高端，实现中国产品向中国品牌、中国制造向中国创造转变，重塑中国制造业竞争优势。

1.3.1 推进产品质量变革，提升产业链水平

尽管目前我国有220多种工业产品产量位居世界第一，但高品质、高性价比产品还比较少，满足不了国内消费需求。为此，必须把提高产品质量作为增强竞争力的重要环节，深入落实质量强国战略，开展质量提升行动，大力弘扬工匠精神，营造优质优价的公平竞争市场环境，全面提高工业产品质量。要聚焦重大装备、关键基础材料等重点领域，下决心突破关键技术瓶颈，推动制造业“强筋壮骨”。当前，以人工智能、生物技术等为代表的全球新一轮科技革命和产业变革快速兴起，正在重构全球创新版图、重塑全球经济结构，与我国经济转变发展方式、优化经济结构、转换增长动力形成历史性交汇。要把握历史机遇，大力促进新技术、新组织形式、新产业集群形成和发展，提高知识技术密集型产品和行业的比重，加速新旧动能转换。重点要从三个方面发力：一是强化创新驱动作用，加速推进一批关键技术突破，推动科技成果从实验室向市场的转化。二是强化市场拉动作用，要充分发挥我国市场规模巨大的优势，坚持以应用促发展，推进示范应用，为新技术、新产品、新业态、新模式发展创造更多商业化的场景应用。三是建立包容审慎的监管体制，加快探索建立与“互联网+”等融合性、跨区域性突出的新业态和新模式相适应的监管模式，制定与人工智能等新技术、新业态相关的制度法规。

1.3.2 增强主体活力，提升企业发展水平和素质

企业是产品的生产者，是生产要素的组织者，也是技术创新的“发动机”，在供给体系中处于关键位置。拥有一批世界领先的优质企业，是进入发达国家行列的重要标志，也是我国产业高质量发展的迫切要求。当前，我国高端产品质量不高，低端产品产量过剩，其中重要原因是微观主

体结构不够合理，企业创新能力不强。为此，推动产业高质量发展，必须着力提升市场主体的水平和素质，发展更多优质企业。

一是要积极培育发展有竞争力的大企业。大企业是一国制造业参与国际竞争的主力军。目前我国大企业很多，进入世界500强的企业也有不少，但主要集中在垄断性行业，真正具有竞争力的制造业大企业还比较缺乏，许多行业产业集中度不高。这是我国制造业结构存在的一个突出问题。因此，既要支持企业以市场为导向，通过并购等方式扩大经营规模，也要鼓励大企业聚焦主业，加强技术改造和创新，完善产品链、创新链，进一步做强做优。

二是要大力提升中小企业发展水平。当前我国中小企业发展困难增多，必须采取有效措施，为中小企业发展营造宽松的环境。要切实打破各种各样的“卷帘门”“玻璃门”“旋转门”，在市场准入、审批许可、经营运行、招投标等方面为中小企业发展创造公平竞争环境。要深入推进大众创业、万众创新，加大对初创企业财税、金融等政策扶持，支持创业服务平台进一步完善产业链，促进多元“创业系”和“创业群落”发展。严格落实《中华人民共和国反不正当竞争法》《中华人民共和国中小企业促进法》等法律法规，建立健全能够促进中小企业发展的公平有序的市场竞争环境。鼓励企业向专精特优发展，培育发展一批创新能力强的“小巨人”企业和单项冠军企业。

三是要支持企业提升创新能力。企业创新能力在很大程度上决定着产品供给质量和水平。要全面落实企业研发投入抵扣政策，增强政策实施的操作性和便利性，建立政策落实考核机制，通过政策引导企业增加研发投入。要切实加强政府采购政策对企业创新产品的推动作用，促进首台（套）重大技术装备示范应用。加强对企业引进人才、创新能力建设的支持，推动产学研结合，引导和推动创新要素向企业集聚。

1.3.3　强化要素支撑，助力高质量发展

如果说企业是高质量发展的“发动机”，那么人才、技术、资金等生

产要素就是“燃料”。总体来看，当前我国制造业产业发展正处在新旧动能转换、爬坡过坎的关键时期，迫切需要科技创新、现代金融、人力资源等生产要素与其协同，提供有力支撑。但出于多方面的原因，目前我国制造业综合成本较高，企业发展中人才、技术、资金等还比较缺乏，导致制造业转型升级困难，这些问题迫切需要解决。一是要降低成本，切实改变企业“负重爬坡”的状况，为制造业转型升级提供必要的时间和空间。切实加大减税力度，增强企业获得感，加强和改进对制造业的金融支持和服务，有效缓解企业融资难融资贵问题。要提高综合交通运输网络效率，降低物流成本。要降低过高的社保缴费率，确保企业社保缴费实际负担有实质性下降。要坚持收入水平增长与劳动生产率提高相适应，合理确定最低工资标准。提高电力交易市场化程度，改进电网成本监管，降低电价。要减少行政审批，优化环保、税务、市场监管等执法方式，营造公平竞争市场环境，着力降低制度性交易成本。二是要标本兼治，大力推进生产要素市场化改革。要进一步放宽对民间资本进入银行业的限制，增加中小金融机构数量和业务比重，促进充分竞争。要适应新兴产业和创新创业发展的要求，改革股票发行、交易、退市等制度，深化创业板和新三板改革，探索建立统一监管下的场外交易市场，大力发展创业投资和天使投资，提高直接融资比重。要深化户籍制度改革，有序推进农民工市民化，促进劳动力在城乡间自由流动。要深化土地市场改革，加快建立城乡统一的建设用地市场。三是要切实加强基础研究和应用基础研究，实现前瞻性基础研究、引领性原创成果重大突破，着力提高技术有效供给能力。要推进科技体制改革，完善产学研协同机制，健全技术转移机制。要推进教育现代化，深化考试招生制度和教育教学改革，完善职业教育和培训体系，优化学校和专业布局，按照培养创新型人才的要求调整教育体系和课程设置，着力培养高素质劳动者和技术技能人才，加快建设知识型、技能型、创新型劳动者大军。

1.3.4　推动数字转型，实现产业融合发展

数字经济正成为全球产业变革和经济增长的重要驱动力，数字经济与传统产业转型、数字化、网络化发展等密切相关。发展数字经济已成为全球共识，很多国家都在加紧布局。党中央、国务院高度重视数字经济发展，先后出台一系列政策措施，大力推动信息基础设施、传统数字化转型、新技术新业态、信息服务等方面的建设。信息通信技术迅猛发展，我国数字经济加速成长，融合领域不断拓展，成为经济高质量发展的新变量。通过先进装备制造与现代服务业融合发展，能够促进以新一代信息技术带动技术流、资金流、人才流、物资流，提高全要素生产率，持续推动数字经济网络化、智能化、服务化、协同化发展，不断拓展经济发展新空间，不断促进企业由规模速度型向质量效益型转变，由以成本、价格优势为主向以技术、标准、品牌、质量、服务为核心的综合竞争优势转变，推动我国技术、品牌、市场更深更广融入全球供给体系，推动中国产品、中国企业、中国制造更多地在价值链高端深度参与国际竞争与合作，从技术、标准、规则的模仿者、跟踪者、遵守者逐步转变为赶超者、创制者、引领者。

1.4　产业高质量发展的现实要求

1.4.1　基本前提：科学把握高质量发展的核心内涵

推动高质量发展，是保持经济持续健康发展的必然要求，是适应我国社会主要矛盾变化和全面建成小康社会、全面建设社会主义现代化国家的必然要求，也是遵循经济规律发展的必然要求。虽然对产业高质量发展的核心内涵没有统一的表达，但对其内在的精髓要有一个宏观性的认识，对核心内涵的把握可以结合以下两种视角和方法：一种是将经济社会发展过程中较为明显的问题与缺陷作为界定产业高质量发展边界的重要依据。经济社会发展过程中较为明显的问题主要包括收入分配差距过大、要素资源的过度消耗、生态环境污染、创新能力不足等，这些都与五大发展理念背道而驰，无法构成高质量发展；与之相反的是，促进社会公平、坚持可持

续发展、坚持绿色发展、坚持创新驱动的发展就是高质量发展的理论分析框架。另一种是将是否坚持“以人为本”的发展理念作为界定产业高质量发展的核心依据，以是否能够满足人民群众日益增长的美好生活需要，是否能够促进发展不平衡不充分问题的解决，是否能够化解新时代社会发展的主要矛盾等，作为是否属于产业高质量发展的判断依据。因此，从这方面来说，与五大发展理念紧密结合，有利于满足人民群众在政治、经济、社会、文化、生态等各个领域的需求，有利于促进人的全面发展和健康可持续发展，是产业高质量发展的重要体现。

1.4.2　指导思想：深入贯彻新发展理念

实现产业高质量发展的指导思想是深入贯彻新发展理念。“发展是解决我国一切问题的基础和关键，发展必须是科学发展，必须坚定不移贯彻创新、协调、绿色、开放、共享的发展理念”。

首先，深入贯彻创新发展理念。在微观层面要加强基础研究，同时注重科技创新和突破，注重科技创新成果在实体经济中的应用，调动企业创新的活力与积极性，同时为高水平人才及团队的引入和培养创造良好环境，作为创新发展的人才支撑和保障；在中观层面要推动金融、房地产与实体经济，生产性活动与非生产性活动报酬结构的再平衡；在宏观层面要维持较高的企业纵向流动性，拓宽创新创业企业成长空间，为创新驱动提供不竭动力支持。其次，贯彻协调发展理念。重点是推动新型工业化、信息化、新型城镇化等发展进程，实现经济的协调发展，同时注重加强文化产业发展，促进物质文明建设和精神文明建设的协调发展。再次，贯彻绿色发展理念。重点是完善生态环境保护的相关法律法规体系、体制机制，加强监督与管理，提高破坏生态环境行为的违法犯罪成本，充分发挥政府在宏观调控中的作用，另外也要注意发挥市场机制在生态环境保护和绿色发展中的作用与优势，推动实现环境成本的内部转化。同时，贯彻开放发展理念，重点是激活经济开放度、盘活外资利用能力，提高外商贡献度，使政府在对外开放层面发挥更大作用，推动对外开放新格局的形成，充分利用自身的比较优势，以寻求在全球范围内配置资源，提高自身在国际上的竞争力。对于部分产业来说，积极参与“一带一路”建设，形成经济上的开放格局，利用高水平开放推动经济高质量发展。最后，贯彻共享发展理念。重点是坚持以人民为中心，努力推动社会公平的实现，促进收入公平，缩小居民收入差距，实现居民收入与经济发展的同步增长，同时要加快建成多层次的社会保障体系，使高质量发展成果惠及全民。

1.4.3　生产力基础：构建现代化产业体系

产业高质量发展的生产力基础是要构建协同发展的产业体系。建设协同发展的产业体系，需要促进实体经济与创新驱动、现代金融以及劳动力资源的协同发展，使经济真正实现依靠科技创新、资源配置优化和劳动者素质不断提高的发展。协同发展的产业体系，首先表现为实体经济与创新驱动的协同发展。实体经济想要实现高质量发展，必须以科技创新作为驱动和支撑，才能改变目前产能过剩而有效供给不足的现状。需要深化科技体制改革，建立以企业为主体、市场为导向、产学研深度融合的技术创新体系，重点加强对中小企业创新发展的支持，在政策上和经济上促进新型研发机构的建立，加强高水平创新人才和团队的引入与培养，从多方面促进科技创新成果在实体经济中的应用，提高科技创新对产业高质量发展的贡献率，真正实现创新驱动，使创新成为实体经济发展的强大动力。其次，协同发展的产业体系表现为实体经济与现代金融的协同发展。现代金融发展，需要坚持金融业为经济社会发展服务的基本原则，解决当前存在的金融业与实体经济报酬结构失衡、金融过度膨胀等问题，通过加强对金融市场的监督与管理，建设创新、友好、与实体经济良性互动的金融体系，提高金融业服务于实体经济的能力，推动经济去杠杆的实现，并增强防范化解系统性金融风险的能力，促进现代金融体系与实体经济的协同发展。最后，协同发展的产业体系表现为实体经济与劳动力资源的协同发展。实体经济的高质量发展需要以高质量的劳动力资源作为支撑，而当前的劳动力资源存在着高水平人才稀缺，人才引入和培养机制不健全，劳动力资源配置结构不合理、信息不对称、效率不高等问题，制约了实体经济的高质量发展。因此，需要优化人才环境，在加强人才培养的同时重视高水平人才的引进，加强对劳动力市场的监管，提高劳动力资源的配置效率，促进实体经济与劳动力资源的协同发展，为产业高质量发展提供人才保障。

1.4.4 发展主线：深化供给侧结构性改革

产业高质量发展需要以深化供给侧结构性改革为主线。产业高质量发展中很重要的一个部分就是供给体系的高质量，供给体系质量的提高将提升经济的质量优势，因此，需要以深化供给侧结构性改革为主线，逐步推动经济发展中的质量、效率与发展动力的变革，提升核心竞争力和健康、持续发展的能力。首先，深化供给侧结构性改革要求继续坚持“三去一降一补”的政策，去产能、去库存、去杠杆、降成本、补短板，继续完善市场监督机制和生态环保监管机制，减少无效供给，化解过剩产能，政府要通过加强监管、加强政府债务管理等方式，降低系统性金融风险发生的可能，寻求经济去杠杆较为稳妥的方式，逐步控制宏观杠杆率。其次，深化供给侧结构性改革要求对住房制度进行完善，通过构建多主体供应、多渠道保障、租购并举的住房制度，化解房地产市场存在的诸多问题和风险，解决国民的住房问题；为推进实体经济的健康持续发展，需要降低制度性交易成本，继续推进在石油、天然气、铁路等重点领域的改革，通过降低实体经济领域的成本来促进实体经济的健康发展。再次，深化供给侧结构性改革需要推动制造业的改造升级。制造业作为实体经济的核心和主体部分，既是创新驱动经济发展的重要活动领域，也是深化供给侧结构性改革的重点产业，推动制造业的改造升级，加强制造业建设，对提高供给体系的质量具有重要意义。制造业的改造升级，需要在新一轮工业革命的发展背景之下，在加强技术创新的同时注重科技成果的转化，实现互联网、物联网、大数据等新技术在制造业中的应用；制造业的改造升级，也要注重一些发展较为乏力的传统制造业的转型，推进这些传统制造产业存量重组、增量优化以及动能转换，推动制造业的高质量发展；同时，加强制造业建设还需要注重利用制造业的集群优势，注重构建较为合理的产业配套，为建设先进的、现代化的制造业集群提供基础。最后，深化供给侧结构性改革需要实现要素质量的变革。经济由高速增长阶段转向高质量发展阶段，其中生产要素质量起着基础性的作用，只有生产要素质量提高了，产品质量以及后续的产业质量、供给体系质量才能有所提高。推动要素质量变革，一方面，需要通过建立较为完善的科技创新和成果转化的路径和机制，提高科技创新的质量，提高创新成果应用的效率，提高科技创新对经济发展的贡献率；另一方面，需要提高金融资本的配置效率，利用加强竞争、提高金融资本智能化水平等方法，使金融资本在经济发展的重要领域发挥最大作用。

1.4.5　长效机制：推进治理体系和治理能力现代化

推进治理体系和治理能力现代化是产业高质量发展的长效机制。经济实现高质量发展，需要在全面深化改革，构建市场机制有效、微观主体有活力、宏观调控有度的经济体制的同时，推动治理体系和治理能力现代化，为经济高质量发展提供保障。在经济高速发展阶段，快速的城市化进程、资源与环境的过度消耗、急剧增加的人口，导致了一系列问题的发生，与经济高质量发展的理念相悖，阻碍了可持续发展。因此，需要以推进治理体系和治理能力现代化作为实现产业高质量发展的长效机制，消除低效率、粗放式的管理模式的弊端，推动治理主体的多元化，转变政府职能，优化政府机构设置和职能配置，合理发挥政府的宏观调控作用，为治理水平的提高和经济高质量发展提供保障。实现治理体系和治理能力现代化，首先要鼓励和引导公民、社会组织等治理主体积极参与到治理过程中，破除政府包揽治理的局面，发挥公民、社会组织、市场等各种社会要素在治理中的优势与作用，推动治理现代化的实现。其次，要构建设置科学、职能优化、权责协调的治理体系。当前治理体系仍然存在纵向行政链条过长、横向职能分配不清的现象，导致治理的低效率，甚至出现部门之间推诿的现象，难以应对复杂的变化，因此，推进治理体系和治理能力现代化必须建立设置科学、职能优化、权责协调的治理体系，这样不仅可以避免行政资源浪费，也有利于治理主体作用的发挥，提升治理的效率和效果，为产业高质量发展提供良好的环境和制度性保障。最后，在治理中政府要注重更好、更健康地对经济进行宏观调控。更好地进行宏观调控，就是正确有度地对经济进行宏观调控，正确把握政府在经济发展中的作用，保障宏观经济的平衡，防范系统性金融风险的发生，为经济高质量发展提供良好环境。因此，需要通过加强市场基础设施的建设，提高政府进行宏观调控的能力；要注重发挥政府制定战略发展规划时的导向作用，合理制定发展规划；同时，政府应当逐步建立起包含财政与货币政策、产业发展政策、区域发展政策在内的经济政策协调机制，为更好地发挥宏观调控作用提供保障，推动治理现代化的实现和经济的高质量发展。

1.5 国内外发达地区产业高质量发展的实践

从国内发达省份（如江苏、广东、浙江）产业高质量发展实践来看，构建适应高质量发展要求的现代化产业经济体系，成为国内东部沿海地区的普遍做法，是国内发达地区高质量发展的代表性样本。

从世界发达国家和地区产业高质量发展实践来看，德国鲁尔地区、法国洛林地区、美国“绣带”地区、日本北九州地区等都经历过工业基地转型过程，存在一定程度的共性问题（比如产业结构比较单一、集中于采掘工业及原材料工业等传统资源型产业，呈现明显的资源依赖性和结构刚性），当传统主导产业如煤炭、钢铁等受到资源短缺、市场饱和、技术增长潜力枯竭、成本上涨等因素的影响而衰退的时候，地区经济便不可避免地陷入困境。经过数十年的循序渐进、吐故纳新，德国鲁尔等地区正在摘掉自己老工业基地的帽子，各种新兴产业基地渐次兴起。

1.5.1 江苏产业高质量发展的实践

江苏将重点放在实体经济的高质量发展上，带动了经济的整体跃升。

一是打造世界一流的先进制造业集群。关注工业质量变化，关注行业中高端，促进区域一体化集聚和发展，加强主导产业的关键支撑作用，努力建设8个万亿级世界级先进制造业集群。江苏省2019年制造业产值近17万亿元，占全国的1/8，占世界的2%，综合实力位居全国前列，但行业具有同质化趋势，整体发展质量不够高。为此，江苏制订和实施重点产业集群培育促进计划，打造一批拥有核心关键技术、国际知名自主品牌和全球竞争力的财富500强企业，培育一批“独角兽”企业和隐形冠军企业，推动电子信息化。重点培育新型电力（新能源）装备、工程机械、物联网、高端纺织、前沿新材料、生物医药和新型医疗器械、集成电路、海洋工程装备和高技术船舶、高端装备、节能环保、核心信息技术、汽车及零部件、新型显示13个先进制造业集群。

二是培育新兴产业，走向全球价值链的高端产业。加快新兴产业的培育和发展，重点是攀登产业链、价值链的高端。在这方面，全省实施了一系列举措，如实施生产服务业“双项目”和互联网平台经济“亿元”项目，促进了生产服务业的整合。重点发展科研、咨询、智库等会展经济、教育培训等软产业，促进“软实业”和“硬实业”的协调发展；扩大品牌消费、信息消费和服务消费，释放高端消费潜力。面对新一轮的全球制造业革命，江苏充分发挥制造优势，努力在互联网等新兴领域取得突破。以信息化、智能化、网络化、绿色化为主要方向，引导集群企业广泛应用新技术、新设备、新工艺、新材料加快改造提升，促进工业互联网、大数据、云计算、人工智能等新技术与集群发展深度融合，推动产业转型升级。

1.5.2　广东产业高质量发展的实践

广东将产业集群作为产业高质量发展的主要形态，作为现代产业体系建设的主要内容，发展效果显现。

一是布局战略性产业，谋求迈向产业链中高端。目前，广东新一代电子信息、绿色石化、智能家电、汽车产业、先进材料、现代轻工纺织、软件与信息服务、超高清视频显示、生物医药与健康、现代农业与食品十大战略性支柱产业集群2019年营业收入合计达15万亿元；半导体与集成电路、高端装备制造、智能机器人、区块链与量子信息、前沿新材料、新能源、激光与增材制造、数字创意、安全应急与环保、精密仪器设备十大战略性新兴产业集群2019年营业收入合计达1.5万亿元。培育发展战略性支柱产业群，是广东稳增长的基础，战略性新兴产业集群则着重于“新”，包括发展动力是新的，产业是新的，企业也是新的。毫无疑问，新兴产业集群代表着科技创新引领着新的增长模式，也为广东注入了新的发展动力。

二是以质量品牌提档升级带动产业集群提质增效，促进集群价值链整体跃升。广东提出了市场主导，政府引导；创新引领，重点突破；质量为先，绿色发展；目标导向，分类施策；开放合作，协同推进等基本原则。大力推动品质革命，以质量品牌提档升级带动产业集群提质增效，促进集群价值链整体跃升。树立绿色发展理念，加强绿色技术、工艺推广应用，构建绿色产业体系。同时，充分发挥双区驱动、双核联动优势，着力推进“一核一带一区”产业协同，加强“一带一路”建设，推动产业集群深度参与全球分工，提升国际分工地位。

三是以中心城市为依托，发挥广州和深圳的带头作用。在现代轻工纺织产业集群上，重点建设以广州、深圳为核心的创新创意中心；在软件与信息服务产业集群上，强化广州、深圳等中国软件名城的产业集聚效应和辐射带动作用；在智能机器人产业集群上，要支持广州、深圳等开展机器人研发创新；在激光与增材制造产业集群上，要促进以广州、深圳为核心的产业集聚区；在数字创意产业集群上，要形成以广州、深圳为核心引擎的发展格局。广州和深圳最突出的功能，其一是科技资源的集聚，其二是人才资源的集聚，其三是通过政策资源把科技资源和人才资源充分对接，从而让两个产业的集聚更加容易实现。而其他的城市，比如佛山和东莞，其特色在于这两个城市都有从加工制造业向先进制造业转型升级的动力和基础，两个城市需要紧密与广州和深圳实现融合发展，助推支柱产业和新兴产业集群的崛起。

1.5.3　浙江产业高质量发展的实践

浙江树立高质量发展目标，谋划早、行动实，使得经济增长呈现质优速稳的新气象。

一是从“供给不均”到“质量供给”。浙江拥有全国最大的重质碳酸钙生产基地。鼎盛时期，35平方千米的长兴县李家巷镇辖区内，石粉企业多达235家，但是同质、低价竞争导致产业发展陷入恶性循环。浙江将200多家石粉企业重组成9家，并将腾出的空间用于发展高端装备制造和新材料等主导产业。通过腾笼换鸟、凤凰涅槃，到“四换三名”、低小散整治等转型升级，提高了浙江供给体系质量，进而夯实了浙江经济质量优势。

二是从“浙江制造”到“浙江智造”。袜子、领带、打火机，这是浙江制造昔日的代名词。如今的浙江制造面目一新。工业和信息化部、中国工业经济联合会公布的第二批制造业单项冠军企业和单项冠军产品名单中，浙江共有25项入围，约占全国总数的20%，入围数列全国第一。对标国际先进，越来越多谋求高质量发展的浙江企业深度参与到全球经济活动中，浙江制造正加大全球范围内配置资源的力度，并逐步晋级全球价值链的中高端，从“浙江制造”迈向“浙江智造”。为了推动浙江制造迈向中高端，浙江大力推动标准、品牌建设，以标准为引领，以品牌促发展。2013年年底，浙江在国内率先构建“浙江制造”公共品牌建设制度体系，推动浙江制造迈向高水平。截至目前，全省共发布“浙江制造”产品标准246个，认证实施细则181个，颁发证书162张，其中国际互认证书29张。

三是集中力量推动新兴产业高质量发展。浙江省2019年新兴产业增加值同比增长13%以上，对规模以上工业经济增长贡献率进一步提升，成为加快新旧动能转换的重要驱动力量。落实《深化数字浙江建设实施方案》，加速推动数字技术、数字经济、数字政府、数字社会、云上浙江、数据强省六大领域建设。推进编制《浙江省生物经济发展规划》《浙江省生物经济专项培育行动计划》《打造生命健康世界科技创新高地行动方案》等相关规划和行动计划。推动浙江建设成为数字产业、航空产业制造以及生命健康领域的产业集聚高地。加快各类国家及省级重点实验室建设，在人工智能、工业互联网、新一代集成电路等“互联网+”领域，组织实施一批重大科技项目，力争掌握一批核心技术，推动数字经济产业竞争力整体提升。

1.5.4 国外老工业基地产业高质量发展的实践

纵观国外老工业基地产业转型升级的历程，其实现高质量发展的实践可供我国借鉴。

一是大力推动产业结构的调整。在产业调整政策方面，美国将国家宇航中心设置在休斯敦，带动了该地区1 300多家高新技术企业的发展，门类涉及电子、仪表、精密机械等行业，这也使休斯敦发展成为科技型综合性大城市。在资金支持方面，发达国家在老工业基地调整与改造过程中都注入了大笔资金，如意大利政府在老工业基地改造调整中设立了专项基金，其中工业设备更新和结构调整基金共拨款9.9万亿里拉，用于对传统工业部门进行改造提升；应用研究特别基金拨款1.5万亿里拉，用于老工业基地改造风险较大的高新技术应用研究。德国政府为支持鲁尔煤矿区的改造，累计提供了近250亿马克的财政补贴金，另外，德国政府还通过允许老工业基地政府和企业发行债券和减免税收等多种方式对老工业基地转型升级给予资金上的大力支持。

二是利用新兴技术发展高新技术和改造传统产业，大力发展环保等绿色产业。(1) 发展绿色环保等新兴产业。德国1979年推出的“鲁尔行动计划”旨在鼓励、支持新兴产业的发展，尤其是对于生物技术、信息和环保技术以及科技型企业予以政策上的支持。1972—1980年德国为3.5万个新项目提供了890亿马克的经济补贴，创造了66万个工作岗位。虽然比欧洲其他国家起步晚，但到2000年，德国已拥有330多家生物技术企业，其中13家位于北莱茵-威斯特法伦州。(2) 改造传统产业。振兴老工业基地并不意味着要放弃全部传统产业，而是要利用先进的科技改造传统产业，使其升级换代，提高市场竞争力。如英国1967年便开始了一项投资30亿英镑对其钢铁制造业进行现代化改造的10年计划。新技术的应用极大地提高了劳动生产率，到1980年，就业人数从1966年的26.8万减少到13万，效率超过了任何欧洲国家的钢铁制造业。（3）淘汰落后产业。坚决放弃那些成本高，在市场上没有竞争力的产业和产品。法国煤炭资源丰富，但开采成本高，因此采取了逐步淘汰、放弃的政策。

三是推进大企业集团优化重组，重视中小微企业发展。1969年，德国鲁尔区26家煤炭公司联合成立了鲁尔煤炭公司，如今已发展成年销售额达127亿欧元的鲁尔集团股份公司，并形成了煤炭、化工、电力、电子信息、新型建材等多元化格局。这种产业链延长和资本扩张的方式，使鲁尔集团股份公司得到迅速发展，目前已经进入德国企业50强和世界企业500强。德国中小企业众多，被称为德国经济的脊梁。在老工业基地调整与改造过程中，鲁尔区也十分重视扶持那些有创新能力，有就业优势的中小企业，不断加大对中小企业科研和开发的支持力度。政府制订了鼓励向中小科技型企业进行风险投资的计划及联合研究和创新网络计划，促进和加强中小企业与科研机构合作。

四是重视环境的治理与保护。发达国家在老工业基地调整和改造过程中非常重视环境治理和保护问题，各国都成立了专门机构从事环境治理工作。法国洛林地区的土地整备部门在煤炭企业关闭后，立即进行重新整治，建居民住宅、娱乐场所、绿地等。如今的洛林已成为环境优美、景色秀丽，对外资颇有吸引力的地区。德国鲁尔区更是在煤矿生产的同时就考虑到废弃矿区的用途问题，对煤矸石等固体废弃物按规划限高堆放，并且是边堆置边覆盖植树。原来的固体废弃物堆放区现在已绿树成荫，变成了绿林山丘，塌陷的矿井已被改造成湖泊。

第2章

辽宁工业

辽宁是我国工业大省，工业基础优势明显。经过多年建设与发展，已形成包括原材料工业、装备制造业、高新技术产业等在内的完整工业体系。“十三五”时期，辽宁深入学习贯彻习近平总书记系列重要讲话精神，认真落实党中央、国务院关于新一轮东北地区等老工业基地全面振兴战略决策部署，面对经济下行压力，辽宁工业在整体发展规模、技术创新水平、骨干企业成长以及集群化发展方面都取得了良好成效，有力支撑了辽宁全面、全方位振兴的发展目标。但是，也应该清醒看到辽宁工业高质量发展存在的主要障碍，产业关键核心零部件、产业链本地化配套水平以及产品升级等仍然是辽宁工业高质量发展的主要瓶颈，是“十四五”时期辽宁工业实现高质量发展亟待解决的问题。

本章重点回顾了“十三五”期间辽宁工业高质量发展的主要成就、存在的问题，并提出了“十四五”时期辽宁工业高质量发展的对策建议。

2.1　辽宁工业发展的现状

2.1.1　工业经济企稳向好，内部结构逐渐优化

受经济数据主动挤水分和中美贸易摩擦等因素影响，辽宁工业发展一度受到冲击，目前来看，恢复较好。截至2019年，辽宁规模以上企业

工业总产值达到24 909.5亿元，较2016年增长了13.5%；主营业务收入达到30 365.5亿元，较2016年增长了37.8%；利润达到1 332.0亿元，较2016年增长1.31倍，尽管工业规模尚未达到2015年的水平，但工业发展态势较好，恢复较快（见表2-1）。

表2-1　2015—2019年辽宁工业规模情况　单位：亿元

年份	工业总产值	主营业务收入	利润
2015	33 498.6	33 243.3	1 069.7
2016	21 318.5	22 039.0	575.4
2017	22 948.8	23 476.4	1 063.3
2018	26 066.8	26 489.9	1 460.3
2019	24 909.5	30 365.5	1 332.0

数据来源：《辽宁统计年鉴》（2015—2019年）和2019年辽宁省国民经济与社会发展统计公报。

一是高新技术产业发展较快。2019年，辽宁高新技术产业实现主营业务收入1 825亿元，实现利润246亿元，占辽宁工业结构的比重分别达到6.9%和16.8%，较2015年分别增加1.4%和2.3%。

二是传统产业提质增效。“十三五”期间，以价值链提升为基本目标，辽宁重点产业和企业着力推动价值链延伸，推动产品结构的升级转换。如鞍钢开发高速铁路用耐候钢，高速铁路用钢产量占全国的三分之二；开发具有国内先进水平的高强度汽车用钢、核电用不锈钢等先进钢铁材料，成为华晨宝马、中国一汽等知名整车制造企业的重要供应商，鞍钢、本钢等重点企业的营业收入均实现增长。

三是国企改革攻坚加速推进。国有企业仍然是辽宁工业企业的主体力量。截至2019年，25户省属企业及其各级子企业中，混合所有制企业有428户，混改企业占比达51.26%。25户省属企业营业收入同比增长

10.4%，实现利润增长14%，主要经济指标已连续27个月保持双增长。

2.1.2 重点领域科技攻关成果显著

工业企业技术水平不断提高，一批具有国际先进水平的新产品开发成功，打破了国外技术垄断，填补了国内空白。无人驾驶宽体矿车、煤矿巷道全断面掘进机、跨音速风洞主压缩机等重大技术装备在辽宁问世，洁净（真空）机器人填补了国内空白。全省精细化工及化工新材料产业得到较快发展。催化剂产业规模、质量和水平全面提升，位居全国前列。沈阳新松机器人等一批机器人行业骨干企业，突破了“机器人视觉系统一体化设计技术”“高精度无损测量技术”“激光冲击表面强化技术”等490项关键共性技术，形成了工业机器人、移动机器人、特种机器人等全系列产品，整体技术处于国际先进水平。

2.1.3 智能制造推动装备制造转型升级

以智能制造为主攻方向，运用新技术、新业态、新模式改造提升传统产业，加快编制《辽宁省工业高质量发展推荐产品目录》，引领全省制造业企业不断向高端化、智能化、特色化、绿色化方向迈进。深入实施智能制造工程，加快推动互联网、大数据、人工智能与制造业深度融合，滚动推进100个智能制造及智能服务试点示范项目建设，引导更多企业建设智能生产线、数字化车间和智能工厂。持续推进服务型制造业发展，开展服务型制造示范企业、项目和平台建设，培育一批省级工业设计中心，加快推动先进制造业和现代服务业深度融合。目前辽宁省共有省级服务型制造示范企业53户（其中包括国家级5户）和省级以上工业设计中心31个（其中包括国家级2个）。扎实推进工业绿色发展，积极培育一批绿色工厂，目前共有省级绿色工厂42家，其中包括国家级15家。大力推进工业能效提升工程，加快高效节能技术产品推广应用，对10个行业重点耗能企业实施专项监察，开展辽宁工业固体废物资源综合利用评价工作。深化军民协同，不断拓展“民参军”和“军转民”通道，优先支持产品技术先进的地方企业取得军工资质，组织军地合作对接，推动重点军工企业扩大本地化配套份额，加快形成军民融合、深度发展新格局。沈阳新松机器人数字化工厂项目被评为国家智能制造试点示范项目；中科院沈阳自动化所、东软医疗等7个单位通过国家智能制造专项评审；华晨宝马、沈鼓等7家企业被工信部评为国家绿色工厂；国家机器人创新中心在沈阳揭牌启动，沈阳新松机器人成为首批符合国家工业机器人行业规范条件的15家企业之一；辽宁省燃气轮机创新中心获批成立。

2.1.4 产业集聚态势良好，工业布局更为合理

"十三五"以来，全省培育发展了一批主导产业突出、特色鲜明的产业集群，壮大了一批在国际上有影响力、在国内同行业中有竞争力、具有核心技术的排头兵企业。以鞍钢、本钢、抚顺特钢、凌钢等国有大型企业为龙头，形成了以鞍山、本溪、抚顺、朝阳为核心，辐射带动沈阳、辽阳等地区的高端钢铁材料产业群；以辽宁忠旺、辽宁忠大、中铝沈加等为代表的铝型材企业在辽阳、鞍山、沈阳、营口、盘锦、葫芦岛等地布局了铝材精深加工产业。石化产业发展向重点地区集聚，园区化发展趋势明显，大连、盘锦、抚顺、辽阳等地区石化产业规模约占全行业的80%。截至2019年，沈阳铁西装备制造产业集群、沈阳欧盟经济开发区汽车产业集群、大连软件和信息技术服务产业集群等17个产业集群被工信部授予国家新型工业化产业示范基地。

2.1.5 形成较为完善的政策支撑体系

按照国家制造强国战略部署，辽宁出台了《中国制造2025辽宁行动纲要》《关于推进工业供给侧结构性改革的实施意见》《关于发展工业八大门类产业发展政策》等一系列政策措施，重点发展机器人及智能制造装备、航空航天装备、新材料等15个重点领域。在此基础上，2018年出台了《辽宁省人民政府关于贯彻新发展理念推动工业经济高质量发展的意见》《辽宁省推进网信产业发展三年行动计划（2018—2020年）》，提出了高端化、智能化、特色化、绿色化的发展方向。2019年又相继出台了《辽宁省建设具有国际竞争力的先进装备制造业基地工程实施方案》《辽宁

省建设重大技术装备战略基地工程框架实施方案》《辽宁省建设国家新型原材料基地工程框架实施方案》《辽宁省5G产业发展实施方案（2019—2020年）》等一系列政策文件，特别是印发了《辽宁省工业高质量发展推荐产品目录》（第一批），其中包括284个高质量产品，并筛选出110个高质量发展项目，引导企业加快高质量发展。

2.2 辽宁工业发展存在的主要问题

“十三五”期间，辽宁工业在取得阶段性成就的同时，也面临着较大的转型压力，正处于振兴发展与工业转型升级的关键节点，制约进一步发展的深层次矛盾和问题仍然十分突出。

2.2.1 传统产业转型升级仍然“任重道远”

“十三五”期间，辽宁以新发展理念为引领，以“四个着力”要求为抓手，将习近平总书记重要讲话精神更准更实更好地贯彻落实到振兴发展的各个环节，深入推进工业供给侧结构性改革，着力突破发展瓶颈和短板，优化工业供给结构。目前冶金、石化、建材等资源型产业和重化工业的比重仍然较高，2019年辽宁省冶金、石化、建材等资源型产业实现主营业务收入16 819.9亿元，占工业比重达到53.4%。

一是过剩产能消化与产业结构调整有待深化。近年来，国家将钢铁、电解铝列为产能严重过剩行业，在项目核准上控制更加严格，不仅严禁建设新增产能项目，而且对已经建成的和在建的项目进行清理，辽宁金属材料行业面临的产能过剩、结构失调、环境污染、增速下滑等挑战还相当严峻。尽管辽宁精品钢材、热轧宽带钢、中板及宽厚板、H型钢、电解铝、铝型材等高端金属材料产品发展态势强劲，但相对于庞大的传统金属材料行业基数，新兴金属材料行业规模偏小，转型升级的拉动作用仍十分有限。

二是进口矿石低价倾销，矿山企业面临困境。随着钢材价格的持续下降，铁矿石价格也在持续下跌，到2015年年底，进口铁矿石价格已经降到40美元/吨，严重冲击了国内的矿山企业。辽宁是国内铁矿石主要生产大省，铁矿资源丰富、矿石自给率高一直是辽宁钢铁企业的优势，从2014年年底开始，受进口铁矿石低价冲击，省内中小矿山企业出现大面积停产，即便是鞍钢、本钢所属的大型矿山企业，也处于临界亏损状态。

三是企业在降低成本上面临较大压力。近年来，铁矿石、煤炭、焦炭等大宗原材料价格大幅度下降，直接降低了企业生产成本，但推高企业成本的因素也在增加。由于企业新建和改造项目较多，企业贷款增长较快，财务费用增幅较大，重点钢铁企业资产负债率多数都在70%以上，有些高达90%以上，个别钢铁企业吨钢财务成本高达1 600元。

四是企业环保成本在迅速增加。2015年开始实施的新《环保法》和排放标准，对冶金企业提出了更高的要求，据测算，钢铁企业要实现达标排放，吨钢环保投资需增加13%，吨钢运营费用约增加200元。

五是融资难、融资贵。由于冶金企业投入大、资金占用多，因此普遍面临融资难、融资慢、融资贵的问题。钢铁和电解铝都是产能严重过剩行业，银行抽贷情况严重，从而加剧了企业资金紧张的局面。

2.2.2 装备制造尚未摆脱“整机组装”的粗放发展模式

近些年，辽宁装备制造中低端产品的生产能力不断扩大，但高端产品供给不足，尚需进口。在产业体系方面，整装企业规模较大，功能部件生产企业规模普遍较小，功能部件行业发展缓慢，特别是关键零部件企业的发展更显滞后，依赖整机组装、缺乏技术创新和品牌的产业体系已经不适应外部需求环境的变化，研发和创新能力的瓶颈日益凸显。

一是关键核心部件及高端零部件受制于人。2019年辽宁规模以上工业企业研发经费投入占主营业务收入比重为1.20%，低于全国平均水平（1.32%），与广东和江苏等工业大省的差距更为明显。企业研发投入强度不足，创新尚未成为企业转型发展的主体力量。从关键核心部件领域看，一些战略性新兴产业尚未摆脱“整机组装”的粗放、低端发展模式，机器人产业链上减速器、电机、伺服驱动、激光器系统、先进制造基础零部件、高档机床用轴承钢多数依赖国外进口。东北特钢、本钢、中科院金属所都在开展研究，但各自为战，研究力量比较分散，没有形成合力，与国际先进水平还存在较大差距。在集成电路产业链上，中国电子科技集团公司第四十七研究所产能不大，主要以满足特殊需求为主，流片工艺比较落后，信息通信、计算机、数字视听等应用电子芯片规模小，对集成电路产业无法产生带动作用，产业协调发展动力不足。

二是产业链本地配套率较低。辽宁省工业和信息化厅提供的资料显示，全省工业产业链本地配套率较低。以新松工业机器人为例，沈阳本地配套率为27%，低于该企业的外埠配套率39%及国外配套率34%。再如减速机的外埠、国外配套率分别达到27%和52%，而本地配套产品主要是附加值较低的工装夹具、滑台、变位机、桁架等机加件。变压器产业链上依旧存在高端零部件省内配套缺失问题，目前本地没有高端零部件的配套企业，高端核心部件主要依靠进口，其重点材料省内无法配套。特变电工沈阳变压器集团有限公司需要的硅钢片、绝缘纸板、玻璃钢套管等材料，省内基本无配套资源，主要以北京、上海等长三角地区配套企业的供应为主。医疗装备产业链中东软医疗80%的供应商在省外，省内可配套的物资种类不足，缺少定制类电子加工企业，CT球管、滑环、高压发生器全部依赖进口。省内机械加工配套企业相对较多，但符合欧盟《关于在电气、电子设备中限制使用某些有害物质指令》（RoHS）、《关于化学品注册、评估、许可和限制法案》（REANCH）等法规要求，具备软性管理和技术能力的本地企业非常匮乏。

三是产品质量和品牌建设差距较大。质量提升和品牌建设是加快工业转型升级、实现高质量发展的重要途径，大力培育和塑造工业品牌，擦亮辽宁制造的“金字招牌”，可为辽宁全面振兴、全方位振兴提供强大动力。根据世界品牌实验室发布的2019年“中国500最具价值品牌”排行榜，雪花、鞍钢、中华、忠旺、大连瓦轴5家工业品牌入选，但与广东（90家）

和山东（41 家）相比，辽宁工业品牌建设存在很大差距。尽管在 CT、心血管支架、内窥镜等领域部分产品位居国内龙头地位，但与飞利浦、西门子、通用、美敦力等国际知名品牌相比，产品性能上也有一定差距。我国高端医疗装备市场主要依赖进口，主要医疗机构对国产医疗装备的认可度明显低于国际品牌产品。目前我国高端医学影像设备 70% 以上的市场被“GPS”（通用、飞利浦、西门子）等外企占据，东软医疗只有 10% 的市场份额。

2.2.3　战略性新兴产业培育不足

加快培育发展战略性新兴产业，有利于充分发挥科技引领作用，在更高起点上形成新的经济增长点，提高经济增长质量和效益，有利于我们有效吸引、集聚、整合创新资源，增强经济社会发展创新力。

一是战略性新兴产业对工业结构调整尚未形成有效支撑。以高新技术产业为例，2018 年辽宁高新技术产业产值占工业总产值的比重仅为 11.5%，约是全国（25.5%）的一半。计算机及其他电子设备制造业产值仅占全国的 1.1%，企业数仅占全国的 1.2%。信息传输、计算机服务和软件业与金融业企业数量仅占全国的 5.2% 和 4.7%。

二是关键材料和部件仍受制于人。战略性新兴产业整体技术水平与国际先进水平相比仍有较大差距，高性能集成电路、高性能金属材料、航空发动机热端部件所需的功能涂料、高温合金仍需进口，大飞机用碳纤维全部需要进口。

三是政策支撑体系协同性有待加强。目前，辽宁省为促进战略性新兴产业发展出台的政策主要集中于财政政策、产业政策、税收政策、金融政策和专利政策的运用，而对于科技政策、保护政策、人才政策、产学研合作政策、技术政策等的运用上尚不充分。同时，既有的各项政策也不够全面具体，如财政政策支持力度不够，金融政策的审核程序过于复杂、范围限制过窄等；各项政策由相关部门负责制定，出现了分散、多头管理的局面，也影响到创新政策的实施效果。

2.2.4 工业企业服务化转型缓慢

当前，全球制造业服务化转型趋势已十分明显，国内制造业服务化转型虽然还处于刚刚起步的阶段，属于新兴领域，但已呈加速发展态势。辽宁一些装备制造企业也开始了服务化转型，通过“服务外包”和“服务分离”，以便更好地满足客户的个性化要求，但实施过程中还存在很多问题。

一是受企业“大而全”“小而全”的惯性思维影响，制造企业服务内部化现象严重，高端生产性服务不足，没有形成对客户集成服务。以沈阳铁西装备制造业基地为例，有14个国家级检测中心、8个国家级产品认证中心、103个检验检测实验室，但这些机构绝大多数只服务于企业自身，设备利用率普遍不到20%，占用了大量资金和管理资源，降低了企业运营效率。①

二是生产性服务业对装备制造业的推力不够。全省生产性服务业规模总量小且分散，缺少位居全国前列的大企业或企业集团，缺乏支撑行业发展的领军企业和知名品牌。加上企业核心竞争力不强，集成服务较弱，拥有核心技术、自主知识产权的企业寥寥无几，缺乏高端人才支撑，商业模式创新不足，也制约着辽宁制造企业的服务化转型过程。

2.3 辽宁工业高质量发展的机遇和挑战

“十四五”时期是辽宁工业实现高质量发展、推动结构调整和优化升级的关键时期。在全球新冠肺炎疫情暴发和主要发达国家的技术贸易封锁的新形势下，辽宁工业振兴发展的国际形势更为复杂，外需大循环的增长模式面临前所未有的挑战。然而，国际国内形势变化也给辽宁工业高质量发展带来了相应的机遇。

2.3.1 发展机遇

新一轮科技和产业革命的纵深推进正对世界各国的经济结构和全球价

---

① 魏亚男．供给侧改革背景下辽宁制造业服务化转型路径选择[J]．党政干部学刊，2019(3)．

值链分布产生深刻影响。工业互联网作为新一代信息技术与制造业深度融合的产物，日益成为新工业革命的关键支撑和深化“互联网+先进制造业”的重要基石。美国等发达国家政府纷纷推行“制造业回流”战略，加紧在新兴科技领域的前瞻布局，力图抢占未来科技和产业发展制高点，重塑全球发展的主动权。我国政府则提出了《中国制造2025》战略，力图推动“中国制造”向“中国智造”的转型，鼓励和支持各地方探索实体经济尤其是制造业转型升级的新路径、新模式，客观上为辽宁省制造业产业升级利用全球科技创新要素，加快培育国际竞争新优势，借助人工智能实现制造业的“弯道超车”，促进辽宁省制造业的智能化转型与升级创造了条件。

我国制造业正处在由“大”到“强”的关键阶段，集中力量办大事的制度优势、庞大的市场规模优势、完善的产业配套优势、多层次的空间梯度优势、升级中的消费需求优势等内生于成长中的中国市场，是推动制造业发展的核心自发力量。我国提出“一带一路”倡议，让中国与周边各国逐渐形成了密不可分的经济合作网，为辽宁参与中蒙俄经济走廊建设，扩大辽宁工业对外开放提供了新的重大契机，为企业“走出去”提供了有利条件。

国家明确将重点支持“两新一重”建设，其中的“新基建”工程，不仅将通过提供新型基础设施建设培育拉动新的经济增长点，还将为提高中国经济的强度和韧性提供新的机遇。经过70多年的发展，中国已经成为世界上最大的制造业国家和工业门类最为齐全的国家。但在规模不断扩大的过程中，也暴露出产业基础薄弱、产业协同性不强、产业链附加值低的弊端，核心技术和知识产权受制于人，既削弱了中国经济的安全“强度”，也影响了产业链、供应链的“韧性”。而“新基建”蕴含的巨大投资规模和产业协同效应，为锻造中国经济的强度和韧性提供了前所未有的机遇，也为辽宁制造业实现关键技术和关键产品的自主创新提供了发展良机。

2.3.2 主要挑战

辽宁工业无论是资源的开发利用，还是物流和国际贸易的展开，都深受全球环境和国际关系的影响。随着近期全球化格局的结构性变化和调整，百年未有之变局逐步启动。美国特朗普政府以“美国优先”为准则，大搞单边主义和保护主义。在西方国家，国家利益至上取代意识形态的趋势上升，日益成为主导盟国关系的核心因素，越来越多的美国盟国正试图走上战略自主道路。受其影响，国际关系中的不确定性与不稳定性和风险性明显增大。在东北亚地区，朝核问题的解决遇到了明显的波折，日韩经贸关系出现了恶化，这给中日韩的密切合作带来了不利影响。

新冠肺炎疫情暴发前，全球化使产业链紧密联系、相互依存。据统计，截至2018年，全球中间产品出口贸易量达9.7万亿美元，占全球货物出口贸易额的52%。为遏制新冠肺炎疫情蔓延，全球多数经济体采取史无前例的防控措施，人员、生产要素自由流动受到限制，部分国家生产停滞，加之原油市场大幅波动、金融市场剧烈震荡等负面因素叠加影响，全球产业链“断裂”风险加剧。部分产业链停摆导致大量失业，收入减少引发需求萎缩，产业链危机由供给端扩散至需求端。供需两端同时萎缩进一步加剧对产业链的冲击，全球经济可能陷入长期衰退。疫情加剧了保护主义、单边主义、孤立主义、霸凌主义倾向。部分国家采取内顾政策，收回产业链甚至设置贸易及技术壁垒，推动全球产业链本地化、分散化趋势，导致部分产业链收缩，全球产业链不稳定性升级。辽宁是全球产业链、价值链深度参与者和贡献者，因疫情导致的全球供应链中断、全球价值链收缩，使部分企业复工复产所需要的关键零部件、核心零部件无法得到及时供应，“断供”风险极大。

辽宁工业发展模式越来越受到资源环境的约束。自党的十八大将生态文明建设作为统筹推进“五位一体”总体布局和协调推进“四个全面”战略布局的重要内容以来，我国相继出台了《关于加快推进生态文明建设的意见》《生态文明体制改革总体方案》《中共中央 国务院关于全面加强生

态环境保护 坚决打好污染防治攻坚战的意见》等多项涉及生态文明建设的改革方案，从总体目标、基本理念、主要原则、重点任务等方面对生态文明建设进行全面系统部署安排，制定或修正《中华人民共和国环境保护法》、《中华人民共和国环境保护税法》、《中华人民共和国大气污染防治法》、《中华人民共和国水污染防治法》和《中华人民共和国核安全法》等法律，严格实施生态文明建设目标评价考核、自然资源资产离任审计、生态环境损害责任追究等制度，并将环境污染和生态破坏界定入罪标准，加大惩治力度，生态环境强监管成为常态。辽宁作为《渤海综合治理攻坚战行动计划》的重要战略支撑和关键依托，“散乱污”企业清理整治、严格环境准入与退出，完成“三线一单”等相关治理措施将会对制造业的发展构成越来越严的环境约束，淘汰落后生产工艺装备和生产落后产品的生产装置，倒逼企业进行技术创新，使用绿色工艺。

总体来看，“十四五”时期，辽宁工业发展仍处于可以大有作为的重要战略机遇期，全省工业保持持续健康发展的基础没有改变，但面临的机遇与挑战并存，发展形势仍然十分复杂。因此，我们必须坚持创新、协调、绿色、开放、共享的发展理念，坚持问题导向，破解发展难题，增强发展动力，厚植发展优势，增强危机感和紧迫感，牢牢把握发展的主动权，扎实推进辽宁工业经济稳步发展。

2.4 辽宁工业高质量发展的重点任务

“十四五”时期，辽宁工业高质量发展的重点是以增强国际竞争力为核心目标，以深化供给侧结构性调整为主要抓手，着力构建现代化产业体系，通过工业结构调整、企业改组和技术改造，把辽宁建设成为现代化装备制造业、原材料生产基地和战略新兴产业发展的“新基地”。

2.4.1 提升工业基础能力，加快产业创新步伐

依托国家机器人创新中心、中科院沈阳自动化研究所、新松机器人、通用机器人、东北大学、沈阳飞机设计研究所、云科智能、东软集团、沈

阳药科大学、中国医科大学、三生制药、远大诺康、何氏集团等科研机构和单位，大力发展未来智能产业、健康产业、信息技术产业。积极谋划5G、工业互联网、大数据、人工智能等发展布局，实现与南方发达省份发展同步。

实施产业基础再造工程和首台（套）重大技术装备工程，补齐工业基础能力短板。构建产业技术创新体系，强化企业创新主体地位，培育“隐形冠军”、高新技术企业等，强化产业关键共性技术的支撑能力，建成一批高水平制造业创新中心，提升公共服务平台服务水平。

2.4.2 聚焦产业链关键环节，推动产业链迈向中高端

随着新一代信息技术与工业系统深度融合，工业领域数字化、网络化和智能化趋势蓬勃发展，工业互联网已成为工业转型升级的关键，在全产业链控制、关键产品和技术环节控制、技术标准和核心技术等方面，提升工业企业对产业链的控制力和主导能力。构建实体经济、科技创新、现代金融、人力资本、制度创新协同发展的智能化、绿色化、高端化的现代新型制造体系。加快分层次“补链”，完善产业链薄弱环节；加快分领域“强链”，推动辽宁制造业从产业链中低端走向中高端；加快分区域“固链”工程，打造一批千亿级产业集群。

2.4.3 分类推进传统产业优化升级

对于有条件创新升级的行业和企业，要通过技术创新、产品创新、业态创新和商业模式创新，抓紧升级。对于可以整合优化的传统行业产业链，要围绕技术瓶颈和高附加值环节，加强技术攻关和针对性招商，推动产业链整合优化。对于该淘汰退出的低端落后产能，必须坚持有序退出，坚决打破制约传统产业转型升级的坛坛罐罐。采取对企业进行综合评价的方式，实施差别化的要素政策，倒逼落后和严重过剩产能有序退出。

2.4.4 培育壮大战略性新兴产业

明确产业发展的重点领域、技术和产品的发展方向，把有限的资金集中到关键性技术上，实现技术突破，加强政府采购、实施试点示范工程，

以及通过消费补贴、行为示范和广告宣传等方式，培育内需市场，拉动战略性产业发展，扶持龙头企业和大企业建立研发中心，支持企业同科研院所、高等院校建立创新研发中心，提高企业自主创新能力。

大力发展数字经济，推动云计算与大数据、物联网、移动互联网等领域的深度融合，开发智能传感、视频识别、智能终端、智能传输和信息处理等领域的高端实用技术。大力发展智能装备，瞄准智能工厂、数字化车间建设，加快推进工业机器人创新应用和电力巡检等专用服务机器人产业化。大力发展生物产业，开发针对重大传染病的新型疫苗和创新药物，研发对常见病和重大疾病有显著疗效的生物技术药物和小分子药物，鼓励企业研发移动医疗产品。大力发展绿色产业，推广一批具有自主知识产权的资源综合利用技术，推进纯电动汽车、插电式混合动力汽车和燃料电池汽车产业化。

2.4.5　加快工业平台建设，推动先进装备制造与生产性服务业融合发展

依托省内智力资源优势，做强工业设计、检验检测等科技服务业，建设一批具有区域影响力的创新设计集群，培育一批专业化、开放型的工业设计企业。鼓励企业加强电子商务应用，通过发展网络营销来实现品牌培育和市场扩张，鼓励中小微企业依托第三方电子商务服务平台开展业务，引导企业运用跨境电子商务手段开拓国际市场，深化电子商务应用。培育壮大生产性服务业，以龙头骨干企业和智能工厂为重要载体，深化拓展业务关联、链条延伸、技术渗透，推动建立先进装备制造与生产性服务业融合发展生态。

2.4.6　实施三个“字号”专项行动计划，统筹推进全省工业发展

2016年5月，习近平总书记到黑龙江视察指导工作时，明确要求着力优化产业结构，改造升级“老字号”、深度开发“原字号”、培育壮大“新字号”。在全省推动实施三个“字号”专项行动计划，可以互为支撑、互相促进。推动“老字号”改造升级，为“新字号”提供丰富的应用场景和数据资源；推动“原字号”深度开发，为“老字号”“新字号”提供材料

支撑；推动“新字号”培育壮大，为“老字号”“原字号”进一步赋能增效。同时，根据三个“字号”的不同特点，优先突破具备较好基础且对结构调整影响较大的“原字号”，积极推进具备传统优势的“老字号”，重点推动基础相对薄弱但潜力巨大的“新字号”，培育打造产业新生态。

一是突出主攻方向。“老字号”注重充分发挥产业数字化的场景优势和数字产业化的资源优势，提升装备制造业数字化水平，促进向智能、绿色、高端、服务方向转型升级。“原字号”注重拉长产业链，深化石化产业供给侧结构性改革，推进冶金产业精深加工，促进菱镁产业可持续发展。“新字号”注重推动高技术制造业等新兴产业快速发展，面向新一代信息技术、柔性电子等领域培育新动能、新业态、新模式。

二是突出企业创新主体地位。“老字号”做大做强龙头企业，建设特色化、行业级工业互联网平台，带动上下游中小企业融通发展，提高本地配套率。“原字号”推动恒力、宝来等民营企业发展，促进鞍钢、本钢等央企和地方合作，提高原料资源本地利用率，延伸拓展产业链，发展特色产业集群。“新字号”培育雏鹰、瞪羚、独角兽、啄木鸟等科技型企业，通过项目支持、资金奖补等方式，提高自主创新能力。

三是突出高质量发展项目。“老字号”重点选取产品方向好、销路好，但加工能力不足的装备制造企业，率先建设一批数字化、智能化、绿色化改造项目。“原字号”重点从产业链上下游企业协作发展、企业改造提升等方面，建设一批补链、延链、强链项目。“新字号”重点围绕技术创新、应用创新、模式创新和制度创新，建设一批项目。

四是突出协同联动。加强部省联动，对接国家政策，如支持“老字号”企业承担国家科技专项。明晰省、市、县工作职责和重点，如“原字号”中推进海城、岫岩、大石桥和辽阳等重点地区菱镁矿山整合。推动省直部门形成工作合力，如“新字号”中提出做优节能产业、做深环保产业、做大资源综合利用产业等方面，加强工信、发改、环保等部门合作。

五是突出平台作用。加强创新平台建设，鼓励企业组建实质性的“产学研”联盟，优化提升一批重点实验室、制造业创新中心等，加快重大基础设施和大型科研仪器设备开放共享。推动“老字号”“原字号”建立产业链协同创新平台，促进上下游创新互动。搭建金融服务平台，加强与金融机构互信合作，积极推进银行、保险、担保等各类金融机构对重点项目建设的支持力度，培育优势企业上市及发债融资。

六是突出绿色发展。制定关于促进产业结构优化的暂行办法，围绕碳达峰和碳中和、严禁高耗能高污染工业项目上马、加强对“老字号”企业和产品的扶持，推动工业绿色发展。针对“原字号”，对标对表《产业结构调整指导目录》，严禁新增限制类和淘汰类工艺设备，严禁钢铁、电解铝、水泥、平板玻璃、小炼油、小化工等行业新增产能。

第3章

辽宁服务业

世界主要发达国家产业结构演变历程表明，随着工业化进程的深入推进，服务业在促进产业结构调整和升级、吸纳多余劳动力扩大就业、提升国民收入水平、加速新型工业化进程等方面发挥着重要的支撑和引领作用。从美国、德国和日本的服务业发展进程来看，服务业也经历了内部转型过程，其典型特征是服务业内部细分为生产性服务业（研发服务、离岸金融、现代物流等）和生活性服务业（健康养老、教育培训、文化、体育等），德国服务业占GDP比重达到70%，生产性服务业占服务业比重也达到70%。

当前，受新冠肺炎疫情蔓延和主要发达国家技术贸易封锁影响，以外需大循环为主体的增长模式受到严重挑战，如何打通国民经济内循环各类壁垒，加快构建以内需大循环为主体、外需大循环为辅助的新经济体系成为国家和东北现代化经济体系建设的重点方向。作为一个拥有超过14亿人口的大国，国内巨大的市场空间成为我国经济结构转型的巨大支撑，随着国民收入水平提高和人口老龄化趋势加剧，消费需求的结构升级将为健康养老、教育培训等生活性服务业释放巨大市场需求。为此，需要以深化改革和扩大开放为重点，加快对生活性和生产性服务业统筹规划，破除服务业发展体制机制壁垒，促进经济内循环的畅通衔接。

本章重点回顾了“十三五”期间辽宁服务业高质量发展的历程，分析了辽宁服务业高质量发展存在的主要问题，并提出了面向“十四五”时期辽宁服务业高质量发展的对策建议。

3.1　辽宁服务业的发展现状

“十三五”时期以来，辽宁始终把发展服务业作为推进产业结构战略性调整和转变经济发展方式的重要抓手，综合施策，攻坚克难，服务业呈现结构向好、平稳增长态势，对经济社会发展的支撑和拉动作用日益突出。一是总量保持稳定。服务业增加值从2015年的13 320.5亿元、2016年的11 467.3亿元发展到2017年的12 362.1亿元、2019年的13 200.4亿元。社会消费品零售总额由2015年的12 773.8亿元增加到2019年的15 008.6亿元。二是服务业比重明显提高。2016年以来，服务业增加值占地区生产总值比重逐年提高，2019年占比达到53%。[①]沈阳、大连基本形成以服务经济为主导的产业结构。服务业就业容量显著增加，服务业从业人员占全社会从业人员的比重年均提高1个百分点以上。三是服务业内部结构明显优化。金融、现代物流、科技服务、信息技术服务、电子商务等生产性服务业年均增速高于服务业整体发展速度。旅游、文化、养老、家政、健康、休闲娱乐等行业成为新的增长点，医疗、教育、卫生等基本公共服务向城乡均等化方向迈进一步。四是服务业对国民经济增长的贡献率持续攀升。服务业对经济增长的拉动作用愈发增强。服务业完成地方税收占全省地方税收比重、服务业从业人员占全社会从业人员比重、服务业固定资产投资占全省固定资产投资比重三项指标均达到半数以上。服务业成为吸纳社会就业、提高城乡居民收入的重要渠道。

---

① 辽宁省统计局．二〇一九年辽宁省国民经济和社会发展统计公报[EB/OL].[2020-10-12]. http://www.ln.stats.gov.cn/tjsj/tjgb/ndtjgb/202002/t20200226_3751883.html.

3.1.1 生产性服务业优先发展

一是金融服务业规模不断扩大。截至2020年5月末，全省金融机构（含外资）本外币各项贷款余额51 310.4亿元，同比增长8.3%；金融机构（含外资）本外币各项存款余额64 995.4亿元，增长5.1%，较1—4月提高1.4个百分点。按照“产业为本、金融为用”的指导方针，健全完善多样化、专业化、综合性的产业金融服务体系。（1）金融机构种类不断丰富。全省形成覆盖银行、证券、保险、基金、租赁、金融控股等领域金融机构体系。（2）金融产品创新日益活跃。总部金融创新产品在辽宁率先应用，支持省级机构创新研发，积极探索综合金融服务合作模式。（3）资本市场体系不断完善。建立与中国证监会上市工作协调机制，全省基本形成主板、中小板、创业板、新三板、区域股权市场多渠道、协同发展的资本市场融资服务体系。（4）科技金融体系持续深化。沈阳、大连成为全国科技金融试点城市，部分试点园区已经形成了可借鉴、可复制、可推广的适合科技创新的金融产品和服务模式。（5）普惠金融体系全面推进。银行机构标准化网点实现乡镇全覆盖。农商行、新型农村金融机构，实现县域全覆盖。（6）金融生态环境建设不断加强。沈阳、大连区域金融中心建设稳步推进，沈阳金融商贸开发区单位面积金融贡献率稳居东北地区首位，大连成为内地入选全球金融中心指数4个城市之一。

二是现代物流业快速发展。到“十三五”期末，全省邮政业业务总量达到243亿元，比“十二五”期末增长224%，年均增长26%，超过全省经济增幅。全省邮政业业务收入（不含邮政储蓄银行直接营业收入）达到174亿元，比“十二五”期末增长127%，年均增长18%。快递业务量达到9.5亿件，业务收入达到119亿元，分别比“十二五”期末增长286%和202%。[①]（1）在交通物流方面，启动物流工程建设，完善通道及配送体

---

① 数据来自《辽宁统计年鉴2019》。

系。推进物流工程发展。以沈阳、大连国家物流节点为枢纽，鞍山、抚顺、丹东、锦州、营口、铁岭六个运输枢纽为中心，依托工业产业集群、服务业集聚区，加强产业物流相关物流园区建设。加快推进综合交通运输大通道发展。主动融入“一带一路”倡议，积极推进中蒙俄经济走廊和中国（辽宁）自由贸易试验区建设，大力推进“辽满欧”综合交通运输大通道和辽鲁陆海货滚甩挂运输大通道建设，推动“辽满欧”大通道与辽鲁大通道实现有效对接。（2）在商贸物流方面，进一步完善城乡配送体系，推进冷链物流发展。依托农村客运站，开设邮政、供销或物流中转功能，开辟能够提供小批量货物集散、分拣、配送等综合服务功能的客运站物流作业区，提高农村客运站发展农资配送、农副产品代购代销、小件仓储配送、蔬果冷藏加工等农村物流功能，有效解决农村百姓购买消费品难、农资难和销售农产品难等问题。为了贯彻落实国务院办公厅《关于加快发展冷链物流保障食品安全促进消费升级的意见》，推进辽宁道路冷链物流快速发展，参与编制了《道路冷链运输服务规则》。

三是商贸流通业转型升级加快。推广了37项内贸流通体制改革综合试点经验，在全省培育了15家创新商业模式龙头企业，推进大型传统百货企业向商业综合体转型，重点推广大商集团等转型升级经验。总结推广连锁经营模式，不断创新社区服务模式，努力打造智慧型社区服务体系。提升市场监测水平，监测样本企业总量达到1 400余家，涵盖27个流通行业、9种零售业态，建立起全省统一、科学规范的商贸流通统计监测体系。充分利用大数据加强市场运行监测分析，增强信息服务功能。

四是信息技术服务业渗透作用增强。坚持一手抓自主创新和对外开放，一手抓产业发展和信息技术应用，在产业园区建设、新一代信息技术应用和利用软件技术提升传统产业等方面取得了重要进展；同时在移动互联网、云计算、大数据等新技术、新业态的带动下，产业加快向网络化、融合化、移动化方向发展。建立16个公共服务平台，平台资源内容和服务运营模式日益丰富。大力发展工业软件，促进信息化和工业化深度融合。连续三年面向全国组织省内国产工业软件优秀解决方案展示对接会，促进了工业企业与软件企业的技术交流和军民两用技术成果转化。确定了智慧建设标准的体系框架，形成了以沈阳、大连为主体的产业特色鲜明、优势互补的软件产业发展新格局，沈阳、大连两市软件业务收入占全省收入比重达到97%以上，大连高新技术产业园区成为国家新型工业化产业示范基地（软件和信息服务）；以产业集群为载体，形成了浑南软件及电子信息、大连软件和信息技术服务两个重点产业集群，建成了一批定位清晰、特色鲜明的产业园区，集群及园区已成为产业、技术和人才集聚的坚实平台和有效载体。

五是科技服务业支撑作用显现。以支撑创新驱动发展战略实施为目标，推动研发设计、技术转移、检验检测认证等科技服务业向专业化、网络化、市场化方向发展。（1）着力搭建和完善科技服务平台。加强大型科学仪器共享服务平台、省科技文献资源共享服务平台、省科技成果转化综合服务、省级工程技术研究中心和重点实验室、省产业技术创新平台建设。其中，省科技文献资源共享服务平台连续获得国家科技图书文献中心授予的地方服务站“服务进步奖”。（2）加强科技服务机构建设。加强生产力促进中心建设，加强众创空间、孵化器建设，加强省级技术转移示范机构建设。2019年，全省共签订技术合同16 914项，成交额达571.2亿元，比上年增长14.3%，平均每项技术合同成交额337.7万元。

六是电子商务蓬勃发展。辽宁省商务厅提供的资料显示，辽宁正着力实施“互联网+流通”行动计划，深化普及电子商务应用，加快培育本土特色电商平台，促进电子商务与三次产业深度融合发展，在社会经济各领域广泛深入应用，把辽宁打造成为东北电子商务中心。（1）实施企业上网工程。支持大中型企业发挥资本、技术和信息优势，整合行业电子商务资源，建设产业链集成发展的行业电商平台，引导和推动小微企业应用电子商务，借助第三方电子商务平台开展在线采购、产品体验、销售等生产经营活动。重点引进知名电商平台授权渠道服务商，发挥其成熟的网络和线上流量优势，为中小微企业提供电子商务应用一站式服务。重点打造20个示范智慧商圈，带动全省提升商圈智慧化水平。大力发展移动电子商务，推动电子商务由PC端向移动端延伸发展，支持移动电子商务在生活服务和公共服务领域的应用。（2）实施跨境电商培育工程。鼓励现有电商平台和企业拓展跨境电商业务功能，支持跨境电商零售出口企业通过规范的海外仓、体验店和配送网点等模式，融入境外零售体系。（3）完善电子商务基础发展环境。加快推进物流快递协同发展，构建面向全国、覆盖全省的农村快递配送网络。加强网络基础设施建设，优化移动互联网、物联网、大数据、云计算等新型信息技术产业布局。完善支付渠道建设，鼓励银行拓展电子银行服务业务，加强第三方支付平台建设，提高便利和安全的移动支付服务应用比重。强化完善的信用体系建设，加强电子商务人才队伍建设。

七是商务服务和会展服务体系日趋完善。重点发展法律咨询、会计审计、工程咨询、管理咨询、认证认可、信用评估、广告等商务服务和租赁业，形成门类齐全、功能完善的商务服务体系。推进商务服务业向专业化、规模化、网络化发展，着力提高本土商务服务企业的市场竞争力，支持本土商务服务业龙头企业发展，培育一批自主品牌，培育一批年营业收入超亿元的中介服务企业，着力引进境内外知名的商务中介服务企业进入辽宁。加快发展融资租赁、经营性租赁，推动拍卖、典当业健康规范发展。建设一批具有影响力的商务服务集聚区。

在会展业方面，已培育出100多个自主品牌展会。其中，辽宁省政府主办的国家级展会主要有中国制博会、中国数交会（原中国软交会）、中国专交会、辽宁国际农博会等。各市依托特色产业培育品牌展会。重点展览企业创办了沈阳建博会、大连工博会、东北安博会等知名展会。专业展馆建设逐步完善。沈阳新世界博览馆正式投入运营，总展览面积达2.4万平方米。大连国际啤酒节、中国（本溪）满族风情温泉羊汤美食节等从多角度活跃消费市场。皇寺庙会、盛京灯会等各类庙会灯会和文化节活动，将展销特色民俗商品与传承民俗文化相结合，成为百姓文化消费新的选择。沈阳卧龙湖大辽文化冬捕节、鞍山千山梨花节等民俗节庆活动，通过“节庆+特色资源”和“旅游+特色资源”的发展模式，拉动了当地消费市场，推动了相关产业发展。

八是人力资源服务业发展逐步规范。依法实施人力资源服务许可，强化日常监管，完善诚信服务长效机制，扩大政府购买人力资源服务，进一步激发市场主体活力。开发满足不同层次、不同群体需求的各类人力资源服务产品，规范发展人力资源和社会保障事务代理、职业中介、人才培训等人力资源服务，鼓励发展人力资源服务外包、人力资源管理咨询、高级人才寻访、网络招聘等新型服务业态。推进行业集聚发展，培育符合市场需求的人力资源服务产业园。扩大对外开放与交流，鼓励有条件的本土人力资源服务机构“走出去”，与国际、国内知名人力资源服务机构开展合作。建立健全人力资源服务标准体系，实施人力资源服务品牌战略。

3.1.2 生活性服务业提升发展

一是创新旅游发展体制机制。葫芦岛市对接京津冀协同发展旅游先行区获省政府批准设立，沈阳市成功入选第二批国家级旅游改革创新先行区，营口市被评为辽宁研学旅行试点城市。旅游产业供给侧改革全面启动，沈阳旅游集团、本溪水洞集团、千山旅游集团等已经组建完成并投入运营。(1) 加强旅游品牌建设。千山景区成功创建国家5A级旅游景区。(2) 培育旅游新业态。成功举办第六届沈阳法库国际飞行大会；推出历史文化挖掘等6条研学旅行主题线路；大力开展红色旅游系列活动。(3) 加强四季旅游品牌建设。积极参加东北亚旅游产业博览会等国内外知名大型旅游展会；举办中国·沈阳棋盘山国际旅游体育节等重大节庆活动。(4) 开启区域旅游合作新进程。首次将京津冀辽四地区域旅游合作推向新的战略高度，开启了京津冀辽旅游协同发展与合作新篇章；辽吉黑蒙成立了“振兴东北旅游合作联盟”，四省区28家重点旅行商签署了互送客源协议；发布了港澳游客赴辽旅游奖励政策，并与港澳首次签署合作备忘录。（5）旅游服务品质得到新提升。先后颁布《导游员诚信服务评价规范》等14个地方标准。

二是推动文化产业融合发展。制定并印发《关于推动全省文化产业高质量发展的若干意见》《辽宁省推进文化产业高质量发展行动计划（2019—2020年）》，围绕重点行业、重点企业、重点项目、重点园区（基地），在财政、税收、银行、土地、信托、保险、基金等方面，明确优惠政策，明确到2020年文化产业发展的目标任务和措施方向。（1）发展壮大文化市场主体。加大对国有重点文化企业的扶持力度，鼓励符合条件的国有文化企业上市融资。引导社会资本以多种形式投资文化产业，支持"专、精、特、新"中小微文化企业发展。总部设在大连的中国华录集团有限公司连续三年被认定为全国"文化企业30强"，北方联合出版传媒（集团）股份有限公司连续三年进入提名企业名单。（2）推动文化产业融合发展。整合全省旅游资源，创立辽宁省旅游产业联盟，制定《关于推进辽宁省冰雪经济发展的实施方案》，推动文化产业和旅游业融合发展。落实科技部等六部门印发的《关于促进文化和科技深度融合的指导意见》，积极开展国家文化和科技融合示范基地建设，中国华录集团有限公司被认定为国家文化和科技融合示范基地。推动文化产业与金融业融合发展，辽宁报刊传媒集团、辽宁出版集团探索成立文化产业创业投资基金，国家级文化金融合作试验区落户沈阳市皇姑区。（3）推动文化走出去。制订并印发《关于加快全省对外文化贸易发展行动计划的实施方案》，拓展对外文化贸易渠道，推动扩大文化出口规模。积极申报国家文化出口重点企业和重点项目，沈阳杂技演艺集团有限公司、北方联合出版传媒（集团）股份有限公司等11家企业获评国家文化出口重点企业，大型杂技剧《熊猫——寻梦之旅》等6个项目入选国家文化出口重点项目。

三是保持房地产市场平稳健康发展。以支持刚性需求和改善性需求为着力点，把县城房地产去库存作为工作重点，将房地产去库存与促进人口城镇化有机结合，有序引导农民工和农民进城居住。截至2019年年底，全省商品住房库存去化周期降至12.1个月，其中主城区库存去化周期10.6个月，县城库存去化周期15.9个月，比2017年年初分别缩短了2.2个月和22.5个月，全省及大部分市和县城的商品住房库存去化周期已经调整到合理区间。[①]（1）坚决遏制投机炒房，因地制宜，精准施策，全面整顿规范房地产市场秩序，确保房地产市场平稳健康发展。2019年，全省房地产开发投资同比增长9%，比全省固定资产投资增速高9.5个百分点，房地产开发投资占全省固定资产投资总量的42.2%；新开工商品房面积同比增长4.6%。全省房地产税收同比增长2.1%，全省土地出让金同比增长35.9%。（2）坚决贯彻“房子是用来住的，不是用来炒的”的定位精神，高度重视住房租赁市场发展，将其作为建立房地产市场长效机制、保持房地产市场平稳健康发展的重要措施，作为加快房地产去库存、全面推进供给侧结构性改革的有效手段。（3）修订《辽宁省物业管理条例》（2018年2月1日起施行），建立住宅专项维修资金管理应急使用制度，编制物业服务标准，建立“易安居”物业投诉报修平台。居民通过手机在平台提出投诉报修，管理部门在线监督物业企业及时解决问题，让老百姓有明显获得感。

四是坚持医养结合，大力发展健康养老服务业。整体推进医养结合，公布了国家级试点城市3个（沈阳、大连、辽阳）、省级试点城市4个（本溪、锦州、营口、朝阳），在全省二级以上综合医院为老年人就医开通绿色通道、开设老年病科或老年病门诊。试点先行，探索多种服务模式。目前，医养结合试点已实现国家、省、市三级试点城乡全覆盖。基本形成了医中有养和养中有医的嵌入式模式、医养实体整合为一（康养中心等）模式等8种服务模式。医养结合工作成效初显，社会力量积极参与医养结合发展项目，“养为基础，医是保障”的格局基本形成。连续4年印发《辽

---

① 数据由辽宁省服务业委员会提供。

宁省社会办医投资指引》，被国务院医改办作为深化医改典型案例向全国推广。截至2019年，社会办医床位占比达到30.65%。全省医养结合机构总数为169家，医疗机构与养老机构签约已达1 623对，二级以上综合医疗机构老年病科、老年病门诊开设率达100%，医疗机构全部开通了为老年人提供挂号、就医等服务的绿色通道。全省90%以上中医医疗机构开展了中医药健康养老服务，71家公立中医医疗机构与养老机构建立了协作关系。[①]

五是推动教育培训主体和业态多元化。适应经济发展方式转变和产业结构调整要求，重点培养掌握新技术、具备高技能的高素质人才，构建体现终身教育理念，各级各类职业教育培训协调发展的现代职业教育体系。坚持服务需求、促进就业导向，推进高等院校、职业学校、社会各类培训机构专业设置与产业需求对接，课程内容与职业标准对接，教学过程与生产过程对接，职业教育与终身学习对接。引导一批普通本科高等学校向技术类型高等学校转型，科学合理设置专业，健全专业随产业发展动态调整的机制，建立以职业需求为导向、以实践能力培养为重点、以产学结合为途径的高等职业教育培养模式。鼓励优质职业学校通过兼并、托管、合作办学等形式整合办学资源，组建职业教育集团。加强失业人员、农村转移劳动力、新成长劳动力的职业技能培训，完善有利于全体劳动者接受职业教育和培训的灵活学习制度。引导支持社会力量兴办职业教育，支持行业、企业举办职业学校或与职业学校合作建设生产实训基地。积极推动各类培训机构整合社会资源，提升培训质量和水平，培育本省培训品牌。形成政府指导、高等和职业院校为主体、行业自律、企业全面参与的职业教育、继续教育、专业培训体制，全面提高从业者素质。建设成为具有较强影响力和辐射力的教育培训高地、产业高端人才培养中心和专业技术人才

① 数据由辽宁省服务业委员会提供。

实训中心。

六是推动体育产业的规模化和品牌化。相继出台了《辽宁省人民政府关于加快发展体育产业促进体育消费的实施意见》和《辽宁省体育产业中长期发展规划（2016—2025）》，规划了“一带二路三核九区”的全省体育产业发展布局，明确了辽宁未来10年体育产业发展的主要任务。(1) 体育赛事蓬勃发展。职业俱乐部联赛辽宁主场比赛气氛浓厚，沈阳、大连、丹东鸭绿江、营口鲅鱼圈、盘锦红海滩五大马拉松赛事火爆全省，大连环渤海国际帆船拉力赛成为具有国际影响力的品牌赛事。CBA辽宁男篮将主场搬回沈阳，有效地拉动了体育赛事、体育旅游、餐饮、娱乐等消费市场。(2) 体育产业与相关产业融合发展，形成了“体育+融合发展”的势头。大连国际徒步大会吸引40多万人参加，鞍山通过开展辽宁鞍山国际登山节、露营大会，盘锦通过开展红海滩国际马拉松、冰凌穿越挑战赛，营口通过开展鲅鱼圈国际马拉松赛等活动，既提高了赛事的知名度，又推动了当地旅游业的发展。(3) 体育产业基地引领体育产业发展。全省现有国家级体育产业基地1个（为大连市长海县），省级体育产业基地30个。体育产业基地的示范效应为体育产业的聚焦与发展提供了良好的发展环境，促进了体育产业的规模化，带动了地方经济和社会发展。

七是提升餐饮服务业的连锁化水平和品牌竞争力建设。强化便民、利民、为民服务理念，创新经营服务方式，加快餐饮、住宿等传统行业转型升级。发展大众化餐饮，推行连锁等现代经营方式，重点培育建设50家主食加工配送中心和早餐龙头企业，引导扶持100家有特色、有品牌的餐饮连锁企业集团。重点发展经济型、大众化住宿业，充分满足不同层次消费群体住宿服务消费需求。规范发展美容美发业，扶持创新人像摄影业，培育拓展洗染业，规范引导洗浴业。培育、挖掘、树立一批老字号品牌，引导支持老字号向规模化、规范化、品牌化方向发展。健全城乡社区商业服务设施，推进生鲜食品店、便利店、家政店、洗染店、美容美发店、大众浴池等各类生活服务连锁企业进入社区。构建以大众化市场为主体、层次丰富、业态均衡，与多样化、个性化需求相适应的餐饮住宿业发展新格局。

八是补齐农村服务业短板，推动城乡基本公共服务均等化。围绕农业生产的产前、产中、产后服务，大力发展以生产销售服务、科技服务、信息服务和金融服务为主体的农村社会化服务体系。完善农产品现代流通体系，培育一批大型涉农商贸企业集团，切实解决农产品“卖难”“买贵”和质量安全问题。完善农村生活用品和农业生产资料连锁经营服务体系。加强农村金融体系建设，充分发挥农村商业金融、合作金融、政策性金融和其他金融组织的作用，发展多渠道、多形式的农业保险，增强对“三农”的金融服务。扎实推进城乡基本公共服务均等化，加大对农村交通、通信、安全饮用水、文化、教育、卫生、体育、环保等公共服务业的投入，丰富农民物质文化生活。推进信息进村入户工程，在每个行政村建设一个益农信息社。

3.2　辽宁服务业高质量发展存在的主要问题

“十三五”期间，辽宁服务业发展取得良好成就，生产性服务业快速发展，生活性服务业对经济的拉动效应逐步增强，但辽宁服务业发展还存在一些不容忽视的问题。

3.2.1　服务业发展规模与先进省市仍存在差距

辽宁省商务厅提供的资料显示，2019年，辽宁服务业产值占本省生产总值的比重为53%。但是，辽宁服务业占比提升客观上是基于同期第二产业增长乏力及“挤水分”所致的连带效应，与已经形成“服务经济”的北京、上海等城市，以及各行业“全面开花”的浙江、江苏等省服务业蓬勃发展的情况相比，无论是在细分行业发展规模上，还是在发展质量、发展动能上，均有很大现实差距。

3.2.2　生产性服务业发展动力不足

辽宁以重化工业为主的产业结构释放的是既有产能，对生产性服务业拉力不足。全省生产性服务业营业收入增速低于全国平均水平。“主辅分立”企业出现回流现象。部分企业实现“主辅分立”后，面向社会化的服务较少，主要业务仍然源自为企业内部提供物流服务，国企人员包袱及市场化运营的种种冲击，致使分立企业难以为继。

3.2.3 同业相似度高、异业互补性差

全省服务业企业多为劳动密集型企业，技术密集型新兴企业较少，而且领军企业不多，规模大、有实力、引领带动能力强的大企业、大集团更加稀缺。产生问题的原因有两方面：一是同行间竞争多合作少。商贸设施重复建设，政府部门、行业协会对搭建企业间沟通协作机制和平台尚存在工作缺失问题。如沈阳市中街、太原街、青年大街沿线的各大商圈从装修到品牌引入、从经营方式到服务内容，相似度极高，导致恶性竞争，极大地削弱了沈阳商贸业整体盈利水平和发展后劲。二是缺乏协调机制，商贸业与制造业、旅游业、会展业、房地产业等行业形成协调发展、共生共荣的良性经济生态圈的互补性较差。如沈阳市会展旅游催生了新的市场需求和产品需求，并对商品的品种、服务质量提出了更高要求，但沈阳市商业设施硬件建设缺少个性化的购物氛围，旅游业和商贸业在经营上各自为政，缺少有效沟通。

3.2.4 政策精准度不足，扶持方向单一

推动中小企业发展的普惠制政策有限，产业引导资金使用效益尚有待提高。目前辽宁部分专项产业引导资金以贴息或奖补形式“点对点”给予重点项目支持，在资金安排上也存在“撒芝麻盐”现象，而对于支撑产业发展的公共性设施建设扶持力度不足，部分项目存在效益性不高、退出机制空缺等问题，引导资金难以发挥引导作用。

3.3 辽宁服务业高质量发展的对策建议

服务业是产业结构转型升级的重要方向，对形成新经济增长点、吸纳劳动力就业、促进城镇化和城市建设意义重大。“十四五”是辽宁全面深化改革的重要战略机遇期，做大服务业发展规模，加快推进服务业转型升

级，对辽宁老工业基地新一轮振兴具有重要的现实意义。立足“十三五”辽宁服务业发展成效和基础，针对辽宁服务业发展的主要问题，未来应以深化改革、扩大开放为核心，加快推动辽宁服务业高质量发展。

3.3.1　开展服务业综合改革试点

服务业综合改革试点在促进现代服务业发展质量、效益及水平的提升，拓展服务业发展新空间，培育新兴业态、新模式和服务主体，打破制约服务经济发展的体制机制障碍，探索各具特色的服务业发展模式等方面具有明显成效。今后应以综合改革试点工作方案为指导，重点发展国家级改革试点地区，并以省级试点地区为补充，积极推进综合改革试点工作。

3.3.2　统筹区域服务业协调发展

充分发挥沈阳和大连两个中心城市的辐射和带动作用，实施“双核联动”，将部分现代服务业向周边转移，推动辽宁现代服务业协调发展；加快鞍山、抚顺、本溪、丹东、营口、辽阳、铁岭和盘锦8个城市现代服务业结构调整；调整和优化乡（镇）企布局，推进乡企向中心镇比较发达的各镇转移，全面提高乡企服务业集中度，并以此促进小城镇现代服务业的协调发展。统筹规划服务业区域布局与集聚区建设，形成以中心或区域为核心的“辐射式”发展模式，发挥中心的示范引领作用。

3.3.3　重点发展生产性现代服务业

现代服务业具有的高度融合性和强大渗透性使其对其他关联产业的发展影响巨大。其他相关产业与现代服务业的融合将给自身带来新的发展业态、新的发展空间、新的营销理念和不断延伸的产业链条。在技术融合、管理融合、市场融合等方面，重点关注服务业与制造业、农业以及服务业自身的融合发展，进而促进服务业高质量发展。

以汽车制造、装备生产、石化、电子机械等几大龙头产业为轴心，推动生产性服务向产前、产中、产后延伸，加快研发、检测、维修、工程设计、项目管理、技术培训、供应链管理、仓储、零部件配送、售后服务、项目外包、保险、物流、展销等服务业的发展，延伸产业链，培育现代制造业的中介服务产业集群，促进辽宁重装机械、石化设备、船舶制造、汽车制造、电子通信设备等产业与信息、保险、物流等现代服务业融合。重点关注生产性服务业重大项目建设，以优先发展生产性服务业为导向，推动辽宁服务业创新发展。

3.3.4 提高服务业的对外开放水平

扩大开放，引入竞争机制、放宽市场准入，加快金融、保险等新型服务业的对外开放。加大扶持力度，适当降低市场准入限制，吸引外资投向服务领域，使服务业成为利用外资新的增长点，积极承接信息管理、技术研发、工业设计等国际服务外包业务。实施“走出去”发展战略，扩大服务产品出口。利用自身地理位置优势，实施“引进来”与“走出去”双向开放战略。同时，完善市场准入政策与对外投资政策等，提高服务业对外开放水平。

第4章 辽宁农业

纵观人类经济社会的发展历程，农业始终是经济社会平稳运行的“压舱石”。然而，随着工业化进程的深入推进，农业、工业与服务业之间劳动生产率和报酬的“剪刀差”导致人口和劳动力逐步脱离农业，向工业和服务业转移，加之户籍、养老等体制机制差异，使得城乡差距逐步扩大，城乡发展中的不平衡、不充分问题逐步凸显。为此，推动农业高质量发展，实现农业农村收入水平、生活水平提高，严守农村生态底线，保障国家粮食安全和生态安全是我国实现经济高质量发展的重要基石。作为全国粮食主产区之一的辽宁，不仅要保障国家工业安全和产业安全基础，也需要在粮食安全和生态安全上有更大作为。本章回顾了“十三五”期间辽宁农业高质量发展的主要成就，分析农业高质量发展的主要问题，并提出了面向“十四五”时期辽宁农业高质量发展的对策建议。

4.1 辽宁农业发展的现状

“十三五”期间，辽宁紧紧围绕建设发展“高产、优质、高效、生态、安全”农业，坚持“城乡统筹，以工补农，以城带乡，和谐发展”，农村经济和农业生产取得了历史性的飞跃，农业现代化发展基础进一步夯实，有力支撑和保障了国家粮食安全。2019年，辽宁第一产业增加值实现

2 177.8亿元，同比增长3.5%，与全国基本同步。农民增收效果明显，农村居民人均可支配收入实现16 108元，同比增长9.9%，全国排名第九。“十三五”期间，全省粮食总产量年均2 317.1万吨，比“十二五”期间年均总产2 138.4万吨增加178.7万吨。粮食单产年均443千克，比“十二五”期间年均单产417千克增加26千克。2019年，辽宁粮食生产再获丰收，总产量达到2 430万吨，粮食单产464千克，创历史新高，全国排名第十二，单产水平全国排名第二。

4.1.1 创新强农

一是推进农业结构调整。（1）种植业结构调整。“十三五”期间，全省调减非优势区玉米种植面积371.6万亩，用于发展优质水稻、专用大豆、特色杂粮等粮食作物和花生、蔬菜、中药材等高效经济作物。持续统筹推进设施农业规模化发展，优化调整设施农业生产结构，促进棚室结构优化升级和产业提质增效。2019年，全省新增设施农业10.2万亩，推进设施蔬菜、食用菌、水果、花卉等优势特色产业发展。2019年，全省蔬菜（含食用菌）播种面积468.3万亩，产量1 885.4万吨，其中，设施蔬菜播种面积172.3万亩，产量900.1万吨。（2）畜牧业生产稳定发展。“十三五”期间，畜牧业主要呈现上升的发展趋势。2019年，全省肉类总产量365万吨，蛋类产量307万吨，奶类产量133万吨。2019年，猪肉产量189.4万吨，同比下降9.9%，但高于全国平均水平11.4个百分点。省委省政府先后4次召开会议安排部署，印发了《辽宁省人民政府办公厅关于稳定生猪生产促进转型升级的实施意见》，多次组织开展复养技术培训，积极推进生猪大项目建设，统筹禽、牛、羊、驴等猪肉替代品生产。目前产值指标已经达成，2020年将继续扩大养殖规模，争取实现现代农业规划的发展产量目标。（3）渔业产业转型升级取得积极进展。2019年，全省渔业经济总产值1 330亿元，居全国第七位；渔业经济增加值470亿元，居全国第五位；水产品总产量460万吨，居全国第六位；出口创汇54.6亿美元，居全国第四位，年均增长6.8%，占全省大农业出口额一半以上。远洋捕捞渔船

335艘，产量28.2万吨，居全国第四位。渔业产业结构调整取得新成效，一、二、三产比例由2015年的55∶25∶20调整到2019年的49∶25∶26。海洋牧场、休闲渔业等新型业态蓬勃兴起。渔民人均纯收入达到19 583元，居全国第六位，年均增长6.7%。（4）农产品加工业实现较快增长。2019年，全省规模以上农产品加工业主营业务收入达到2 867亿元，比上年增长8.54%，21个农产品加工集聚区主营业务收入892.5亿元，同比增长11.8%。新增规模以上农产品加工企业52家，共培育壮大省级以上农业产业化重点龙头企业636家，其中国家级64家，全国排名第七。

二是提高技术装备和信息化水平。（1）全面提高自主创新能力。截至2019年，建有专门研发机构的龙头企业101个，省级以上龙头企业每年科技研发投入11.4亿元，96家企业获得省级以上科技奖励或荣誉。（2）推进现代种业创新发展。“十三五”期间，累计审定主要农作物品种1 053个，新增示范农作物新品种300余个、配套适用技术160多项。其中，糯高粱杂交种“辽糯11”在区试的全国31个高粱品种中排名第一，辽育白牛为国内第三个自主培育的肉牛新品种，“光合1号”河蟹新品种成为辽宁省首个国审新品种。（3）促进农业机械化提档升级。2019年，主要农作物耕种收综合机械化率达到87.89%（玉米87.93%、水稻95.45%）。筹措省以上资金39亿元，统筹东北黑土地保护利用、农机深松整地、耕地轮作。（4）推进信息化与农业深度融合。以县为单元发展探索“电商+品牌”产业振兴发展模式。2018年，北镇葡萄振兴发展计划（GBD）实施一年，全县产业净增收4.32亿元。截至2019年，农村“益农信息社”数量达9 800个。

三是深化农业农村改革。（1）稳定完善农村基本经营制度。截至2019年，完成了500余万承包农户的调查工作，土地承包经营权颁证率达97.7%。（2）积极发展多种形式适度规模经营。截至2019年，全省合作社68 545家、家庭农场9 675家，分别比2016年增长22.2%、129.5%，县级以上示范家庭农场数量由947家增加到2 390家。2019年全省实施农业生产托管面积达到4 600万亩，服务农业生产主体112.5万个，其中小农户92.9万户。（3）深化农村集体产权制度改革。截至2019年年底，全省共计有12 219个村，完成集体经济组织登记赋码村9 880个，占村总数的80.8%。（4）重点对农业高质量发展出台保护机制。公共财政农林水事务支出不断增加，2019年，辽宁积极争取中央及省级项目90个，资金154.9亿元，比上年增加15.5亿元，同比增长11.1%，其中，落实惠农补贴资金85.3亿元，补贴玉米种植者、耕地地力投入和农机购置，保障农民生产发展积极性。争取国家救灾资金1.4亿元，支持受灾地区恢复生产。（5）农业保险深度不断加强。“十三五”期间，辽宁积极开展个人涉农创业担保贷款，发放6 452笔金额6.37亿元开展玉米收入保险试点，扩大农业大灾保险试点范围，大田作物承保面积达到4 114万亩，保费总额18.8亿元，提供风险保障金190亿元。调整生猪保险条款，将非洲猪瘟纳入理赔范围，全年投保猪牛羊等1 021万头（只），保费总额近4亿元。

4.1.2 协调惠农

一是推进农村一二三产业融合发展。（1）协同推进农产品生产与加工业发展。辽宁粮油、畜禽、水产、果蔬等行业加工产业链基本形成，农产品加工业集聚区迅速发展。截至2019年，全省初具规模的农产品加工集聚区达到21个，实现主营业务收入892.5亿元，同比增长11.8%；创建省级现代农业产业园20个，其中东港市被批准创建国家现代农业产业园。（2）完善农产品市场流通体系。截至2019年，辽宁共有各类农产品交易市场1 360多个，年交易额达1 916亿元。其中，锦州北镇窟窿台蔬菜市场年交易额超过20亿元，成为东三省3个公益性农产品批发市场之一。农产品产销衔接形式多样，全省76个农产品连锁零售企业与865个基地及合作社开展对接，年基地直采农产品销售额21亿元，占农产品年销售总额的35%。（3）发展农业新型业态。以打造区域性特色农产品品牌为重点，围绕北镇葡萄、大连大樱桃和海参、盘锦河蟹和大米、鞍山南果梨、东港草莓等特色农产品，开展多种形式的品牌传播活动。截至2019年10月底，全省农村网络销售额达390多亿元。(4)拓展农业多种功能。截至2019年,休闲农业经营主体达9 728个,经营收入148.1亿元,直接带动农户25万户。凤城市大梨树村、鞍山市千山老院子景区获评中国美丽乡村休闲旅游行精品景点线路。

二是促进区域农业统筹发展。增加高蛋白食用大豆等优质农产品播种面积,调减普通玉米,发展青贮玉米、鲜食玉米、专用玉米,优先发展具有区域特色的杂粮杂豆、风味独特的小宗油料特色农产品。以本溪、抚顺等地的辽西绒山羊、沈阳地区的辽育白牛、大连地区的白羽肉鸡,丹东、铁岭等地的辽宁黑猪等品种为特色,打造畜产品优势品牌。

三是推动经营主体协调发展。(1)加快构建新型职业农民队伍。构建"一主多元"的教育培训体系。"十三五"期间,在全省60个新型职业农民培育项目县确认了95个培训机构,认定了400余个省市县级培训基地。全省职业农民规模超过7万人,正在成为现代农业建设的先导力量。(2)提升新型经营主体带动农户能力。截至2019年,全省农产品加工业集聚区、产业园及农产品加工龙头企业综合体与当地种养殖大户、农民合作社等建立起利益联结机制,带动原料生产基地235万亩、农户62万户,吸纳农民就业10.4万人。

4.1.3 绿色兴农

一是强化农业环境保护。(1)开展化肥农药使用量零增长行动。推广测土配方施肥6 000万亩,农药使用量连年负增长,农药利用率提升至40%。在沈阳、丹东等主要稻区实施绿色防控和专业化统防统治面积165万亩。启动果菜有机肥替代化肥试点项目,在10个县实施示范面积20万亩。(2)推动农业废弃物资源化利用无害化处理。截至2019年,规模养殖场粪污处理设施设备配套率超过86%,畜禽粪污综合利用率超过74%;试点区秸秆综合利用率已经超过90%,全省农作物秸秆综合利用率达86%;实行废旧农膜使用量和回收量核定,回收率超过80%。(3)强化环境突出问题治理。建立健全"户分类减量、村收集、镇转运、县处理"的垃圾处置体系，在全省推广新宾县垃圾“五指分类法”，基本实现所有行政村全覆盖。扎实推进农村“厕所革命”，2019年建成农村无害化户厕21.4万座。协同推进农村生活污水治理，完成151个村生活污水处理设施建设，10%的行政村生活污水实现集中收集处理。

二是确保农产品质量安全。“十三五”以来，辽宁农产品质量安全例行监测合格率稳定在97%以上，2019年省级监测抽检总体合格率为98.7%。（1）提升源头控制能力。打击多起畜禽养殖私屠滥宰、注水注胶、添加瘦肉精、加工贩卖病死猪及其制品等违法活动。依法开展了产地养殖水产品质量安全监测，严格农业投入品监管，严厉打击违法违规使用禁限用药行为。（2）提升标准化生产能力。截至2019年，有效农业地方标准由2015年的340项增加至目前的1 035项；全省绿色食品累计979个，绿色认证企业476家，有机农产品91个，无公害农产品1 144个，农产品地理标志达到95个。（3）提升农产品质量安全监管追溯能力。全省共建设省级监管平台1个，各地建立分平台20余个。平台注册企业1 720家，“两品一标”生产企业几乎全部纳入追溯管理信息平台，此项工作得到农业农村部好评。

三是推进资源保护和生态修复。（1）守住耕地保有量红线。“十三五”期间，认真落实国家及辽宁省委、省政府要求，加强耕地数量、质量、生态“三位一体”保护，严格保障规划期内全省耕地保有量面积不低于6 902万亩，永久基本农田面积不低于5 522万亩的目标。加强耕地占补平衡管理，真正做到“占一补一”“占优补优”“占水田补水田”，既保障了全省经济建设合理用地需求，又通过补足耕地数量与提升耕地质量坚守了耕地红线。（2）加强林业和湿地资源保护。实施湿地保护与恢复项目建设，完成大伙房国家湿地公园湿地保护与恢复项目建设、兴城河口湿地与红海滩生态环境综合整治工程、辽中蒲河国家湿地公园湿地保护与恢复项目建设、北镇新立湖国家湿地公园湿地保护与恢复项目建设等。（3）强化渔业资源养护。“十三五”以来，全省共创建国家级海洋牧场示范区五批共23个，示范面积2.04万公顷。海洋牧场每年生产绿色优质海产品250万吨、产值350亿元。全省实施渔业增殖放流450亿单位，渔业资源得到了恢复。减船转产渔船3 100艘，压减功率15万千瓦，更新改造海洋捕捞渔船425艘，有效控制了海洋捕捞强度。（4）提高草原综合植被盖度。“十三五”期间，全省草原综合植被盖度保持了逐年上升的趋势，基本维持在62%以上，2019年，更是高达67%，超额完成全国64%的目标。（5）农业投入品利用效率不断提升。“十三五”期间，全省农田灌溉水有效利用系数由2015年的0.587已经逐渐提高到2019年的0.591，基本达到了0.592的规划指标，预计在2020年将顺利完成该指标。主要农作物化肥与农药的利用率分别达到39%与40%，预计2020将顺利实现目标任务。（6）农业生产废弃物资源化利用率大幅提高。“十三五”期间，农业生产中的农膜回收率快速提高，2019年提前完成了回收率80%的指标。养殖废弃物综合利用率已超额完成75%的目标，这是辽宁重视畜牧业工作的有力体现。

4.1.4　开放助农

一是优化农业对外合作布局。截至2019年，累计对外农业投资额超过2亿美元，投资区域遍布亚洲、非洲、大洋洲、北美洲、欧洲16个国家和地区，国际农业资源掌控能力明显提高。（1）推进农业对外合作。执行国家援外项目、南南合作项目、援助非洲技术项目及农业农村部农业国际交流与合作项目等，均取得了阶段性成果，得到了农业农村部和项目合作方的认可。（2）完善农业对外合作服务体系。截至目前，已建成位于美国、加拿大、韩国、英国、泰国以及迪拜6个境外展示中心，其中有条件的展示中心已经开展了海外仓建设，展示中心正在向境外展示与推介、仓储与配送、品牌营销与售后服务一体化的贸易服务平台发展。（3）提高农业“引进来”质量。深化与俄联邦国家谷类研究中心、爱沙尼亚农作物研究所等科研机构的交流与合作，在抗寒、早熟、不育系等种质资源引进以及玉米联合育种等领域取得实质性成果。

二是促进农产品贸易健康发展。辽宁农产品出口涵盖154个国家和地区。作为全国重要的农产品对外贸易省份，“十三五”期间，全省农产品出口额由2016年的45.6亿美元增长到2019年的51.4亿美元，始终位居全国前五位。出口农产品涵盖种植业产品、水产品、畜产品和林果类产品四大类33个品种，杂色蛤、裙带菜、杂粮、辣根、鹿茸等产品出口规模在国内行业中处于领先位置。

4.1.5 共享富农

一是推进产业精准脱贫。(1) 精准培育特色产业。立足当地特色产业、区位优势，积极发展“N+1”产业扶贫发展模式，发展了设施蔬菜、食用菌、蔬菜、中草药、花卉等特色种植产业；稻田蟹、稻田鱼、肉羊、奶牛、生猪、蛋鸡饲养等特色优势养殖业，累计实施产业扶贫项目13 367个，带动80万贫困人口增收。(2) 精准帮扶贫困农户。深化扶贫劳务协作，建立劳务输出基地。“十三五”期间，通过环卫保洁、看山护林、治安协管、道路养护等公益性岗位安置贫困劳动力3 300人，累计建成扶贫车间699家，解决5 678名贫困人口就近就地就业。(3) 精准强化扶持政策。加大金融扶贫工作力度，如锦州市运用了“政府+龙头企业+金融机构+合作社+贫困户”的资产收益帮扶模式，朝阳地区创新开展了“1+4”产业扶贫模式帮助贫困户增收脱贫。截至2019年，全省金融精准扶贫贷款余额223.5亿元，同比增长22.3%。全省32个县开展了扶贫小额信贷，累计发放贷款4.97亿元，共支持1.04万建档立卡贫困户发展生产脱贫。(4) 精准实施督查考核。连续4年组织开展年度脱贫攻坚成效综合考核评估，开通了12317扶贫监督举报电话，接受全社会监督。2019年选派14名业务骨干对14个市逐月进行“一对一”督导检查，完成了对有脱贫攻坚任务县区的全覆盖。

二是推动城乡基础设施和基本公共服务均等化。(1) 改善农村基础设施条件。截至2019年，实施农村公路新改建工程1.86万公里，完成农村公路维修改造工程2.5万公里，建设“一事一议”村内道路5 500公里；农村地区供电可靠率达到99.8%，综合电压合格率达到98.6%；新改建农村饮水安全工程900处，集中供水人口达到85%以上。（2）建设美丽宜居乡村。“十三五”期间，农村人居环境持续改善，建成宜居示范乡镇128个，宜居示范村1 786个，宜居达标村6 336个，创建绿色村庄696个，9个行政村列入全国改善人居环境示范村，13个镇获批国家级特色小镇，20个乡镇获批省级特色乡镇。（3）推动城乡基本公共服务均衡配置。农村最低生活保障标准自2020年7月1日起平均提高7%以上；基本实现区、乡、村三级农村公共文化服务网络设施全覆盖；持续扩大学前教育资源和普惠性幼儿园覆盖面，九年义务教育巩固率水平始终保持在97%以上，义务教育基本均衡县占比达到100%。（4）推进农业转移人口市民化。2018—2019年省财政筹措省以上资金8.3亿元，落实农业转移人口市民化财政补助政策，引导农村人口向城镇集中，支持推进特色乡镇建设，打造小城镇宜居环境。

4.2　辽宁农业发展存在的主要问题与对策建议

4.2.1　主要问题

尽管农业现代化进程逐步加快，对经济社会稳定性的支撑作用逐步释放，但辽宁农业发展还存在一定的“短板”，农业企业品牌国际竞争力和市场开拓能力有待增强，在“开放助农”方面资金投入力度仍需加强。

一是科技创新效率有待提高。目前，辽宁省农业科技创新主体呈现多元化趋势，大专院校、科研机构和涉农企业共同支撑了农业科技的创新，但依然存在创新能力不足的问题。其主要体现在创新主体未能适时地满足企业的需求，尤其在企业迫切需要的实用型技术方面，成果依然相对匮乏，创新能力有待进一步提高：科技创新投入不足，制约投入效果；缺乏科技创新服务平台，农业服务供给不足；科技发展环境有待加强，体制机制亟待优化；农业产业支持路径有待完善，效率有待提高。

二是农业机械化、现代化水平偏低。目前，省内农业发展仍然受限于从业人员匮乏、年龄老化，新型职业农民力量不足等瓶颈。在从业人员中，50岁以上者占大多数，尤以经济作物生产、蔬菜生产领域老龄化问题突出。农业从业人员结构失衡，新理念、新技术、新模式推广运用受限，阻碍了都市现代绿色农业发展。除水稻生产机械化水平较高外，水果、鲜食玉米等用工量大且相对集中的特色经济作物生产机械化水平偏低、替代不足。

三是绿色高质发展仍存在不足。由于文化知识和职业素养不足，农民在实际耕作中所使用的农药用量不科学，容易引发各类规模化的环境问题，而化肥、农药的过量使用不仅不利于可持续发展理念的贯彻，还可能会导致产业的发展形成惯性，甚至会对当地土质功能造成严重的破坏。同时，若农民在农业生产中对新时期的技术发展认知度不高，也可能会导致产业的综合性价值无法得到体现，从而引发各类生产方面的问题。另外，种植的自动化程度低且多采用人工种植、人工培训的方式，加大了农技人员的工作负担。若某些项目的集成化管理精准度不高，且对应的产业支出比重较低，就容易导致绿色农业的实践发生严重的方向性问题。

四是农产品深加工水平不高。培育农业产业化龙头企业是推动优质农产品发展的主要着力点，虽然当前省内农产品加工企业数量较多，但多数企业规模偏小，自身实力较弱，不能很好地带动周边产业的发展。目前全省拥有的各类农产品加工企业大约有5 000家，注册商标接近千个，但是国家级的龙头企业只有10多家，多数企业的员工数量、资金规模、科研经费投入都很少，加之产品以初加工产品为主，附加值不高，建设优质农产品缺乏后劲。

4.2.2 对策建议

辽宁农业发展已经进入由生产主导型传统农业向技术主导型现代农业转变的新阶段，对人才、技术和装备提出了更高要求。面向“十四五”，辽宁农业应以推进农业供给侧结构性改革和促进现代农业发展需求为导向，重点在于突出培养重点领域创新人才，加强行业重点领域研发，加快关键核心技术和共性技术攻关，促进农业科技成果转化。同时，要加快科技创新平台建设，不断创新推广服务机制等战略性政策建议。

一是创新投入模式，推动农业科技进步。(1) 用好用足国家各项试点支持政策，加快形成财政优先保障、金融重点倾斜、社会积极参与的多元化农业投入格局。(2) 积极运用财政间接手段，推行农业项目建设一事一议、以奖代补、先建后补、贷款贴息等方式，积极吸引金融和社会资金投入农业科技平台建设。(3) 进一步创新体制机制，优化科技创新环境，从土地、资金、人才、科技等农业农村现代化发展支撑要素方面进一步创新体制机制，为农业农村发展提供保障。

二是集中资金促进产业集聚，推动产业提质升级。统筹各方资金集中于上规模、上档次的农产品集聚区和重点项目，避免资金分散地区、分散项目投入，进而提高资金使用效率，提升产业辐射面，增强农户带动能力。同时，强化重点品牌建设和管理，着力打造具有辽宁特色的农产品品牌，提高品牌附加值，真正实现“做精”“做优”。

三是加大农业绿色高质发展投入力度。重点投入农村环境保护、生物质能源综合开发利用、农业生产废弃物循环利用等生态环保产业，坚持以农业农村高质量发展为导向。

四是坚持开放共享，全力助农富农。发挥辽宁区位优势，立足东北亚与“一带一路”沿线国家，积极支持农业企业扩大对外贸易与合作，围绕辽宁特色优势农产品打造优质品牌，提升国际竞争力。

4.3　依托特色农业优势推动农业产业链升级

当前，宏观经济下行压力传导效应逐渐凸显，国内外经济形势依然复杂严峻，全球经济增长放缓，国内经济下行压力加大，尤其是新冠肺炎疫情对乡村产业发展、龙头企业经营、农民就业增收等提出了挑战。稳增长、稳就业、稳增收，促进乡村产业发展和乡村振兴，将是“十四五”时期的重要任务。

4.3.1 辽宁特色农业发展现状

辽宁耕地面积广阔，农业从业人口基数大，在人均农业粮食产量方面位居全面前列。辽宁地理因素特殊，有得天独厚的自然条件，畜牧业和种植业发展速度尤其快，又因海岸线绵长，有丰富的森林资源，所以林业和渔业近几年来也取得了可观的成绩。此外，自2013年起，辽宁牧业总产值已经超过种植业总产值，成为经济发展的重要组成部分。玉米一直是辽宁乃至东三省的主要粮食作物，其产量也在逐年递增。另外，设施农业、农产品深加工、互联网+现代农业也为辽宁特色农业指明了方向。

4.3.2 辽宁特色农业发展所面临的问题

目前，辽宁农业高质量发展面临的突出问题就是产业链条短、附加值低。2018年，辽宁农副产品加工业与农业总产值之比为1：2.72，而全国平均水平为1：2.3，辽宁农产品深加工程度不够，附加价值低。尽管辽宁对农业的重视与扶持程度已经逐步加强，但问题也在逐渐浮现出来。其主要表现在以下几个方面：一是收益高的农产品品种较少。农业科研产品转化率较低，农业产值不高，农产品高附加值的产品基本为空白，农产品的深加工能力和现代化农业的要求尚有距离。二是产品比较单一。以种植业为例，玉米和水稻种植仍然是主要农业种植形式，区域化种植还未形成。三是具有引领作用的大型企业数量很少，与农业产业化发展相配套的产业供给不足。长期以来，传统农业在辽宁农业收入中占比很大，但与之相关联的产业发展速度和实际需求契合度不高，这也直接导致农产品加工链条不够完善。

4.3.3 加快辽宁特色农业发展的对策建议

从目前辽宁农业发展存在的问题来看，农业产业化发展缓慢，农产品深加工环节薄弱。气候和自然环境决定了辽宁第一产业主要由农业构成，加快辽宁特色农业发展必须促进农业产业化和农业现代化进程，加快产业升级，这对辽宁农业产业结构调整的意义重大。（1）大力推动特色农产品的产业化。具体包括：发展种子产业；发展种苗产业，特别是绿化美化用树以及草坪；发展优质水果产业，例如大樱桃、南果梨、蓝莓、草莓等；发展设施农业，例如大棚蔬菜、花卉、水果；发展特色水产业，例如河蟹、海蜇、鱼类；发展特色粮食产业，例如杂粮中的小米、豆类、花生等。（2）做细做强，不断提升农产品深加工水平和层次。辽宁应该充分发挥自身优势，在农产品生产、加工基地建设和旅游业方面积极打造本地特色，逐步培育经济效益好、有带头作用的龙头企业。实现产业升级是农产品深加工的重要途径，这在农产品加工链条中体现得尤为突出。（3）政府应该加大宣传与普及农业知识的力度，不断提高广大农民的专业知识水平。同时，应注意充分运用新媒体手段和方式，加强对农业科技的宣传推广与应用。

4.4　发展数字农业，培育农业升级新动能

发展数字农业，国家已进行顶层战略谋划，编制了《数字乡村发展战略纲要》《数字农业农村发展规划（2019—2025）》《2020年数字乡村发展工作要点》，国内众多省市已先行布局此项工作。广东、江苏、河北、天津等地均启动实施数字农业发展专项行动。同时，部分地区在种植数字化、农村电商、农产品深加工等方面开展先行示范，实施农业全产业链数字化改造工程。国内先进装备制造商、知名电商、大型互联网公司与各级政府开展战略合作，为农业进行数字化转型升级提供有力支撑。

辽宁省委十二届十四次全会提出建设“数字辽宁、智造强省”的规划和远景目标，印发实施《数字辽宁发展规划（1.0版）》，将发展数字农业纳入其中进行顶层部署，同时通过《辽宁省数字乡村发展规划》统筹推进。下一步应立足省情农情，紧抓发展窗口期，聚焦系统推进体系、平台支撑体系、应用场景体系、人才支撑体系等方面精准发力，全面提升农业数字化生产力。

4.4.1 实施专项行动，构建系统推进体系

精确制订行动方案。抓紧制订出台数字农业发展专项行动方案，明确数字技术在农业生产、经营、管理和服务等环节的集成应用举措，以数字化推进产业链相加、价值链相乘、供应链相通。优先布局新型基建。重点聚焦城乡“数字鸿沟”和部门“信息孤岛”等问题，优先支持“三农”5G网络、物联网等新基建、农业数据资源整合等项目建设，应加快整合现有农业生产端的数据资源，形成数字农业“一张图”。科学建立考评体系。建立体现新时代、新思想、新理念要求的目标体系、考核办法、奖惩机制，以高质量的“标尺”引领和驱动数字农业发展。

4.4.2 实施战略合作，构建平台支撑体系

数字经济的显著特征是平台化运营，发展数字农业需要大平台支撑，需要聚焦农村电商平台，聚焦专业技术平台。借鉴先进省份经验，省级层面与大型电商平台建立全面战略合作，借助其人才、技术、品牌等优势，深度布局、整合发展。深化与信息技术企业以及产业联盟的合作，搭建农业特色产业大数据中心、云平台，提供区域性解决方案。

4.4.3 实施示范工程，构建应用场景体系

围绕“农业增产、农民增收”的目标，优先选择高标准农田、设施农业、农业工厂等领域拓展数字应用场景。在高标准农田方面，全省已累计建设2 645万亩，“十四五”计划建设1 057万亩，通过遥感技术、智能灌溉、农业气象监测等场景应用提升质量效益。在设施农业方面，选择重点品种、重点地区，加快推进温室大棚数字化改造，以数字化牵引带动规模化、标准化、品牌化。在农业工厂方面，侧重种植工厂和农产品加工厂。要做实工业支持农业发展举措，引导装备制造企业开发适用于农业的多样性智能装备，拓展定制式生产。

4.4.4 实施培引育训，构建人才保障体系

一是培养一批干部。培养一批懂数字农业的干部，重点聚焦县域主战场，着力提升县乡干部的数字化发展思维。二是培育一批大咖。兴辽英才

等各类计划应向农业领域倾斜，将致力于实现新一代信息技术、数字商业模式与农业相嫁接融合的高素质应用型人才纳入重点支持清单，培育一批数字农业创新大咖。三是培训一批农民。培训一批热爱数字农业的职业农民。优化并补充农民培训体系和内容，让广大农民成为灵活使用“新农具”、高效从事“新农活”的新农人。

分论

从“十三五”到“十四五”辽宁产业研究，开启中篇分论，集中对辽宁的产业分行业进行论述和分析。中篇以分论的形式，总结分析了农产品加工、重大成套装备、燃气轮机、磁动力、数控机床、集成电路、软件和信息技术服务、航空装备与通航、先进轨道交通装备、汽车、氢能和燃料电池汽车、造船、钢铁、石化、医药、金融服务、养老、文化旅游等产业的发展现状、存在的主要问题，提出了促进产业高质量发展的对策建议，旨在为“十四五”期间构建和完善具有辽宁特色、时代特征的现代产业体系提供参考，助力辽宁实现可持续发展和高质量发展。

产业发展水平体现了一个地区经济发展水平的高低。随着市场竞争的日趋激烈，能否促进产业的高质量发展，不断创新升级，已成为辽宁在国际与国内竞争中成败的关键。当前，中国面临着新一轮工业革命的挑战，产业面临自主创新能力不足、劳动力成本上涨、高技能人才不足等多方压力的冲击。辽宁以推动产业结构迈向中高端，坚持创新驱动、智能转型、强化基础、绿色发展，加快从制造大省转向制造强省为目标，将产业的数字化、智能化作为制造业转型升级的主攻方向，让智能化贯穿于产品创新、管理创新、制度创新的全过程。

制造业是实体经济的主体，是辽宁发展之基、就业之本、富民之源。近年来，辽宁大力改造传统制造业，装备、化工、冶金等传统产业得益于技术改造升级，保持了良好的发展势头，成为辽宁的支柱产业。与此同时，辽宁的新兴制造业如新能源、电子信息、航空制造、机器人等，也成为发展亮点，开始成为主导产业，产业规模和占比不断攀升，发展潜力巨大。

燃气轮机被誉为“装备制造业皇冠上的明珠”，是辽宁有条件、有基础、有潜力发展的一个重点。燃气轮机属于国家重大装备，是军民融合技术和产品的典型代表，加快燃气轮机的研发、制造和推广应用，对推动国家产业结构调整与转型升级、提高经济发展质量和效益具有重大意义。辽宁应全力支持燃气轮机产业发展，做好产业发展统筹协调，建立工作推进机制，加快燃气轮机研发中心与示范基地的建设，加大资金投入，加强人才培养，充分发挥自主研发与制造的双重优势，把辽宁打造成为重要的燃气轮机自主研发制造基地。

利用磁动力的技术基础、市场规模和应用领域，抢抓发展磁动力产业的先机，着力打造磁动力产业配套体系。辽宁抓紧培育产业链条健全、专业协作机制完善、竞争力强劲的磁动力产业集群，促进主导产业和其他产业的多层次联合发展，积极引入先进的管理模式和融资模式，打造研发、制造、销售等紧密衔接的产业链条，形成相互依托、相互支持、共同发展的良好产业生态，助推技术升级和产品升级，进一步提升经济效益和社会效益。

辽宁的装备制造、冶金、石化等具有代表性的传统优势产业，经历了改革开放以来的技术改造，进入了全面转型升级的重要阶段。要实现辽宁产业由“制造”向“智造”的转变，必须加快推进智能制造、工业强基、绿色制造、高端装备创新，加快智能制造试点示范及推广，为制造业整体转型升级提供技术支撑，以智能制造推动制造业发展，实现高端装备智能化，打造优势产业核心竞争力。把智能制造作为转型升级的主攻方向，着力发展智能装备和智能产品，推进生产过程智能化，全面提升企业研发、生产、管理和服务的智能化水平。

“十四五”时期是辽宁产业转型升级的关键期。优化升级传统产业，促进全产业链整体跃升，实现从“辽宁制造”到“辽宁智造”，是制造业转型升级的一大步。围绕制造业转型升级这一核心，大力实施智能制造工程建设，重点围绕机器人、汽车、电子信息、集成电路装备等领域，提高辽宁企业特别是辽宁领军企业的自主研发能力，形成国内重点智能装备制造基地。以物联网、互联网、信息物理系统为基础，将定制化作为产业发展的新趋势，以大规模个性化定制驱动产业智能化转型，提高产品附加值并延伸产业价值链，以云制造、个性化定制、精准供应链等模式促进新一代信息技术与现代制造业和生产性服务业的融合。

现代服务业作为第三产业的中流砥柱，在未来相当长的时期内，将是辽宁经济持续发展的主要增长点。辽宁的金融服务业在自身发展和服务实体经济方面都显示出了巨大的发展潜力，发展前景可期。辽宁的老龄人口比重大，养老产业发展较早，养老产业的发展质量将不断提高。辽宁的文化旅游产业面临着高质量发展的机遇和挑战。

对辽宁而言，促进服务业与制造业的有机衔接、协同发展，能够更好地促进现代服务业的持续健康发展。发挥龙头企业在要素集聚带动、投资环境优化、产业转型升级过程中的促进作用，大力实施外引内育的发展策略，可以加快推进区域服务经济快速崛起。打造制造业和服务业融合的平台载体，依托现有产业集群和各级各类产业聚集区，提高产业集群内产业的关联度、制造业与服务业的融合度，不断完善产业链和供应链，提升服务业的核心竞争力。

总之，构建现代产业新体系，辽宁应做到战略性新兴产业和传统制造业并驾齐驱、信息化和工业化深度融合，推动传统工业由要素驱动向创新驱动转变，培育壮大战略性新兴产业，有针对性地发展消费品工业，打造优势产业集群；加快培育新的经济增长点，实现资源存量的组织化、增值化，激发发展潜力；加大科技研发力度，加大对重大装备项目、智能升级项目、工业互联网、大数据、云平台等的支持，促进产业实现转型升级。

第5章

农产品加工业

在《中共中央关于制定国民经济和社会发展第十四个五年规划和二〇三五年远景目标的建议》中，“提高农业质量效益和竞争力”被摆在突出位置，这为“十四五”时期辽宁农产品加工业高质量发展指明了基本方向。

农产品加工业是指对农、林、牧、渔各业收获的初级产品进行加工转化的工业产业，包括各类农产品初加工、食品制造、木材加工、棉纺加工、皮革制品、中药材加工、造纸、轻工食品等多个门类。其中，农副食品加工和制造业是农产品加工业的主体。农产品加工业关系到辽宁乡村振兴和老工业基地振兴的全局，没有农产品加工业，就没有现代农业。

5.1 辽宁农产品加工业发展现状

“十二五”时期以来，受国内外各方面因素的影响，辽宁农产品加工业的发展出现了较大波动。2012—2013年，辽宁农产品加工业发展较好，2013年全省规模以上农产品加工企业数量、销售收入、出口交货值和利税总额分别达到3 974个、9 433.6亿元、1 011亿元和835.8亿元，是历史最高值。从2014年起，辽宁农产品加工业整体发展呈现下行趋势。2016年全省规模以上农产品加工企业数量降到2 378家，比2013年减少1 596

家，三年降幅40.16%；销售收入降为2 922.8亿元，比2013年减少6 510.8亿元，三年降幅69%；实现利税总额227.6亿元，较2013年减少608.2亿元，三年降幅72.8%。从2017年开始，辽宁省委、省政府扎实推进供给侧结构性改革，相继出台了《推动全省工业经济高质量发展实施意见》等一系列指导性文件，进一步明确了发展思路、重点领域、任务目标、政策措施，大力破解制约经济发展的问题，农产品加工业和其他工业领域一起坚持滚石上山、爬坡过坎，努力扭转下滑趋势，开始出现稳中向好的发展态势。2017年全省规模以上农产品加工业增加值增长0.5%，2018年增长4.6%。2019年前三季度，全省21个农产品加工集聚区主营业务收入达655亿元，同比增长9.01%。本次调研的沈阳、大连、朝阳、营口、阜新、铁岭市农产品加工业产值都有不同幅度的增长。近几年，辽宁农产品加工业的发展呈现出一些积极的特点。

5.1.1　农产品加工集聚区迅速发展

截至2018年年底，全省初具规模的农产品加工集聚区达到23个，其中省级农产品加工示范集聚区9个。集聚区规划总面积875平方千米，其中核心区规划面积149平方千米。23个农产品加工集聚区入驻农产品加工企业1 141家，实现主营业务收入845亿元，主营业务收入占全省规模以上农产品加工企业主营业务收入的20%以上。与此同时，以农产品加工主导产业为主线的产业园建设正在快速兴起，如沈北辉山农产品精深加工区、大连庄河农产品加工区、朝阳龙城农产品加工区、台安畜产品加工区、海城纺织工业园、本溪中药加工园、东港农产品加工区、西丰鹿产品加工区、喀左农产品加工出口园区等。禾丰牧业、朝阳宏发、韩伟集团、海宝渔业等企业充分发挥自身优势，也在建设或已经形成了以饲料、肉鸡屠宰、蛋鸡养殖、海产品养殖和加工为主线的产业综合体。集聚区、产业园及综合体农产品加工龙头企业与当地种养殖大户、农民合作社等越来越多地建立起利益联结机制，带动原料生产基地235万多亩、农户62万户，吸纳农民就业10.4万人，初步形成了生产、加工和市场流通三产融合的发展格局。

5.1.2　规模以上农产品加工产业链逐步形成

辽宁乳品、稻米、生猪、肉禽、水产、中草药、家具等行业的加工产业链基本形成。以辉山乳业、伊利乳业和蒙牛乳业为代表的乳品企业，积极兴建自营牧场，带动了一批奶牛养殖专业合作社，大力开发系列加工乳品，推动了乳品产业的持续稳定发展。以盘锦大米为主导的稻谷加工产业体系基本健全，盘锦大米的品牌建设，引领和促进了营口、铁岭、沈阳稻谷加工产业不断壮大，稻谷加工副产品的综合利用也取得了积极进展。生猪养殖和加工产业稳步发展，双汇集团、温氏集团等大型企业入驻辽宁，扩大了生猪养殖和加工产业的发展规模，有望克服非洲猪瘟给生猪养殖和加工产业带来的重创，快速恢复和进一步发展辽宁生猪养殖和加工产业。以韩伟集团为代表的蛋鸡生产产业链进一步形成和发展，以禾丰牧业为代表的肉鸡养殖、屠宰加工和饲料生产产业链已经形成并迅速发展。大连等沿海地区的水产加工龙头企业在捕捞、冷冻、贸易发展的基础上，正进一步发展高附加值水产加工业，产业链不断完善。以本溪中草药为代表的辽宁东部山区特色资源逐步形成种植、加工产业链。以华丰家具为代表的家具产业依托庄河港木材专用码头建设优势实现快速发展，形成家具加工产业链。朝阳市以宏发肉鸡、温氏养猪、天赢金针菇为主体的3个链式产业园开始建设，预计在三年内分别形成年产50亿元、20亿元和26亿元的产业规模。

5.1.3　农产品加工业现代化发展势头强劲

辽宁规模以上农产品加工业正在逐步摆脱生产上的传统落后局面，劳动密集型企业正在向技术密集型企业转变，农产品加工业的转型升级呈现出良好开端。国际上先进的生产设备得到普遍应用，自动化、智能化控制正在陆续实施，产品的质量控制和标准化管理在规模以上龙头企业中基本上得到落实。乳品、面粉、稻米、饲料、蛋鸡肉鸡养殖加工等农产品精深加工产业基本上实现了智能控制，乳品生产从原料奶采集到液体奶包装出厂，可实现全程自动化、智能化，中粮香雪面粉依靠先进技术与设备可生产多种专用面粉。加工工艺技术的自动化、智能化促进了农产品加工业产品的质量、档次进一步提升，基本改变了传统产品“傻大黑粗”的状态，市场竞争力不断增强。朝阳新洁安农业科技有限公司采用世界上最先进的鸡蛋精选包装生产线，包装鸡蛋全部供应中国香港市场。营口海纳食品有限公司将传统手段和现代工艺相结合，生产的调味品独具特色。辉山乳业、华美畜禽、榆园酸菜等产品的质量和档次不断提高，在国内外市场上的竞争力不断增强。

5.1.4　以农业为源头的一、二、三产业融合得到初步体现

农产品加工业的原料主要来自农业，农产品加工业的运营还要依托各个相关产业。目前，辽宁规模以上农产品加工企业多数都建立了原料生产基地或与专业生产合作社结合，这不仅保证了原料供应和原料品质，而且带动了农民合作社和广大农户脱贫致富。农产品加工业与物流产业结合，保障了企业的原料供应，减轻了供货压力。农产品加工业与电商结合，极大地拓展了产品的市场范围，产品信息得到快速传播，产品供求矛盾进一步缓解。辽宁绝大多数企业都尝试通过线上线下结合，不断拓展产品销售途径。农产品加工业与休闲农业、观光旅游产业结合，丰富了人民生活，促进了乡村经济的多元化发展。农产品加工业还带动了包装、运输等行业的发展，进一步拉动了就业，繁荣了市场经济。以农业为源头的一、二、三产业融合发展正在给辽宁乡村振兴带来勃勃生机。

5.1.5　农产品加工业投资力度不断加大

2017年以来，辽宁招商引资取得显著成效，农产品加工业的投资增长较快。朝阳市2018年新建投资1 000万元以上的农产品加工项目49个，其中投资超2 000万元的项目24个，央企正华集团拟投资入主天赢公司，实现控股80%。大连市2018年新建1 000万元以上农产品加工项目20个，实际完成投资6亿元。2019年前三季度，辽宁全省实际完成农产品加工项目投资97.2亿元，同比增长40%；实施投资1 000万元以上的农产品加工

项目311个，其中新建项目144个；投资超亿元的项目134个。随着京沈客运专线和高速公路网的建设，辽宁各市的营商环境不断得到改善，央企和大型国家级龙头企业在辽宁的投资额大幅度增加，特别是农产品加工业基础比较薄弱的辽西北地区正在成为投资热点。投资力度不断加大，必将推进农产品加工业的快速发展。

5.2 辽宁农产品加工业发展存在的问题

辽宁农产品加工业呈现出良好的发展势头，但与国内先进地区相比仍有很大差距，在发展中还存在一些不可忽视的问题。

5.2.1 农产品加工业规模有待进一步扩大

辽宁是一个农业大省，农产品资源种类齐全，但农产品加工业并没有得到全面发展，自有农产品资源加工转化率不高，主要农产品原料如玉米、水果、蔬菜、杂粮、花生、薯类等的加工产业规模较小。全省农产品加工业产值与农业总产值的比值仅为0.58：1，远低于2.1：1的全国平均值，与发达国家3～4：1的比值相差更大。农产品加工集聚区入驻企业数量少，产业体量不大，全省23个集聚区中主营业务收入超过30亿元的集聚区只有8个，超过50亿元的集聚区只有1个。农产品加工企业规模小，99%的农产品加工企业资产规模低于5 000万元，营业收入低于2 000万元。目前，我国农业产业化企业数量达到9万家，销售额已超过10万亿元，农业产业化国家重点龙头企业数量达到1 552家，平均销售收入超过30亿元，资产规模超过20亿元。辽宁农产品加工业集群的发展与广东、江苏、山东、河南等国内农产品加工业发达省份相比相距甚远。2019年，河南省仅驻马店市就有省级农业产业化集群21个，市级以上农业产业化重点龙头企业370家，农产品加工企业1 685家，年产值1 600多亿元，并且正在规划建设总面积61平方千米的中国国际农产品加工产业园。尽管近两年辽宁农产品加工业有较大发展，但发展速度较慢，发展规模有待进一步扩大。

5.2.2　农产品加工产业链不完整

辽宁多数农产品加工企业还处于加工程度较低、产品较单一的状态。2018年全省2 000多家规模以上农产品加工企业中，农产品初加工企业为542家，占20%以上。农产品加工产业链不完整，产品附加值低，企业经济效益不高，对地区经济发展的贡献率较低，带动力较弱。原料生产基地建设、养殖、屠宰、原料综合利用、仓储、物流、市场销售等产业链环节健全的地区和企业很少，产业融合程度较低。辽宁稻谷加工产能总体过剩，但进行米糠综合利用的厂家很少。不少生猪、肉牛、肉鸡屠宰和肉制品加工企业没有配套养殖基地。营口市花生收储量很大，但仅限于对省内各种植基地的花生进行清选、整理、包装和原料出厂，加工增值能力不足。由于产业链上下游的布局不合理，因此收窄了企业增值空间，也严重制约了整个农产品加工业的发展。

5.2.3　农产品资源和地域优势没有得到充分利用

辽宁农产品资源丰富，不同地区的农产品资源特色鲜明，但农产品加工业与资源优势不匹配。辽北玉米主产区玉米深加工产业规模不大，辽西杂粮产业发展滞后，辽南果品加工产业薄弱，辽东特色林下资源产业加工没有形成规模。近年来，随着苹果新品种“寒富”的推广，辽宁苹果种植面积不断扩大，但后续加工产业没有跟上，从而影响了苹果产业的发展。辽宁农产品加工业没有充分利用辽宁广大沿海地区的港口优势，进口农产品原料（如大豆、玉米）的加工没有形成规模，本地农产品加工产品出口贸易的规模也不大。通过省外调研我们看到，河南平舆充分利用芝麻生产的资源优势，大力发展芝麻加工产业，延伸芝麻加工产业链，把芝麻产业发展得有声有色，芝麻和芝麻加工系列产品热销海内外，芝麻产业也成为县域经济的支柱产业。相比之下，辽宁多数农产品的资源优势都没有得到充分挖掘，加工产业发展滞后，这已经成为县域经济乃至全省农业农村经济发展的瓶颈。

5.2.4 农产品加工产品品牌不够强大

辽宁农产品的品牌打造偏重初级农产品，各地往往投入更多精力打造地理标志初级农产品，对农产品加工产品品牌的打造和保护意识不强。多年来，稳定的、影响力大的农产品加工产品品牌较少，在国际市场上具有影响力的品牌更是凤毛麟角。调研中我们发现，辽宁农产品加工产品品牌不仅影响力弱、市场竞争力小，而且存在杂乱无章、缺乏规范性等现象。例如，大米品牌数量较多，规范性较差。盘锦大米的品牌宣传力度较大，但市场上销售的盘锦大米数量已经远远超过盘锦大米的实际产量，品牌规范和保护亟待加强。对传统品牌的保护力度也不够，有些过去叫得响的品牌如沟帮子烧鸡等没有得到很好的保护，在国内市场上的影响力逐渐减弱。

5.2.5 农产品加工产业科技创新力度不够

农产品加工业发展的根本动力来源于科技创新。辽宁农产品加工业在先进设备应用方面发展较快，但在生产工艺创新和新产品研发方面明显滞后。农产品加工高新技术企业数量少，科技水平不高，研发力量薄弱，有的企业甚至没有研发人员，从而导致企业产品科技附加值较低。产品单一，更新换代慢，综合利用能力不足，企业综合效益低下。企业不能吸引科技人才或留不住人才，辽西北地区人才缺失现象尤为严重。科技创新不足，企业没有活力，缺少动力，是产业发展缓慢的重要因素。

5.3 辽宁农产品加工业高质量发展的对策建议

辽宁应把发展农产品加工业摆到更加重要的位置，进一步理清思路，完善政策措施，加大工作力度，推进农产品加工业高质量发展，使农产品加工业逐渐成为辽宁的重点产业。

5.3.1 立足优势，统筹规划布局

辽宁农产品资源丰富，区域特色鲜明，应统筹规划、合理布局。在保持沿海地区水产品加工、辽西北地区畜产品加工和盘锦地区稻米加工产业优势的同时，要重点推进辽西杂粮、辽东林下特产、辽南地区果品和辽北

粮食主产区玉米深加工产业发展。要抓住机遇，借助京沈客运专线建设优势，主动把辽宁农产品加工业融入京津冀经济圈，在辽西北以及沿海区域规划建设一批较大规模的农产品加工业园区，大力推进朝阳、阜新特色农产品加工业的发展。利用东北地区唯一沿海省份的优势条件，将农产品加工业原料与产品更多地纳入港口业务范畴，积极发展与“一带一路”沿线国家的合作。利用本地优势农产品资源，开发精深加工产品。不同地区的产业发展目标要体现差异化，招商指南应突出地域特色。

5.3.2　加快园区建设，促进集群集聚

加大农产品加工业园区的建设力度，抓住京沈高铁开通的大好时机，承接京津冀产业转移，引进特大型企业，乘势实现辽西北农产品加工业的跳跃发展。利用辽宁沿海地区的港口优势和辽宁自贸区建设优势，加大沿海和自贸区农产品加工业园区的建设力度，发展针对国际市场的农产品加工业和利用进口农产品原料的加工产业，在此基础上，大力推进全省农产品加工业园区的建设。在增加园区数量的同时，加大招商力度，增加园区入驻企业数量，注重建设专业化产业园区，提高产业集聚度。

5.3.3　加快推进农产品加工业提质增效

农产品加工业已进入新的发展阶段，传统落后的业态和产品结构已不适应时代发展。世界发达国家和新兴市场均将绿色健康产业作为实现增长的突破口，农产品加工业的发展同样离不开绿色发展这个大背景，营养保健和绿色发展必将成为农产品加工业的发展方向。要加强优质水稻、花生、蔬菜、水果、生猪、家禽、水产品等优质农产品原料基地建设，原料生产不仅要注重优质，而且要注重发展适合加工的专用品种，如高油花生、高淀粉玉米、优质水稻等。要加大对现代农业产业化龙头企业的培育力度，使企业尽快上规模、上档次、上水平，彻底改变传统落后的业态，确保产业绿色发展和高质量发展。要引导农产品加工业向精深方向转型，逐渐淘汰落后产能，鼓励高新科技、生物技术融入农产品加工业，大幅度提高加工产品的附加值，使辽宁农产品加工业尽快实现转型升级。

5.3.4 促进三产融合，加快产业发展

推进农产品加工业与相关产业的有机融合，牵动就业链、效益链，真正实现农产品加工一个产业带动一个区域的经济发展和繁荣。以龙头企业牵动，带动原料基地建设，发展观光农业和乡村传统特色产业。建设农业田园综合体，促进乡村振兴。利用辽宁沿海优势，以海洋资源高效利用为目标，积极开发海洋牧场，有计划地培育和管理渔业资源，建立系统化的渔业设施和管理机制，推进海洋渔业资源有序循环，提高海洋资源利用率，同时结合海洋观光休闲旅游项目的开发，发展海洋综合体。

5.3.5 积极推进“互联网+”乃至“智能+”农产品加工

互联网已深深介入中国社会各领域、各产业的发展，辽宁必须主动适应和及时把握这一大的发展趋势，在振兴东北经济的过程中全方位推进互联网+农产品加工。充分利用互联网、物联网、大数据、云计算等现代信息化融通手段，通过线上和线下运行促进农产品加工企业和原料基地、农户和新型农业经营主体、农业产业链以及农村一、二、三产业的融合发展，完善产业融合的利益联结机制。随着信息产业的快速发展，“互联网+”开始向“智能+”升级，农产品加工业的智能+车间、智能+销售、智能+品控等人工智能模式已经开始应用。农产品加工业要顺应信息时代的发展趋势，把信息技术融入产业的各个环节，充分利用互联网平台开展农产品加工远程培训、产品质量监控等。

5.3.6 强化科技创新和科技人才队伍建设

在国内外农产品加工业科技化程度日益增强的大背景下，针对辽宁农产品加工业科技创新能力不强的实际情况，辽宁应在农产品加工领域加快推进产业升级、提质增效，改变农产品加工业的落后状态，进行业态创新。各级政府部门、加工企业、科研院所要通力合作，瞄准国内外新技术、新工艺的发展方向，整合科技资源，开展科技联合攻关，推进科研单位中试基地建设，强化自主创新和引进消化再创新的能力，加快科技成果转化的步伐。针对农产品加工领域科技和管理人才流失、人才断层的现

象，制定相应的人才引进和留住人才政策，提高人才待遇，在全省范围内启动“引智工程”，面向海内外招贤纳才。各级政府应出台相应政策和考核办法，划拨专项资金，鼓励规模以上企业招聘海内外高端技术人才，全职、兼职或灵活地服务企业，为企业创新发展提供智力支持。

5.3.7 优化营商环境，加大扶持力度

根据中央有关文件精神，借鉴外省先进经验，结合辽宁实际，制定推进农产品加工业发展和促进农业产业化经营的扶持政策。政府各部门要树立为民营农产品加工企业主动服务、真心服务、全面服务的意识，提高服务水平，充实服务内容，为企业多做事、做好事，多尽责、不添乱，引导、激励企业在带动农民增收致富和实现乡村振兴的过程中发挥更大作用。加大对已出台的助推农产品加工和促进农业产业化的政策的落实力度，进一步改善和优化营商环境，引领辽宁农产品加工企业走出困境、加快发展，为振兴东北老工业基地作出应有贡献。

第6章

重大成套装备产业

重大成套装备产业是辽宁装备制造业的重要组成部分，主要为矿山、有色金属、石化、电力、能源、钢铁、汽车、航空航天、船舶等行业及国防工业提供重大技术装备和成套工艺设备及服务，它体现了装备制造业的综合竞争实力和整体水平。要实现辽宁装备制造业的振兴，首先要在重大成套装备领域实现创新突破，继而引领装备制造业高质量发展和新旧动能转换。

6.1 辽宁重大成套装备产业发展现状

辽宁重大成套装备主要集中在重型矿山和工程机械、石化和冶金装备、电力装备、节能环保装备等行业，特高压输变电设备、百万千瓦核电主泵、百万吨乙烯装置、盾构机、重型燃气轮机等重大装备和产品能够填补国内空白。

6.1.1 重大成套装备产业发展的重点领域

矿山成套装备领域。辽宁是矿山机械制造业大省，北方重工、大连重工·起重集团、三一重装等大型企业都是我国矿业装备的领军企业。辽宁拥有规格齐全的各种形式的破碎、粉磨和洗选设备，拥有干燥机、回转窑、冷却机等焙烧工艺技术。

冶金成套装备领域。辽宁相关的设计院及制造单位的梯度等级覆盖相对合理，以中冶北方及北方重工为龙头的相关企业有相对突出的冶金成套项目业绩。作为老工业基地，辽宁技术底蕴丰厚，制造能力特别是关键零部件的加工制造能力强。辽宁可提供烧结、球团、轧制、锻压四个专业的大型冶金成套设备。北方重工是我国第一家设计制造烧结机的专业公司，公司的多项技术处于国际领先地位，形成了一批具有自主知识产权、技术先进、性能可靠的烧结机系列产品，其中太钢660m^2烧结机为目前国内最大烧结设备。北方重工在冶金球团制备中采用链篦机—回转窑—环冷机工艺流程，其中主体设备的设计制造水平同样居国内领先地位。北方重工的1 725mm镁板轧机被认定为辽宁首台（套）重大技术装备，该装备具有自主知识产权，填补了国际高性能宽幅镁合金薄板生产设备设计、制造领域的空白，产品的主要参数和性能指标已达到国际领先水平。

石化成套装备领域。沈鼓集团在天然气液化、新型煤化工、大空分、大化肥、千万吨级炼油、百万吨级乙烯三机领域处于行业领先水平；金重集团具有为大型化工、煤化工、炼油、化肥等工艺装置提供成套压力容器设备的能力，以及为现代煤化工气化岛提供工艺包并进行气化岛总承包的业绩，在国内率先为24万吨/年、30万吨/年、48万吨/年、52万吨/年、70万吨/年、100万吨/年、120万吨/年尿素装置承制了尿素合成塔、CO_2汽提塔、高压冷凝器、高压洗涤器四大高压设备；大橡塑公司的重型橡胶塑料机械装备、石化乙烯工程配套大型塑料混炼挤压造粒机组在国内处于行业领先地位；中航黎明锦西化工机械公司在高压重型容器、搅拌设备、大型回转设备和透平机械领域有较强的竞争能力；大连冰山集团在工业制冷成套装备领域处于国内领先水平。

节能环保成套装备领域。主导产品包括水污染治理设备、空气污染治理设备、固体废物处理处置与回收利用设备、噪声与振动控制设备，并且逐渐向资源综合利用技术与设备、洁净产品、环境工程技术咨询与服务等多个领域发展，环保产业的经济总量增长迅速，初步形成产业规模。一些关键设备如污泥处理设备、潜水泵设备、单级高速风机、大型除尘脱硫设施、煤的清洁燃烧技术与设备等均处于全国领先水平。在固体废弃物处理等领域，北方重工开发出了30～110吨/时的矿渣粉磨系列成套设备和年处理能力30万吨的废钢破碎生产线，填补了行业空白。

输变电成套装备领域。辽宁拥有特变电工沈阳变压器集团有限公司、沈阳高压开关厂、新东北电气集团有限公司、荣信汇科电气技术有限责任公司等众多大中型企业，其中特变电工沈阳变压器集团有限公司是目前世界上单厂产能最大的变压器研制基地，拥有很强的特高压电气设备制造能力。辽宁重点企业和高校科研院所拥有特高压输变电装备设计、仿真、试验、寿命评估等关键技术。在超、特高压输变电成套装备制造领域，特变电工沈阳变压器集团有限公司具备生产1 000千伏/1 000兆伏安及以下交流变压器、电抗器、±1 100千伏及以下换流变压器、特高压套管、互感器以及智能箱变等的能力；荣信汇科电气技术有限责任公司是全球大容量电力电子装备制造领军企业，主要产品有智能柔性直流输电系统、静止同步补偿器和大功率变频装置；新东北电气集团有限公司具备生产制造1 000千伏及以下GIS设备的能力；大连电瓷集团股份有限公司具备制造生产特高压绝缘子产品的能力；大连第一互感器有限责任公司具备生产750千伏及以下互感器设备的能力等。

能源成套装备领域。辽宁风力发电装备形成了较为完整的产业链，从1.5兆瓦以上主机到减速机、轴承、法兰、塔筒、风叶以及关键铸锻件，基本上都实现了本省配套。核电装备产业链逐步完善，中国一重大连基地的核岛反应器、压力壳，沈鼓集团的三代核电主泵实现突破，特变电工沈阳变压器集团有限公司研发的核电主机变压器填补了核电产业链的空白。

6.1.2 重大成套装备产业发展的重点产品

重型矿山和工程机械。依托北方重工、大连重工·起重集团、三一重装、三三工业、鞍山森远路桥等企业，辽宁在矿山成套装备领域，以大型化、智能化、信息化为发展方向。根据国家产业政策，加快推进高效率、低能耗、高可靠性、绿色环保的矿山机械产品。重点发展千万吨级以上大型露天矿半连续开采成套装备、大型全断面掘进机（硬岩掘进机和盾构机）及其控制系统、全断面煤巷高效掘进机、土压平衡矩形顶管机、地下管廊用微型盾构机、大型装载机、高效筑路及养路机械、多功能大型轮式起重机、大型全地面汽车起重机等高端工程装备及特种设备，高速精密齿轮传动装备、永磁柔性传动装置、伺服控制机构和液气密元件及系统等配套产品；研制电液换挡变速器、湿式制动驱动桥、整体式多路阀、开式系统通轴式轴向柱塞泵、液压马达等配套产品。

石化和冶金装备。依托沈鼓集团、北方重工、大连重工·起重集团、大金重工、一重集团大连核电石化有限公司、锦西石化、鞍钢重型机械、沈冶机械等企业，重点发展百万吨级乙烯装置用三机、工艺流程泵、自动化仪表集散控制系统，百万吨级PTA装置、百万吨级PX装置，大型天然气液化设备、大型煤化工装置、大型炼油装置，石油、天然气长输管道设备，海陆石油钻采设备、石油压裂机组，以及高性能超宽超薄镁合金板轧制成套装备、中厚钢板精整剪切系列化机组、高产球团焙烧机成套装备、大型烧结机成套装备、大型高效冷热轧机等产品。

节能环保装备。依托沈鼓集团、北方重工等企业，辽宁围绕燃煤电站、炼铁高炉、生活废物焚烧等废弃烟气排放治理，加快脱硫、脱硝、脱汞、粉尘排放、二噁英处理等专业治理技术和装备的研发和设计制造，并由终端控制向源流控制延伸，推进治理装备系列化、成套化，实现排放标准达到每立方米10毫克以下的粉尘处理设备的批量化设计制造。

输变电成套装备。依托特变电工沈阳变压器集团有限公司、新东北电气集团有限公司、沈阳高压成套开关股份有限公司、荣信汇科电气技术有限责任公司等企业，重点发展1 000千伏交流及±1 100千伏直流特高压变压器、六氟化硫全封闭组合电器、大容量换流阀等特高压设备及高压套管、避雷器等关键零部件，以及支撑智能电网的智能变电站成套装置、智能配电网成套装置、柔性直流输变电设备等。

新能源成套装备。依托沈鼓集团、北方重工、沈阳远大、沈阳东管电力科技集团、大连重工·起重集团、三一重装、大金重工、大连融科储能等企业，重点发展CAP1400屏蔽式核主泵以及更大功率屏蔽式核主泵和变频器、核环吊、阀、飞轮、导叶、主泵壳体及关键铸锻件等关联系统及材料，“华龙一号”核主泵和核二、三级泵及关联系统；发展5兆瓦以上等级风力发电机组整机、智能控制系统，以及大型风力发电机组的齿轮箱、增速机、风机主轴、偏航及变桨轴承、变频器及储能电池等关键零部件；开发高转化率太阳能电池组件、多端柔性直流输电系统、大功率光伏并网逆变器、大容量储能设备等并网电站及分布式光伏电站产品；发展用于分布式发电，联合循环效率不低于45%的50～70兆瓦燃气轮机发电装备和F级300兆瓦、G/H级400兆瓦重型燃气轮机发电装备，以及燃料电池发电系统、氢能制备成套设备等。

6.2 辽宁重大成套装备产业发展存在的问题

辽宁重大成套装备产业在取得可喜成绩的同时，也存在一些结构性矛盾和问题，需要在转型过程中加以解决。从总体上看，通用装备制造企业小而散，专用装备制造企业大而不强，需要加快产业结构调整。

6.2.1 缺乏系统解决方案和设备成套的总包能力

辽宁主要生产以重点装备为核心的小成套装备，未全面掌握相关领域的工艺流程，缺乏系统解决方案和设备成套的总包能力，无法满足用户对交钥匙工程的需求，从而降低了辽宁企业在国内外市场上的竞争能力，难以实现效益最大化。国外主要工业国家掌握了重型机械产品的核心技术，在技术研发、成套供货、服务及关键核心零部件的配套以及品牌方面均处于优势地位，对知识产权、技术规范、技术标准及大型成套设备的流程工艺等控制度较高，与之相比，辽宁缺乏竞争力，开拓国际市场的风险大、难度大。

6.2.2 科技资源整合、协同创新能力不足

重大成套装备属于装备制造业中的高、精、尖产品，开发难度大，资

金投入大，回报少，而企业投入的科研经费有限；科研攻关缺少有效的合作机制，缺乏高端领军人才，大多数企业是孤军奋战。以企业为主体的产、学、研、用科研体制不健全，知识产权保护不力，创新研发驱动力不足，效率低下。科技创新体系对基础、共性、前瞻性等重大科学问题的研究不够，特别是对高端核心零部件的研发不足，需要进一步加强平台建设和完善科技创新体系。

6.2.3　缺少能够引领行业发展的新业态、新模式

多数大型企业的经营范围只专不宽，生产经营方式单一，发展仅仅依靠自身所在行业的传统经验，没有完全脱离工厂制管理模式，没有跳出装备制造领域。面对不断变化的市场需求，企业缺乏灵活有效的商业经营模式，缺乏新的经济增长点。在产品质量、服务、员工队伍素质、综合管理水平、制造体系构建等方面，许多企业存在薄弱环节，总体发展不平衡，综合实力不强。

6.2.4　企业的信息化应用水平有待提高

行业内多数企业未能把企业业务流程的优化重组与实施信息化项目有效结合起来；符合企业特点的专用管理软件和工艺生产软件的开发能力不足；企业信息集成、共享应用水平不高，如有的企业虽然实施了ERP、CAPP系统，但是由于内联网功能不完善，因此实施效果并不理想，有待进一步完善等。

6.3　辽宁重大成套装备产业高质量发展的对策建议

针对上述问题，辽宁需要从强化政策资金支持、健全产业创新体系、提高系统和总成套能力、建设公共服务平台、加快推进国产化进程五个方面着手，推动重大成套装备产业高质量发展，进而提升装备制造业综合竞争实力，实现装备制造业振兴。

6.3.1　强化政策资金支持

研究利用国家专项建设基金、先进制造产业投资基金、新兴产业创业

投资引导基金及辽宁省产业（创业）投资引导基金等，对符合条件的装备制造业重点领域项目给予支持和倾斜，引导社会资本进入，促进重点领域的项目投资和科技成果产业化。研究支持首台（套）重大技术装备示范应用的相关政策，对列入首台（套）重大技术装备示范应用工程的项目予以政策支持，实现关键领域的关键技术和装备、核心零部件的自主可控。支持符合条件的骨干企业（集团）通过上市融资、设立金融租赁公司等多种方式，拓宽融资渠道。

6.3.2 健全产业创新体系

搭建以企业为主体、科研院所和高等院校紧密协作的产、学、研、用合作体系，围绕辽宁装备制造业的薄弱环节和关键领域，开展行业基础和跨行业共性关键技术的研发，尽快突破一批核心技术和重大关键技术，形成一批具有自主知识产权的科技成果。以改革科技成果转化激励机制为核心，完善促进科技成果转化的政策措施，在先进适用的创新成果产业化推广方面给予政策支持，并加强对知识产权的保护。

6.3.3 提高企业的装备系统成套能力

引导企业破除各自为战的传统模式，推进跨地区、跨行业的联合重组，在大力提高重大单机装备的技术水平、质量和性能的同时，高度重视装备系统成套能力的提高，推动组建一批具有系统设计、系统成套和工程总承包能力的装备承包公司，形成几家在国际上有较高知名度和竞争实力的装备总承包商或成套设备供应商。鼓励工程总承包公司与装备制造企业紧密合作，鼓励装备制造企业外包设计服务，促进装备制造企业由生产型制造向服务型制造转变。按照“专、精、特、新”的发展要求，大力发展关键核心零部件产业，扶持一批专业特色鲜明、技术含量高、配套能力强、市场前景好的装备关键部件制造中小企业，形成大、中、小企业融通发展的格局。

6.3.4 建设公共服务平台

在装备产业聚集区，建设一批公共服务平台，为区域装备制造企业提供信息查询、技术创新、检验检测认证、法规标准、管理咨询、创业辅导、市场开拓、人员培训、设备共享等方面的服务。积极打造省先进装备制造业基地——工业互联网公共服务平台，在科技金融、专业人才、公共检测、进出口大数据、5G+先进装备制造业等方面提供服务，为辽宁重大成套装备基地建设提供保障和支撑。鼓励装备制造企业与上下游企业、研发机构之间组成产业联盟，发挥现有装备制造业产业联盟的作用，推动联盟内的企业在市场、技术、服务等方面开展对接活动。积极推进重大技术装备团体标准、国家标准的制定工作，改变国家标准出台和更新不及时、与产业发展不协调的状况。

6.3.5 加快推进国产化进程

依托国家、省重点建设工程，开展重大技术装备自主化工作，使政府、用户和制造企业在推进重大装备国产化方面形成合力，集中行业优势，重点抓好一批承担任务的企业研发费用尽可能向承担任务的骨干企业倾斜，鼓励和支持基础较好的企业通过上市或其他融资方式加强技术改造，提高企业承担重大装备国产化任务的能力。制造企业应加大研发力度，争取实现更大的突破；业主单位应积极协助制造企业做好重大装备的研发工作，加强国产化经验的交流，共同推进重大技术装备国产化；关注《进口不予免税的重大技术装备和产品目录》，及时将辽宁研制成功的重大技术装备列入目录中。

第7章

燃气轮机产业

燃气轮机是继蒸汽轮机和内燃机之后的新一代动力装置，是集技术密集、人才密集、资金密集于一体的高科技产品，是典型的军民两用装备，乃国之重器。发展燃气轮机产业是推动军民融合的重要抓手，是落实军民融合发展战略的重要举措。

辽宁燃气轮机产业的技术基础良好，已初步走出了一条自主发展的道路。作为工业大省，辽宁必须高度重视燃气轮机产业的发展，抢抓机遇，整合现有燃气轮机产业链，重点发展具有自主知识产权的国产燃气轮机产品及业务，把辽宁打造成为航空发动机和燃气轮机产业重要的研发基地，为加快制造强国建设、实现高质量发展作出贡献。

7.1 发展燃气轮机产业意义重大

燃气轮机技术水平代表了一个国家的装备制造业水平，是一个国家工业和科技实力的重要标志之一，也是一个国家综合实力的体现。燃气轮机产业的发展不仅可以带动机械、电力、电子、交通、环保等相关产业链的发展，而且可以带动材料、加工、设备、控制等多个相关行业高新技术的升级与发展。目前，发展燃气轮机产业已经上升为国家战略，对推动国家产业结构调整与转型升级、提高经济发展质量和效益具有重大意义。

7.1.1 燃气轮机的优势显著且应用广泛

燃气轮机自20世纪40年代问世以来，由于具有重量轻、体积小、功率大、低污染、长寿命等特点，因此获得了飞速发展，广泛应用于发电、天然气管输、船舶动力、坦克和机车动力等领域。在国防安全领域，世界上75%的水面舰艇，美、俄49%的新造坦克都将燃气轮机作为主动力；在能源安全领域，海洋采油和孤岛能源设施100%优选应用燃气轮机；在经济命脉领域，石油、天然气长输管道的主线和支线将燃气轮机作为原动力驱动压缩机组应用；在节能减排领域，多数以天然气为燃料的分布式供能系统应用燃气轮机，美欧新建电站80%以上采用燃气轮机。

在我国能源结构的调整过程中，将燃气轮机作为核心动力装备，对降低一次性能源中煤炭的比重、减少煤炭使用中的污染、开发利用清洁能源、保证能源安全具有重要作用。随着我国天然气产量和进口量的不断增加，燃气轮机用于发电的比例也将逐年提高。除天然气外，高浓度煤层气、非常规天然气和各种中低热值化工冶金可燃气的利用率也将逐年提高，其核心动力也是各种功率等级的燃气轮机。洁净煤技术是解决我国能源与环境问题、实现可持续发展的重要方式之一。当代先进的洁净煤技术以整体煤气化联合循环发电（IGCC）和多联产为标志，其核心装置也是燃用合成气燃料的燃气轮机。

7.1.2 燃气轮机的国际市场需求稳定

著名的情报资讯分析公司Forecast International/DMS指出，2015年世界（不含中国、俄罗斯和乌克兰）生产发电、机械驱动和舰船动力燃气轮机约1 500台，总价值近260亿美元。其中，发电是燃气轮机最主要的应用领域。2016—2020年，世界燃气轮机市场将保持稳定且略有增长的态势，燃气轮机产量和产值的年均增速分别为1.8%和1.2%。

非洲大陆资源丰富，为世界提供了30%的石油和天然气供给。非洲地区的电力装机容量仅为90GW，日平均断电率接近10%，所产生的经济损失占全年收入的7%；同时，非洲经济发展迅猛，对电力的需求极其迫切。

近年来，东南亚地区经济快速发展，2013年能源消耗量增长了50%，经济总量提高了2倍，已达到6.1万亿美元。预计到2040年，电力装机容量将达到400GW，其中天然气发电占24%。东南亚地区受地理因素影响，对天然气分布式能源（冷热电联供）的需求迫切，预计达到60GW。

中东及中亚地区拥有丰富的石油、天然气资源，但伊拉克、伊朗、埃及等国存在严重的电力短缺情况。土库曼斯坦、乌兹别克斯坦等国家在“一带一路”倡议的带动下，实现了经济的高速发展，与此同时，它们对电力的需求也急剧增大。“一带一路”沿线有许多国家电力供应紧缺，电网建设不完善，而电力供应短缺会直接影响一个国家的经济发展。此外，石化、钢铁、通信等行业走出国门，也为与之配套的节能环保发电设备带来了良好的发展契机。

7.1.3 燃气轮机的国内市场需求巨大

我国发电用天然气占天然气总用量的比例仅为15%，远低于世界平均水平（国外约25%）。预测截至2020年年底，我国燃气轮机装机市场规模约1 132亿元（含集中式和分布式），全国规模以上城市推广使用天然气分布式能源系统（含轻型燃气轮机、内燃机）5 000万千瓦，新增燃气轮机装机市场规模约257亿元；我国新增管道增压燃气轮机装机市场规模约62亿元；新增和现有设备的维修维护市场规模约257亿元。目前，世界上发达国家的天然气发电装机容量在国内总装机容量中占据了较为合理的比例，其中美国为39.3%、日本为29%、英国为34.1%、韩国为26.6%，而我国这一占比仅为3%左右，与发达国家相比还存在相当大的差距，发展潜力巨大。

自2002年以来，我国燃气轮机市场呈U形发展趋势。发展初期，国家组织燃气轮机项目打捆招标，采用市场换技术的方式，以国内大型发电制造企业作为技术引进的窗口和平台，加快实施燃气轮机技术国产化战略。之后，受气源等因素的影响，我国燃气轮机市场需求减少。从2010年开始，随着节能减排、注重环保的国策方针的深入落实，气源开发和天然气管线建设逐步加快，燃气轮机市场恢复上升趋势。BP集团预测，到2035年，中国的能源结构中煤炭所占的比重将减少，但仍然会超过50%；天然气所占的比重将会翻番，将达到12%。我国天然气发电装机潜力大，截至2019年年底，我国气电总装机容量已达9 022万千瓦。按照国家“十三五”规划，2020年我国天然气发电装机容量将达到1.1亿千瓦以上。预计到“十四五”末期，我国天然气发电装机容量将达到1.7亿千瓦，市场需求巨大，总规模将达到5 000亿元。

但这一巨大的市场正在被通用电气、西门子、索拉透平等外国公司所占领、侵蚀，在国内具有自主知识产权的轻型燃气轮机的市场占有率不足1%，重型燃气轮机的市场占有率几乎为零。我们失去的不仅仅是市场及高额的燃气轮机运维成本，更重要的是由此带来的能源安全威胁，中美贸易战使一些问题更加凸显。因此，我们要抓住燃气轮机产业发展的窗口期，加快对具有完全自主知识产权燃气轮机的研发，助力辽宁老工业基地的振兴。

7.2　辽宁发展燃气轮机的基础能力和发展路径

在燃气轮机研发制造领域，辽宁的实力在国内首屈一指。四川、黑龙江、上海等省、市的燃气轮机产业得益于当年的打捆招标，形成了一定的产值规模，但其主要是作为国外燃气轮机公司的非核心部件配套商及组装企业，燃气轮机的核心部分——压气机、燃烧室和动力涡轮则由外商在国外生产，这些省、市都没有掌握燃气轮机的核心技术，产业进一步发展受限。相比之下，辽宁采取国际主流的“航改”技术路线，以强大的航空发动机研制技术为基础，已经突破了燃气轮机领域的许多关键技术，初步走出了一条自主研发的道路。

7.2.1　辽宁具有燃气轮机自主研发能力

在燃气轮机自主研制设计方面，辽宁具有很强的优势，中国航发沈阳发动机研究所（以下简称中国航发动力所）是我国实力最强的大、中型航空发动机设计研究中心。中国航发动力所是国内唯一拥有经过实践检验的、比较完善的发动机和燃气轮机设计试验体系的研发单位；它是国内唯一能够进行大、中、小燃气轮机研发的单位，包括航改燃气轮机、重型燃气轮机，均符合我国航燃结合、军民结合、轻重结合的科技发展要求；它是国内唯一将自主研发的燃气轮机产品推向市场的单位，包括QD128、QD70等。中国航发动力所下设压气机、燃烧、涡轮、内流传热、传动系统、控制系统、强度等研究室，其燃气轮机领域的专利拥有数量居国内第一，是国内燃气轮机研究的最强方阵。

7.2.2 辽宁具有燃气轮机制造能力

中国航发沈阳黎明航空发动机有限责任公司（以下简称中国航发黎明）已具备完整的燃气轮机自主研制体系和全产业链生产能力。与国内同类企业相比，中国航发黎明在高、精、尖加工能力方面具有突出优势，它拥有制造需要的多种特殊加工设备，并且拥有独一无二的叶片加工中心和国外转包加工中心，承担美国通用发动机转包生产业务，同时为哈汽轮、杭汽轮等企业提供进口燃气轮机用涡轮叶片，尤其是钛合金压气机叶片；它是国内唯一能够自主研制生产微、中、重型三型全谱系燃气轮机整机、机组、部件的企业，燃气轮机制造水平在国内首屈一指，独具特殊部件加工能力。

7.2.3 辽宁具有较强的配套支撑能力

辽宁燃气轮机产业要向更高水平迈进，必须有更为尖端的材料技术作为保障。中国科学院金属研究所是我国享誉海内外的材料科学与工程研究的重要基地，拥有大批材料科学家和工程技术专家，为燃气轮机材料的改进提供了重要的技术基础。

同时，辽宁是我国最早建成的工业基地，工业领域的科研实力国内领先，既拥有中国科学院沈阳自动化研究所、中国科学院大连化学物理研究所、沈阳铸造所等科研院所，又有东北大学、大连理工大学、辽宁工程技术大学、沈阳工业大学等多家理工类高等院校，科技开发和人才培养能力都十分强大。在项目配套能力方面，与燃气轮机配套的发电机、电气设备、仪控仪表等成套辅助系统都可以在省内实现成套；在电站建设方面，燃料气压缩系统、余热锅炉等主设备均可在省内生产，电站设计、土建、设备安装、电站运行、技术咨询等方面更是有一批实力雄厚的企业作保障。此外，辽宁还拥有沈鼓集团、北方重工、沈阳机床、新松机器人、大连重工·起重集团、大连机床、大连瓦轴、鞍钢等多家大型工业企业，基础工业配套能力强大，能够为燃气轮机产业发展提供必要的产业支撑。辽宁拥有抚顺特殊钢股份有限公司，该公司能够制造航空、航天等高科技领域使用的特殊钢材，最大限度缩短了燃气轮机的产品配套半径，构成了辽宁燃气轮机产业发展的重要产业基础。

7.2.4　坚持走燃气轮机产业自主发展之路

由于燃气轮机产业在军民融合领域具有重要作用，因此发达国家对该产业实施严格的技术封锁，我国燃气轮机产业的发展只能依靠自主创新。辽宁应抓住机遇，发挥自主研发优势，将辽宁打造成国内一流、世界知名的燃气轮机自主研发制造基地。

辽宁应瞄准高端燃气轮机市场，制定特色化产业发展规划。一是明确产业定位。随着技术的发展，燃气轮机的燃烧初温和压缩比逐渐提高，效率也随之提高。重型燃气轮机主要有E、F、G、H四种级别，燃烧初温在1 100～1 430℃，效率在32%～41%，其中应用较多的是E、F级燃气轮机，G、H级燃气轮机未来将普遍应用于IGCC系统。目前，R0110重型燃气轮机效率可达E+级，略高于美国通用E级燃气轮机，但并未达到世界领先水平。未来，辽宁燃气轮机生产企业应将主导产品定位于最先进的G、H级，通过改进材料和蒸汽循环工艺，不断提高燃烧初温和燃气轮机效率。二是制定特色化产业规划。在中国航发的下属企业中，有3家企业具备自主研发燃气轮机的能力，分别是中国航发东安、中国航发南方和中国航发黎明。中国航发东安和中国航发南方生产的航改燃气轮机的功率分别为1 000～3 000千瓦和2 330～3 310千瓦，而中国航发黎明生产的航改燃气轮机的功率为7 000～17 800千瓦，中国航发黎明可突出大功率优势，拓展舰用及工业用燃气轮机市场，实施差异化发展战略。在重型燃气轮机领域，辽宁应发挥自主研发优势，不断提升技术水平，逐步扩大与电力企业的合作，力争与进口品牌燃气轮机形成势均力敌的竞争格局，逐步替代国内市场上的进口产品，争取用10年时间，打造出国内最大的重型燃气轮机研发制造基地。

7.3 辽宁燃气轮机产业高质量发展的对策建议

2019年4月，中国航发燃气轮机有限公司在沈阳成立，这标志着国家将燃气轮机产业发展的重心之一放在了沈阳。辽宁应发挥自身在研发、制造方面的双重优势，加速推进产业发展，早日建成中国燃气轮机自主研发制造基地。

7.3.1 做好产业发展的统筹协调

制定燃气轮机产业发展规划。建议由辽宁省发改委、辽宁省工信厅、中国航发燃气轮机有限公司对前期制订的《辽宁省燃气轮机产业发展实施方案（征求意见稿）》进行修改和完善，将加快发展燃气轮机产业纳入辽宁省“十四五”规划，明确发展目标、重点任务、具体措施，通过强化产业链、信息链、技术链、配套链，提高企业的研发和制造能力，加强对自主研发的燃气轮机的推广应用，加快燃气轮机示范工程建设，推动燃气轮机产业更好发展。

制定辽宁天然气分布式能源发展规划。为推动“气化辽宁”工程的实施和大气环保攻坚战的完成，带动燃气轮机的应用，建议结合辽宁石化产业发展过程中普遍面临的能耗过高的问题，重点围绕石化工业园区以及重点城市的商业区和城市中心区等，对有电热需求的单位，推广采用以天然气为燃料的燃气轮机发电供热，提高分布式能源系统的比重。

制定自主知识产权燃气轮机发展规划。随着全球竞争格局的转变，知识产权保护愈加重要。我国燃气轮机知识产权在国际竞争中的话语权很弱，为了推动具有自主知识产权的国产燃气轮机走出国门，积极参与“一带一路”的能源建设，建议制定知识产权发展规划，开展知识产权海外护航专项行动，提高企业的知识产权保护意识，鼓励企业加强研发和创新，争取更多的专利授权，最终形成辽宁燃气轮机知识产权保护和应用体系。

7.3.2　建立协调推进的工作机制

建立燃气轮机产业发展协调领导小组。燃气轮机的产业链较长、技术含量高、应用和推广涉及的领域和部门较多。因此，建议辽宁省人民政府、沈阳市人民政府和中国航发燃气轮机有限公司共同建立燃气轮机产业发展的推进及协调机构，推进规划落实，优化产业布局，协调相关项目的建设工作。

成立发展燃气轮机产业专家组和燃气轮机项目推进组。为了落实《中共中央、国务院关于支持东北地区深化改革创新推动高质量发展的意见》中关于加快发展燃气轮机的文件精神，提高项目的一体化推进工作效率，建议请辽宁省委军民融合办结合前期工作聘请的专家，成立发展燃气轮机产业专家组，为辽宁发展燃气轮机产业提供智力等方面的支持。同时，与辽宁省重装中心协调，成立燃气轮机项目推进组，为燃气轮机项目提供全过程的服务。

7.3.3　加快“一个中心、两个基地”建设

基于辽宁在燃气轮机领域的研发能力、制造能力及支撑能力，可以加快国家轻型燃气轮机工程技术研究中心、燃气轮机应用示范基地、国家级自主知识产权燃气轮机产业基地的建设，以带动燃气轮机产业的发展。

加快建成国家轻型燃气轮机工程技术研究中心。燃气轮机是一种高端产品，必须对它的各种零部件进行系统全面的检测、检验，还要进行全面系统的整机试验（试车）。因此，辽宁应紧紧依托中国航发驻沈企业的技术、人才、装备、配套的基础优势，结合国家“两机”重大专项的实施，

争取国家资金、政策的支持，由辽宁省人民政府会同沈阳市人民政府及中国航发驻沈企业申请建设国家轻型燃气轮机工程技术研究中心，并将该中心作为燃气轮机试验基地。

加快建成燃气轮机应用示范基地。国产燃气轮机试验电站落户沈阳仅仅是国产燃气轮机事业“万里长征”的第一步，发展我国燃气轮机自主研发和制造生产的事业任重道远。目前最重要的工作是，在加快关键技术研发突破的同时，政产结合推进政策和市场突破。建议由辽宁省人民政府协调沈阳市人民政府、辽宁省国资委、辽宁能源投资集团、中国航发燃气轮机有限公司开展应用示范电站的建设，由辽宁省委军民融合办统一组织协调推进，辽宁省发改委、辽宁省工信厅、辽宁省电力公司等部门在项目建设过程中做好立项、上网电价、电量消纳、气价补贴等方面的支持与协调，加快推进应用示范基地的建设。

加快建成国家级自主知识产权燃气轮机产业基地。为满足市场需求，建议由辽宁省人民政府会同沈阳市人民政府及中国航发燃气轮机有限公司，组织三线（总装线、成套线、大修线）一台（检验试车台）生产基地的建设，加快形成百台的生产能力，地方政府在用地、规划、审批配套设施建设等方面给予支持。

7.3.4 设立专项基金和培养专业人才

在各方加大专项资金投入的同时，地方政府和企业应积极组织和参与燃气轮机产业发展专项基金的设立。燃气轮机产业是一个资金密集型产业，需要有足够的资金来支撑，企业自身需要加大资金投入，政府可以提供资金扶持，同时可以采用市场化的方式吸引社会资金，助推产业发展。建议在辽宁省产业（创业）投资引导基金中，设立燃气轮机产业发展专项基金；同时，积极申请国家相关专项资金及基金的支持，有效支撑和引导燃气轮机产业发展。

做好专业人才的培养工作。燃气轮机产业的发展不仅需要高技术人才，而且需要大量运行维护人才，建议由辽宁省教育厅协调相关院校，联合中国航发燃气轮机有限公司共同培养专业人才，落实好国家关于高等职业教育要充分实现产教融合的要求，培养毕业即可上岗的专业技术人才，助推燃气轮机产业发展。

第8章

磁动力产业

磁动力是对稀土永磁材料的高价值利用，是推动制造业高质量发展的关键技术，磁动力应用带动的节能降耗是高质量发展的重要方面。与磁动力相关的高价值利用和高质量发展的核心是创新驱动，把产业链、创新链、政策链、资金链等有效串连起来，形成磁动力产业。

“十四五”时期是辽宁调结构、促转型、稳增长的关键时期，是深入实施东北振兴战略的重要时期，是选择突破点、培育增长点、实现创新驱动和高质量发展的重要时期，辽宁需要发挥产业基础和研发优势，抢抓推进磁动力产业发展的难得机遇。

辽宁磁动力产业已经初具规模，市场前景广阔，率先突破磁动力产业的核心技术，形成系列产品，形成产业规模，对于提升辽宁的产业竞争力、行业引领力、区域集聚力，推动辽宁的经济创新、结构调整、空间拓展、产业整合，培育辽宁新的经济增长点，增强辽宁的产业丰厚度和国内外影响力等，都具有十分重要的意义。

8.1　磁动力产业的市场前景及制约因素

就属性而言，磁动力是一项技术，是在对永磁材料的应用中出现的一项具有颠覆性特征的技术，它可以带来传动和控制领域的一场革命。磁动力在所有涉及动力传动和控制的领域具有广泛的应用前景和巨大的市场价值，可以说，磁动力是新材料和制造领域的新蓝海。然而，磁动力还处在发展初期，即使在发展较早的辽宁，磁动力产业的发展依然受到诸多因素的制约，要加快发展还需要付出更大的努力。

8.1.1　磁动力技术的颠覆性特征日益显现

近年来，人们对稀土永磁材料的开发利用进展迅速，采用磁动力技术的产品日益增多，磁动力产业的规模不断扩大，磁动力技术在培育新动能、促进绿色发展和高质量发展的过程中处于独特的地位。

稀土是国家重要的战略资源，涉及国家安全和国民经济命脉。中国是世界稀土大国，中国稀土材料已占全球 80% 的份额。2018 年全国两会期间，习总书记指示，“推进中国由稀土材料大国迈向稀土应用强国”，这为稀土材料的高价值应用指明了方向。稀土材料是制造业高质量发展的基础材料，是催生战略性新兴产业的物质先导，更是当前补齐国家材料科技短板的重要着力点。

以“稀土永磁电机—稀土永磁传动—稀土永磁负载”构成的全链条技术体系，具有高可靠性、长生命周期、低噪声、高效节能等特点，其核心技术磁动力是新一代动力系统的引领者和传统动力系统的替代者，是我国在科技应用方面处于国际领先地位的少有领域，更是辽宁处于技术前沿的极少领域。

目前，稀土永磁应用技术已超过 2 000 种，涉及工业、农业、服务业等各行各业，用途非常广泛，其中明显见效的应用集中在磁动力领域。

未来五年前景广阔的磁动力技术有：永磁悬浮轴承、永磁智能安全电梯、汽车永磁缓速器、重载汽车永磁同步柔性联轴器、永磁减速器。未来十年要突破的十大磁动力产业发展关键技术有：国防军工用磁动力技术、航空航天用磁动力技术、磁流体密封技术、永磁无源柔性制动技术、磁悬浮技术、磁传感技术及磁分离技术、永磁涡流柔性传动技术、高性能软磁/永磁合金技术、非晶永磁电机、永磁前沿应用技术。这些先进技术的研发和突破，将部分引领动力传动领域的趋势和方向。

磁动力技术在一些领域的颠覆性特征已经显现，就像数码照相技术颠覆了胶卷和传统相机一样，永磁传动、永磁制动、永磁轴承、永磁电机等将给传统动力系统带来巨大的冲击。例如，永磁涡流柔性传动技术将替代接触式传动技术，永磁无源柔性制动技术将替代接触式摩擦制动技术，永磁悬浮轴承将替代接触式轴承，永磁电机将替代传统电机……磁动力技术和产品将在许多领域使动力传动发生颠覆性变革。

8.1.2 磁动力产业市场前景广阔

动力系统已经从过去的蒸汽动力发展到电动力，现在正向磁动力方向发生革命性转变。永磁柔性传动技术和永磁悬浮轴承技术没有冲击、震动、摩擦，是传动领域的革命性升级，磁动力应用将带动万亿元级市场。

当代国家间和企业间竞争的主战场之一就是能源利用，提高能源利用效率就是提高核心竞争力。在生产经营活动中，耗能的主要设备是电机，节能降耗的主攻方向也是电机。相关资料指出，在美国，电机消耗了美国生产用电量的63%～70%，占美国总电能消耗量的23%；在中国，电机系统的用电量占工业用电量的60%以上，由于传统电机的能耗大，因此节能降耗潜力也大。

永磁涡流柔性传动技术是继液力耦合技术、电力变频驱动技术之后又一个具有划时代意义的创新性技术。无论军用还是民用，凡是以电机通过传动耦合装置产生动力或各种机械传输动力的，都能采用永磁涡流柔性传动装置。例如，在工业领域的耗电大户中全面推广永磁涡流柔性传动技术，市场潜力巨大。

永磁无源柔性制动技术和产品的市场前景广阔。永磁无源柔性制动技术具有传统制动技术无可比拟的优势，在汽车制动、运输机械制动、电梯失速保护、缓冲减振等领域应用广泛，市场前景值得期待。

永磁悬浮轴承技术和产品的市场前景广阔。应用转子动力学、机械学、电工电子学、控制工程、现代磁学、测试技术、数字信号处理等学科知识，通过永磁材料实现无机械接触的新型高性能轴承可以替代传统的接触式轴承，市场规模超出想象。

磁动力产业的发展方兴未艾，市场规模巨大。稀土永磁电机、磁传动、磁制动技术产品在国内外的新能源汽车、高速动车、城际动车、低地板车辆、调车机车、地铁车辆上均有成功应用。权威机构预测，仅永磁调速、永磁电机、永磁发电机、永磁齿轮、永磁弹簧、永磁轴承、永磁悬浮等在水务、发电、矿业、冶金、石油和天然气、水泥、造纸、灌溉、工业电子、新能源汽车、航空航天、轨道交通、船舶等领域的应用，市场规模就将超过3万亿元。

主要永磁产品的市场规模预测见表8-1。

表8-1　　主要永磁产品的市场规模预测

序号	名称	市场容量（亿元）	国内阶段	国外阶段
1	永磁调速	1 000	小批量	小批量
2	永磁电机	10 000	批量	小批量
3	永磁发电机	5 000	批量	批量
4	永磁齿轮	6 000	小试机	小样机
5	永磁弹簧	3 000	小样机	理论
6	永磁轴承	6 000	小样机	理论
7	永磁悬浮	—	理论	理论

资料来源：根据干勇院士报告整理。

永磁电机除了在传统领域会快速发展外，在可再生能源、节能减排、替代能源等领域也将迅猛发展。预计到2020年，永磁电机的需求量将超过4亿台。

永磁悬浮轴承、永磁汽车缓速装置、永磁汽车减震装置、永磁无源电梯保护装置、永磁涡流柔性传动节能装置、永磁涡流柔性制动装置，是

《国家工业节能技术装备推荐目录（2018）》推广的重点技术和产品，特别是迈格钠磁动力股份有限公司（以下简称迈格钠公司）生产的永磁悬浮轴承，现已被中国海军列装，磁动力产品的市场前景广阔。

8.1.3 磁动力产业发展的制约因素

磁动力产业的发展也存在着一些制约因素，现阶段发展磁动力产业面临着技术、人才、政策、资金、行业配套等诸多问题，需要政府加强引导和大力扶持，创造更适合磁动力产业发展的环境。

技术问题。辽宁有发展磁动力的基础优势，有位于沈阳工业大学中央校区由著名院士领衔的国家稀土永磁电机工程技术研究中心，有位于鞍山的应用技术国际领先的迈格钠公司，现在的问题是如何由点到面，加强研发和创新投入，加强知识产权保护，加快技术成果转化。

人才问题。辽宁磁动力产业还没有形成人才聚集，产业人才需求还没有传导到培养人才的教育领域。行业领军企业迈格钠公司坐落在鞍山，引进和留住人才需要付出的努力更多，虽然通过院士工作站有所助益，但公司最终还是在北京设立了研发中心。

政策问题。关键是要支持创新研发和推广应用，通过推广应用财政补贴政策，发挥好财政资金的引导作用，并通过减税降费减少成本，支持留住人才和助力产业发展。目前，政府的支持政策不少但含金量不高，东北地区政策的落实兑现程度不如南方地区，从而影响了政策效果和政府信用。

资金问题。这主要表现为融资难，创新型企业可抵押的物品少，从银行贷款难，且贷款成本高，从而制约了企业壮大和行业发展，企业本身的管理模式和融资模式也需要不断探索和持续完善。特别是现阶段磁动力产品价格较高，用户一次性投入较大，多数产品处于推广示范阶段和上规模、降成本的关键阶段。

行业配套问题。从迈格钠公司的实际情况来看，零部件在当地甚至本省的就近配套率低，特别是精密加工件主要来自江浙一带，南方企业的加工精度高、成本低、服务好，但是运输距离远，迈格钠公司还是希望有更多就近配套，尽快形成产业链完整的配套体系和协调发展的产业集群。

好在东北地区乃至全国的营商环境持续得到改善，一些问题正在得到缓解甚至彻底解决。例如，迈格钠公司通过知识产权抵押在盛京银行贷款5 000万元，并且得到了续贷。在发展磁动力产业需要的营商环境不断优化的同时，国家有关部门和省、市领导等频繁到迈格钠公司调研，协调解决问题。省、市的研发补助资金支持了迈格钠公司的磁动力项目，辽宁省工信厅牵头推广迈格钠的节能降耗产品，鞍山市在土地及闲置厂房再利用方面也给予了迈格钠公司支持，这些举措不但增强了迈格钠公司的发展能力，而且提升了全省发展磁动力产业的氛围。

8.2　辽宁发展磁动力产业的能力和基础

磁动力技术和产品既可以在传统工业领域得到广泛应用，也可以与信息技术深度融合。磁动力技术与各种产业的融合，可以形成巨大的产业集群。在产业集聚空间内，配置互联网、电商平台、大数据产业、双创企业等，可以完善产业服务体系，扩大产业集群效应。同时，在国家鼓励“双创”的背景下，布局市场化、专业化、集成化、网络化、便利化的众创空间，为创业者、创新者创造集工作、网络、社交和资源共享于一体的创业、创新空间，将使中国有望成为全球磁动力产业中心。辽宁需要抓住从将稀土永磁作为战略性新型材料向将磁动力应用作为战略性新兴产业转变的战略机遇期，把大力发展磁动力产业作为辽宁全面振兴的重要抓手，打造中国乃至世界磁动力产业聚集区，带动全省磁动力产业全面转型升级。

8.2.1　辽宁具有研发稀土永磁电机的技术能力

稀土永磁电机具有高效、高功率密度、优良控制性能和宽调速范围等优点，它与电力电子技术和智能控制技术相结合，可以提高各种装备的控制性能与智能化水平，因此它是制造业由大变强必需的关键部件，也是将我国稀土资源丰富的优势转化为经济优势最重要的应用领域。

《中国制造2025》列出的十大重点领域中有七个领域提出了对稀土永磁电机的要求。

辽宁拥有国家稀土永磁电机工程技术研究中心，该中心对磁动力产业的发展起到了技术支撑作用。全国永磁领域的专家和技术骨干，大部分是沈阳工业大学国家重点学科的毕业生。国家稀土永磁电机工程技术研究中心依托沈阳工业大学，聚焦稀土永磁材料在高科技领域的应用、高性能稀土永磁电机及其共性关键技术的研究开发，于2008年通过科学技术部验收并正式成为国家级工程中心，具有国内一流的研发条件、持续39年的研发经验和在永磁电机及磁动力耦合产品方面的丰富成果。该中心拥有一批先进的计算、检测和研制加工设备，测试精度达到国际先进水平，具备1 000千瓦以下样机全套设计、试验和加工能力，能够满足项目研发及中试验证的需求。

在稀土永磁电机和共性关键技术的研发水平国际先进、国内领先的基础上，国家稀土永磁电机工程技术研究中心通过推广应用为企业提供全面服务，引领和推动稀土永磁电机行业的技术进步和竞争力提升。该中心以服务国民经济、社会发展和市场需要为主旨，针对本行业、领域发展中的重大关键性、基础性和共性技术问题，持续开展系统化、配套化和工程化研究开发，推动了行业的科技进步和新兴产业的发展。

国家稀土永磁电机工程技术研究中心的主要研发方向符合国家、行业发展的重大需求，符合行业技术发展趋势，具有广阔的市场前景。该中心的主要研发方向包括：风力发电的低速（每分钟十几转）直驱永磁发电机；燃气轮机发电用的高速（每分钟几万转）直驱永磁发电机；数控机床、机器人、航空航天装备、电动汽车等需要的各种高效、高功率密度的永磁伺服电机；工程机械、矿用装置等需要的低速大转矩永磁电机；节能显著的超高效永磁电机。

8.2.2 辽宁具有发展磁动力产业的坚实基础

迈格钠公司是中国乃至世界磁动力产业的领军企业。迈格钠公司成立于2012年5月，总部位于辽宁鞍山，主要研发和生产永磁传动、永磁制动、永磁悬浮轴承等关键支撑技术和产品，满足了工业节能及航空航天、新能源汽车、轨道交通等新兴产业的发展需求，已经抢占了稀土永磁高端应用领域的高地。

作为中国首家专注磁动力科技应用产业的集成商，迈格钠公司和关联企业及合作方已经研发出700多种磁排列，申请和获得了200余项国际专利、20余项美国专利，仅永磁传动技术就取得了111项中国专利，并获得了中国专利奖、中国稀土科学技术奖等10余项科技大奖。迈格钠公司利用自身的技术专利，形成了一批具有自主知识产权的技术成果，是中国永磁应用技术的领跑者，这有利于辽宁通过磁动力技术进行聚集融合，形成磁动力产业链，进而形成新型战略性磁动力产业。目前，辽宁已经初步形成磁动力技术研发、产品加工、推广应用紧密联系的企业群体，全省涉及稀土永磁技术应用的企业超过100家，磁动力产业集群初步形成。

迈格钠公司是国家高新技术企业，设有全国示范院士专家工作站、省级企业技术中心、省级企业工程技术研究中心。迈格钠公司作为行业规则的制定者，它组织起草的地方标准已经在辽宁发布，它制定的行业标准已由工信部发布，它还参与了国家标准的制定。迈格钠公司的磁动力技术和产品已经得到了上海石化、广州石化、九江石化、中电投、大唐集团、粤电集团、昆明钢铁、酒泉钢铁、石横特钢、晋煤集团、遵义氧化铝、重庆川维化工、大庆油田等诸多客户的认可。

迈格钠公司在全国范围内建立子公司、分公司、办事处和经销合作机构。永磁涡流柔性传动节能产品已成功应用于国内29个省份的用户，在矿业、化工、冶金、电力、造纸、水处理等行业的泵机、风机、皮带机等设备上广泛发挥效用，对工业节能与绿色发展产生了巨大的推动和促进作用。永磁悬浮轴承等产品为高技术船舶和重载车辆的传动、制动、减震、降噪提供了关键技术支撑。

8.2.3 辽宁具有应用磁动力技术和产品的广泛市场

磁动力技术可以在航空航天、新能源汽车、轨道交通、船舶、工业及医用康复机器人、绿色节能家电、核电、风电等新兴领域发挥重要作用。辽宁是我国重要的老工业基地，传统行业门类齐全，节能改造潜力巨大，有利于形成磁动力产业生态系统。磁性技术的开发、磁材料的发掘、磁设备的研制、磁产品的应用，将催生巨大的磁动力需求，可推动高精度永磁传动、磁性联轴器、磁悬浮轴承、永磁电机、磁传感器、磁力机械、磁性仪器仪表等产品快速发展，促进磁动力产业不断发展壮大。

磁动力作为一种绿色动力，在推进供给侧结构性改革、促进我国能源消费转型升级、大力发展清洁能源方面，可以说空间广阔、潜力巨大。中国节能环保集团与迈格钠公司签署了合作协议，将利用亚洲开发银行5亿美元京津冀区域（可含辽宁）减排和污染防治基金，将迈格钠公司先进的磁动力节能技术导入大型传统高耗能企业进行节能改造。中国节能环保集团也愿意与辽宁省人民政府合作设立专项基金，共同推进迈格钠公司的永磁传动节能技术在辽宁地区推广应用，如为鞍钢、本钢等大型企业进行整体节能改造，助力辽宁产业结构转型升级。辽宁省工信厅还组织冶金、电力、石化、建材领域的重点企业到迈格钠公司现场对接，均收到了预期效果。

发展磁动力产业是辽宁经济发展和全面振兴的难得机遇。针对永磁传动和制动产品，辽宁自身的市场需求很大，助力企业开拓省内、国内市场，可以实现互利多赢。特别是磁动力技术和产品能够显著节能降耗，有效减少生产运营成本，提高企业的经济效益和核心竞争力。辽宁抓住磁动力产业发展的机遇期，支持磁动力技术研发和产品升级，推广使用磁动力节能降耗产品，将有助于培育壮大辽宁经济发展的新动能，形成辽宁振兴的新亮点。磁动力产业发展正处于起步阶段，辽宁完全有条件占领磁动力产业的行业制高点，尽快聚集产业优势，率先建立起在全国乃至全球有影响力的磁科技产业聚集区。

8.3 辽宁磁动力产业高质量发展的对策建议

磁动力产业正处在发展的初期，其对产业的颠覆性作用正在孕育之中，特别是其对经济高质量发展的作用不可低估。结合辽宁的技术基础、产业基础和应用市场，辽宁必须抢抓战略机遇，大力发展磁动力产业，进而推动磁动力产业高质量发展。

8.3.1 将发展磁动力产业列入辽宁省“十四五”规划

从国内外的情况看，磁动力产业正处在方兴未艾的起步阶段，处于爆发式增长的孕育期，虽然其在发展阶段和爆发时间上可能具有不确定性，但是在演进方向和发展趋势上，人们已经基本形成共识。在这个关键时期，磁动力产业的发展特别需要政府的支持、引导和推动，需要发挥核心企业、投资机构、科研机构的作用，尽快聚集产业优势，尽快形成产业集群，尽快建立在全国乃至全球有影响力的磁科技产业集聚区，这将是推动地方经济发展的一个重要契机、一个巨大的增长极、一个有效的抓手。

新材料已成为决定国家竞争力的关键领域和核心技术，为加快中国由稀土材料大国迈向稀土应用强国的进程，做精、做强稀土高端应用产业，国家已将磁动力产业列入国家新材料发展战略，国家有关部门正在研究制定相关扶持政策，并准备将其列入重大科技专项。辽宁正处在推动全面振兴、推动传统行业转型升级、大力培育新动能的关键时期，必然有意愿、有能力、有条件抓住这个机遇，率先抢占行业制高点。

结合院士专家的意见和辽宁省政协课题调研组的调研收获，建议把磁动力产业列为辽宁重点支持的战略性新兴产业，并将发展磁动力产业列入辽宁省“十四五”规划。建议辽宁省发改委、辽宁省工信厅、辽宁省科技厅等部门将磁动力产业列为全省重点发展和引导支持的领域，在全国率先扛起发展磁动力产业的大旗，抢占行业发展制高点，使磁动力产业成为辽宁全面振兴的新抓手。

8.3.2 支持建立省级磁动力制造业创新中心

省级磁动力制造业创新中心由迈格钠公司牵头组建，专家指导委员会由9位院士和8位磁相关行业的杰出专家组成，同时汇集钢铁研究总院、中国科学院物理研究所、清华大学、大连理工大学、辽宁科技大学、沈阳工业大学、东北大学、中国东北振兴研究院等科研机构，以及中国节能环保集团、中国稀土行业协会、上海绿地集团、鞍钢集团、本钢集团、沈鼓集团、辽宁福鞍重工、沈阳中北通磁、西玛电机、杭钢集团、宝钢集团、兖矿集团等一批具有核心技术和自主知识产权的优秀企业。创新中心应积极发挥中心成员单位在技术、人才、机制、设施、设备方面的雄厚实力，以集聚创新资源、培育新兴产业为宗旨，以磁动力技术开发应用为重点，组织开展磁动力产业技术研究和集体攻关，攻克转化一批产业前沿和重大关键共性技术，解决一批“卡脖子”技术难题，延长磁动力产业链；着力先行先试，建成需求牵引、多元共建、优势互补、体系开放、接轨国际、水平一流的新型创新平台，努力成为中国磁动力科技产业技术研发、成果转化的先导中心和技术储备、人才培育的重要基地。

创新中心可打造六大产业服务平台，即磁动力科技产业集聚平台、磁动力科技创新成果转让平台、磁动力产业投融资平台、磁动力产业装备融资租赁平台、磁动力产业资源配置平台、磁动力政策支持平台，以支撑和服务磁动力产业发展。

建议省政府和相关部门高度重视创新中心的建设，支持创新中心上升为国家级创新中心。政府应给予优惠政策扶持，给予相应的资金支持，给予项目管家服务，让创新中心的技术成果率先在辽宁就地转化推广，将辽宁建成中国的“磁谷”、世界的“磁谷”。

8.3.3 推动磁动力产品进行转型升级和节能降耗

磁动力产品的应用范围广、适应能力强、升级速度快、节能效率高、环保效果好、安全系数大，将在辽宁传统产业转型升级的过程中发挥巨大作用。贵州省工信厅出台了加快推进迈格钠公司永磁涡流柔性传动节能技术应用的通知，并配套20%的财政补贴，贵州迈格钠磁动力有限公司已经贡献年收入3 000万元。建议辽宁对磁动力产业发展给予高度重视，由政府相关部门采取具体有效的措施，继续组织对接辽宁企业采用磁动力产品进行节能降耗，鼓励和补贴辽宁企业使用磁动力节能降耗产品，先行开拓省内市场，提升辽宁企业的经济效益，助力辽宁磁动力产业快速发展，以此提升辽宁的产业竞争力、行业引领力、区域集聚力，推动技术创新、结构调整、产业整合，培育新的经济增长点，促进辽宁全面振兴和全方位振兴。

第9章

数控机床产业

数控机床是装有程序控制系统的自动化机床，它综合了机械、自动化、计算机、测量、微电子等最新技术。辽宁要紧密结合国家需求，进一步提升自主创新能力，推动数控机床产业高质量发展，降低对国外技术和产品的依赖程度，掌握产业发展主动权。

9.1 辽宁数控机床产业发展现状

辽宁是国家重要的数控机床研发和生产基地，在全国具有非常重要的地位，既拥有沈阳机床、大连机床等排头兵企业，也拥有一批以沈阳高精、大连光洋、大连高金为代表的数控系统、功能部件生产企业，这些企业在中高端数控机床、数控系统、自动化成套装备等方面具有国内领先优势，产品覆盖汽车制造、航空航天、造船、冶金等重点领域。同时，辽宁还拥有一批科研力量雄厚的科研院所和高等院校，如中国科学院沈阳自动化研究所、中国科学院金属研究所、中国科学院沈阳计算技术研究所、大连理工大学和东北大学等，与国内其他省份相比，辽宁在数控机床领域具有得天独厚的科研资源优势。

9.1.1 辽宁机床行业位次下滑

2016年，辽宁省金切机床产量为9.25万台，国内市场占有率为11.8%；

数控机床产量为6.82万台，国内市场占有率为27.28%；机床行业实现主营业务收入333.3亿元，居全国第一位，有效拉动了全省航空航天、汽车、重矿机械及IT装备等制造业的发展，为辽宁经济的发展提供了强有力的支撑。

2016年以后，受大连机床破产重组和沈阳机床债务危机的影响，辽宁机床产量出现大幅度下滑。2018年，我国数控金切机床产量为19.06万台，同比下降5.69%；辽宁数控金切机床产量为2.68万台，同比下降35.79%，占全国数控金切机床产量的14.1%，居全国第二位（前五位分别为浙江、辽宁、山东、广东、江苏），产量数控化率为67.72%。2019年第一季度，辽宁金属切削机床产量为0.62万台，同比下降47.9%。

在辽宁国有机床企业中，大连机床已完成破产程序，被通用技术集团重组，沈阳机床也在2019年年底与通用技术集团完成重组。

9.1.2 辽宁民营机床企业异军突起

在辽宁民营机床企业中，大连光洋科技集团在2019年上半年新增订单额较2018年同期增长了2.5倍。大连光洋科技集团初步建立了数控产业完整的人才链、技术链和产业链，初步建立了用户工艺牵引的五轴高档数控系统（含伺服驱动器、电机、传感检测装置）和五轴高档数控机床（含关键功能部件）正向设计能力，在机电耦合优化技术方面具有优势，初步建立了保障五轴高档数控机床可靠性、稳定性、一致性的工艺技术条件和生产制造及品控体系。

9.2 辽宁数控机床产业发展存在的问题

辽宁数控机床产业在发展过程中，既有领先国内相关企业的辉煌，也有机床产量大幅下滑的阵痛。通过对辽宁数控机床产业发展的梳理，我们不难发现辽宁数控机床产业存在以下问题：

9.2.1 自主创新能力弱

在高档数控机床及其关键核心零部件领域，还有部分核心技术没有完全攻克，从而制约了产业向中高端发展。据统计，国内机床行业关键技术对外依存度超过了50%。

2016年，全球机床市场消费规模约为5 400亿元人民币（Gardner发布数据），其中，中国机床市场消费规模约为1 880亿元人民币，消费规模约占全球消费规模的1/3，超过美国、德国和日本三大机床消费国的市场总和。

虽然我国机床市场消费规模巨大，但是我国在世界机床行业的话语权却非常弱。目前，世界机床行业由德国和日本机床企业主导，德、日两国机床消费规模约占世界的16%，却生产了世界上33%的机床，并且以高端数控机床为主，它们是世界机床行业发展的主导力量。以德国为例，德国2016年机床制造的产值为111亿欧元，国内机床消费市场规模仅为60亿欧元，其余51亿欧元产品用于出口。其中，中国是德国机床最大的出口对象，占比约为20%。我国机床行业形成了以中、低端机床为主的生产体系，高端数控机床领域一直被以德、日为代表的企业所占据。在航空、航天、汽车等应用领域，辽宁企业与国外高档数控机床供应商（如德国INDEX、GROB，瑞士Starrag、Liechti，奥地利WFL等）相比，在正向设计能力方面还有差距，包括功能部件的系列化和标准化、提供系统完整解决方案的能力等。

9.2.2 关键高档核心零部件依赖进口

核心零部件的技术水平直接影响着机床产品的性能。受技术水平的限制，辽宁生产的高档数控机床所需的核心零部件主要从日本、德国进口。高速大功率电主轴、双摆角铣头、摇篮式回转工作台、刀库等功能部件，由于省内缺少专业生产供应商，也基本依赖进口。目前，在高端数控机床领域，国产化率不足5%，即使是普通数控机床，也有80%以上的数控系统使用国外产品，其中日本FANUC的数控系统就占据了我国50%以上的市场份额。

9.2.3 基础材料与基础工艺落后

核心零部件国产化的前提是必须具有国产化的原材料，但是由于我国基础材料和工艺的落后，因此我国很难生产出过硬的机床零部件。没有高水平、高质量的基础材料和基础工艺，很难造出高品质的核心零部件，也就很难改变我国机床“傻大个”的形象。在制造技术方面，辽宁机床企业与国外优秀机床制造企业（如日本YASDA、瑞士DIXI等）相比还有较大差距。辽宁机床企业缺乏高精度弧齿类零件的设计、制造、检测能力，从而限制了非直驱类功能部件的自主研制能力。另外，在高档数控机床批产制造及快速响应市场能力方面，辽宁机床企业与国外优秀机床制造企业（如日本MAZAK、DMG MORI、OKUMA等）相比也有一定差距。

9.3　辽宁数控机床产业高质量发展的对策建议

数控机床产业发展的核心是提高关键核心技术的创新能力，将科技发展的主动权牢牢掌握在自己手里。辽宁需要从提高政治站位、坚持“三个导向”、突破体制机制障碍、加快培育一批具有“真功夫”的新型研发机构、推动高端机床装备产业链再造和价值链提升等方面着手，全方位提升辽宁数控机床产业的发展水平。

9.3.1　提高政治站位，从战略安全角度提升数控机床产业的地位

高档数控机床是基础工业三要素（材料、装备、工艺）中重要的基础装备。在航空航天等军工领域，高档数控机床是战略物资。在汽车、机械制造等民用领域，高档数控机床是商品。由于高档数控机床兼具战略物资和商品的双重属性，因此其发展需要辩证统一地对待。

作为战略物资，高档数控机床是非竞争性领域的产物，不能依赖市场机制。军工需求的高档数控机床，技术水平要求高，市场需求量小，投入产出比没有经济性。作为商品，高档数控机床是市场经济领域的产物，应按照市场规律办事。但对于高档数控机床产业的人才体系、技术基础、制造能力来说，战略物资和商品的双重属性是统一的。

“高档数控机床与基础制造装备”国家科技重大专项（以下简称专项）实施10年来，对全国及辽宁机床产业的发展起到了巨大的促进作用。

从专项的定位看，其核心是体现国家意志，首先应满足国家战略需求，其次是建立装备自主能力，最后是响应市场需求。专项不是提高市场供给能力的产业化项目，不是提升基础科学能力的研究项目，不是企业脱贫解困的补贴项目，而是通过工程技术的研究和应用，解决制约产业自主和进步的工程技术提升项目。目前，专项正在准备走向下一个10年，在积极争取国家项目支持的同时，辽宁应研究对国家立项课题给予配套支持，使辽宁机床行业的自主创新能力进一步提升。

9.3.2 坚持“三个导向”，科学推进数控机床产业发展

“三个导向”即需求导向、问题导向、结果导向。

需求导向即主机的研制需求应来自用户的工艺需要，功能部件的研制需求应来自主机的研制需要，共性技术的研究需求应来自企业的研究方向。辽宁应以产业需求为导向，成立新型研发机构，进行市场化运作，有效贯通基础应用研究、技术产品开发、工程化和产业化的科技研发创新组织，注重技术创新与商业模式的结合，推进创新链、产业链、资金链的紧密融合，促进组织模式和运行机制的高效灵活。

问题导向即专项研究的问题应基于需求的量化，在量化分析的基础上，抽象出研究的技术问题。例如，在国产数控系统与进口数控系统的性能差异方面，应采用科学的方法评价数控系统输出的指令数据；在国产伺服驱动与进口伺服驱动的性能差异方面，应采用科学的方法评价伺服三环控制的带宽；在国产数控机床与进口数控机床的性能差异方面，应采用科学的方法评价机床在工作状态下的频响、热变形、动态精度、空间精度，用科学的指标体系明确量化二者的差异。

结果导向即研究、确定专项成果的评价、应用机制。在用户批量应用的基础上，采取倒逼考核方式，逐级建立用户级、主机级、部件级、共性技术级的成果评价机制。

9.3.3 突破体制机制障碍，做好新型研发机构的顶层设计

制定现代化的管理制度。新型研发机构跳出了传统的行政管理模式，

投资主体多元化，大多数机构由政府、高校、科研院所和企业等不同主体共同组建；实行投管分离、独立核算、自负盈亏，参照企业管理的体制机制，不断创新机构的现代化管理模式。新型研发机构普遍实行理事会领导下的院（所）长负责制，理事会是决策机构，由政府部门、高校、科研院所、企业等各方面专家和出资方代表组成，主要职责是确定机构的发展方向，对重大事项进行决策，监督和评估院（所）长的履职能力。院（所）长对外行使法人权利，对内负责机构的日常运行管理，院（所）长一般面向国内外公开招聘，打破了任职终身制。

形成市场化的激励机制。新型研发机构突破了国有事业单位的体制局限，采用市场化的激励机制，以充分释放出科研人员的创新活力。在薪酬机制方面，新型研发机构普遍采用匿薪制、绩效考核等管理制度，打破了传统研发机构的“铁饭碗”薪酬模式，按照市场上的薪酬水平吸引国内外高端创新人才，充分调动了科研人员研发的积极性。在用人机制方面，新型研发机构采取市场化运作，对研究人员实行聘用制，不以年龄、学历论资排辈，以开展创新的实际需求为导向，灵活组织配备科学家、工程师以及技能工人等多方面人才，最大限度体现人才价值，大胆任用具有创新能力的青年人才，有效激发了研发团队的创新意识和进取精神。此外，论文、专利等不再是新型研发机构进行个人绩效评价的唯一指标，企业委托研发、技术转移、技术孵化、创造经济价值等创新创业绩效成为评价团队和个人更重要的指标。

建立多样化的组织形态。从机构性质来看，新型研发机构主要有事业单位、民办非企业单位、股份制企业三类；从组建方式来看，新型研发机构主要有院校与政府共建型、院校与企业共建型、企业自建型三类。其中，院校与政府共建的事业性质的新型研发机构占大多数，国内比较典型的机构有中国科学院深圳先进技术研究院、南京大学宜兴环保研究院等，这类新型研发机构虽然是事业单位，但不定编、不定人，没有事业费拨款。

构建一体化的研发模式。新型研发机构从诞生开始就与产业需求紧密结合在一起，研发活动以市场需求为导向，紧扣区域产业发展方向，同企业近距离接触、互动，直接了解企业的技术需求，有针对性地开展研发、设计、检测等活动，着力打造集“应用研究—技术开发—产业化应用—企业孵化”于一体的科技创新链条。新型研发机构具有非常明确的创新目标和研发导向，形成了政产学研资一体化、创新创业一体化、研究开发产业一体化的创新模式，实现了创新链、产业链、资本链的紧密融合，有效弥合了科技成果从技术研发到产业化之间的“死亡鸿沟”，大幅提高了科研成果的转化效率，从根本上解决了经济与科技“两张皮”的问题。

9.3.4 加快培育一批具有“真功夫”的新型研发机构

着力发挥政府的引导作用。从深圳和苏州等城市的经验来看，政府在推进新型研发机构建设方面起到了不可或缺的引导和保障作用。首先，要设立一定规模的专项建设资金。例如，广州每年会安排不少于2亿元的经费用于新型研发机构建设，珠海设立10亿元专项资金扶持新型研发机构，苏州投入6.8亿元支持中国科学院苏州医工所建设。其次，要提供专用建设场地。苏州在引进中国科学院纳米所和医工所时，让其优先选择地块、优先入驻。再次，要出台专门扶持政策。广州出台了《关于促进新型研发机构建设发展的意见》，提出了新型研发机构的主要形式和重点引进扶持建设的新型研发机构的发展方向，苏州、重庆等地也制定了市级层面的扶持政策。最后，要强化“一把手”考核机制。广东将“新型研发机构建设”纳入对地方政府的重要考核内容，并要求珠三角各市“一把手”定期做专题工作述职，苏州把“争取更多新型研发机构”纳入创新驱动发展考核评价办法。

着力落实科技创新政策。国家及省、区、市相关政策中明确提出支持新型研发机构发展，但从调研反映的情况来看，有些政府部门仍然用传统眼光看待新型研发机构，相关的免税政策、薪资激励机制、成果转化奖励等政策落实难。因此，相关政府部门应出台实施细则，为新型研发机构解读政策，提供具体操作服务，防止出现政策“空转”的现象，真正给科研人员带来获得感。

着力总结推广典型经验。重视新型研发机构建设试点工作，把明确功能和定位作为试点的首要要求，把完善运行机制作为试点的主要任务，把组织机制作为试点的重要内容，在体制机制上允许先行先试、大胆探索，发挥试点机构的示范带动作用，力争通过试点工作取得可复制、可推广的典型经验，加速推动新型研发机构发展壮大。

着力开展监测评估工作。建立新型研发机构监测评估报告制度，对符合建设要求的给予滚动支持和政策倾斜，对不符合建设要求的提出“黄牌警告”，对严重不符合要求的取消相关政策享受资格，通过“优奖劣汰”方式，提升新型研发机构的整体发展水平，培育出一批具有“真功夫”、真正能为地方创新发展作出重要贡献的新型研发机构。

着力提升正向设计水平。长期以来，我国高端数控机床产品多为对国外产品的逆向仿制，缺乏正向设计能力，虽然在一些领域的研发方面取得了突破，但工程化能力薄弱，难以形成产业化。建议以企业为主体，提高新型研发机构的研发条件，如必要的仪器设备、人才队伍，特别是区别于企业现有生产条件的新品研制试验条件（类比军工单位），进而提高新型研发机构的工程化能力。

9.3.5　推动高端机床装备产业链再造和价值链提升

机床企业应扮演好用户的工艺师角色，承担起产业链再造和价值链提升的主导作用，在满足用户工艺需求的基础上，拉动达到国际同类产品水平的国产数控系统、功能部件的发展，同时将量化的用户工艺需求传递给国产数控系统、功能部件生产企业，指导配套企业的技术进步和产品提升。专项可有条件地支持特定领域的应用示范工程，给出标志性的示范案例，形成标准化的专项成果和应用模式，加快专项成果的推广应用。

第10章

集成电路产业

集成电路产业是信息技术产业的核心，已成为支撑经济社会发展和保障国家安全的战略性、基础性和先导性产业，是衡量一个国家或地区现代化程度以及综合国力的重要标志。大力推进集成电路产业高质量发展，对于加速培育战略性新兴产业、促进工业调结构补短板、保障国家信息安全等具有重大意义。集成电路一直以来占据半导体产品80%的销售额，业务规模远远超过半导体中的分立器件、光电子器件和传感器三大细分领域，具有广阔的市场空间，呈现出快速增长的态势。

10.1 辽宁集成电路产业发展现状

辽宁拥有集成电路相关企业100多家，涵盖集成电路设计、制造、装备以及材料等领域，产业链相对完整，已形成了一定的规模，实现了快速增长，具备进一步发展的基础和条件（见表10-1）。辽宁以沈阳、大连两地的产业集聚区为基础，辐射抚顺、丹东、锦州、辽阳等地，实现了集成电路产业区域间错位发展。大连以设计企业为主，辽宁省集成电路设计产业基地是东北地区唯一的集成电路设计产业基地。沈阳以装备企业居多，在多年来的技术沉积和累计数百亿元社会资本的支持下，沈阳已初步形成了“一项控制系统技术、四类重要整机装备、一批关键单元部件和一个关键零部件支撑平台”的集成电路生产配套能力。辽宁与北京、上海构成了国内集成电路装备产业三大重点地区。

表10-1　　2016—2019年辽宁集成电路产业产值及增速

年度	产值（亿元）	增速（%）
2016	60.0	47.0
2017	126.7	111.6
2018	220.5	74.9
2019	350.0	58.7

10.1.1　集成电路设计业

辽宁集成电路设计企业主要集中在大连。2007年10月，辽宁省集成电路设计产业基地在大连成立。基地现有集成电路设计公共EDA（电子设计自动化）、IP应用与SoC（系统级芯片）开发、验证与测试、应用解决方案四大服务平台，以及人才培训、金融支持、综合服务三大服务中心。截至2017年年底，基地已入驻产业相关企业20余家，从业人员达550余人。其中，大连维德集成电路有限公司的图像识别芯片设计和高清视频采集技术世界先进，开发的高速摄像机图像处理芯片及终端产品已用于我国高铁实时监测系统。爱康普科技（大连）有限公司开发的超高频射频识别芯片，性能指标在国内居第一位，并已开始应用在一汽集团、高速铁路车辆定位以及银行系统。大连硅展科技有限公司自主研发的智能手机无线充电芯片获得了多项国内外专利，并且处于世界领先行列。辽宁部分集成电路设计企业介绍见表10-2。

表 10-2　　辽宁部分集成电路设计企业介绍

序号	企业名称	项目或产品	发展情况
1	大连维德集成电路有限公司	图像识别芯片设计和高清视频采集技术	开发的高速摄像机图像处理芯片及终端产品已用于我国高铁实时监测系统
2	爱康普科技（大连）有限公司	超高频射频识别芯片	已开始应用在一汽集团、高速铁路车辆定位以及银行系统
3	大连硅展科技有限公司	智能手机无线充电芯片	公司主打半导体芯片产品，产品包括iNPOFi智能无辐射无线充电技术、智能仪表解决方案等

10.1.2 集成电路制造业

英特尔半导体（大连）有限公司的非易失性存储芯片生产线（一期）于2016年7月正式投产，投资55亿美元，截至2017年年底，已实现产值114亿元人民币。罕王微电子（辽宁）有限公司的8英寸MEMS高端智能传感器芯片生产线总投资12亿元人民币，填补了国内行业空白，具有国际领先水平。大连宇宙半导体有限公司的8英寸功率半导体器件生产线（一期）总投资27亿元人民币，于2016年9月正式开工建设，拟打造成全国规模最大、最专业的功率半导体器件IDM生产基地。大连芯冠科技有限公司的硅基氮化镓功率器件产业化项目总投资6亿元人民币，该项目填补了国内氮化镓功率器件制造领域的空白。此外，中国电子科技集团公司第四十七研究所拥有从芯片设计、制造到封装的全工艺生产线，主要生产小批量军品。辽宁部分集成电路制造企业介绍见表10-3。

表10-3　　辽宁部分集成电路制造企业介绍

序号	企业名称	项目或产品	发展情况
1	英特尔半导体（大连）有限公司	非易失性存储芯片生产线（一期）	生产线投资55亿美元，2016年7月正式投产
2	罕王微电子（辽宁）有限公司	8英寸MEMS高端智能传感器芯片生产线	生产线总投资12亿元人民币，填补了国内行业空白，具有国际领先水平
3	大连宇宙半导体有限公司	8英寸功率半导体器件生产线（一期）	生产线总投资27亿元人民币，于2016年9月正式开工建设，拟打造成全国规模最大、最专业的功率半导体器件IDM生产基地
4	大连芯冠科技有限公司	硅基氮化镓功率器件产业化项目	项目总投资6亿元人民币，填补了国内氮化镓功率器件制造领域的空白
5	中国电子科技集团公司第四十七研究所	从芯片设计、制造到封装的全工艺生产线	主要生产小批量军品
6	沈阳仪表科学研究院有限公司	完整的4英寸硅基力敏传感器芯片中试生产线	国内唯一掌握全套MEMS硅基自主知识产权的单位
7	丹东安顺微电子有限公司	双极电路、CMOS（互补金属氧化物半导体）电路	生产技术水平达到线宽1微米，4英寸芯片生产线在国内处于领先地位。现已完成4英寸转5英寸的升级改造，5英寸芯片已正式批量生产
8	辽阳泽华电子产品有限责任公司	全自动测试分选机、高压水清洗设备	主要产品有TO-92、TO-92S、TO-92L、TO-92M、TO-251、TO-252、TO-126、TO-126F、TO-220、TO-220F、TO-94、SOP8、DIP8等

10.1.3　集成电路装备业

由于集成电路设计制造涉及的环节众多，而辽宁集成电路产业的发展起步较晚，因此辽宁在集成电路装备行业更具有优势。辽宁集成电路装备业主要集中在沈阳。近年来，该产业保持良好发展态势，重点企业在产品研发和市场拓展方面不断取得新成果，部分产品在业内同领域的排名持续提升。2018年IC（集成电路）装备企业实现主营业务收入21.1亿元，同比增长6.5%。

2004年，沈阳建立了全国第一个集成电路装备制造产业基地，2010年该基地被科技部正式批准为“沈阳国家集成电路装备高新技术产业化基地”。目前，基地拥有国家级工程（技术）研究中心、工程实验室5个，拥有省级工程（技术）研究中心、重点实验室7个，拥有技术专利975项。截至2018年年底，沈阳共有集成电路装备制造龙头企业19家，其中包括沈阳拓荆科技有限公司（以下简称沈阳拓荆）、沈阳芯源微电子设备股份有限公司（以下简称沈阳芯源）、新松机器人自动化股份有限公司（以下简称新松机器人）、中国科学院沈阳科学仪器股份有限公司（以下简称沈阳科仪）等整机企业7家，沈阳富创精密设备有限公司（以下简称沈阳富创）、沈阳仪表科学研究院有限公司等配套及零部件企业12家。其中，沈阳拓荆建设的半导体薄膜设备产业化基地已于2017年投入使用，生产的PECVD（等离子体增强化学气相沉积）设备的技术指标达到国际同类产品水平，已实现在中芯国际生产线的测试与首台应用，公司现已拥有中芯国际、武汉新芯、苏州晶方、华天科技、上海和辉等一批高端客户。沈阳芯源研制的涂胶显影设备“奉天一号”于2018年8月顺利出厂，已销售到中国台湾市场；公司已成为LED领域匀胶显影设备的最大供应商，匀胶显影、喷胶、刻蚀等设备已在华灿光电、澳洋顺昌、华天科技等多家国内半导体领域的旗舰型企业上线应用。新松机器人研发生产的机械手及自动化传输设备等关键设备全国领先。沈阳科仪生产的真空干泵2018年4月完成了向长江存储的首批发货，公司中标长江存储首批采购176台干泵产品，不但打破了国外企业对同类产品的长期垄断，也标志着公司真空干泵产品得到了集成电路市场的认可，产业化进程不断推进。沈阳富创的集成电路零部件制造及表面处理全工艺生产线亚洲领先，公司累计通过国际认证46项，打破了西方的封锁，使我国的零部件产品成功打入国际市场，公司已成为美国应用材料、日本东京电子等行业巨头的供应商。辽宁部分集成电路装备企业介绍见表10-4。

表10-4　　　　辽宁部分集成电路装备企业介绍

序号	企业名称	主导产品	发展情况
1	沈阳拓荆科技有限公司	PECVD设备、ALD（原子层沉积）设备	PECVD设备的技术指标达到国际同类产品水平，公司生产能力为20台/年；ALD设备的研发与国际保持同步，已经研制成功产品样机
2	沈阳芯源微电子设备股份有限公司	显影机、涂胶机	涂胶显影设备已打入中国台湾市场，形成了产品系列和批量生产能力，年均增幅超过40%；12英寸前道涂胶显影设备开始测试、应用
3	新松机器人自动化股份有限公司	智能装备、机械手	工业机器人、智能传输与物料自动搬运系统等10余种机械手系列产品，在国产IC装备、智能装备领域实现应用
4	中国科学院沈阳科学仪器股份有限公司	真空设备与零部件	10余种真空干泵、阀门等产品，晶体生长炉，离子束、电子束镀膜设备等已得到市场认可
5	沈阳富创精密设备有限公司	精密零部件	集成电路零部件制造及表面处理全工艺生产线亚洲领先，公司已成为美国应用材料、日本东京电子等行业巨头的供应商
6	大连佳峰自动化股份有限公司	贴片机、打线机	公司产品在整体技术水平上已达到国际领先，填补了国内同类封装设备的空白
7	沈阳中科博微科技股份有限公司	通用控制系统	公司产品已经成功应用于沈阳、北京、上海等多个国产IC装备
8	沈阳仪表科学研究院有限公司	ZSH系列多种型号的划片机	公司产品已在半导体传感器、硅片等多个领域得到广泛应用。6项产品技术通过成果鉴定，完成科研项目626项，获得国家级、部级、省级、市级各类奖励159项
9	沈阳和研科技有限公司	精密划片机	公司产品主要用于硅集成电路、发光二极管、铌酸锂、压电陶瓷、砷化镓、氧化铝、氧化铁、石英、玻璃等材料的划切加工
10	沈阳汉为科技有限公司	精密划片机	在二极管、三极管、可控硅等分立器件及晶圆片、光伏、负温度系数热敏电阻器、光通信、光学元件等领域应用广泛

10.1.4 集成电路材料业

围绕英特尔的芯片制造，美国应用材料、摩西湖化学、法国液空等全球知名半导体配套企业纷纷来辽宁投资设厂。大连科利德化工科技开发有限公司已成为英特尔、中芯国际等国内外知名半导体企业的特种气体供应商。沈阳硅基科技有限公司是全国唯一拥有自主知识产权的高端硅片生产企业，拥有国内最先进的SOI专利技术和制造生产线，主要产品包括8英寸薄膜SOI、8英寸外延SOI以及6~8英寸磨抛SOI材料，自主研发的8英寸SOI产品国内市场占有率达90%，现已成为上海宏力、中芯国际等知名半导体企业的合格材料供应商。辽宁部分集成电路材料企业介绍见表10-5。

表10-5 辽宁部分集成电路材料企业介绍

序号	企业名称	项目或产品	发展情况
1	锦州神工半导体股份有限公司	单晶硅棒、硅环、硅盘等硅制品	2017年6月开始建设半导体级单晶硅棒及硅片生产项目，2017年9月竣工达产，产能达到400吨/年。直径18英寸的单晶体皆已量产
2	辽宁天工半导体有限公司	8英寸和12英寸抛光硅片	2019年10月投产，项目全部建成运营后员工将达450人
3	沈阳硅基科技有限公司	超薄膜、薄膜、厚膜以及外延SOI	具有自主知识产权的TM-SOI专利技术产品得到了中芯国际8英寸SOI的供货意向书，自2016年1月起，每月需求量在10 000片以上
4	大连科利德化工科技开发有限公司	超纯气体纯化	拥有特种电子气体的工艺研究技术、超纯气体纯化技术、金属有机化合物合成技术，同时配备有先进的生产设备和分析检测仪器
5	辽宁拓邦鸿基半导体材料有限公司	石英、陶瓷、硅、金属、石墨、高分子复合材料	复合材料制造、研发、维修，自营和代理各类商品和技术的进出口
6	大连芯冠科技有限公司	650伏硅基氮化镓外延片	已实现6英寸650伏硅基氮化镓外延片的量产，并且发布了比肩世界先进水平的650伏硅基氮化镓功率器件产品

10.2 辽宁集成电路产业发展存在的问题

经过10余年的发展，辽宁集成电路设计业、制造业、装备业、材料业都取得了一定成绩，产业链初具规模，但在产业配套能力、龙头企业建设、创新体系、发展资金等方面仍存在一些亟待解决的问题。

10.2.1 发展相对滞后，产业配套能力薄弱

当前，北京、上海、广东、安徽等多个省、市均把集成电路产业作为创新驱动、转型升级的战略制高点之一，纷纷出台扶持措施，加大投资力度，引进重大项目，力争在未来集成电路产业的布局中抢占先机。我国商业化运行（含在建）的晶圆生产线已达81条，其中仅在建的12英寸晶圆生产线就达8条，而辽宁除英特尔存储芯片生产线外，仅有1条罕王微电子8英寸晶圆生产线。多年来，辽宁对发展集成电路产业一直处于跟随甚至观望状态，而伴随人工智能、大数据、云计算和物联网等新应用的强势崛起，集成电路产业已进入智能化、个性化时代，发展周期越来越短，更新换代的速度越来越快，这直接导致了辽宁集成电路产业的发展愈发吃力。

10.2.2 缺少龙头企业，企业规模体量不大

除英特尔外，省内骨干企业仍处于成长期，尚未形成规模，并且多为各自发展，产业生态链建设极不健全。沈阳拓荆、沈阳富创、沈阳科仪、沈阳硅基等骨干企业的产品刚刚通过国际验证，实现批量供货。大连宇宙的8英寸功率半导体器件生产线（一期）项目因股权问题建设期延后。缺乏具有行业竞争力、能够引领产业发展的龙头企业，难以带动下游企业发展，导致辽宁集成电路产业发展的集聚度偏低，培育完整的产业生态系统更为困难。

10.2.3 创新体系不完善，技术创新能力不强

在目前主流集成电路芯片基本采用28纳米及以下工艺的情况下，辽宁集成电路企业仍未掌握60纳米及以下芯片制备工艺和设备的核心技术，少数集成电路芯片制造和封装生产线也是通过采购国外装备和成熟工艺实

现生产，自身不具备维护和改进能力。光刻机、蚀刻机等核心IC设备基本上是一片空白，仅有少数中低端IC设备制造能力，装备制造业优势无从体现。这一问题的出现既有国际大环境下，集成电路制造被少数发达国家和地区垄断、产业级差和技术鸿沟难以逾越的外在原因，也有辽宁企业研发意愿不足、创新体系不完善、市场意识不强的内在原因。

10.2.4 发展资金匮乏，产业造血能力不足

集成电路生产线建设费用极为昂贵，一条完整先进的芯片生产线需要投入数百亿元人民币。据不完全统计，我国已建或在建的地方性集成电路生产线投资基金总额达3 000亿元，北京、上海、天津等城市先后设立和拟设立300亿元、500亿元和280亿元的集成电路产业基金，无锡市正在积极推动设立的集成电路产业基金也将不低于100亿元。相比之下，辽宁集成电路产业直投基金规模仅为100亿元，现在到位的仅20亿元，在国内各沿海省份间缺乏竞争力。同时，除英特尔存储芯片项目外，基本无域外增量资金在辽宁投资集成电路产业。这既有辽宁缺乏芯片制造龙头企业，IC设备企业单体规模较小，不足以支撑大基金进入的产业结构原因，也有辽宁对集成电路产业发展重视程度不够、招商力度不够，导致外商企业缺乏投资热情等政策原因。各种因素相互叠加，造成产业造血能力严重不足，产业发展资金极为匮乏。

10.3 辽宁集成电路产业高质量发展的对策建议

为推动辽宁集成电路产业的高质量发展，辽宁有必要从做好顶层设计出发，进一步加大人才培养和引进工作力度，构建产、学、研、用创新协同平台，培育龙头企业，做好国际化并购发展，从而不断完善集成电路产业链，全面提升辽宁集成电路产业发展水平。

10.3.1 做好顶层设计，增强产业链协同能力

详细分析集成电路产业链上的各个环节，明确优劣势，从而确定需要发展的细分重大技术和产品领域。目前，国内集成电路市场处于爆发期，

作为装备工业大省，辽宁应紧跟客户需求，积极推进设备验证线建立，以占领市场。中电科四十七所积极参与辽宁集成电路装备产业升级，愿意提供生产线专用洁净厂房，提供部分设备，为辽宁构建装备验证线提供支撑。

10.3.2 加大人才培养和引进工作力度，减少人才外流

集成电路产业的竞争就是人才的竞争。近年来，从国家到地方关于发展集成电路的相关政策及信息密集发布，各地方政府相继出台人才引进政策以吸引人才。

建议辽宁制定与国内先进地区相当的产业人才政策，并加速落实人才战略，减少人才外流；加大力度吸引海外高端人才、海外技能型人才。建立集成电路关键装备博士后工作站及国家级集成电路关键装备工程技术研究中心，吸引及汇聚全国范围内相关专业的优秀人才。

10.3.3 构建产、学、研、用协同创新平台，助推科技成果转化

鼓励重点骨干企业依托企业技术中心、工程研究中心等创新平台和资源优势，打造产、学、研、用合作创新实体，推动有条件的企业联合高校院所组建公共服务平台，搭建为企业服务的创新平台，充分发挥企业在行业产、学、研、用合作方面的引领和带动作用。加快构建“共同投入、联合开发、相互信任、优势互补、利益共享、风险共担”的长效合作机制，推动建立产业联盟、行业技术研究院等产、学、研合作模式，整合产业技术创新资源，开展协同创新，突破制约辽宁集成电路产业发展的关键重大技术，从源头上解决产业发展的瓶颈问题。

10.3.4 培育龙头企业，着力构建集成电路全产业链

做强龙头企业，实现产业内生增长。聚焦未来发展趋势和核心技术，大力引进集成电路产业项目，积极培育龙头企业，加快延伸上下游产业链，着力构建核心产业集群和完整产业生态。进一步发挥龙头企业的聚集辐射带动效应，积极引导龙头企业依靠专利、标准和企业管理优势带动上下游产业链企业发展。

10.3.5 做好国际化并购发展，壮大产业规模

通过合作和并购促进IC装备产业国际化，快速在新产品、新领域方面取得跨越式发展，实现产业规模的扩大和市场占有率的提升。依托中国电子科技集团有限公司成果转化（辽宁）中心，引进先进技术和成果，解决地方科研“卡脖子”难题，助力地方产业发展。依托中电科四十七所带动辽宁芯片制造行业发展，打造集成电路设计研发中心，开放封装检测平台，为地方企业做好服务。

第11章

软件和信息技术服务业

软件和信息技术服务业的高质量发展不仅关系到本行业的发展，也关系到信息技术应用的各个行业的发展，是全行业和全社会高质量发展的重要抓手和技术保障。

11.1 辽宁软件和信息技术服务业发展现状

随着我国经济社会和新一代信息技术，特别是网络通信技术的高速发展，辽宁软件和信息技术服务业不断壮大，已成为新兴产业中的支柱性产业，在经济社会发展中发挥着越来越大的作用。

2018年，辽宁实现软件业务收入1 509.6亿元，居全国第十二位；规模以上软件和信息技术服务业企业1 633家，居全国第九位。2019年前三季度，辽宁软件和信息技术服务业营业收入增长19.1%，信息传输软件和信息技术服务业固定资产投资增长82.3%。在全省城镇就业人数持续下降的同时，信息传输、软件和信息技术服务业城镇就业人数稳步增加。辽宁软件业务收入及其增长率如图11-1所示。

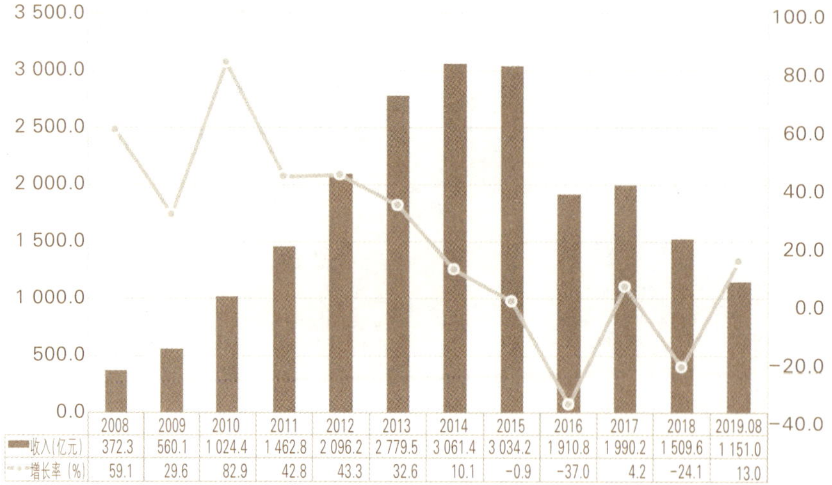

数据来源：2008—2018年数据来自历年《中国统计年鉴》，2019年数据来自工信部网站。

图11-1 辽宁软件业务收入及其增长率

辽宁省委、省政府相继出台了《辽宁省电子信息产业发展政策》《辽宁省推进网信产业发展三年行动计划（2018—2020）》《辽宁省推动软件和信息技术服务业发展三年行动计划》等文件，提出了产业发展方向、领域、路径以及重点工程，以完善产业发展机制，推动关键核心技术研发，培育一批具有行业竞争力的企业，构建软件产业自主生态。深化落实软件和集成电路企业所得税优惠政策，2018年共有57家企业减免税金9.7亿元，同比增长97.9%。积极推进标准化建设，2018年，辽宁省软件和信息技术服务标准化技术委员会等围绕智慧、信息保护等建立地方标准，《企业质量信用信息数据规范》等10项行业标准公布实施。

11.1.1 产业内部结构优化

2018年，辽宁软件产品收入达到699亿元，占全省软件业务收入的46.4%，占比居全国第十位，比2015年提高了10.6个百分点；信息安全收入达到149.7亿元，占全省软件业务收入的9.9%，占比居全国第二位，仅列北京之后，形成了新的优势产业。2018年1—11月，辽宁集成电路设计收入达到22.5亿元，占比居全国第十位。辽宁软件业务收入构成如图11-2所示。

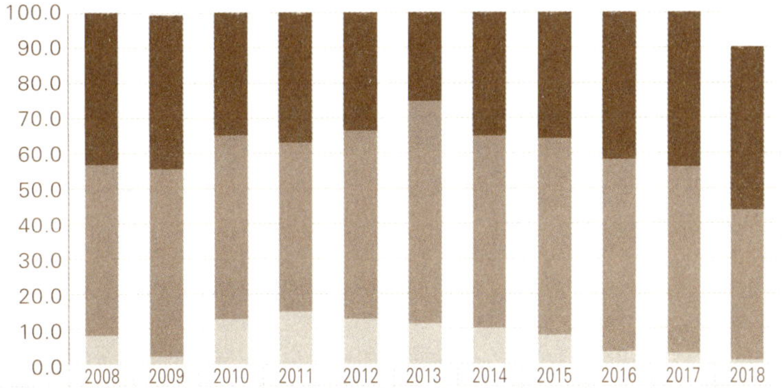

	2008	2009	2010	2011	2012	2013	2014	2015	2016	2017	2018
软件产品收入占比（%）	43.11	43.77	34.86	36.96	33.45	25.18	35.11	35.77	41.82	44.07	46.36
信息技术服务收入占比（%）	48.65	53.36	52.22	48.09	53.72	63.31	54.67	56.07	54.70	52.87	42.65
嵌入式系统软件收入占比（%）	8.23	2.14	12.92	14.95	12.84	11.51	10.22	8.17	3.48	3.06	1.07

数据来源：根据历年《中国统计年鉴》数据整理。

注：因2018年以前没有信息安全收入数据，故图中所有年份都未列示信息安全收入数据。

图11-2　辽宁软件业务收入构成

11.1.2　产业创新能力提高

辽宁软件企业每年的研发经费支出占企业全年主营业务收入的8%以上，东软集团、大连华信等龙头企业这一比例超过10%，软件著作权登记达到每年1万件以上。由中国科学院主管的《互联网周刊》和eNet研究院共同发布的“2019年中国创新软件企业100强”中，东软集团名列第31位。随着互联网、云计算、大数据、人工智能等新一代信息技术的迅速发展，数字经济成为经济社会发展的新引擎，软件和信息技术服务业正在从以服务为主的业态转变为多领域的创新业态，并且成为“双创”的热点行业。东软集团积极推进区块链技术在食药安全、医疗、保险等领域的落地，并且入选赛迪区块链研究院发布的“2018年中国区块链十大明星企业”。2019年，东软集团获批成立辽宁省区块链专业技术创新中心；华为人工智能创新中心落户沈抚新区并上线运行。

11.1.3 产业布局趋于集中

2018年，沈阳、大连两市的软件业务收入占全省软件业务收入的比重达到97%以上，沈阳规模以上软件企业数量和软件业务收入分别占全省的70.6%和69.1%。集群及园区成为产业、技术和人才集聚的主要形式。目前，辽宁已形成沈阳浑南软件及电子信息、大连软件和信息技术服务两个重点产业集群，建成沈阳国际软件园、大连高新技术产业园区、大连软件园等一批定位清晰、特色鲜明的产业园区。其中，沈阳国际软件园被工信部认定为中国工业软件研发与服务领军园区，被科技部认定为国家火炬计划软件产业基地；大连高新技术产业园区被评为国家新型工业化产业示范基地（软件和信息服务）；大连软件园是亚太软件服务和创新中心，2018年实现营业收入588亿元人民币，其中软件出口149亿元人民币。

11.1.4 外包产业保持领先

辽宁软件外包产业在国内拥有雄厚的基础，以东软集团、大连华信、文思海辉为代表的服务外包企业在全国长期保持领先地位。2018年，辽宁软件业务出口实现26.0亿美元，占全国软件业务出口总额的5.1%，位列广东、江苏、上海、北京、浙江之后，居全国第六位。辽宁软件业务出口额占全省软件业务总收入的11.4%，占比居全国第二位，仅低于广东。大连被国务院确定为中国服务外包示范城市，也是与印度班加罗尔和爱尔兰都柏林齐名的全球软件和服务外包产业发展集中区，曾在IDC（互联网数据中心）发布的全球服务外包交付指数排名中位列全球第五、中国第一。目前，大连的软件和服务外包产业在日本市场上依然占有优势。大连服务外包重点企业介绍见表11-1。

表11-1　　大连服务外包重点企业介绍

企业名称	业务内容	主要市场	人员规模（人）
东软集团	IT驱动的创新型解决方案与服务	国内（主）+日本	16 656
大连华信	IT服务及解决方案	日本（主）+国内	8 587
文思海辉	IT创新型技术服务	欧美（主）+日本+国内	1 000+
IBM（大连）	应用开发和管理服务	日本（主）+全球其他	6 400+
埃森哲（大连）	管理咨询、IT及外包服务	日本（主）+全球其他	10 000+

11.1.5　龙头企业作用明显

在工信部发布的2018年中国软件产业业务收入前百家企业中，东软集团居第19位，大连华信居第90位。目前，辽宁软件行业拥有上市企业70多家，10亿元以上企业数量达到18家，涌现出一批在细分领域优势突出的软件企业，如美行科技、瀚闻资讯、畅通数据、现代高技术、心医国际等。

11.1.6　人力资源供给能力较强

目前，辽宁高校电子信息类本科专业布点92个，计算机类本科专业布点139个。大连理工大学等4所高校入选国家“双一流”高校建设名单。2019年，辽宁省人民政府印发了《辽宁省高等学校一流大学和一流学科建设支持方案》，确定了13所重点建设高校。2018年，辽宁职业院校电子信息大类共有159个专业点，招生人数为10 566人，招生规模不断扩大。2017年，辽宁职业院校毕业生就业率达94.5%，用人单位满意率为98.2%。2019年，辽宁电子信息类本科毕业生人数达5 210人，就业率达93.7%，省内就业率达54.0%；计算机类本科毕业生人数达11 211人，就业率达93.3%，省内就业率达62.8%。

11.2 辽宁软件和信息技术服务业发展存在的问题

随着经济社会的不断进步和通信网络技术的高速发展，辽宁软件和信息技术服务业持续向好发展，行业就业人数稳步增加，但在产业外部需求、产业发展进程、产业转型升级等方面仍存在急需解决的问题。

11.2.1 产业发展的外部需求较弱，数字经济发展滞后

近几年，辽宁经济发展遇到了很大困难，传统产业转型升级缓慢，政府和企业在信息化建设方面投入减少，资金、人才等要素供给紧张，软件和信息技术服务业发展的外部需求较弱。2018年，辽宁信息传输、软件和信息技术服务业固定资产投资额仅有42.5亿元，居全国第28位，2017—2018年年均增长-18.0%，比全国年均增速低25.2个百分点。辽宁信息传输、软件和信息技术服务业固定资产投资额及其增长率如图11-3所示。

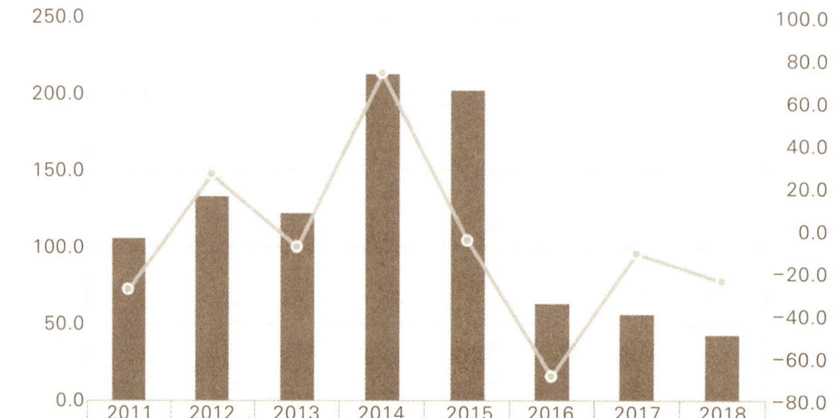

	2011	2012	2013	2014	2015	2016	2017	2018
投资额（亿元）	105.5	133.1	122.8	213.1	202.6	63.1	56.0	42.5
增长率（%）	-28.0	-26.2	-8.0	73.9	-4.9	-68.9	-11.3	-24.1

数据来源：2011—2017年数据根据国家统计局网站数据整理，2018年数据根据《中国统计年鉴2019》的相关数据计算。

图11-3 辽宁信息传输、软件和信息技术服务业固定资产投资额及其增长率

同时，辽宁数字经济发展滞后，特别是产业数字化进程缓慢。腾讯研究院发布的《数字中国指数报告（2019）》显示，2019年，辽宁数字中国指数省级排名居第14位，其中，数字产业指数和数字政务指数省级排名均居第15位；衡量云计算发展水平的标准化指标——用云量省级排名居第20位。中国信息通信研究院发布的《中国数字经济发展与就业白皮书（2019年）》指出，2019年，辽宁数字经济发展水平居全国第15位，数字经济规模约7 500亿元，占全省经济总量的30%，数字经济增速约12%。大数据战略重点实验室发布的《大数据蓝皮书——中国大数据发展报告No.3》显示，2018年，辽宁大数据发展指数居全国第12位，其中，商用指数和民用指数分列第22位和第14位。清华大学电子商务交易技术国家工程实验室等单位联合发布的《中国电子商务发展指数报告（2018）》指出，2018年，辽宁电子商务发展指数居全国第26位，指数低于全国平均水平，其中，规模指数居第18位，成长指数居第23位，渗透指数居第29位；辽宁有电子商务交易活动的企业占企业总数的5%，低于全国平均水平（10%），与2015年相比，占比没有增加。2018年全国及主要区域数字经济发展情况见表11-2。

表11-2　2018年全国及主要区域数字经济发展情况

区域	数字经济总量（万亿元）	数字经济总量增长率（%）	数字经济总量占GDP比重（%）	数字经济总量构成	
				数字产业化（%）	产业数字化（%）
全国	31.30	20.9	34.8	20.4	79.6
珠三角地区	4.31	17.6	44.3	37.4	62.6
长三角地区	3.46	18.3	40.7	28.7	71.3
京津冀地区	8.63	14.2	40.9	20.1	79.9
西北地区	1.26	16.7	25.6	9.2	90.8
东北地区	1.6	11.3	28.2	11.2	88.8

数据来源：根据中国信息通信研究院发布的《中国数字经济发展与就业白皮书（2019年）》中的数据整理。

11.2.2 产业发展进程减缓，与领先地区的差距拉大

近十年来，辽宁软件和信息技术服务业呈现增速减缓的发展态势。2011—2018年，辽宁软件业务收入年均增长5.0%，低于同期全国年均增长速度15.8个百分点；2017—2018年，辽宁软件业务收入年均增长-10.6%，低于同期全国年均增长速度26.6个百分点，年均增速排在全国第28位。2018年，辽宁软件业务收入在全国的位次由2011年的第4位降到第12位，辽宁软件业务收入占全国软件业务收入的比重由最高时的9.1%（2013年）降到2.4%；规模以上软件企业数比2011年减少571家，在全国的排名由2011年的第4位降到第9位，产业规模与位居全国同业前列的广东、北京、江苏等省、市的差距越来越大。2018年，辽宁软件业务收入分别是广东、北京、江苏的14.1%、15.5%、17.1%，差距比2016年分别扩大8.9、13.9、6.1个百分点，比2011年分别扩大32.7、34.1、30个百分点。需要指出的是，辽宁软件和信息技术服务业的主要经济指标在个别年份被“挤水分”，因此出现了断崖式下跌，但剔除这种非经济因素，近十年来辽宁软件和信息技术服务业低速且非高质量发展仍是客观事实。辽宁软件业务收入增长率与全国的对比如图11-4所示。辽宁软件业务收入及其增长率与广东、北京、江苏的对比如图11-5所示。

11.2.3 产业转型升级缓慢，产业发展缺少新动能

近几年，全国数字经济和新一代信息技术高速发展，各地软件和信息技术服务业加快转型升级，基于互联网、大数据、云计算、人工智能等信息技术的服务成为软件和信息技术服务业发展的新动能，信息技术服务收入的快速增长成为软件业务收入增长的强力引擎。2018年，全国信息技术服务收入占软件业务收入的60.7%，比2011年和2016年分别提高9.8、6.6个百分点；2016—2018年，信息技术服务收入年均增长24.4%，对软件业务收入增长的贡献率达到83.9%。2018年，辽宁信息技术服务收入占软件业务收入的42.7%，比2011年和2016年分别下降5.4、12.16个百分点；2017—2018年，辽宁信息技术服务收入年均增长-15.4%，增速排名

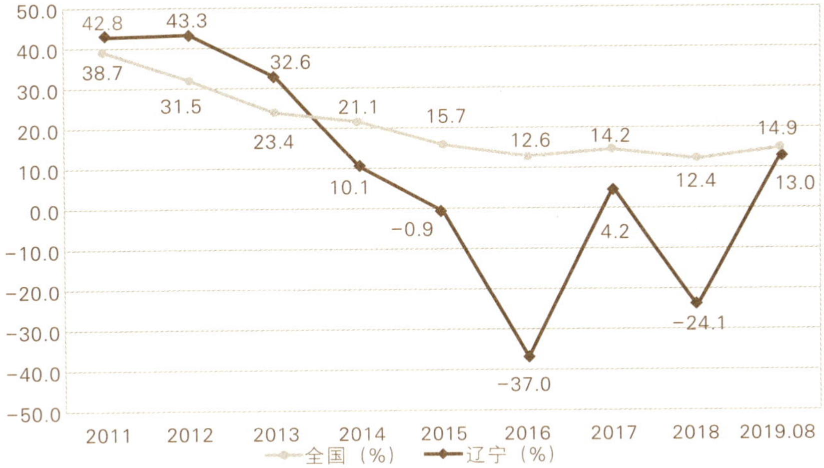

数据来源：2011—2018年数据根据历年《中国统计年鉴》的数据计算，2019年数据根据工信部网站数据计算。

图 11-4　辽宁软件业务收入增长率与全国的对比

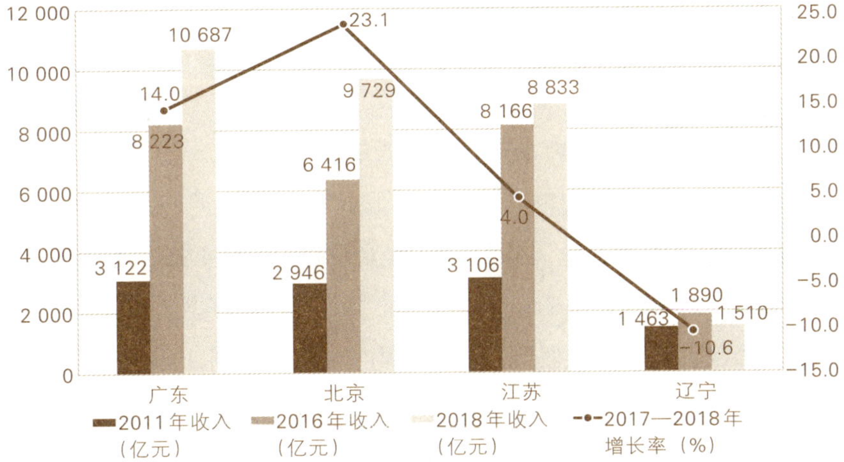

数据来源：根据历年《中国统计年鉴》的数据计算。

图 11-5　辽宁软件业务收入及其增长率与广东、北京、江苏的对比

居全国倒数第二位。从整体上看，信息技术服务收入增速趋缓是导致辽宁软件业务收入增长缓慢的主要原因。2018年全国及软件业务收入前12位地区的收入构成对比如图11-6所示。

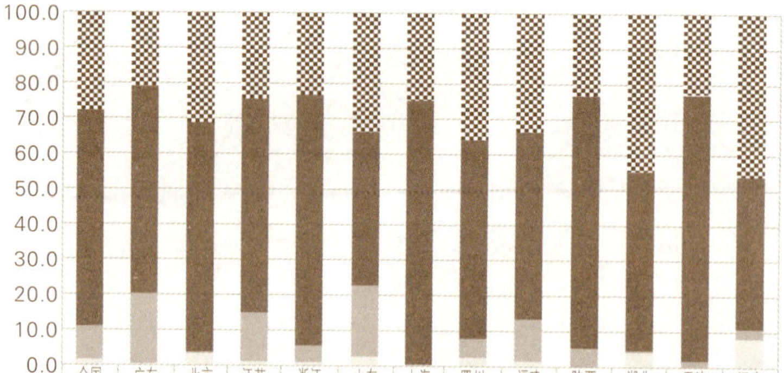

	全国	广东	北京	江苏	浙江	山东	上海	四川	福建	陕西	湖北	天津	辽宁
软件产品收入占比（%）	28.1	21.4	31.5	24.6	23.1	34.1	25.1	35.9	33.7	23.4	44.7	22.8	46.4
信息技术服务收入占比（%）	60.7	58.3	64.6	60.5	71.0	42.7	74.6	55.9	52.5	71.2	50.6	75.3	42.7
嵌入式系统软件收入占比（%）	9.4	20.0	0.3	13.6	5.1	20.1	0.0	5.6	12.1	5.2	0.3	1.7	1.1
信息安全收入占比（%）	1.9	0.4	3.6	1.3	0.8	3.0	0.3	2.6	1.6	0.2	4.4	0.2	9.9

注：根据《中国统计年鉴2019》中的数据计算。

图11-6　2018年全国及软件业务收入前12位地区的收入构成对比

11.2.4　大企业数量少，新业态、新模式的企业更少

目前，辽宁已注册的具有软件和信息技术服务业务的企业约有3.5万家。但是，截至2018年，规模以上软件企业仅有1 633家，截至2019年8月底仅有1 521家。在全国软件百强企业中，辽宁仅东软集团、大连华信两家企业入围；在全国互联网百强企业中，辽宁仅有东软集团入围。在大数据、云计算、人工智能、电子商务、电子政务等领域，辽宁鲜有在国内具有竞争力和实力的信息技术服务企业，省内提供“上云”服务的企业大多是域外企业或央企。

11.2.5　软件外包业务竞争激烈，优势地位受冲击

随着国际贸易保护主义的抬头，中国的离岸服务外包市场环境进一步恶化，竞争更加激烈，发包方对跨国服务商交付能力的要求不断提升。传

统业务增长放缓，服务外包的内容正在不断向价值链高端攀升，低端业务正不断被云计算和人工智能等先进技术替代。国内服务外包企业的综合成本已高于越南、缅甸等东南亚国家和地区，这对中国服务外包产业的发展造成了巨大的冲击，部分客户已将原本发往中国的业务转向了东南亚。国内服务外包市场竞争也不断加剧，辽宁的优势地位正在逐步弱化。商务部会同国家发改委等部门对2017年度中国31个服务外包示范城市的评价结果显示，沈阳和大连的综合评价得分均处于下游水平。沈阳排第22名，除政策措施保障方面得分较高外，产业发展状况、综合创新能力、公共服务水平方面得分均与领先城市有较大差距；大连排第26名，除综合创新能力方面得分较高外，产业发展状况、公共服务水平、政策措施保障方面得分均与领先城市有较大差距。

11.2.6　产业人才匮乏，引进难、留不住

人才是制约辽宁软件和信息技术服务业发展的最突出问题，面对发达地区的“围猎”和后发地区高薪高待遇的“诱惑”，许多高层次人才留不住、引不来。一是辽宁企业员工的工资和福利待遇低。2018年，辽宁城镇私营和非私营单位信息传输、软件和信息技术服务业就业人员年平均工资分别为44 023元和99 280元，在全国的排名分列第21位和第17位，分别低于全国平均水平32 303元和48 398元。二是人才政策和配套服务吸引力不够。高校应届毕业生更多选择去北、上、广、深等一线城市，或者杭州、南京、苏州等新一线城市工作，留在省内的高校毕业生大多选择去沈阳、大连工作，省内其他城市则少有问津。近几年，高校毕业生留在大连的比例不足30%，大连企业整体离职率为20%～25%。三是高技能人才紧缺。既懂软件技术又熟悉各领域业务流程的复合型人才，以及具有持续专注力和熟练技能的高技能人才紧缺，企业高层次人才和行业领军人才更是稀缺。

11.2.7　企业融资难，人力成本持续上升

软件和信息技术服务业企业多为轻资产企业，可抵押物较少，因此很

难从银行获得贷款。企业普遍反映全省产业（创业）投资引导基金、直投基金等政策规定的基金回收期较短，操作不便，甚至可能会对企业未来的股改、上市产生影响。企业运营成本，特别是人力成本持续上升，企业面临提薪留人和降低成本的两难境地。软件服务外包行业的人力成本占企业总成本的75%～90%，大连软件业整体人力成本是东南亚地区人力成本的1.5倍，已接近日本的人力成本水平。

11.2.8 创新能力不强，创新动力不足

受高端人才匮乏、融资环境欠佳、整体经济发展放缓、市场开发成本较高等因素影响，辽宁软件和信息技术服务业整体创新氛围较差，企业创新动力不足，具有自主知识产权和市场竞争力的产品数量少。企业原始创新和协同创新能力亟待加强，辽宁在基础软件、安全可靠产品和系统、核心工业软件方面的研发能力有限。产、学、研合作不充分，科研院所的创新成果转化能力有待进一步提升。

11.2.9 企业开拓本地市场难，制约新兴业务发展

辽宁很多软件和信息技术服务业企业都是“墙里开花墙外香”，东软集团旗下的健康医疗产品在宁波很有名气，在省内却很少有人问津；丹东思凯的智能煤气表、智能水表在京津沪等地区应用很好，普及率及占有率非常高，在省内却举步维艰，很多政府采购工程都不能入围，本地消费者更是不知晓。在政府项目招投标过程中，强调“最低价”中标，域外企业和央企低价竞争，使得竞争力弱的本地企业处于劣势。辽宁各大行业尤其是健康医疗及社会保障、智慧、汽车电子和企业信息化等行业沉淀了大量的业务和用户数据，然而由于行业法规政策及技术壁垒等原因，这些行业的大数据无法得到充分应用，从而阻碍了辽宁进行大数据挖掘及进一步应用开发产业的脚步。

11.3 辽宁软件和信息技术服务业高质量发展的对策建议

随着大数据、云计算、移动互联网、人工智能、虚拟现实、区块链等

新一代信息技术的快速发展，全球和我国信息产业技术创新进入了新一轮加速期，辽宁必须紧紧抓住这一战略机遇期，努力实现软件和信息技术服务业高质量发展。

11.3.1　加强产业发展的组织领导和政策引领

加强领导。辽宁各级政府应高度重视全省软件和信息技术服务业的发展，加强组织领导，做好产业发展的顶层设计。根据宏观产业政策动态、产业发展趋势和辽宁产业发展实际，进一步提升辽宁软件和信息技术服务业发展的战略层级，把软件和信息技术服务业作为辽宁实现全面振兴、全方位振兴的重要抓手和加快数字经济发展的重要引擎。动员全省力量，加快软件和信息技术服务业的转型升级，推进其高质量发展，充分发挥其在制造强省和网络强省建设中的关键支撑作用，将其建设成为辽宁新的支柱产业，使辽宁软件和信息技术服务业的整体水平重返全国前列。

做好规划。组织辽宁网信、工信、科技等有关部门制定出台软件和信息技术服务业中长期发展规划，特别是“十四五”时期的发展规划，确定发展目标、发展方向、重点领域和实施保障策略，将关键技术和领域的发展规划纳入辽宁经济社会发展总体规划和数字辽宁建设总体规划并将其作为重点任务。构筑细分技术和行业发展的专项规划体系，编制辽宁大数据、云计算、人工智能、工业互联网、虚拟现实、区块链等领域的发展规划，强化专项规划的战略目标引导。坚持整体推进与重点突破相结合，分类指导，精准施策。对于有基础、有优势、有潜力的技术和行业，集中各种资源，重点突破，着力发展。

完善政策。根据辽宁产业发展战略和规划，构建满足产业发展需求的地方政策体系。研究制定适用于辽宁实际情况的技术和产业政策，根据辽宁已有基础选择适宜的技术和产业重点发展方向，建立健全符合世界贸易组织规则和有关国际贸易准则的软件产业扶持体系。调整完善产业园区、财税、人才、双创等政策措施，充实完善“两化融合”的政策措施，建立健全支持本土企业立足本地、服务本地、开拓域外市场的政策措施。建立健全政策措施落实监督机制，确保政策措施落实落地，不打折扣地落实好软件企业所得税优惠政策。

加大资金支持力度。充分发挥政府财政专项资金的支持作用，实施软件产业专项扶持计划。加强政策衔接，在发挥公共财政引导作用的同时，政府各类产业基金、资金池、融资工具等应将软件和信息技术服务业作为投入重点，为企业并购重组等提供资金支持服务。鼓励龙头企业、专业化投资机构设立市场化基金，促进社会资本参与软件产业发展。

11.3.2 加大政策支持力度，吸引人、留住人、用好人

建立健全人才政策体系。根据国家产业政策和人才形势的变化，充分借鉴其他地区的引智引才经验，进一步完善、延续既有的行之有效的人才政策，同时制定出台更具吸引力的人才新政。建立健全人才需求预测和流动态势的监测机制，密切关注各类人才特别是关键核心技术领域高端人才的流向，适时引导人才流动。创新海外高层次人才引进机制，精准引进高端人才。

建立健全人才培养体系。根据信息技术及其产业发展的实际和趋势，加强大数据、云计算、人工智能、虚拟现实、区块链等新技术领域的学科和专业建设；紧贴产业链关键环节的需求，培养产业发展需要的科研、技能等各类人才，特别要加强复合型人才的培养。搭建人才培育平台，建设软件工程实训基地，鼓励高等院校、科研院所与企业联合培养人才。加大对各类职业培训机构的扶持力度，借鉴上海每年面向全国开展免住宿费、免餐费、免培训费的专业技术培训的做法，建立普惠与定制相结合的人才培训机制。

实施更具吸引力的人才政策措施。继续降低人才落户门槛，特别是沈阳、大连地区，应提高优秀人才的工资待遇，并且在税收、医疗、子女入学等方面给予优惠和便利；对有突出贡献的或者能将业务引入辽宁的企业经理人给予奖励。继续完善个人所得税优惠政策，提高专业人才的实际所得。保障企业用人的自主权，出台更加灵活、便利的企业技术人员职称评

聘政策。

11.3.3　培育扶持骨干企业，壮大产业发展基础

壮大龙头企业。继续支持帮助东软集团、大连华信等行业龙头企业做大、做强。摸清辽宁在大数据、云计算、人工智能、工业互联网等领域有竞争力的企业数量，有针对性地培育其做大、做强，帮助其迅速成长为国内行业的龙头企业。

培育发展独角兽和瞪羚企业。软件和信息技术服务业是出现独角兽和瞪羚企业最多的领域，也是辽宁发展比较薄弱的领域。辽宁应充分借鉴发达地区的经验，进一步完善相关政策，加强相关部门的政策协同，加大政策落实力度，促进企业快速成长。

大力发展中小微企业。软件和信息技术服务业是“双创”最火热的领域，辽宁应大力发展产业联盟，为中小微企业发展提供动力。随着华为、腾讯、阿里巴巴等业内巨头进入辽宁，软件和信息技术服务业市场竞争加剧，这也给辽宁中小微企业的发展带来了机遇。辽宁应除弊兴利、借势而为，围绕华为的鲲鹏云服务、腾讯和阿里巴巴的大数据应用等主导业务，组建由相关中小微企业参加的产业联盟，逐步形成产业链，开发辽宁信息技术服务市场。

11.3.4　全面推动重大应用，优化产业结构

为新一代信息技术提供应用场景，是推进数字经济发展的关键，这也将加快辽宁信息技术服务、信息安全和嵌入式软件的发展，促进辽宁软件和信息技术服务业结构优化升级。辽宁可以借鉴福建等省份的做法，结合全省全面振兴、全方位振兴的实际需要，做好重大应用的顶层设计，编制全省5G、大数据、云计算、人工智能、虚拟现实、区块链等信息技术重大应用场景建设和推广计划，在产业数字化和智慧社会建设，以及交通、社区、园区、教育、旅游、安防、政务等领域加快信息技术的应用，促进信息技术与实体经济的供需对接，为产业转型升级提供解决方案。具体来说，辽宁应重点做好以下方面：

着力加快工业互联网发展。切实落实习近平总书记致2019工业互联网全球峰会的贺信精神，深入实施工业互联网创新发展战略，切实细化、实化实施方案，具体化、项目化推进落实，引领辽宁工业互联网创新发展。

着力发展大数据产业。打破行业和政策壁垒，统筹大数据基础设施建设，推动信息化建设从各部门分散建设的模式向统建统管共用的模式转变。加强政府与社会机构的互联互通和信息共享，扩大信息共享覆盖范围。建设辽宁大数据挖掘应用服务平台，提升大数据分析和服务能力，支持各领域大数据应用的快速设计、开发和部署，为各部门开展基于大数据的公共服务创新应用提供支撑。

着力推进智能制造。辽宁是传统制造业大省，传统产业转型升级是辽宁全面振兴的重要任务。辽宁应充分利用人工智能技术，实现“智能+制造”，加速制造业转型升级，实现制造业质量变革、效率变革和动力变革，推动全省制造业高质量发展。

着力推进区块链技术的研发和应用。充分利用辽宁在区块链技术领域较好的技术积累，抓住政策机遇，尽快制订出台区块链技术研发和应用领域的专项实施方案，推进区块链技术研发以及在社会治理、金融、产业和民生等领域的示范应用。

11.3.5 加强创新发展，为产业发展提供动力

加大对关键核心技术创新的支持力度。准确研判辽宁软件和信息技术服务业的能力与优势，精准定策施策，确定辽宁突破关键共性核心技术研发和应用的领域、目标、任务，并集中力量予以支持，扎实推进软件“铸魂”工程、“工业技术软件化”等一批重大工程和行动计划。支持技术领先型企业参与国家和国际标准的制定，抢占技术发展的制高点；着力打造核心技术创新公共服务平台，以核心技术突破为目标建设软件领域的国家级创新中心。

加大对企业研发投入的支持力度。继续通过税收返还等方式加大对企

业研发投入的补贴支持，鼓励企业在基础技术和产品上加大研发投入，支持企业加速数字化转型。加大对企业特别是本土企业研发投入的支持力度，鼓励企业开发全国乃至国际市场。

加强科研平台建设。搭建跨学科、跨专业领域的科研平台，加强学科间、学院间、校内外科研人员间的合作研究、协同创新，推动科研院所与市场对接、与企业对接，围绕产业数字化开展核心数字化技术与业务的研发创新，促进科研成果产品化、企业化、市场化。

11.3.6　加强产业园区建设，提高产业聚集能力

继续加强沈阳、大连等城市的软件和信息技术服务产业园区建设，及时帮助解决园区建设中遇到的困难，推进园区向特色化、国际化方向发展，建设各具特长的产业园区，增强园区的产业聚集能力，提高园区对国内外企业的吸引力。

加强产业园区的基础设施建设。解决沈阳国际软件园和大连软件园进一步发展过程中遇到的土地、住宅配套、公共交通配套等问题。

完善产业园区的创新服务体系。在科技成果转化、创新研发、孵育孵化、人才服务和投融资等服务体系建设方面，为企业提供全生命周期服务。

加强产业园区的智慧化建设。通过对物联网、大数据、人工智能等技术和各类资源的整合，将“智慧”渗透到园区建设与运营的多个环节，实现楼宇的智能化、管理的信息化、服务的平台化和决策的智慧化，降本增效，有效提高园区的招商能力、管理能力、服务能力，创新业务模式和组织架构，为产业发展搭建一个有效的智慧支持平台。

加大宣传推介力度。由辽宁省人民政府有关部门组织沈阳、大连等省内的软件园区和软件企业，到国内其他城市乃至国外对整体产业发展的特点及优势进行宣讲，提升辽宁软件企业在全国乃至全球的知名度和影响力。支持帮助软件园区和软件企业参与科技、商务、工信等国家部委主办的专业奖项评选、数据申报和榜单评测。

11.3.7 增强产业服务外包优势，提高产业国际化水平

为应对日趋激烈的国际服务外包市场的竞争，辽宁应依托拥有的技术基础、市场基础、客户基础、品牌基础的产业比较优势，巩固、拓展日本市场，同时开拓“一带一路”沿线国家及地区市场。

在服务外包市场，龙头企业的作用十分突出。当今的服务外包项目对企业的业务和技术提出了更高的要求，由于中小企业在新技术研发投入方面会受到自身规模及可持续发展的限制，因此规模大、实力强的企业才具有竞争力。印度软件外包产业发展迅速，竞争能力强，主要是因为印度软件外包领域拥有多个规模巨大的企业，形成了良好的企业品牌。所以，辽宁应加强对重点企业的培育、扶持，支持规模企业提高技术能力与升级业务价值，鼓励、支持企业通过并购方式快速拓展业务，扶持一些管理完备、技术先进、信誉好的企业做大、做强，建立企业品牌。

第12章

航空装备与通航产业

航空装备具有技术复杂、安全性要求高、价值量大的特点。辽宁航空装备产业的规模位居全国前列，产品系列及配套体系比较完善，军民融合基础扎实，研发创新能力较强。通用航空产业是一个国家经济实力发展到一定阶段的必然产物。目前，国内依托航空产业积淀和区位优势，掀起了发展通用航空产业的热潮。打造科学合理的航空装备与通航产业发展体系，对优化辽宁工业结构，促进工业领域供给侧结构性改革，培育新的经济增长点具有重要的作用。

12.1 辽宁航空装备与通航产业发展现状

辽宁拥有军用航空飞行器整机、民用飞机主要大部件和关键零部件、通用航空飞行器整机以及军民用无人航空器、航空电子元器件、军用航空发动机和燃气轮机整机的科技研发和生产制造以及配套能力，技术链、产品链结构完整，一直处于国内领先水平。近几年，辽宁军用航空工业的生产规模、产品谱系、制造能力和技术达到了历史最好水平；民用航空业渐成规模；航空制造能力和配套体系更加完善，军民融合基础进一步夯实，研发创新能力有一定程度的提高。辽宁在探索特色航空产业发展的过程中，注重产业的高质量发展及创新驱动发展，并加快搭建产业和技术等公共服务平台。

12.1.1 航空企事业单位概况

隶属央企的驻辽航空企事业单位有沈阳飞机设计研究所（简称601所）、中国航发沈阳发动机研究所（简称606所）、中国航空工业空气动力研究院（简称626所），沈阳飞机工业（集团）有限公司（简称沈飞）、中国航发沈阳黎明航空发动机有限责任公司（简称黎明）、中航工业沈阳兴华航空电器有限责任公司（简称兴华电器），即行业简称的“三所三厂”，是辽宁航空产业骨干，主要开展军民机整机、发动机研发制造、零部件加工，参与国家大飞机和两机专项合作生产以及国际航空产品转包生产等业务。

央属驻辽航空企事业单位主要完成国家指定任务，其他涉航企事业单位主要围绕沈飞、黎明、601所、606所、626所、兴华电器等航空企事业单位开展航空产品的合作与配套，既有飞行器设计、试制、制造、试飞，还有航空发动机的设计、试制和生产制造，以及重要的附件和机加件配套，此类企事业单位有200余家，航空制造企业占多数。此外，还有与航空相关的高校、科研院所15家，以及少量航空材料、软件开发等相关企业。从企业性质来看，主要是民营企业，国有及国有控股企事业单位近30家；省航空产业联盟成员单位207家，省通用航空协会成员单位63家。

在企业规模方面，全省规模以上航空工业企业40家，营业收入超过5 000万元的仅有22家，大部分涉航企业为中小型企业。按照营业收入情况来分，营业收入200亿元以上的企业1家，占比2.5%；营业收入在100亿~200亿元的企业1家，占比2.5%；营业收入在50亿元左右的企业1家，占比2.5%；营业收入在10亿~20亿元的企业2家，占比5%；营业收入在5亿~10亿元的企业2家，占比5%；营业收入在1亿~5亿元的企业5家，占比12.5%；营业收入在0.5亿~1亿元的企业10家，占比25%；营业收入在2 000万~5 000万元的企业18家，占比45%；其他企业的营业收入都在2 000万元以下（2018年数据）。

12.1.2　航空产品概况

一是军用飞机。军用飞机具备研发、制造等方面的能力，维修能力稍差。以沈阳飞机设计研究所（601所）以及沈飞公司为主体，围绕航空零部件制造形成的供应链体系具备了飞机研发和制造的能力。在研发能力方面，重点开展了多型号三代机、四代机及舰载机的整机设计研发；在航空制造方面，具备整机零部件制造、关键系统配套、总装集成、试飞等全产业链的能力。

二是民用运输飞机（以下简称“民机”）。民机具备结构件设计、大部附件制造、零部件制造能力，缺少整机项目，主要以沈飞民机（沈飞国际）为主，处于全球民机供应链体系的第二、三级位置。

三是航空发动机。军用航空发动机具备研发、制造等相关能力，以606所和黎明为主，形成了军用航空发动机从设计、研发到制造、总装、交付的完整链条，并拓展至航改型燃气轮机领域。民用航空发动机以转包生产为主，航改型燃气轮机产业化发展正在进行中，2019年4月28日，中国航发燃气轮机公司在沈阳正式成立（该公司为中国航空发动机集团有限公司的二级公司)。在民用航空发动机方面，黎明为美国GE、英国罗尔斯-罗伊斯和法国斯奈克玛公司等世界著名发动机公司转包生产机匣、短轴和结构件等产品；同时，黎明承担着中国商用飞机有限责任公司C919飞机发动机的试制任务。

四是通用飞机和无人机。辽宁通用航空研究院在电动飞机方面开展积极尝试，已初步具备了通用电动飞机的设计、研发能力；在制造方面，沈飞公司与美国塞斯纳公司合作生产了L162飞机300架，大连小熊公司和辽宁联航神燕公司分别引进并生产了美国小熊飞机和意大利泰克南公司的3款机型，为辽宁提供了形成通用飞机全制造链条的机会。辽宁无人机在国内市场上有一定的影响力，拥有无距科技、辽宁壮龙、沈阳中测、辽宁高科之翼、沈阳卓翼、沈阳旋飞等一批优质企业，具备无人机发展的技术实力、人力资源和制造能力。

12.1.3 航空产业链情况

一是要素相对完整。辽宁拥有航空器和发动机整机的研发、设计能力，形成了相对完整的航空制造产业链，涵盖军机、发动机、民机与通用航空等领域的航空运营及服务产业。建立了以601所、606所、626所、沈飞民机工程研发中心/中国商飞上飞院（沈阳）机体设计中心、中科院自动化研究所、中科院金属研究所、辽宁通用航空研究院等行业骨干研发机构为主导的技术创新支撑系统。围绕沈飞公司、中航发黎明公司、沈飞民机等主机厂，形成了以航空零部件制造为主的专业化供应商企业170余家，具备一定的航空产业本地化配套能力。借助沈飞公司专业化的可靠性试验中心和试飞中心、626所风洞实验及无人机试飞基地，培育飞机的试验验证能力。围绕沈飞及黎明建立了军机和发动机保障服务体系。

二是产品序列较为齐全。辽宁拥有比较完整的航空产品谱系，包括军机、民机、发动机、通用飞机、无人机。在军机方面，以多个型号三代、四代战斗机和舰载战斗机的整机为代表；在民机方面，以空客A320、A220，波音B737、B777、B787，商飞ARJ21、C919、C929，庞巴迪Q400，西飞MA700等为代表；在发动机方面，以在产军用发动机和具有完全自主知识产权的R0110、QD128、QD168等重、轻、微型系列燃气轮机，以及为美国GE公司、英国罗尔斯-罗伊斯公司和法国斯奈克玛公司等世界著名发动机公司开展转包生产为代表；在通用飞机和无人机方面，则以泰克南、小熊、锐翔等通用飞机研发制造及国内外通用飞机和无人机的研发制造合作为代表。

三是基础支撑能力较好。辽宁航空配套及支持要素完整。直接从事航空产业的人员有4万余人，其中高级科技人员有4 000多人。沈阳航空航天大学每年培养数千名航空专业人才。民航总局通用小型飞机适航审定中心、民航东北地区管理局、民航东北地区空中交通管理局、北部战区空军司令部、航空修理厂、飞行部队和机务训练机构等，有力地支撑了辽宁航空产业的持续发展。航空维修能力位居前列，南航沈阳维修基地拥有空客、波音等多种机型飞机的航线维护能力，目前已为东航、首都航空、大韩航空、美国汉胜等10余家公司提供航线维护、定检维修、部分附件修理等全方位的航空维修服务，公司具备FAA资质，2020年年底将取得EASA维修许可，具备600余项飞机部附件的翻修能力。其中，APU（辅助动力装置）、IDG（整体驱动发电机）、复合材料、娱乐系统等项目国内领先，基地综合实力位居东北地区之首、国内第4位。

12.1.4　通用飞机和无人机的研发制造

在机型方面，有辽宁通用航空研究院自主研发的锐翔系列电动飞机、辽宁联航神燕引进意大利泰克南的3款机型（P2006T、P2008JC、P2010）、大连小熊CC18-180轻型越野飞机、沈阳中测海燕650C飞机等多个型号。

2011年成立的辽宁通用航空研究院，在工信部、辽宁省政府、中航工业、民航局等领导机关的大力支持下，在电动通用飞机的研发上取得了突破性进展。其锐翔系列全复材电动飞机已有两个双座型号（RX1E和RX1E-A）取得了中国民航局的型号合格证（TC）和生产许可证（PC），开始小批量生产并交付运营使用。这是我国也是世界上第一款取得民航局适航批准的电动载人飞机。该飞机具有安全、可靠、使用与维护简单、易学、易操作、造价低、运营成本低等优势。工信部支持的四座电动飞机于2019年10月28日成功首飞，业已启动适航审定申请，计划在2020年内完成取证，2021年交付使用，将对我国的通用航空产业发展起到助推作用，也将使辽宁通用飞机整机研发制造水平迈上新台阶。

辽宁无人机企业有24家，其中规模以上企业两家。无距科技开展了固定翼、单旋翼、多旋翼无人机整机研制，在无人机飞控系统、大数据融合应用平台方面处于优势地位。辽宁壮龙开发的“重载荷、长航时、高可靠”油动直驱无人机产品技术水平国内领先。辽宁获通航运营许可证的企业共19家，各类通航器137架，2018年各类通航飞行10 992小时。

12.1.5 产业园区、机场建设和低空空域情况

辽宁共有6个通用航空产业园，分布在沈阳、大连、盘锦、营口、朝阳5市。其中，沈阳法库通用航空产业园入园企业52家，年产值5 000万元，连续8年举办较有影响力的国际通航展会。沈阳沈北通用航空产业园有航空制造企业40余家，年产值3.3亿元。大连登沙河通用航空产业园累计投资基础设施建设费用20亿元，已完成征地和机场选址工作。盘锦通用航空产业园主要开展农林作业、航空拍摄、飞机托管等业务。营口和朝阳通用航空产业园正在推进建设中。

辽宁有1个航空产业园，即沈阳浑南航空产业园，以沈飞民机等6家规模企业为代表，年产值20.9亿元，主要开展波音、空客、中国商飞民机大型部件等的生产业务。

辽宁共有通用机场15个，其中沈阳法库、沈阳于洪、鞍山新开河、锦州黑山、盘锦陈家5个机场拥有通用机场使用许可证，其余均为农林生产用通用机场，多为500米长25米宽的跑道，分别是：新民二道、辽中年家屯、苏家屯红宝山、大连金普、大石桥虎庄、阜蒙县旧庙、腰堡小康屯、建平义成功、凌源西五官、绥中板桥。此外，省内还有宽甸青椅山、凤城大堡、大连登沙河等空军留守机场，集中在辽东南地区。

东北是我国首批低空空域管理改革试点地区。沈阳地区空管协调委于2012年发布了《沈阳飞行管制区低空空域管理改革试点实施细则》，完成了管制空域、监视空域和报告空域的划分。全省低空飞行中部、南部空域管制较严，限制区主要分布在大连、丹东等部分区域，其他地区空域条件较好。朝阳市有连片超过1万平方千米的非军方空域，具备规模化发展通航的空域潜力。

12.2 辽宁航空装备与通航产业发展存在的问题

经过多年发展，辽宁航空装备与通航产业取得了长足进步，但仍存在指导思想不够明晰、合适的组织保障和必要的体制机制创新缺乏、市场需

求未充分释放等问题。

12.2.1　指导思想不够明晰、管理改革滞后和机场建设不足

辽宁对航空产业的发展定位、发展重点、发展思路一直缺少自上而下的明确指导思想，长期存在对央属航空企事业单位的路径依赖，缺少对航空产业发展的透彻研讨和交流。指导思想不明确、不连贯，忽紧忽松，使辽宁航空产业发展缺少“章法”，相应带来的就是缺少中长期发展规划。辽宁省及其部分市级政府虽一直很重视航空产业，包括多届省领导多次提出过将航空作为辽宁的支柱性产业、将辽宁打造成“航空大省、航空强省”的发展目标，但辽宁的航空产业，无论是全省的统筹规划，还是实施方案及保障措施，都缺乏完整性、系统性和连贯性。有的规划停留在纸面上（如“十二五”期间制定的通航规划），有的指导意见和行动方案形同虚设（如“十三五”初期制定的《关于促进通用航空和航空零部件制造产业快速发展的实施意见》），航空产业实际发展的效果与宏大目标相距甚远。

辽宁报告空域少、半径偏小、位置偏僻、缺少飞行通道等问题普遍存在，飞行活动便利性不够，有限空域使用效率不高，“飞不起来”“飞不出去”“连不成网”限制了通航产业在应急救援、短途客货运、旅游、航空运动等领域的应用，严重制约了市场和产业发展。

连带影响导致辽宁机场及配套设施建设不足，尽管全省已建机场数量不少，但各机场条件不一，有的跑道道面风化严重，即将或已被废弃，多数新建通用机场项目尚处在选址阶段，飞行服务站等保障设施缺乏，距离构建网络化通航保障体系还有很大差距，制约了通航运营服务的全面铺开。

12.2.2　缺少合适的组织保障和必要的体制机制创新

辽宁航空产业总体上分为两部分：目前具有一定规模的存量部分（主要体现在驻辽央企及其军航生产方面），主要面临产品、技术、经营方式的创新和实现高质量发展的挑战，需要相关企事业单位自身的变革和改进；另一部分主要是民机、通用飞机、无人机等领域，基本上处于起步、

“新兴”阶段，缺少龙头企业和产业孵化平台牵引，需要艰苦、细致的培育，完全靠市场机制和政府简单的支持，不能解决优质快速规模化发展问题，需要来自政府层面的有效组织。但是省航空产业推进领导小组、办公室、专家团队及省级协调机制至今未按政府有关文件要求建立起来。辽宁在航空产业方面的组织保障措施和必要的体制机制创新严重不足，不利于辽宁航空产业的发展壮大。

12.2.3 市场需求未充分释放，影响企业和产业规模

就航空产业而言，省内应急救援、农林服务、增雨、电力巡线、探矿等领域有大量需求，空中观光、短途客货运输、航空运动、水上飞行娱乐、飞行体验、私人飞行等领域有大量潜在需求，但市场未得到充分开发。

辽宁军机与民机发展极不平衡。军机经历了60余年的发展已经形成规模，沈飞和黎明的营业收入已连续几年分别跨越200亿元和100亿元的门槛。辽宁航空制造业军用产品约占80%，军品配套、民机产品及相关配套各占10%左右。新能源飞机处于产业化初期，其制造企业的生产模式多为国外引进，尚未形成规模效应。生产、营销、服务能力有限，人力资源供给不足。雄厚的航空产业基础仍以其所属企业、院所的布局为依托，集中在军机和民用大飞机的部件生产方面，缺少各分系统（航电、环控等）的研发生产企业，对通航产业的支持和拉动不足。通航运营企业规模偏小，持续发展能力不足。

12.2.4 辽宁航空产业整体优势相对弱化

在民机及航空零部件制造、整机拉动、产业化发展、人才优势和先发优势方面，辽宁航空产业总体上出现了竞争力弱化的问题。

一是缺少民机整机。辽宁的民机项目缺少整机，民机与航空发动机项目主要以转包生产的方式为全球整机制造商和机体结构件制造商提供零部件产品，而后者规模还不够大，与世界级大部件、系统集成供应商相比，竞争力不够强。

二是本地配套不足。零部件供应商未能实现专业化、集群化、体系化发展，本地配套能力不足。在军机任务量直线上升、沈飞民机需求加大等有利形势下，辅之军民融合深入发展，中航工业、中国航发等航空央企推进零部件制造产能外包，本能给辽宁航空零部件产业的发展带来机遇。但从现状看，省内能进行零部件生产的企业普遍表现出不适应的状态，工艺技术水平有限，设备利用率低。其核心问题是在辽宁未能形成专业化的零部件生产链式发展生态。

三是人才外流堪忧。近年来，辽宁航空产业的人才优势有减弱的趋势，成熟人才外流增加，高端人才流入减少。中国商用飞机有限责任公司的民机项目、天津空客总装项目以及舟山波音737完工和交付中心等战略级项目对沈飞、黎明、601所等央企的人才产生了巨大吸引力。此外，国内多个地区将航空产业作为战略新兴产业进行扶持，通过多项优惠政策吸引沈阳市部分高端人才去“创业”。同时，辽宁省对外地、名校等的航空专业高端人才的吸引力降低。

四是先发优势弱化。辽宁航空产业正在被国内同行超越。从区域发展角度看，随着国产大飞机项目的发展、中国航发的成立、通用航空产业的加速、无人机技术的突破、军机格局的不断变化，以及国家的航空产业布局和其他地方政府的努力，中国的航空产业已由原来的沈阳、西安和成都“三足鼎立”的局面逐渐转变为：以上海为中心的大飞机项目集群；以成都为中心的军机+无人机集群；以西安为中心的军机+支线客机+通用飞机集群；以沈阳为中心的军机+民机大部附件集群；以珠海和深圳为核心的通用飞机+无人机集群。另外，还包括天津以空客总装线为核心的集群、哈尔滨以直升机为核心的集群、江西洪都+昌飞以教练机和直升机为核心的集群等。沈阳地区的航空产业先发优势逐渐丧失。

12.3 辽宁航空装备与通航产业高质量发展的建议

打造具备辽宁特色的航空装备与通航产业，需要从抓住航空产业发展机遇、统一领导思想、强化组织保障和金融支持、深化低空空域管理改革、拓展市场空间等方面着手，持续推进辽宁航空装备与通航产业高质量、高速度发展。

12.3.1 抓住“十四五”期间辽宁航空产业的发展机遇

航空是国家实施东北振兴战略的重要内容，为此，国家加大对东北地区的支持力度，推动智能制造、航空航天、新材料领域关键共性技术的突破和成果应用，深入推进军民融合发展，支持东北地区建设自主航空发动机和燃气轮机等军民融合示范工程。随着国家军民融合战略的深入实施，国防建设与经济建设的互动不断深化，广大军工央企和地方政府的组织管理、工作运行、政策制度建设将逐步加速。航空是辽宁贯彻国家军民融合产业战略的重要领域，军民融合是辽宁发展航空产业的重要抓手。

在国家经济持续稳定、健康发展的强大支撑下，军机需求稳步增长，“十四五”期间将达到历史高值。我国有望到2025年成为世界航空运输第一大国，预计后疫情时期，民机需求会迅速攀升。通用航空在多方努力下，“十四五”期间将实现破局，大概率出现快速发展的局面。

一是辽宁仍处于国家航空战略核心地位。根据航空产业的发展规律，国家仍将以主机厂所为牵引，建立航空产业发展基地，实现对航空产业的战略布局，并促进企业专业化、集群化发展。辽宁“十四五”期间航空产值仍会稳居全国前三名，依托在军机、民机和航空发动机领域的竞争优势，会在全国航空板块继续处于核心地位，会对地区航空产业提供强有力的支撑和拉动。

二是辽宁拥有一批优质航空项目。这些优质航空项目包括：沈飞和黎明的系列军机项目、沈飞民机的A220系列飞机项目、中国航发的燃气轮机项目、大连的小熊飞机项目、辽宁联航神燕的泰克南系列飞机项目、沈航的系列电动飞机项目等。此外，国家04专项智能制造示范工厂即将投入使用，将引导、推动辽宁省航空制造产业技术升级。沈飞搬迁将给辽宁航空基地总体形象和产业业态带来积极变化。

三是装备智能化发展将促进辽宁航空产业升级。要打造以柔性自动化为主要特点的飞机结构件生产线，实现航空零部件的优质、高效、低耗生产，我国航空制造技术能力亟待智能化升级。辽宁拥有百余家航空制造相关企业，现有的组织生产方式已无法满足未来高质量、规模化、集群化发展的需要。航空零部件生产具有多品种、小批量等特点，这使得航空制造企业对制造系统的适应性、制造质量的稳定性、产能提升等有着更加迫切的需求。智能制造已成为全面推进航空产业转型升级的重要方向。辽宁在机床、自动化、计算机软件等领域拥有良好的发展基础，会为航空装备制造业的发展提供有利条件。

12.3.2　统一思想，制定专项规划，促进发展

航空产业兼具基础性、前瞻性、战略性特征，是辽宁难得的与其他地区相比有一定比较优势且会形成一定规模的少数产业之一，制定专项规划非常有必要。规划应结合国际政治、军事、市场环境和国家航空产业的发展战略，辽宁经济和社会发展的要求，以及辽宁在航空产业全领域目前的存量资源和发展机会来科学编制。通过规划制定，准确梳理出航空产业的现状，达成统一的思想认识、明晰发展战略、设计发展路线图、建立相应的支持体制机制、明确政策支持和保障措施，确保在“十四五”期间，通过规划引领，有效促进辽宁航空产业高质量、高速度发展。

一是明确专项规划的主要内容，做好规划工作。结合国家航空产业主要产品的布局和辽宁的实际情况，建议选择以下几个领域作为辽宁航空产业“十四五”专项规划的主要内容：积极支持驻辽航空央企（所）完成国家（含军方订单）指定任务和设施能力改造、技术提升、新品发展等任务，积极组织推进A220整机项目发展、航空燃气轮机整机项目发展、通用航空产业化发展、航空零部件制造产业化发展、航空材料生产及其相关技术实现新突破。积极推动航空电子和机械等机载设备、地面维修维护设备、航空工艺装备（及其智能化）等的发展。积极支持航空职业教育发展，培育辽宁航空运营和服务能力，打造领先东北、服务全国、面向东北

亚的航空核心枢纽。

二是加快建设沈阳航空器制造产业集群。以沈飞搬迁改造项目、新能源通航产业推广示范项目、法库通用航空产业园为基础，在沈阳市打造通用航空器制造产业集群，建立产学研用结合的通用航空器制造基地，培育2～3家行业领军企业，关键技术达到国内领先、国际先进水平，成为著名的通航技术与产业区。

三是加快推进沈飞搬迁改造项目。省市区各级政府及沈飞公司需要加大推进力度，使搬迁改造项目取得预期进展，特别是将新机场建设成为军民两用机场。在新机场周边研究建设军民融合示范区，大力发展军民融合、通航、零部件配套、航空物流等产业。先行启动通用航空子园区，涵盖涡桨、涡扇类通用飞机整机装配基地和航空文化培育基地等。利用沈飞搬迁改造的机会，推动航空产业整体转型升级，政府出台优惠政策，沈飞公司积极配合，发挥龙头企业的带动作用，吸引外地配套企业入驻新址周围，形成科学配置、就近配套、融合发展的航空产业集聚区。

12.3.3 强化组织保障和金融支持

学习先进地区发展新兴产业的经验，创新领导机制，实施产业链“链长”制度，指定一位省级领导担任航空产业负责人，成员由省政府相关部门、民航管理局、军方、主要市和骨干企事业单位的负责人组成。每季度召开例行会议，解决重点、难点问题。下设办公室和专家咨询委员会，办公室可设在省发展和改革委员会。强化金融支持，落实规模10亿元的省航空产业创业基金，主要用于投向基础设施建设、研发制造、运营服务、飞行培训等。每年从省财政预算内资金中安排5 000万元，设立省通航发展专项资金，采用投资补助的方式支持研发制造、省内航线开辟和飞行培训等。

12.3.4 深化低空空域管理改革

一是争取国家试点。借鉴四川省的做法，精准规划设计，制订符合辽宁省情的低空空域管理改革试点方案，积极争取北部战区、国家空管委、民航局、国家发改委等机构的大力支持，力争将辽宁列为国家级低空空域管理改革试点省。

二是成立协调机构。成立由省政府牵头，军方和民航管理部门共同参与的省低空空域协同管理委员会及其办公室，作为省级低空空域协同管理机构。成立省低空空域协同管理运行中心，管理具体事务，统一协调运营企业对空域和航路的需求，对接军方，统一接受军方的管理，与军方实时共享通航飞行信息，消除军方的顾虑。

三是扩大开放范围。先期争取在沈阳、大连、营口、朝阳、辽东山区等地设置若干范围适当的报告空域或低空目视飞行空域，合理划设飞行通道，实现在空域及通道内飞行提前1小时备案制或自由飞行。

12.3.5 扩大通航市场空间和发展规模

一是政府拉动。组织分析全省政府采购类通航作业需求。将通航公共服务纳入各级政府购买服务目录，推动通航公共服务全面进入公益服务和应急救援领域，形成市场拉动。建立政企结合的航空救援服务模式，更快更好地应对森林火灾等突发情况。

二是消费扩展。开展飞行营地、空中旅游、短途客货运输试点示范工程项目；鼓励有条件的地区开展航空运动训练和竞赛飞行；建设通航旅游休闲基地、飞行培训基地等特色园区；支持通航俱乐部发展。

三是教育培训。支持中国民航大学朝阳飞行学院、沈阳航空航天大学等单位开展飞行培训业务，争取成为国内龙头培训机构。设立专项基金，鼓励学生和青年考取航空驾照。支持省内院校增设或拓展通航专业及课程，支持与航空企业、俱乐部联合办学。

四是做大优势企业。充分利用辽宁在航空领域的产业基础和优势，加大政策和资金扶持力度，优先鼓励产品适销对路、具有自主知识产权、能够规模化生产的整机研发制造企业做大做强，逐步形成一批具有明显市场竞争优势的龙头或骨干企业，抢占通航制造业的发展先机。

五是建设公共平台。支持国有资本、社会资本、各种基金参与产业促进和产业链开发平台建设。在沈阳、大连等地建设公共研发、检测和信息服务平台，带动研发设计、市场营销等业务的发展。

12.3.6 综合施策，加快通航产业发展

一是完善布局。加快新建、改扩建、复建机场项目的论证和实施工作，利用好废弃、停用（含军用）机场和起降点。重点做好沈阳、朝阳、大连、丹东等地区的机场网络布局工作，地级市间互设低空航线。到2025年，新规划布局通用机场26个，覆盖所有省辖市。

二是加强统筹。大力支持试点示范地区和通航产业发展基础好、需求大的地区率先发展。加强政府对机场投资建设、指挥调度的指导，组建省通用机场投资建设公司，负责全省后续通用机场项目的前期准备工作和投资建设。鼓励企业开展机场服务、维修等基础设施建设。

三是加快示范。例如，辽宁通用航空研究院新能源电动飞机项目总投资1.7亿元。在沈北地区开通低空目视航线，建设2～3条连通航线，打造新能源电动飞机项目示范运营环境。坚持自主创新，在通用飞机制造业占领使用新能源、新技术的制高点，打造新能源航空器批量生产基地。

第13章

先进轨道交通装备产业

先进轨道交通装备产业是“创新驱动、智能转型、强化基础、绿色发展”的典型代表，是我国高端装备制造领域自主创新程度最高、国际创新竞争力最强、产业带动效应最明显的行业之一。大力发展先进轨道交通装备产业对推动工业转型升级、提升制造业整体竞争力具有重要意义，也是将辽宁打造成为“具有国际竞争力的先进装备制造业基地”的必要举措。

13.1 辽宁先进轨道交通装备产业发展现状

辽宁轨道交通装备产业基础雄厚，在内燃机车、电力机车、机车用柴油机、城市轨道车辆、铁路货车等领域具有较强影响力。内燃机车在国内拥有较大份额，铁路轴承、逆变器、综合监控系统、模拟驾驶系统、高速列车铝型材等方面具备综合配套实力。2018年，辽宁轨道交通装备制造业实现主营业务收入230.2亿元，占全省装备制造业总收入的3.2%。

13.1.1 轨道交通装备生产基地

大连、沈阳是辽宁重要的轨道交通装备生产基地。

大连基地：骨干企业包括从事机车、轻轨车辆整车研制的中车大连机车车辆有限公司；从事机车、动车、轻轨车辆换热系统、增压系统、车载微机网络控制系统、变流系统、动力包与液力传动系统、车载空调、高端轴承等核心系统与关键部件技术研究与产品开发以及试验检测、科技信息、标准化等专业行业服务的中车大连机车研究所有限公司；从事货车产品研发的中车齐车集团货车研究院和高端铁路货车（出口）生产的大连中车大齐车辆有限公司；从事机车、动车组、城轨车辆配套牵引与控制技术研究及产品开发的中车大连电力牵引研发中心有限公司等。此外，瓦轴集团为高铁客车、电力机车、地铁城轨车辆等配套的轴承产品在逐步代替进口产品。旅顺轨道交通装备制造产业集群初具规模，形成了集技术研发、生产、销售于一体的完整的产业链条。

沈阳基地：骨干企业包括以设计、制造、检修铁路货车、特种长钢轨运输车组及专用铁路罐车为主的中车沈阳机车车辆有限公司；以研制轨道交通综合监控系统、模拟驾驶系统、自动售检票系统和环境与设备监控系统为主的沈阳新松机器人自动化股份有限公司；以研制铁路车站和区间信号控制系统、铁路行车指挥系统、铁路雷电防护系统等为主的沈阳铁路信号有限责任公司等。

其他配套：包括以生产高速客车车用铝型材、内饰件为主的辽宁忠旺集团；以生产高速列车低地板动车转向架锻造轴桥等铸锻件为主的锦州捷通铁路机械制造公司等。

13.1.2 轨道交通行业主要企业

辽宁轨道交通企业以中国中车股份有限公司旗下子公司为主，一级子公司有中车大连机车车辆有限公司、中车大连机车研究所有限公司、中车大连电力牵引研发中心有限公司和中车沈阳机车车辆有限公司，二级子公司主要有大连中车大齐车辆有限公司，这些企业占中车集团公司总数的8.7%，资产占集团资产总额的6.5%。

中车大连机车车辆有限公司拥有年新造各类机车600台、检修机车400台、城市轨道车辆700辆、大功率发动机500台的能力。至2018年年底，中车大连机车车辆有限公司共新造70多种型号的内燃机车和11种型号的电力机车，新造机车总量达到12 550台，产品覆盖全国所有铁路局集团，占全路机车保有总量的一半。中车大连机车车辆有限公司在国铁内燃机车、自销内燃机车、出口内燃机车的市场上占有率稳居国内首位，在国铁电力机车的市场上占有率位居第二位，实现了与中车株洲电力机车有限公司的并跑。中车大连机车车辆有限公司在整机装备领域现已建成电力机车、内燃机车、城轨车辆技术平台，在此基础上延伸形成多个子平台，其中包括动力集中型动车组技术平台、3 000马力功率等级调车技术平台、干线铁路内燃机车技术平台、城轨列车技术平台等。中车大连机车车辆有限公司大功率中速发动机主要性能指标处于国内领先地位，技术指标达到国际先进水平；高速柴油机主要性能指标处于国际领先地位。

中车大连机车研究所有限公司始建于1922年，是中国第一个铁道技术研究所。中华人民共和国成立后，经过恢复重建，逐步发展成为集轨道交通装备核心系统与关键部件研究开发与产业化于一体的高新技术企业，同时还是机车试验检测、科技信息和标准化行业归口服务单位。近年来，研究所以推动轨道交通发展为使命，紧跟世界前沿技术，大力推进技术研究、产品开发和技术产业化，逐步打造了换热系统、柴油机增压系统、动力传动系统、机车牵引及网络控制系统、变流系统、机车智能化系统、车载空调、高端轴承等支柱产品。公司是国家认定企业技术中心、国家知识产权优势企业，拥有中国中车换热技术研发中心、辽宁省工程技术研究中心、辽宁省涡轮增压器重点实验室、辽宁省轨道车液力传动重点实验室、大连市中车大连所重点实验室等创新平台。中铁检验认证（大连）机车检验站有限公司，前身是原铁道部质量监督检验中心内燃机车检验站的试验检测中心，是中铁检验认证中心的签约实验室、权威的第三方试验检测机构。公司是铁道行业内燃机车标准化技术委员会秘书处挂靠单位。《铁道机车与动车》杂志面向全世界发行；《国外铁道机车与动车》杂志面向全国发行，为行业提供专业科技信息服务。

中车沈阳机车车辆有限公司，主营业务包括铁路货车新造、检修和配件制造，同时积极探索设备维修、计量理化检测等多元化业务的发展。该公司的铁路货车工艺装备已经达到国内领先、国际先进水平，设计生产能力为年新造货车4 000辆、检修货车12 000辆，最大年生产能力可达新造货车6 000辆、检修货车15 000辆。铁路货车检修业务市场占有率为17%左右，多年来均为行业首位。生产能力、工艺装备、品种数量等均居行业领先水平。新造货车国内市场占有率为7%左右，处于整个行业的中游水平，新车工艺装备达到国际先进水平。

沈阳铁路信号有限责任公司，拥有国内轨道交通信号控制领域最为齐全的产品结构，覆盖了从车载到轨旁、从车站到区间的各个产品应用领域，包含列车运行控制系统所涉及的重要设备；从事铁路、地铁、轻轨专用设备的研发、制造、销售和服务，以及通信信号设备检测。该公司作为中国铁路信号继电器的研发中心，建有全世界最大的经过10万级净化的铁路信号继电器生产基地，具有每年60万台信号继电器的生产能力，承担着中国铁路70%的市场供应任务。其他主导产品中，ZPW-2000A/K产品市场占有率在15%左右，车站计算机联锁设备市场占有率在60%以上，列控中心设备市场占有率在15%以上，主体化机车信号设备市场占有率在25%以上，国标应答器市场占有率在90%以上。

13.1.3 辽宁轨道交通产业优势

经过多年的努力和沉淀，以中车大连机车车辆有限公司为代表的轨道交通行业在整机装备领域现已建成电力机车、内燃机车、城轨车辆技术平台，在研发、产业化和技术储备方面有较强的优势。

动力集中型动车组技术平台下完成了FXD3-J型复兴号动车组动力车的研制，并在研时速160千米的动力集中型内燃动车组动力车、时速160千米的高原动力集中型电动车组动力车。

3 000马力功率等级调车技术平台牵头打造处于国际先进水平的新一代绿色环保智能高效调车机车，形成多动力源合理匹配的系统解决方案，平台下完成了油电轻混调车机车研制，并在研油电重混调车机车。

干线铁路内燃机车技术平台下完成了HXN3型交流传动内燃机车、HXN3型高原交流传动内燃机车的研制，在研FXN3型交流传动客运内燃机车、4 400马力交流传动货运内燃机车，拥有高原型交流传动内燃机车技术储备等。

城轨列车技术平台下完成了广州地铁13号线A型铝合金车辆的研制，并在研天津轨道交通Z4线一期工程车辆、适用于干线铁路的时速160千米的城际列车。

中车大连机车车辆有限公司发动机产业具备核心技术优势，解决了“卡脖子”问题。公司已形成了240、265、270、280中速柴油机产品系列和180高速柴油机产品系列。大功率中速发动机主要性能指标处于国内领先地位，技术指标达到国际先进水平；高速柴油机主要性能指标处于国际领先地位。

13.2　辽宁先进轨道交通装备产业发展存在的问题

辽宁轨道交通装备产业的发展提升了辽宁制造业的整体竞争力，但在高铁和城交装备、人才培育、产业核心配套能力以及关键共性技术研发方面与国内其他省市和国外发达国家相比还有较大差距。

13.2.1　高铁和城交装备还存在较大差距

轨道交通装备产业是我国通过引进、消化和再创新实现产业升级最成功的典范。目前，中国在高速铁路和城市轨道交通领域已经实现了核心、关键技术国产化，并拥有完备的知识产权体系。在原铁道部主导的引进、消化和再创新阶段，高速铁路和城市轨道交通装备产业的布局重点没有放在辽宁，辽宁的高速铁路和城市轨道交通装备产业水平相对于北京、长春、青岛、唐山和株洲明显落后；在高速铁路和城市轨道交通装备产业的自主知识产权体系中，辽宁拥有的自主知识产权比较少，没有竞争优势，需要采取赶超战略。

13.2.2 人才缺口较大，人才培育需不断加强

近年来，我国城市轨道交通整体建设速度较快，这产生了对人才的大量需求。目前，我国城市轨道交通发展面临着人才资源问题，既有人才供给不足的问题，又有人才能力欠缺的挑战。根据《“十三五”现代综合交通运输体系发展规划》，2020年，我国城市轨道交通运营里程比2015年增长近一倍，按“十三五”时期新建投运3 500千米左右测算，5年需新增从业人员21万人左右，而现有职前教育能力仅能满足一半左右的需求。

13.2.3 产业核心配套能力薄弱

辽宁轨道交通装备的基础零部件、基础制造工艺、基础材料的发展水平相对较低，配套产品的性能、质量和可靠性与国外差距明显，基础工业体系对轨道交通装备产业的支撑不足，基础配套能力不能适应轨道交通装备产业的发展。以中车大连机车车辆有限公司为例，近年来，公司在地铁车辆部件的采购中不断扩大本地的采购规模，全省地铁车辆物料年采购额2 000万元以上的供应商有35家，年采购额1 000万元以上的供应商有66家，但总的比例仍然不高。2018年，中车大连机车车辆有限公司总物料采购额为60.46亿元。其中，本地采购额18.44亿元，占比仅为30.5%。

13.2.4 关键共性技术研发基础薄弱

在城市轨道交通装备制造领域，中国企业的制造水平已经相当成熟，高质量的地铁城轨完全可以满足国内需求。但城轨交通车辆主机产品的前瞻性、基础性、共性技术研究还存在不足，核心零部件研发基础还显薄弱。在设计、制造和认证等方面还缺乏规范、统一和完善的标准体系，适用性、配套性和时效性也有待进一步提高。特别是关键系统和核心零部件的研发基础薄弱，缺乏深入系统的理论研究，难以满足发展的需要，还未完全摆脱对国外核心技术和关键零部件的依赖，产品的安全性、可靠性和使用寿命等方面与发达国家相比仍存在一定差距。

13.3 辽宁先进轨道交通装备产业高质量发展的对策建议

作为我国高端装备制造领域自主创新程度最高、国际竞争力最强、产业带动效应最明显的行业之一，轨道交通装备产业的发展适逢一个技术集中爆发、交融的好时机。辽宁要抢抓这一重要战略机遇，从先进轨道交通装备制造业基地、中小企业与大型龙头企业建立稳定的协作配套关系等方面入手，全面推进辽宁先进轨道交通装备产业高质量发展。

13.3.1 以打造先进轨道交通装备制造业基地推动高质量发展

以《辽宁省建设具有国际竞争力的先进装备制造业基地工程实施方案》为依托，加快高速重载、节能环保等多种类型机车的研发制造，加大现代轨道交通装备核心系统和重要零部件的研发投入，支持中车大连机车车辆有限公司整合发动机业务资源与机车变流系统资源，打造以轨道交通整车研制为主体，发动机与变流系统核心技术为两翼的研发、生产体系，加速形成“一体两翼”的轨道交通装备全产业链制造集群。

13.3.2 支持中小企业与大型龙头企业建立稳定的协作关系

发挥大型龙头企业产业辐射、示范、信息扩散和销售网络的引领作用，促进产业集群高质量发展，增强先进轨道交通装备的自主可控能力、智能制造能力和服务增值能力，加快建设具有国际竞争力的先进轨道交通装备制造业基地，实现城市、企业的共同发展。

13.3.3 以轨道交通装备制造业发展推动智慧城市建设

应充分考虑辽宁的区位优势、资源优势和产业基础，借助辽宁新一轮城市规划与发展契机，支持相关企业积极参与智慧城市、智慧交通和其他领域建设。围绕城市轨道交通装备系统化解决方案进行全方位立体式合作，积极发挥政府采购职能，扶持省内企业参与大连地铁、沈阳地铁等城市轨道交通项目。支持中车大连机车车辆有限公司参与智慧城市设计规划，推进适用于干线铁路的时速160千米城际列车、中低速磁悬浮列车等轨道交通创新产品在辽宁省内的示范应用。

13.3.4 积极推进前瞻性、基础性、公共性技术和产品研制

推进对时速200千米动力集中型动车组动力车、接触网充电的储能式混合动力调车机车、LNG气体机-蓄电池混合动力调车机车、燃料电池-蓄电池混合动力调车机车等前瞻性产品的研制。加快推进智慧运维系统、机车全寿命周期评估、下一代智慧机车技术、铝镁合金在车体上的应用技术、清洁能源电池在城轨车辆上的应用技术、柴油机发电机组匹配技术等关键技术的研究与突破。推进高速客运电力机车、客运内燃机车等新产品的试制和运用考核，加快国产化现代有轨电车、中低速磁悬浮列车的技术转化。

13.3.5 加大对重大技术装备的政策扶持

加大对国家、省级轨道交通装备关键技术和重点产品的政策支持力度，积极帮助企业争取国家高质量发展专项资金，利用好省政府出台的各项政策措施，针对智能、节能、环保的重大技术装备，在辽宁创造推广、示范、运营的环境。支持企业实施“走出去”战略，借势“一带一路”倡议，积极对接国家相关部门，通过借船出海、工程总承包、PPP模式等方式，推动国际产能和装备制造合作，巩固既有市场，开拓新市场，通过整机拉动零部件产业“走出去”。

13.3.6 加强人才培养，解决人才缺口

2017年，国家发改委联合教育部、人力资源和社会保障部共同发布了《关于加强城市轨道交通人才建设的指导意见》（以下简称《意见》）。《意见》明确提出，以服务城市轨道交通行业发展为宗旨，以满足人才需求为导向，统筹考虑规划、设计、建设、运营、管理等方面对人才规模、结构和质量的要求，充分调动各方积极性，加强规划协同，注重产教融合，加快建设与城市轨道交通行业发展相适应的人才队伍，为促进城市轨道交通的可持续发展提供坚实的人才保障和智力支持。2018年，上海交通大学与上海申通地铁集团有限公司进行战略合作，就科技创新、人才培养等工作进行对接和探讨，这对城市轨道交通校企合作起到了良好的示范

作用，也是未来我国城市轨道交通人才培养的重要发展方向。

13.3.7 建立轨道交通大连产业集群

目前，中车大连机车研究所有限公司、中车大连电力牵引研发中心有限公司已经完成至旅顺的搬迁，中车大连机车车辆有限公司正在搬迁当中。应对标湖南省、山东省产业群建设，建立轨道交通大连产业集群，由中车大连机车车辆有限公司作为产业集群中的工业主体，政府作为集群内配套牵头单位，在集群内建立优质医院、中小学等社会配套机构，吸引人才、留住人才、培养人才，最终助推辽宁省经济发展。

第14章

汽车产业

辽宁拥有较为完整的汽车产业链及汽车产品系列。新时期，要坚持做大做强汽车产业，提升汽车产业竞争力，推进汽车产业高质量发展，努力把辽宁建成“全国汽车强省”。

14.1 辽宁汽车产业发展现状

辽宁现有整车制造企业15家、专用车制造企业34家、汽车零部件制造企业472家、汽车发动机制造企业6家；整车产能200万辆（其中乘用车70万辆），发动机产能200万台，已形成较为完整的汽车产业链条。目前，辽宁省已经形成了以乘用车、商务车、客车、商用车、车用发动机和汽车零部件为主的汽车工业生产体系，产业结构逐步趋于合理，在全国汽车行业中占有重要位置。其中，拥有4个乘用车品牌——中华、宝马、雪佛兰、别克；1个大中型客车品牌——黄海；三大轻型客车品牌——金杯海狮、阁瑞斯、别克；1个货车品牌——金杯。

14.1.1 整车企业分布情况

整车企业分布在沈阳、大连、丹东、朝阳和铁岭5个地区，主要有华晨汽车、华晨宝马、上海通用（沈阳）北盛、丹东黄海，主要生产宝马、别克、雪佛兰、中华、金杯、黄海等品牌汽车。沈阳是辽宁省整车企业分布最集中的地区，以乘用车为主，华晨汽车及华晨宝马是辽宁省汽车龙头企业。大连是第二大汽车产业集中地区，乘用车制造起步较晚，现有品牌包括日产、奇瑞、比亚迪。客车生产企业有黄海和一汽客车。专用车产业以华晨专用车为龙头，是区域重点企业；丹东以曙光汽车为主；朝阳有航天凌河、一汽凌源，但尚未形成规模效应；铁岭以陆平专用汽车等中小企业为主。

14.1.2　经营情况

2018年，辽宁省汽车产量为94.87万辆，同比下降0.41%，位居全国第12位（与排名第1位的广东省相差226.71万辆）。在华晨宝马的拉动下，汽车制造业总体经济效益持续向好，行业主营业务收入3 135.5亿元，同比增长8.2%；利润319.3亿元，同比增长12.3%。

重点企业华晨汽车全年实现整车销售77.9万辆，同比增长3.8%。自主品牌销售31.3万辆，同比下降13.9%；华晨宝马销售46.6万辆，同比增长20.6%。全年实现营业收入2 003亿元，同比增长8.2%，实现利税359.7亿元，同比增长−15.7%。其中，上缴税金263.5亿元，同比增长11.6%。

2018年，除重点企业外，通用北盛生产量为310 292辆，增长−9.1%；曙光汽车集团产量为28 453辆，增长6.2%；奇瑞大连分公司产量为6 025辆，增长−62.9%；东风日产大连分公司产量为195 410辆，增长1.9%。

进入2019年一季度，由于市场竞争激烈，在十大轿车企业、十大热销轿车、十大SUV企业、十大热销SUV、十大MPV企业、十大热销MPV、十大新能源汽车企业、十大热销EV&PHEV排名中，辽宁车企能力不足，均未进入上述名单。

14.1.3　新能源汽车和专用汽车情况

截至2017年年底，辽宁共有新能源汽车整车生产企业13家。2018年，沈阳全市新能源汽车产量为21 647辆，比2017年全年净增19 544辆，增长929%，占全市汽车总量的2.2%，实现工业产值110亿元。新能源汽车主要为华晨宝马生产的530LE和X1混合动力车型。

2018年，我国专用汽车生产企业达到1 400余家，总产量2 468 683辆。辽宁在产企业55家、新增企业6家，产量35 314辆，占全国总产量的1.43%，同比下降18.47%。全国产量统计排名前两位的是山东和湖北。其中，山东企业330家，产量为753 459辆；湖北企业157家，产量为276 890辆。辽宁与这两个省份相比差距悬殊，全国产量统计排名第16位，与第1名山东相差20多倍。全国专用车产量排名前五的区域分别是山东、湖北、安徽、重庆、河北。

14.2 辽宁汽车产业发展存在的问题

辽宁在传统汽车产业方面已有一定的基础，但在新能源及智能互联汽车领域基础薄弱，未形成成熟的产业链规模。在新能源核心技术研发，三电系统，整车轻量化，智能互联车载研究、开发、集成、应用等方面，以及管理机制和政策扶持力度上，相比国内其他地区仍有差距。

14.2.1 发展速度慢，总量差距逐步拉大

除上海、广东等汽车大省在全国汽车行业的地位短时间无法撼动外，辽宁还排在广西、重庆、北京、浙江、河北等省、自治区、直辖市的后面，居全国第12位。并且，总量差距越拉越大，辽宁处在第3梯队，与排名第1位的广东相差226.71万辆。在产品开发、车型转换、零部件配套体系、人才储备等方面辽宁与汽车大省也存在差距。

辽宁汽车产业以华晨雷诺金杯、华晨汽车、通用北盛、丹东曙光等企业为重点，形成了一定的产业规模。但近年来产量增长缓慢，企业单产能力严重不足，自主品牌产品相对单薄，在新技术、个性化制造能力等方面有待提升。品牌经营能力弱，未能实现从产品经营向品牌经营的根本性转变，还不具备打赢与合资品牌遭遇战的核心竞争力。未能真正实现制造业和服务业的深度融合、由价值链中低端向中高端转变。市场开发宣传不够，虽然华晨集团产销量进入全国前10名的行列，但占全国总产量的比

例较低。华晨集团的产量很大一块儿依靠华晨宝马来支撑，自主品牌占比逐年降低，与其他省份的车企产品相比缺乏竞争力。

14.2.2　车型单一、品种不全

除华晨宝马外，本省汽车覆盖面小，车型单一、品种不全，严重缺乏高质量的中高端品牌，不能满足市场的需求，市场占有率低。在轻型客车市场，由原来的霸主地位到销量急剧下滑而毫无竞争能力可言。在轻型客车市场，MPV产品金杯海狮、阁瑞斯销量下滑，现在已很难看到金杯客车全国各地满街跑的现象。专用车产业与山东、湖北两省差距悬殊，2018年销量排名全国第16位，与第1名山东省的销量相差20多倍。发动机产品相近，华晨动力、新光华晨、新光集团、航天三菱等在省内企业配套市场激烈竞争，导致资源过剩，市场占有率不高。

14.2.3　产业结构不合理，难以实现规模经济

辽宁自主品牌汽车存在结构性过剩问题，中低端产品的产能无法充分释放，高端产品短缺，产业整体规模经济效益偏低；销售车型品种、数量远逊于全国主流企业，很难参与行业竞争；新能源汽车产业化进程缓慢，市场开拓度低，没有瞄准国内大市场和国际市场，基于本地环境考虑过多，自主品牌新能源汽车至今没有成型的、面向全国的上市产品，与形成系列产品的目标相距甚远；研发方向和新能源技术有待进一步调整和突破；汽车零部件企业普遍规模不大，产业集中度低，缺乏领军大企业支撑；由于体制机制原因，汽车产业战略重组和资源整合等组织结构调整难度较大。

14.2.4　自主开发能力薄弱，自主品牌缺乏综合竞争力

辽宁汽车产业自主开发能力近年来有较大幅度提高，但由于以前研发基础较弱，加之研发资金持续投入有限，缺乏关键性试验装备和重大技术支持，造成高端产品欠缺，自主品牌汽车的品牌影响力严重不足，缺少获利能力较强的产品。

核心技术缺乏，制约产业自主发展。目前，辽宁自主品牌汽车生产企

业仍未能完全掌握整车核心技术，车型依赖国外设计较多，汽车节能环保技术、电子电气技术、智能网联技术、主被动安全智能化等关键技术研发亟待加强。产品开发设计流程、研发体系建设等尚需改进和完善。汽车设计平台化、系列化建设还需努力提高。外资企业基本形成了对变速器、电子芯片等产品和技术的垄断布局。自主知识产权核心技术的缺乏，极大制约了辽宁汽车产业自主开发的进程。市场预测缺乏，产品开发周期长。与市场对标车型相比，由于开发周期较长，开发出的产品量产时已落后于市场需求，进入市场后无竞争力，造成滞销停产。

产品节能减排技术亟待提高。汽车行业节能减排标准的更新周期缩短，国家对空气质量的要求逐年提高，乘用车企业整车平均燃料消耗量、尾气排放标准、大气污染防治行动计划等相继实施，资源环境对汽车产业发展的硬约束在不断增强。辽宁在汽车节能减排技术领域还有一定差距，对环保指标要求实施技术的研究还相对落后。电控燃油喷射、高压共轨、排气后处理等世界先进技术还处于初步研发阶段。

合资、自主经营发展“冰火两重天”。大型企业集团与外资企业合资，发展形势向好，效益明显。但合资后自主品牌规模、效益和资金等系统性问题日渐突出，严重落后于合资企业。合资企业在管理、技术、质量等方面已达到世界先进水平，但未合资部分未能全面吸收和学习合资企业带来的先进技术和管理经验，导致合资、自主经营发展“冰火两重天”，值得各级管理部门深思。

14.2.5 零部件产业发展滞后，协作配套体系不完善

零部件生产企业规模小，研发投入少，整体技术水平有待提高。由于核心和专利技术缺乏，技术含量高、附加值高的零部件开发能力较弱，高新技术产品依赖外资企业明显。一些合资企业由于受引进产品技术许可证的制约，消化和吸收引进产品的核心技术很难，有“产权”无“知识”的现象普遍存在。缺乏大型领军汽车零部件生产企业集团，整车和零部件生产企业之间缺乏完整的战略合作关系，没有建立起协同开发技术平台，自

主开发能力难以形成。辽宁汽车零部件生产企业难以对汽车产业的自主开发与创新形成强有力的支撑。

14.2.6　新能源汽车核心技术研发滞后，制约新能源汽车的发展

研发新能源汽车核心技术的科技创新型企业匮乏。纯电动汽车产业虽有发展，但缺乏核心技术，缺少领军企业和自主品牌。省内致力于纯电动汽车核心技术研发的机构和企业仅大连化物所和华晨宝马等几家。锂离子电池已开始市场布局，大连比克动力电池有限公司专注于汽车锂离子动力电池的研发，并与华晨宝马开展合作。氢能源产业链处于萌芽阶段，参与企业少，整体技术实力弱，如在氢燃料电池系统领域，虽然大连化物所（新源动力）和大连融科储能涉足较早，已取得一些专利，但成果转化率低，已有产品尚未大规模推广应用，且产品未形成系列化、全覆盖局面，后续研发能力不足。

14.2.7　政策扶持力度不够，行业组织作用不强

辽宁对汽车产业的政策扶持力度不够，行业组织作用不强。各级政府对整车及零部件生产企业的事前监管过严，事后监督不够。对企业在投融资、人才和市场方面的扶持力度小，不能解企业燃眉之急。行业组织散而不强，现有的省市行业组织、产业联盟还有推动核心技术研发和行业自律的空间。

当前，辽宁汽车企业面临诸多挑战。中国汽车产业正处在转型升级的关键期，合资股比放开，双积分政策落地，排放标准升级，在品牌、质量和客户问题尚未解决的情况下，又增加了新能源汽车、智能网联等新方向，辽宁汽车行业整体面临较大压力。面对问题与挑战，看清问题、明确方向、开阔视野、深刻思考、找出原因，纵向、横向观察外面的世界，找出存在的差距，才能更好地解决问题。汽车产业高质量发展的核心是创新驱动，发展“新四化”、新业态、品牌、技术等，只有这样才能实现汽车强省的目标，在竞争激烈的市场中取胜。

14.3 辽宁汽车产业高质量发展的对策建议

借鉴外地先进经验，通过调研分析，结合辽宁实际，加快汽车产业战略转型，对辽宁汽车产业高质量发展提出以下建议：

14.3.1 重点布局辽宁四大汽车产业基地

依托辽宁整车企业良好的基础，重点布局四大汽车产业基地：

沈阳汽车产业基地：集聚沈阳大东汽车产业集群、沈阳经济技术开发区汽车产业集群、铁岭专用车产业集群、辽阳汽车及零部件产业集群等的产业优势，以及华晨汽车、华晨宝马等整车企业的技术优势、品牌影响力和市场占有率，形成整车和零部件配套企业密切合作的产业链条，把沈阳建设成为我国重要的汽车产业基地。

大连汽车及零部件产业基地：要利用“整零”企业的技术优势，实现整车和高端零部件协同发展；发挥产业优势，重点发展新能源客车、高端专用车等产品；利用沿海临港的条件，完善进出口汽车交易、展示功能，把大连建设成为辽宁重要的汽车进出口基地。

丹东汽车及零部件产业基地：要发挥曙光汽车集团在城市客车、新能源客车等领域的品牌优势和零部件配套基础，重点发展纯电动、混合动力（含增程式）大中型客车、车桥、增压器、差速器等产品，打造节能与新能源客车产业基地。

朝阳汽车及零部件产业基地：依托航天凌河、一汽凌源商用车整车资质，加大研发投入，开发市场需求的新车型，依靠汽车产业基础，重点发展卡车、新能源物流车、高端专用车、高效柴油发动机、新能源汽车动力电池等产品，培育商用车龙头企业，完善零部件配套企业。

14.3.2 加快新能源汽车产业发展

强化新能源项目建设。依托以企业为主体的产学研用合作创新体系，加快开发“三大电”“三小电”等领域的关键零部件以及适合东北高寒地区的动力电池系统。组织科研和装备企业开展技术攻关，研制新能源汽车“三电”匹配技术设备、试验体系与测试手段。打造新能源汽车关键共性技术测试设备及体系，覆盖典型道路环境、典型道路类型、典型天气及光照条件。建立可以覆盖新能源汽车信息安全、功能安全、控制执行系统和整车级的关键共性技术测试设备体系。制定符合辽宁产业定位的《新能源汽车产业链企业招商目录》，整合资源、合理布局，积极引进国内外电池行业巨头落户，培育固态电池、石墨烯等下一代电池技术研发和生产企业，建立辽宁在新能源汽车领域完整的产业链条。依托省内有较好产业基础的市和带动性强的龙头企业，加快建设新能源汽车产业基地。重点建设沈阳、大连新能源汽车产业基地，做大整车企业，快速提升产销规模。重点支持沈阳、大连、铁岭新能源乘用车、专用车等整车企业发展，快速提升整车产销规模，构建乘用车和专用车并举的产品结构体系。政府相关部门要协助自主品牌企业获得华晨宝马新能源技术的支持，同时关注国内外大型汽车集团的发展和布局，对外开放，合资合作，争取引进技术先进、高质量的整车及核心零部件项目落户辽宁。

加快新能源汽车基础设施建设，按照“桩站先行、适度超前”的要求，在全省各市县，尤其是沈阳、大连加强新能源汽车公用充换电站、充电桩、停车位等配套设施的规划和建设，鼓励和支持国家电力企业参与充电桩的配套设施建设。

扩大新能源汽车示范使用覆盖范围，允许在公务、公交、出租、电力、环卫、邮政、城市物流等领域示范使用。鼓励新能源汽车市场化运作，吸引本地企业和民间资本积极参与新能源汽车推广，推进新能源乘用车进家庭。

坚持绿色安全理念，做好后续环保工作。加快动力电池回收体系的建设，完善相关政策，落实生产者责任延伸制度，与汽车、电池生产等相关企业合作共建、共用废旧动力蓄电池回收渠道，促进动力蓄电池回收利用，保护生态环境。

14.3.3 加快整车、专用车及零部件产业发展

调整产品结构。发挥合资企业的带动作用，重点支持规模以上整车企业发展，加快产品型号向乘用车“进”和低附加值产能“退”的转变，引进高端车型，推动整车企业加快产品升级换代。各级政府部门要给企业创造良好的营商环境，鼓励导入新车型。要制定切实可行的政策和扶持办法，利用好宝马授权生产宝马2.0T涡轮增压发动机、1.6L王子发动机、1.8L发动机得天独厚的优势，大力发展中高端整车产品。以新能源汽车和智能网联汽车为突破口，自主品牌汽车走中高端路线，开发中高端轿车、运动型汽车（SUV）、商务车等乘用车及高端重型卡车、高端客车等商用车。鼓励专用车向“专精特”方向发展，学习湖北随州发展专用车的经验，形成产业新的增长点。辽宁整车企业要与时俱进，建立“汽车+”服务新体系，协同信息通信、电子和互联网行业企业创新出行和服务模式，促进产业链向后端、价值链向高端延伸，推动整车制造企业向个性化定制、远程运维、全周期质量管控等高端服务领域拓展。

发挥集群优势。相关部门要组织学习先进省市的经验，引导全省专用汽车资源向专用汽车企业比较集中的地区聚集，向专用车集群化方向发展。推进企业联合、兼并、重组，着力培育一批在国内外有一定影响力和竞争力的专用车企业集团，积极支持大连、铁岭专用车集群建设。

围绕整车企业的发展需求，制定《辽宁省重点汽车零部件招商目录》，开展精准招商。在招商引资中，要明确招商的需求主体是企业，要围绕企业的主导产品需求招商，要帮助企业引入关键技术战略投资者，合资建厂。建立整零协同创新激励机制，通过战略伙伴计划和深度合作，形成安全可控的关键零部件配套体系。培育辽宁汽车零部件本地配套能力，引进带动性强、集聚效应突出、有核心技术的零部件企业和项目落户汽车产业园，提高零部件产业园招商引资质量，大力扶持本地关键零部件企业，重点支持弱项关键零部件企业，指导企业提高技术水平，增强本地配套能力。重点发展自动变速器等核心部件及高附加值的汽车电控、汽车电

子等高端零部件，加快动力电池单体、电池系统、永磁电机、电控等新能源汽车关键零部件和车载光学系统等智能汽车关键零部件的开发和应用。大力培育省内关键零部件企业，引进国内外技术先进、实力较强的关键零部件领军企业，降低产品配套成本，提升整车市场竞争力。鼓励关键零部件企业对标国际一流企业制定发展战略，力争进入全球知名汽车品牌零部件采购体系。

14.3.4 加大科技创新力度

重视和加强对氢燃料的研究。辽宁要紧跟全球氢能源产业发展前沿，研究并制定中长期目标，争取氢燃料电池及整车产业环节取得新突破。精心组织、加强合作，联合国家和省部级重点实验室、省市高校、科研院所、企业技术中心，建立合作开发平台，加强行业内交流，突破关键技术和核心器件，推进氢安全实验室和重大试验装备建设，搭建成果转化公共服务平台。

加强智能网联在产品开发中的运用。省政府可划拨资金，设立智能网联科技专项基金。在沈阳建设智能汽车测试场，推动自动驾驶、智慧物流车测试平台建设。开展智能汽车及相关产品技术测试标准的研究、制定和第三方测试评价。鼓励研发机构加强智能汽车安全技术研究，鼓励整车龙头企业牵头搭建智能汽车测试平台，对承办主体提供资金和用地支持。

创新平台建设工程。引导华晨、曙光等汽车龙头企业进一步加强创新能力建设，开展与东北大学、大连理工大学等院校创新载体的产学研合作，在推进新材料应用与转化的同时，加快应用型学科建设，抓好辽宁丰田金杯技师学院建设，打造专业人才培育、孵化平台。创新汽车企业载体，围绕汽车平台化开发、节能技术、电动汽车“三电”、固态电池、自动驾驶等技术领域，规划建设并提升发展一批国家地方联合工程中心、国家和省级企业技术中心、工程实验室（工程研究中心）、省级（重点）企业研究院、产业创新服务综合体等相关研发平台。

14.3.5 加大支持和保障力度

加大对企业的帮扶力度。建立健全相关政策执行效果评估机制和奖励机制，依托国家各项税收优惠政策以及相关专项资金，协助企业特别是自主品牌整车企业实现技术创新突破和产业化。同时，给“三大电”“三小电”及智能网联汽车核心技术领域关键技术瓶颈突破项目以支持。

为企业减负。继续推进企业降成本，优化发展环境，放宽市场准入。突出金融对辽宁汽车支柱产业的发展支持力度，通过执行区别化的政策，实现政策向汽车企业尤其是新能源汽车项目倾斜，推动金融机构与制造企业共同开发产融合作产品，并提供充足的资金支持。鼓励保险机构和保险资金支持、服务和保障新能源汽车产业基地等重点项目。

开展汽车文化产业建设。辽宁要发挥沈阳（地方）汽车产业优势，开展汽车产业文化建设。对于沈阳大东区，要依托产业园区配套完善城市功能规划，根据《关于开展特色小镇培育工作的通知》的要求，抓紧进行沈阳大东区汽车产业特色小镇项目建设。项目规划已经对外宣介，省相关部门应跟踪落实，满足市民的休闲娱乐和高端汽车服务需求。

搭建系统完备的产业信息平台。积极整合辽宁省信息产业资源，搭建技术创新、品牌推广、人才交流等汽车产业信息平台，尽快成立辽宁省汽车工程学会，完成与全国协会和学会的对接。政府有关部门要积极组织相关活动，积极倡导跨省、跨界融合。省市汽车行业组织也要通过发布和交流行业技术信息，协助企业做好服务工作，搭建信息、技术交流平台。

优化扶持政策和加强行业组织的作用。政府应划拨资金，设立投融资补贴、纯电动和高科技项目等重大专项补贴、充电桩等新能源基础设施的建设和运营补贴。对新能源、移动互联网车载应用前沿技术攻关、成果转化和大规模产业化的企业简政放权，也可将更多的原由政府部门承担的职能下放给行业组织，发挥行业组织在政策和法规研究、行业标准的制定和修订、核心技术研发等方面的作用，缩短项目建设和产品转化的周期。

引进人才、用好人才。启动汽车人才培养计划，搭建专业人才培育、孵化平台。通过支持省内“双一流”高校建设校企融合的汽车联合实验室，鼓励高等院校设立智能网联汽车专业人才培养项目，加强校企合作。支持国内外顶尖科学家团队在辽宁建设新型汽车研发机构，可以借助辽宁在任和退休的汽车专家，建立汽车人才专家库或成立汽车专家委员会；同时，重视人才引进政策推陈出新。

第15章

氢能源和燃料电池汽车产业

氢能源是可再生的清洁能源，具有清洁度高、功率密度大的优势。《中国氢能源及燃料电池产业白皮书》指出，氢能源及燃料电池将逐步成为全球能源技术革命的重要方向，氢能源将成为中国未来能源体系的重要组成部分。注重发展氢能源和燃料电池汽车产业，对能源结构转型、制造业高质量发展具有重大意义。

辽宁燃料电池技术国内领先、国际知名，在制氢、用氢环节有技术积累，具备发展氢能源的产业基础和条件。辽宁应该抓住氢能源发展契机，充分利用燃料电池的技术优势与资源特色，积极布局，制定政策支持体系，填补氢能源产业链各环节的空白，加快完善氢能源产业布局，将辽宁打造成为领跑全国的氢能源基地，推动我国氢能源产业高质量发展。

15.1 辽宁发展氢能源和燃料电池汽车产业的基础

辽宁氢能资源丰富，产业基础雄厚，具备良好的燃料电池产业基础开发和应用能力，省内地区对发展氢能源新兴产业的意愿强烈。

15.1.1 氢能源产业基础雄厚

辽宁是石化、钢铁与煤炭大省，拥有大量的可供开发氢气的原材料，完全可以循环再利用，也可提纯后满足发展氢燃料电池汽车产业的需求。

集团管理总部位于沈阳经济技术开发区的哈尔滨黎明气体集团是东北最大的民营气体生产厂和供应商，其中包括两座甲醇裂解制氢工厂、两套水电解制氢装置，日调拨能力达到20万立方米以上，先后成为上汽集团、一汽集团氢燃料电池汽车氢气产品合格供应商。沈阳斯林达安科新技术有限公司开发、研制的车用压缩氢气铝合金内胆碳纤维全缠绕气瓶已经成功应用，为国内首创。目前，该公司生产的70MPa氢气瓶已通过型式试验，为全国首家。

15.1.2 氢燃料电池产业技术开发和应用能力国内领先

以衣宝廉院士为代表的中科院大连化物所科学家团队在氢燃料电池的技术研发和应用领域处在国内领先地位，其本人从事燃料电池研究和开发逾50年，引领、带动了我国燃料电池战略新兴产业的发展，并为全国各地输送了大批该领域高级人才。

位于大连高新区的新源动力股份有限公司是研发、生产车用燃料电池电堆和发动机的高新技术企业。2006年获得国家发改委授牌，成立国内唯一的“燃料电池及氢源技术国家工程研究中心”。批量生产的燃料电池已经在上汽大通首款氢燃料电池轻客FCV80上得到商业运用。

15.1.3 省内地区氢能与燃料电池汽车产业发展的愿望强烈

2018年4月18日，新宾满族自治县车辆运营管理部门颁发出中国第一张燃料电池汽车商业化运行许可证书。新宾县决定规划建设5平方千米的“氢能源与燃料电池汽车产业园”和一个3平方千米的“氢国清城氢能小镇”。沐与康集团购买的40台上汽大通生产的FCV80燃料电池客车在抚顺界内运营已达130万千米。

葫芦岛市建设了氢能源产业园。位于葫芦岛兴城经济开发区的辽宁佳华新能源有限公司主要生产新能源汽车部件，其技术来自投资股东深圳佳华利道新技术开发有限公司研发的低压合金储氢及加氢技术，该项技术是全球首创的颠覆性创新技术。公司联合美国OVONIC科学家团队、北京有色金属研究总院、太空科技南方研究院合作攻关，首台装配有低压合金储氢及加氢系统的9米长公交车正在兴城开发区内运行，采集相关数据。坐落于兴城经济开发区的全球第一座低压加氢站已完成建设，投入示范运营。

大连是我国氢能源和燃料电池技术研发和产业化的发祥地，具有良好的基础和发展能力。鞍山、阜新等地也制订了发展氢能源和燃料电池车的计划，正在积极推进中。

15.2 辽宁发展氢能源和燃料电池汽车产业面临的问题

当前，辽宁发展氢能源和燃料电池汽车产业面临的问题和困难很多。其中，许多问题是全国性的，有的问题也是世界性的。

15.2.1 缺少发展规划和扶持政策

首先，认识上没有形成共识。辽宁氢能源与燃料电池汽车产业发展规划还没形成，没有统筹和大力发展的信号，没有出台氢能源与燃料电池汽车产业发展的实质性扶持政策。目前，没有迹象表明省政府及相关部门积极引领企业与科研院所、研发机构、高校、企业等在这一领域进行研发和科技创新，也没有协调省内整车企业与燃料电池企业联合研发、制造氢燃料电池汽车，还处在观望犹豫状态。

省市政府没有发展、制造氢燃料电池汽车的规划，不利于产业发展与人才聚集。例如，上海一汽集团看好由中科院大连化物所控股、掌握氢燃料电池核心技术的研发生产企业——新源动力股份有限公司，投入重金购买了其股份，成为控股股东，并将其研发的我国首例氢燃料电池产品批量装载至上汽大通FCV80轻客上，成为我国首批商业化氢燃料电池汽车。不容乐观的是，新源动力股份有限公司的高级人才每年以10%以上的速度被其他地区的相关企业高薪挖走。

其次，缺乏对积极性较高的地区和企业的鼓励与支持。辽宁有3座加氢站现已建成并投入使用，另外1座已立项规划建设。目前，省市两级政府还没有制定出台相关的审批流程及管理办法。大连同新加氢站位于新源动力股份有限公司院内，项目由同济大学主持设计、集成和建设。先后研制出风光互补发电耦合电解制氢系统、90MPa隔膜式氢气压缩机、87.5MPa钢质碳纤维缠绕大容积储氢容器、70MPa加氢机系统等加氢站用关键装备，填补了国内空白。但是，项目在消防审批过程中，因为没有现成标准，既不给予及时验收，也不进行特例研究。最后，新源动力股份有限公司被迫将精心研制的“风光互补发电耦合电解制氢系统”拆除，才于2016年12月验收合格，投入使用。制氢系统拆除后，只能从大连金普新区的一家企业购买氢气用于研发和测试。

15.2.2　氢能源和燃料电池技术仍不完善

近年来，我国氢能源和燃料电池技术整体上取得了长足的发展，但关键材料、核心部件的批量生产技术尚未形成。催化剂、隔膜、碳纸、空压机、氢气循环泵等仍主要依靠进口，这严重制约了我国氢能源和燃料电池产业的自主可控发展。虽然我国在高活性催化剂、高强度高质子电导率复合膜、碳纸、低铂电极、高功率密度双极板等方面目前已经达到甚至超过了国外商业化产品的技术水平，但多停留于实验室和样品阶段，还不具备大批量生产条件。

15.2.3　制氢、运氢、加氢费用居高不下

目前，加氢站建设成本高，制氢和氢气运输成本也较高，导致加氢费用高。同时，加氢站等基础设施不完善，数量少，直接制约了氢能源和燃料电池汽车的商业化示范运营和大规模应用。在支撑行业发展的氢制备、储运、加注及实际工况下，氢能源和燃料电池从部件到系统的评价检测体系等仍不健全，使得产业全链条下的产品推广受到严重的制约和限制。

15.3　辽宁发展氢能源和燃料电池汽车产业的建议

针对目前存在的问题，辽宁应进一步加强产业发展顶层设计，完善产业链条，汇聚资源优势，坚持问题导向，促进产业实现稳健发展，从而使氢能源产业成为辽宁工业结构调整和供给侧结构性改革发展的新动能。

15.3.1 做好产业规划和政策扶持

从目前全国情况看，发达地区和高科技企业对发展氢能源与燃料电池汽车都持积极乐观态度。辽宁也应高度重视，深刻认识到发展氢能源和燃料电池汽车产业是推动高质量发展、引领产业转型升级和生态文明建设的重要任务，对这一战略性新兴产业不宜过多关注眼前利益和不利因素，应立足于未来。从目前辽宁国民经济发展速度和财政状况来看，现阶段在发展氢能源与燃料电池汽车产业的过程中，省、市、县三级政府出资补贴显然是力不从心，但做一个前瞻性的规划还是应该的，以此来引导企业和其他投资者涉足这一领域，尽最大可能发挥辽宁的现有优势，规划完全有可能在“十四五”期间实现。

15.3.2 制定发展战略，成立产业联盟

省政府应结合全省情况出台鼓励氢能源与燃料电池汽车产业发展的扶持政策，让积极性较高的地区和企业先行先试。建议由省政府所属基金部门牵头，成立辽宁氢能源与燃料电池汽车产业发展基金，通过资金平台吸引国企、外企、民企的加入。

发展氢能源与燃料电池汽车产业，必须对各种资源进行整合，建立氢能源与燃料电池汽车产业发展联盟是很好的方式。建议尽快成立辽宁省氢能源与燃料电池汽车产业发展联盟，更好地发挥平台促进产业发展的作用。

15.3.3 推进产业布局和设施建设

鼓励煤制氢，核电、风电、光伏制氢等产业的发展，鼓励利用钢铁、石化等生产过程中产生的富氢产品制氢。鼓励和推动液态和固态氢的研发和生产。加快对低压储氢相关问题的研究和相关产品的推广应用。大力推广氢能源与燃料电池技术在国防、车用动力、分布式能源、储能装备等方向的跨领域应用。推动氢能源与燃料电池装备制造业发展。鼓励地方政府建设氢能源产业园，引进相关和配套企业，延长产业链。大力推动氢燃料汽车在公交、物流、环卫等领域示范运行。

建议政府部门参照国内外成功的做法，首先做好氢气生产、储运和加

氢环节的基础调查，在调查研究的基础上做好相关规划，制定鼓励发展的相关政策，特别是要抓住加氢站规划与建设的关键环节，制定审批标准和工作流程，增加加氢站数量。在沈大高速公路和京沈高速公路沿线规划建设多个加氢站，形成氢能源和燃料电池汽车运营的绿色发展带。

15.3.4　探索推进制造氢燃料电池汽车

辽宁正处在汽车产业转型升级的重要机遇期，主要途径就是发展新能源汽车，氢燃料电池汽车是其中之一。相比纯电动汽车，氢燃料电池汽车产业链更长，加注时间短、续航里程长，技术优势明显。东北地区的高寒气候比较适合氢燃料电池汽车使用。辽宁除了拥有多个汽车整车厂和强大的汽车产业链外，还有研制、生产氢燃料电池和发动机的高端企业，有合格的制氢、储氢、运氢企业和气瓶生产厂，完全具备制造氢燃料电池汽车的能力。江苏奥新新能源汽车有限公司和沐与康集团有意与华晨集团合作制造氢燃料电池汽车。为此，省政协出面进行牵线搭桥，并主持召开了对接洽谈会，三方都表示出了合作意愿。

位于葫芦岛的佳华新能源有限公司与美国OVONIC科学家团队、北京有色金属研究总院、太空科技南方研究院合作攻关，研制出了国内装配有低压合金储氢及加氢系统的首台9米长公交车。其燃料电池从美国进口，车由广东生产，该公司想与新源动力股份有限公司合作，使用其第三代燃料电池和发动机。此外，该公司也想与省内整车厂合作，生产公交车，省政府和相关部门可考虑积极协调推进。

随着人们对能源和环保问题的高度重视，发展清洁新能源将成为主流趋势。氢能源在工业生产、医疗健康、能源发电等方面均有广泛应用。此外，氢能源还可应用于交通运输、工业、建筑等方面。在交通运输方面，氢能源通过燃料电池技术应用于汽车、轨道交通、船舶、航空航天等领域。发展新能源汽车是目前的主流趋势之一，氢能源汽车具有良好的环境相容性、能量转换效率高、噪声小、续航里程长、加注燃料时间短、无须充电等特点，是很有前景的清洁新能源汽车。

第16章

造船产业

作为我国漫长海岸线的起始点，辽宁拥有多样化的海洋经济产业。其中，船舶及海洋工程（以下简称造船）产业是大连所在的辽宁省、东北老工业基地乃至全国极具优势地位和国际影响力并发挥重要战略作用的传统产业。造船产业不仅是我国传统工业经济的重要基础、现代工业体系的鲜明标志、新兴战略产业的主攻方向，也是辽宁转身向海、全面和全方位振兴、高质量发展的重要支撑。

16.1　辽宁造船产业的发展现状

我国的民族工业发祥于修造船，我国的装备制造出口源于民用船舶，我国现代化的海军重要装备依托船舶工业。造船业是我国唯一面向国际市场、产能占据世界第一位的装备制造产业，以辽宁为中心的造船业作出了不可磨灭的贡献。辽宁具有国际一流、国内领先的产业基础、关键技术、科技支撑、人才队伍、产业体系，辽宁（大连）很早就成为我国三大造船基地之一，位居全国第二位，辐射天津、青岛、山海关环渤海湾区。

16.1.1　重点造船企业情况

辽宁总装造船企业主要有大连船舶重工、大连中远海运重工、大连中远海运川崎、辽宁陆海石油装备、大连辽南船厂、大连渔轮、旅顺滨海船舶修造、渤海船舶重工等。

大连船舶重工集团有限公司是提供船舶产品研发、设计、建造、维修、改装与绿色拆解全寿命周期服务的供应商，集团已形成“一总部、三基地”的总体布局，以大连为总部，拥有大连、葫芦岛和山海关3个生产建造基地。拥有国家级企业技术中心，由中国工程院院士、中国船舶设计大师领衔的1 100多人的研发设计团队，产品覆盖除大型邮轮、大型LNG船之外的主流船型，尤其在绿色、节能、环保、超大型油轮领域，先后自主研发七代超大型油轮（VLCC），公司交付的30万吨超大型油轮在世界船队同类型船舶中占比超过10%。大连船舶重工集团拥有自升式钻井平台、半潜式钻井平台、浮式生产储油船、海洋工作船的设计制造能力。集团拥有完全自主知识产权的DSJ 300～500英尺系列自升式钻井平台，填补了国内空白。

大连中远海运重工有限公司是中远海运重工旗下修理改装、海洋工程改装和建造、特种船建造的核心企业。公司具有年修理改装大型船舶150～200艘，年改装FPSO（浮式生产储油卸油装置）海工产品2～3艘，建造5～6艘特种船，以及FPSO上部模块13～15个的生产能力。公司业已成为FPSO改装量国内最多、改装技术国际一流的“中国第一FPSO改装工厂”。

大连中远海运川崎船舶工程有限公司是中远海运集团和日本川崎重工在中国投资建设的第二家现代化大型船舶企业，为中方控股的中日合资企业。公司专长于批量总装建造大型散货船、超大型集装箱船等大型民用船舶。目前，公司造船能力可达240万载重吨/年，年钢材加工能力40万吨，被工信部认定为智能制造示范企业。

辽宁陆海石油装备研究院有限公司是国内专业从事民用船舶与海洋工程设计的综合性技术服务企业，设计产品涵盖原油运输船、震源勘探船、海洋工程船、海洋钻井平台、海洋修井平台、导管架平台等，提供概念开发、合同设计、基本设计、详细设计直至生产设计的完整技术服务，已独立开发设计了风电安装平台、CP-400系列钻井平台等数十个船舶和海工项目。

大连辽南船厂隶属于海军装备部，为海军舰船建造技术中心。其拥有多座船坞、船台、泊位，最大起重能力340T，主要从事大中小型战斗舰艇、军辅船和民用特种船舶的建造、修理和改装。军品包括：登陆舰、导弹快艇、护卫舰、新型训练舰、综合实验舰、破冰船等。

大连渔轮有限公司是中国船舶集团有限公司直属、由大连船舶重工集团有限公司托管的国有企业，是我国渔船渔机行业的骨干企业，也是我国远洋渔业渔船建造和维修的基地。其主要产品包括大型远洋秋刀鱼船、大型远洋金枪鱼围网渔船、鱿鱼钓船等。

16.1.2 重点船舶配套企业情况

辽宁船舶配套企业生产的产品主要有船用柴油机、船用曲轴、船用阀门、船用推进器、船舶辅机、船用电缆、甲板机械等。

大连船用柴油机有限公司是专业生产大功率低速船用柴油机的公司，主导产品有5G60ME-C、6S60ME-C、6G70ME-C、7G80ME-C、W6X52、W6X72等，主要装配中高端船型，包括15.8万吨邮轮、30万吨邮轮、21万吨散货船、40万吨矿砂船等，现具备年产200万马力低速柴油机的生产能力。

大连华锐船用曲轴有限公司由大连华锐重工集团股份有限公司、中国一重集团有限公司、中国船舶集团有限公司共同出资成立，主要产品包括多系列的低速船用柴油机曲轴，设计能力年产150支。产量已占国产同类型曲轴总量的50%以上，为全球第四大曲轴生产厂商（韩国现代重工、韩国斗山重工、日本神户制钢）。

大连船用阀门有限公司专业研制和生产船用阀门，主要产品为通径3～1 600mm、压力0.03～25MPa的船用蝶阀、截止阀、截止止回阀、止回阀、闸阀、旋塞、安全阀、减压阀、防浪阀、球阀、牺牲阳极等，具备为整船提供配套阀门的能力。

大连船用推进器有限公司是船用螺旋桨专业化公司，能够自行设计、制造和维修各种定距船用螺旋桨、调距桨部件、节能装置消涡鳍等产品，并具备桨轴一体化成套供货能力。产品已装配于30万吨超大型油轮、40万吨矿砂船、万箱级集装箱船等高端船型。

沈阳辽海装备有限责任公司隶属于中国船舶集团有限公司，公司具有较强的机、电、声综合设计、生产、检测、试验能力，主要民品包括水声装备、应急装备、电梯装备、输油封堵装备、船舶电器等。

中船重工（葫芦岛）特种电缆有限责任公司是从事船舶及海洋工程装备特种电缆的研发制造企业，主要产品有铝合金电缆、海洋工程电缆、舰船电缆、辐照电缆、轨道交通电缆、航空航天电缆、新能源光伏及风能电缆、防震电缆、通信电缆等。

16.1.3 产业集聚区情况

辽宁造船产业主要分布在大连、葫芦岛、锦州、营口、丹东、盘锦等沿海地区。其中，大连、葫芦岛两市的总装造船量占全省的99%以上。全省现有4个以造船为主导产业的产业集聚区，其中1个为国家新型工业化产业示范基地（大连市大连湾临海装备制造业聚集区），即以大船重工、大连中远海运重工为骨干的大连湾临海装备制造业聚集区；以大连中远海运川崎、旅顺滨海船舶修造为代表的旅顺经济技术开发区产业集聚区；以渤海装备辽河重工为龙头的盘锦辽东湾装备产业集聚区；以渤海船舶重工有限责任公司为核心的葫芦岛北港海工装备产业集聚区。这四大集聚区承载了辽宁绝大部分造船企业，也是今后辽宁造船产业发展的重要依托。

16.2 辽宁造船产业发展存在的问题

习近平总书记在深入推进东北振兴座谈会上指出，当前东北振兴主要存在体制机制、经济结构、开放合作、思想观念“四个短板”。对照辽宁造船产业体系的发展实际，总体来看，辽宁造船产业面临以下六个方面亟待解决的突出问题：

16.2.1 产业结构不够合理

辽宁造船产业仍以国企传统船舶制造业为主，高精尖新兴产业支撑不够，省内船舶配套产业发展缓慢，结构矛盾较为突出。近年来，随着我国长三角、珠三角地区港口整合的不断推进，辽宁传统造船产业不断受到挤压，市场订单和市场竞争力日益萎缩。随着油价跌入低谷，甲方企业弃船和弃平台的现象不断发生，部分船舶工业产能过剩现象较为严重。大船重工集团在2019年前三个月已经有3家子公司宣告破产。

16.2.2 创新发展动能不够充沛

由于之前辽宁船企过分依赖传统三大主力船型优势，部分产品仍在低端领域徘徊，在新规范、新要求不断严格的情况下，利润持续被压缩。以智能船（无人船）、VLCC、特种船为代表的新技术新兴船舶制造业布局迟缓，产业发展缓慢，核心产品竞争力不强，没能形成规模化和智能化，发展潜力和国际影响力不断下降。

16.2.3 人才流失严重，成果转化不够

近年来，辽宁名牌高校毕业生留省率不高，引进的制造业科技领军人才较少。缺乏创新人才和专业人才的智力支持，加上相关科研院所的优秀科技创新成果分散、流失，高含金量的创新项目匮乏，导致自主创新和成果转化能力进一步削弱，船舶与海工制造产业整体发展较慢。

16.2.4 本地特色不够突出

以日、韩、印（度）为代表的周边国家和我国东南沿海城市凭借税收优惠政策优势，对以大连为中心的辽宁海洋装备制造业造成了较大冲击。近年来，辽宁周边其他省份的港口借助成本和政策优势形成的较强发展势头，给辽宁港航运输业和高端服务业也带来了严峻挑战。

16.2.5 船企和地方经济融合严重不足

以年均建造船舶及海工平台超过140艘（座）的龙头企业大连中远海运重工为例，每条船上万个配套构件中大多数由长三角一带的民营企业提供，由辽宁企业提供的仅占10%～30%。虽然船企本身是纳税大户，但由

于辽宁造船龙头企业大都设在计划单列市大连，因此从税收角度看，对省级财政直接贡献甚少；反过来，这又导致了地方政府对船企需要的用地及专项资金在支持力度上有所保留，制约了船企的发展。

16.2.6 营商环境建设有待加强

调研过程中发现，部分国企中呆板、僵化、讲关系、重人情、不合规的旧式体制仍然存在。比如，对员工缺乏行之有效的奖惩机制，既无法充分激励表现突出的员工，也不能震慑偷懒或者业务差的员工。另外一个例子是辽宁除大连船舶重工之外的大多数船企（甚至包括行业主管单位辽宁省造船工程学会）的官网主页、公开联系电话、传真机都不能正常工作，往往需要通过私人关系联系到对口岗位的接待人员才能开展工作。在政府方面，部分负责审批规划的部门由“吃拿卡要、收礼办事”变成了“不收礼也不办事”。这些工作作风与南方省份形成鲜明的对比。

16.3 辽宁造船产业高质量发展的对策建议

以造船产业高质量发展为引领龙头，优化资源配置，深化供给侧结构性改革，完善上下游产业集群的融合发展，形成以老工业基地为支撑，以智能船舶、高端海洋装备、智能航运、智能制造为核心，以人工智能、新能源、新材料、新技术为发展方向，基础研究与应用研究相结合，加强军民融合，面向国际、国内两个市场，建立健全以未来型、战略型、先导型产业为新动能的具有鲜明特色的现代造船产业体系。

16.3.1 尽早明确战略定位

主动适应融入国际造船业发展的新趋势、新形势，深刻把握国家船舶制造业发展战略的新要求，依据《国务院关于深入推进实施新一轮东北振兴战略加快推动东北地区经济企稳向好若干重要举措的意见》的实施方案、《辽宁沿海经济带发展规划》的部署，强化顶层设计，加强区域内资源的统筹整合，把造船产业发展和配套企业建设上升为全省战略。科学制订未来10年甚至20年的造船产业发展总体方案，高起点、高标准规划辽宁造船产业发展的主攻方向和重点任务，把具有发展潜力的新技术产业列为优先产业加以培育和引导，把船舶与海工制造业列为全省重点产业给予扶持。推进建设优势产业集群，形成特色鲜明、错位发展、一二三产业结构合理的现代产业体系。

16.3.2 加快出台行动方案

发挥地域与资源禀赋优势，全面对接国家层面出台的各类有利政策，实施强力、有效措施，切实加强政策引领，加大财政投入，加快转型升级方案的制订，以“行动方案”为总牵引，进一步明确辽宁现代工业4.0产业体系开发建设的时间表、任务书、路线图，以确保“行动方案”阶段任务、目标和涉海重大项目有序推进、顺利实施。建议把“行动方案”列为一把手工程，成立由副省级主要领导为组长，涉海涉船各委办局、区市县第一责任人为成员的现代产业体系建设领导小组，定期举行专题会议，统筹协调沿海区域造船产业的平衡发展，着力优化和调整产业空间布局，推进产业转移与共建，实现“以点带面”、共同发展，力争早日形成工作合力，全方位构筑以造船产业为龙头兴海、以海洋经济为龙头兴省的新时代蓝色发展格局。

16.3.3 精心谋划配套政策，改善营商环境

以建立和完善船舶与海工制造产业的管理体制、运行机制和政策体系为保障，加大产融结合力度，推动商业银行对航运、造船、港口等相关行业制定出台信贷政策，对行业先进企业予以信贷支持，针对进出口船舶继续保持贷款原有的优惠利率，对封存资产允许暂停计提折旧。将船舶行业从限制性准入行业中剔除，引导国有创投资金和社会资本结合，鼓励民营经济参与船舶制造业，建立专项发展基金，专注于涉船类企业的投融资。优先改善包括造船产业在内的海洋经济、传统制造业的发展营商环境，减少或撤销不作为的审批部门。

16.3.4 大力推动科研人才发展体制机制改革

出台包括合理减免个人所得税、解决配偶就业、子女上学等政策在内

的切实管用的举措，鼓励涉船技术骨干留省留企，有效遏制顶尖人才、领军人才和优势项目流失。鼓励船企中的科技人员和中层干部投身于船舶及海工装备制造配套领域的创业，增加省内船舶配套企业数量，提高省内船舶配套零件的供给率。在合适的省内高校和科研院所建立船舶工程研究分院，力争在一批重要领域形成相对完整的研发产业链、人才价值链，抢占未来人才制高点。

16.3.5　大力实施创新驱动，努力加强自有产权创新

以沈大国家自主创新示范区为载体，加快建立开放、协同、高效的船舶制造科技创新体系，打造具有国际影响力的船舶设计及制造科技创新中心，把科技创新作为突破资源与市场制约的根本动力，提高自有产权创新要素对船舶制造乃至整个海洋经济发展的贡献率。充分发挥省内中科院大连化物所、东北大学、大连理工大学、辽宁大学、大连海事大学、中船重工760所等涉海科研院所、高校的载体作用，加强船舶设计成果转化和技术转移平台建设，解决涉船科技中的“卡脖子”关键核心技术问题，促进科技创新与产业发展相融合。逐步加大对涉船龙头企业的扶持力度，引导企业在海洋工程装备制造领域加大自主创新力度，尽快将科技优势转化为产业发展优势，打破国际垄断和价格威胁，实现“跟跑”转向“并跑”和“领跑”。

16.3.6　利用境内外形势变化转换产业合作模式

现在世界形势面临一个大发展、大变革、大调整的新趋势，新一轮产业转移和调整正在进行。我国周边就出现了日韩摩擦从政治扩展到经济并不断加剧、台海局势逐渐严峻、印巴关系紧张等一系列新情况，而美国特朗普政府发起的中美贸易战在短时间内还看不到完全停止的迹象，这些都将给辽宁船舶与海工制造带来非常大的机遇和挑战。辽宁船企要积极面对这些新机遇、新挑战，面向全国、东北亚乃至全球，拓展以辽宁为中心的造船产业发展战略空间和产业链，争取更多外资（以日资、韩资为主）注入辽宁传统造船产业基地，带来新技术和新管理理念，争取建设军民融合

发展的船舶配套产业集群。辽宁船企要积极融入“一带一路”建设，与欧洲高端船舶设计院、日韩大型船企构建互利共赢的蓝色伙伴关系，创新合作模式。

建议对外以南北船企整合为中国船舶集团为契机，充分接触交流，深化与京津冀、环渤海、长三角、珠三角等地区的战略合作，加快形成陆海内外联动、交叉融合的产业发展新格局；对内比照大连港集团收购营口港，成立辽船集团，积极整合省内现有造船企业，统筹发展。实施具有示范性、带动性的大集团合作项目，全面振兴辽宁船舶和海洋工程装备制造产业，打造产业集群，带动其他上下游产业融合发展，努力创造引领工业制造4.0的新局面。

第17章 钢铁产业

钢铁产业是辽宁优势传统产业，在辽宁经济发展中具有支柱作用。推进辽宁钢铁产业高质量发展，实现钢铁产业资源整合、环保升级、科技创新，形成以铁矿和钢铁为核心的优势产业集群，打造具有世界竞争力和影响力的钢铁产业，对促进辽宁经济发展和产业升级具有重要的现实意义。

17.1 辽宁钢铁产业发展现状

辽宁是我国重要的钢铁工业基地，截至2018年年末，全省钢铁企业粗钢产能超过9 000万吨，占全国总产能的8.4%；钢铁产品种类、规格比较齐全，特别是板材；鞍钢和本钢在国内外有较高的知名度和信誉度，且具有一定的差异化优势，为用户提供配套服务的能力较强。但从产能分布上看，省内合规钢铁企业约20家，其中规模较大的有12家，鞍钢（鞍山钢铁集团有限公司）产能规模在3 000万吨左右，本钢的产能规模在2 000万吨以上，其他企业的产能规模主要是100万～600万吨，产能集中度低。

从产量规模来看，从2011年开始，辽宁粗钢产量在全国的占比逐渐下降，2018年产量为6 873万吨，占全国总产量的比重为7.41%，仍为钢铁生产大省。从与其他钢铁大省的产量比较来看，辽宁粗钢产量位于河北、江苏、山东之后，居全国第4位。从企业层面来看，在产量排名前10位的中国钢铁企业中，鞍钢集团和本钢集团分别位列第4位和第10位。

从人均粗钢产量来看，辽宁省人均粗钢产量约1.8吨/人，处于仅次于河北省的第二梯队。整体来看，辽宁人均粗钢产量具有规模优势，但大型钢铁企业的规模优势还有进一步提升的空间。

从盈利能力来看，2018年我国钢铁行业主营业务收入为7.65万亿元，同比增长13.8%；实现利润4 704亿元，同比增长39.3%。2018年辽宁钢铁行业实现利润270亿元左右，而通过辽宁省钢铁产量在全国的产量占比估算其应获得的平均利润应为350亿元，因此辽宁钢铁产业整体盈利水平低于全国平均水平。从上市公司盈利水平来看，辽宁区域的鞍钢股份在21家钢铁上市公司利润总额的排名中位列第2位，而凌钢股份和本钢板材分别位于第18位和第20位，盈利能力较差；从营业利润率排名来看，鞍钢股份和凌钢股份处于中等水平，而本钢板材位列倒数第1位，辽宁区域代表性钢铁上市公司整体盈利能力不强。

从生产效率来看，辽宁12家规范钢铁企业的钢产量约为561吨/人·年，而全国平均水平超过600吨/人·年，辽宁钢铁产业生产效率已落后于全国平均水平。国内领先钢铁企业宝钢、沙钢以及一些民营钢铁企业的生产效率已超过1 000吨/人·年，美国的大河钢厂已超过3 500吨/人·年。从上市公司人均生产效率来看，鞍钢股份、凌钢股份人均利润总额处于中等水平，本钢板材位列21家钢铁上市公司倒数第2位；鞍钢股份、凌钢股份和本钢板材人均营业收入均处于上市公司较为落后的位置，反映出辽宁区域内钢铁上市公司的人均效率较低。

从环保水平与绿色生产来看，辽宁省内包括鞍钢、本钢等在内的钢铁企业，废气、废水等污染物排放指标都能满足国家现行排放标准。但按照《钢铁企业超低排放改造工作方案（征求意见稿）》，到2022年年底前，辽宁中部等区域要基本完成钢铁企业超低排放改造工作，而省内钢铁企业的环保现状均无法满足未来超低排放的环保要求，各钢企均需加大环保投资，后续投资额将达到200亿元以上。从工信部公示的4批绿色制造体系示范名单来看，共55家钢铁企业入选绿色工厂名单，辽宁区域入选3家，分别是鞍钢股份有限公司鲅鱼圈钢铁分公司、凌源钢铁集团有限责任公司和五矿营口中板有限责任公司（但后者被通报在“绿色工厂”申报过程中弄虚作假），总绿色工厂产能约1 800万吨，占辽宁钢铁总产能的20%。

从创新能力来看，通过分析辽宁钢铁行业的专利申请量、发明专利占比、申请人和发明人等可以发现，辽宁钢铁行业的创新能力基本上位于全国前列，但在海外布局方面较弱。1985年1月1日至2019年8月1日期间的专利申请量，辽宁为20 298件，省市排名第6位，专利创造能力排名靠前。在发明专利占比方面，辽宁占比为69.18%，高于全国发明专利占比平均水平，仅从发明专利占比角度来看，辽宁专利申请质量高于全国平均水平，且近10年趋势稳定。从申请人方面来看，辽宁钢铁领域专利申请量最多的是鞍钢股份有限公司，其次是东北大学、中国科学院金属研究所，在申请量前10的机构中，辽宁占3席，这说明辽宁具有数量较多的高水平技术创新机构。另外，辽宁申请的专利被引次数全国排名第4，专利总体质量名列前茅。

17.2　辽宁钢铁产业发展存在的问题

钢铁产业在辽宁经济发展中具有支柱作用，但在省级钢铁产业发展规划、产能布局、先进工艺装备运用、绿色化生产水平、智能化生产等方面仍有进一步提升的空间。

17.2.1　缺少省级层面的钢铁产业发展规划

辽宁省层面没有出台钢铁产业发展规划，属无序发展，没有关于钢铁产业未来发展的目标与定位、钢铁产业布局、省内钢铁产业环保标准、钢铁产业集群发展等方面的战略规划，国有企业、民营企业各自为战，没有根据辽宁钢铁产业的整体目标制定相关战略，不利于形成辽宁钢铁产业的整体竞争力。而其他钢铁生产大省都出台了钢铁产业高质量发展规划，辽宁省应充分借鉴、学习江苏省政府办公厅印发的《全省钢铁行业转型升级优化布局推进工作方案》以及山东省发布的《山东省先进钢铁制造产业基地发展规划（2018—2025年）》。

17.2.2 产能布局不合理

辽宁钢铁产业沿海布局占比低。钢铁产业高利润时代已成为历史，通过多种途径降低成本是钢铁产业面对的重要课题。沿海钢铁基地能大幅减少（原料外购及产品外发的）物流运输成本，由于辽宁钢材省外销售比例超过60%，提高沿海地区的钢铁产能是未来辽宁提高钢铁产业竞争力的重要措施。另外，从产业集中度的角度来看，布局分散，没有形成在国际、国内有影响力的特大型钢铁企业。从整个行业来看，打造一家5 000万吨级产能的特大型钢铁企业是保持钢铁产业在全国的优势地位以及高质量发展的重要基础。

17.2.3 先进工艺装备应用落后

辽宁钢铁产业的主要装备水平在全国已不具优势。最大高炉为本钢板材公司4 747m^3一号高炉和鞍钢鲅鱼圈4 038m^3高炉，其余多为3 000m^3以下高炉，超30座高炉小于1 000m^3，而全国新建高炉多为4 000m^3以上，首钢京唐、沙钢、宝钢湛江、日照钢铁等已建成9座5 000m^3以上高炉。轧制方面，鞍钢鲅鱼圈5 500mm宽厚板轧机和五矿营口中板的5 000mm宽厚板轧机具有一定优势，其他中厚板轧制技术与产品不具领先优势；在热连轧及冷连轧方面，只有鞍钢与本钢部分产线具有一定的技术优势，但由于维修、操控等原因，整体上落后于全国平均水平。辽宁钢铁产业在先进前沿技术方面应用也较少。

17.2.4 绿色化生产水平落后

从环保水平与绿色生产来看，辽宁省内钢铁企业废气、废水等污染物的排放指标都能满足国家现行排放标准。但按照《钢铁企业超低排放改造工作方案（征求意见稿）》的要求，到2022年年底前，辽宁中部等区域要基本完成钢铁企业超低排放改造工作，但省内钢铁企业的环保现状均无法满足未来超低排放的环保要求。近日，中央生态环境保护督察办公室通报称，中国五矿集团有限公司控股子公司营口中板有限责任公司长期超标排放，"绿色工厂"名不副实，不仅未按要求和承诺淘汰落后生产设施，污染物超标排放，而且在"绿色工厂"申报过程中弄虚作假。

17.2.5　智能化有进一步提升空间

辽宁钢铁企业虽然在工信部绿色工厂中占据两个席位，但整体智能化生产水平已落后于全国平均水平。除鞍钢集团比较重视企业智能化并且投入较多外，其他企业对智能化认识有限，思想落后，企业在智慧矿山、智能生产和智能流通等方面缺少规划。国内领先钢铁企业非常重视智能化，都在加强研发投入，整体生产效率还将进一步提升。钢铁行业是充分市场化的行业，生产成本将逐渐成为竞争力的重要指标，而智能化将是降本增效的重要手段。

17.2.6　下游产业集群化发展滞后

辽宁钢铁年需求量在2 000万吨左右，在装备制造业、海洋工程用钢等方面还没有形成下游用钢产业集群。从流向上看，钢材域外流出占比64%。其中，华东、华南方向分别占比34%、15%，出口占比8%。物流成本高，辐射半径长，服务体验差，竞争力弱。目前，省内年消费量约为2 000万吨，70%集中在螺纹、型材、热轧品种上，域外流入约299万吨。从品种上看，螺纹、型材、热轧等建筑行业用钢是净输出品种，流入品种集中在镀锌（流入品种市场占有率36%）、彩涂（55%）、硅钢（80%）等相对高端的产品上。

17.2.7　产融结合对企业高质量发展的助推力不够

辽宁钢铁企业除鞍钢、本钢等大型企业外，开展金融业务的不多，没有发挥出金融资本在盘活资产、降低交易费用、促进创新创业等方面的推动作用。产业资本与金融资本相结合已成为市场发展的大势，目前来看这是辽宁钢铁产业发展的短板。辽宁钢铁企业基本上没有专门的金融机构，有金融机构的竞争力也不强，金融资本与产业资本的融合度不够。通过期货交易（包括铁矿石、焦煤、焦炭、螺纹钢、热轧卷板和线材期货）以稳定企业生产经营、优化营销模式与库存管理的企业不多。钢铁企业债转股进展缓慢，不利于企业的持续健康发展。

17.3 辽宁钢铁产业高质量发展的对策建议

遵循“产能适度、布局合理、结构优化、优势品种集中度高”的发展原则，以提高综合竞争力和全要素生产率为基础，实现辽宁钢铁产业高质量发展。

17.3.1 合理开发铁矿资源，保障战略安全

优化产能布局，提高产业集中度。辽宁铁矿产业布局分散，技术和管理水平参差不齐，应进行兼并重组，关闭小矿山，整合优化，进行集约化、区域化开发，形成产业集聚区，实现产业规模化，提高矿业集中度。同时，要科学设定钢铁产能最高线和铁矿石对外依存度底线两个“安全目标”，进一步清理、淘汰落后钢铁产能。

改革体制机制，提升国际竞争力。建议依托有实力的大型国有矿山，通过改组改制、资产重组、强强联合等方式，逐步组建跨地区、跨部门、跨所有制的矿业集团，培育能够参与全球竞争的龙头企业和领军企业，在铁矿产业发展和国家资源保障方面发挥更大的作用。同时，加快铁矿企业的股份制改造。按照“资源、资产、资本”三位一体的运行模式，完善矿业权交易市场和矿业资本市场，推动铁矿企业公司制改革，扶持铁矿企业进入资本市场，上市融资，鼓励相互参股，发展混合所有制企业。

加强政策扶持，减轻矿山企业负担。建议国家充分考虑国内铁矿石资源禀赋差、建设周期长、开发成本高的特点，加大税费减免力度，将总税负调整到与国外同行业相同的水平，提高国产矿的竞争力。

17.3.2 完善制度环境，打造科研协同创新平台

根据辽宁钢铁产业创新资源丰富，但没有形成合力与体系的实际情

况，辽宁省科技主管部门应牵头成立科研协同创新平台，服务于钢铁产业技术创新以及钢铁相关产业的孵化。从辽宁整体产业层面来看，应借鉴江苏省产业技术研究院的运行模式，成立辽宁省产业技术研究院，汇集辽宁省内的研发资源，开展产业核心技术、共性关键技术、重大战略性和前瞻性技术等的研究与开发，储备钢铁产业未来发展的战略性、前瞻性技术和目标产品。钢铁产业科研协同创新平台应包括东北大学、中科院金属研究所、鞍钢集团、本钢集团以及其他有意愿加入的钢铁企业或机构，遵循共建共享原则。研究范围应包括钢铁全产业链，以及与钢铁新产业、新业态相关的技术。辽宁应完善创新发展的制度环境，在标准化方面加强顶层设计，分类研究，找出特色，建成国内先进并与国际接轨的标准体系；打造产学研用联合体，发挥协同优势；对标国际最新发展趋势和先进标准体系。

17.3.3 形成辽宁钢铁产业发展规划

建议由钢铁产业省级主管部门认真研判国际、国内钢铁产业的发展趋势与产业前景，结合辽宁钢铁产业的现状与特点，以实现辽宁钢铁产业振兴与高质量发展为目标，编制辽宁钢铁产业近期与中长期高质量发展规划；可以让辽宁的钢铁企业广泛参与规划编制，充分调研国家相关产业研究部门、钢铁生产大省的钢铁产业规划，站位辽宁钢铁产业未来的高质量发展，既要有整体战略目标与路径，也要有具体的细化指标，目的是从整体上把握辽宁钢铁产业的发展方向，同时也要对每个钢铁企业有指导意义。

17.3.4 通过重组整合、产能置换优化产业布局

以鞍本重组为基础，培育世界一流企业。鞍本可以在多种层面（如资本层面、股权层面）实现重组，形成5 000万吨以上级产能的大型钢铁企业。重组可以采用全新的方式，即鞍钢、本钢与民营资本共同参与，在更高的层面上实现重新整合，同时实现管理模式的创新，并解决国有企业的历史遗留问题，使老企业焕发新活力；也可以借鉴宝钢与马钢的重组经

验，将本钢及其他省内钢铁国企无偿划拨给鞍钢集团。

置换产能向沿海转移，提高沿海基地量级。根据辽宁省内的钢铁资源情况、需求结构，应当在内陆保持一定的钢铁产能规模；同时，作为净流出的外向型钢铁大省，要保持辽宁钢铁产业的优势地位，新建或置换产能应优先向沿海转移。建议以鲅鱼圈沿海基地为辽宁钢铁产业沿海布局的重要支撑点，科学统筹、精准施策，构建协调布局和发展的新格局；将鲅鱼圈作为辽宁钢铁产业重要的出海口，有效利用沿海钢铁基地优势、绿色物流优势、成本优势（200元/吨）及产品结构调整优势，将鲅鱼圈基地打造成年产能2 000万～3 000万吨的沿海钢铁基地。在产能置换指标方面，从辽宁节能环保形势以及高质量发展的角度来看，不宜增加新产能，可在辽宁省内的钢铁企业兼并重组与整合过程中，将产能置换到沿海基地。

整合200万吨以下规模的钢铁企业。政策上明确省内钢铁产业格局规划，在总体产能、规模与钢铁企业数量上要有明确要求。建议将辽宁省内钢铁企业数量控制在10个左右，鼓励区域内有影响力的企业对规模较小或竞争力不强、环保水平较差的企业实施市场化重组；辽宁也可以研究成立钢铁产业基金，以多种方式实施兼并重组，提高集中度水平。

成立辽宁钢铁协会或联盟。为了方便省内钢铁行业在全省范围内整合资源、企业间沟通协调，省政府应牵头或组织成立辽宁钢铁产业协会或联盟，钢铁企业、政府相关机构、研发机构要广泛参与，可以是民间性质的，也可以是半政府性质的。

17.3.5 加大先进工艺装备的研发与应用力度

在置换新建产能或技术设备更新时，应以前瞻性的战略眼光优先考虑最先进的工艺装备，如大高炉、无头轧制和铸轧工艺等。以需求牵引和战略发展为导向，以满足传统产业转型升级、战略性新兴产业发展和重大技术装备需求为主攻方向，以高品质特殊钢、基础零部件用钢、高性能海工用钢、高温合金和高端装备用特种合金等关键品种为重点，着力构建以企业为主体、以高校和科研机构为支撑、军民深度融合、产学研用协同促进的钢铁新材料产业体系，重点推出一批关键品种，布局一批前沿材料和功能新材料，提高关键战略材料的综合保障能力，不断提升钢铁产业的国际竞争力。辽宁省内钢铁技术研发机构与企业技术中心应加强先进技术与前瞻性技术的基础研究，做好技术储备，如在工艺技术方面，加强非高炉炼铁、氢能源炼铁、ESP无头轧制和薄带铸轧等技术的研究，在基础研究的基础上做好中试工作并推动产业化；在前瞻性产品方面，以材料高端化、性能差异化、生产低成本化为目标，加大创新力度。

17.3.6　加强环保投入，实现产业绿色化

辽宁钢铁行业要大力推进绿色制造，实现节能环保技术全覆盖，遏制能源消耗总量和主要污染物排放总量增长，降低污染物排放强度和碳排放强度，加强冶金渣等二次资源的高附加值利用，实现钢铁企业清洁生产、绿色制造。新建产能要鼓励钢铁短流程工艺发展，发挥短流程工艺的低碳绿色优势。推广钢铁全生命周期理念，建立绿色产业链，发展绿色钢铁材料。充分发挥钢铁制造能源转化、社会资源消纳的作用，钢企要从依托城市向服务城市转变，努力使自身与城市共存、与社会共融，体现钢铁企业的低碳绿色价值。沿海基地的建设要应用行业领先环保技术，满足国家超低排放标准的要求，打造世界一流的绿色环保钢铁旗舰企业、示范工厂。辽宁钢铁企业在建设绿色环保工厂的同时，应注重相关技术的积累与创新，发掘环保产业所孕育的产业发展机会，将环保打造成一个可推广的新产业，在这方面，政府可给予一定的政策与资金支持。

17.3.7　依托智能化，提高全产业链效率

辽宁钢铁产业应在智能矿山、智能生产以及智能流通领域加大创新力度，借助智能化提高钢铁全产业链效率；通过智能改造，用生产设备的自动化、集成化、智能化替代人工操作，以设备提升改造实现节能减排，提高资源利用效率和优质产品率；通过实现无人化作业执行、在线检测、高性能闭环控制，提高控制精度，提升产品线质量水平，助推全省钢铁产业高质量发展。

智能矿山：以工信部“冶金数字矿山试点示范”为标杆，加快智慧矿山建设，提高生产效率，降低生产成本，提高辽宁铁矿行业的整体竞争力。

智能生产：对全省符合条件的生产线，包括智能热轧生产线、智能线材生产线以及智能厚板生产线等，进行智能化改造建设。

智能流通：逐步构建钢材流通领域节约高效、实时优化的智能生产新体系。辽宁省内钢铁电商应积极探索大数据在研发、生产管控、质量控制等方面的应用，有效支撑行业整体制造水平和能力的提升。

建议由辽宁省政府牵头或由大型钢铁企业组织建设全省一体化电商平台，实现跨产业协同，包括下游的造船、汽车等用钢行业企业，实现数据共享、实时对接，成为产业间、企业间高效协同对接平台。

17.3.8 打造下游用钢产业集群

辽宁应着力发展钢铁纵向产业集群，以优质的综合材料解决方案吸引更多的下游产业到辽宁发展，打造纵向产业集群。辽宁应根据制造业的发展优势，重点打造以下几个制造业集群：

高端制造业集群。推动高端制造业的发展，包括航空装备、海工装备及高技术船舶、轨道交通装备、智能制造装备等。其中，海工装备将成为一个产值达千亿美元的新兴产业，未来对钢材的需求将呈两位数增长，且省内有海洋用金属材料及其应用国家重点实验室等研发机构和大连船舶重工等先进企业，具备重点培育的有利条件。

新能源汽车产业集群。按照国务院颁布的新能源汽车发展规划，到2020年，新能源汽车年产量要达到200万辆，近两年将迎来快速增长期。辽宁应将新能源汽车作为重点支撑产业，打造新能源汽车产业集群。

新型材料产业集群。将过去在钢铁、冶金全流程中一度成为包袱的气、渣、热、压、尘等转变成二次能源或资源，充分挖掘钢铁工业中的化工潜能，统筹钢铁联合企业中的碳（氢）素流价值，通过应用新技术、新工艺，使钢铁化工成为依托钢铁而又独立于钢铁的一个新兴产业集群，打造新的经济增长点。

钢结构建筑产业集群。近年来，我国钢结构行业得到快速发展，作为装配式建筑的主流应用形式之一，预计未来在政策的推动下，钢结构行业将迎来发展新机遇。辽宁应大力发展钢结构等装配式建筑，着力培育钢结构龙头企业和产业集群。

发展钢材延伸加工。从市场需求出发，将提高下游产业的价值作为产业链建设的切入点和内在动力，按照用户的需求组织生产，实施产品差异化，通过“差异化+配送加工”与用户建立起长期、稳定、相互信任的关系，形成钢铁产业与下游产业深度合作、互利共赢的产业链联盟，提升竞争力。

17.3.9　产融结合，转型升级新方向

钢铁产业作为辽宁的支柱产业与优势产业，可以作为开展金融业务的母体，其衍生的新业态，也是经济与产业实现发展动能转换的重要方向。钢铁企业应通过加入金融业务，发挥金融资本在盘活资产、降低交易费用、促进创新创业等方面的推动作用。产业资本与金融资本相结合已成为市场发展的大势，大型钢铁集团如宝武、包钢、马钢等均将金融产业列为未来发展的重点领域和方向，产业资本向金融资本渗透的步伐加快，以实现产融结合。辽宁钢铁企业应以“在产业基础上发展金融，在金融平台上重构产业”为指导思想，以钢铁产业为基础，通过发展金融产业、建立期货风险管理体系、有针对性地实施债转股和强化资本运作等措施，推进产业资本和金融资本融合，全面提升钢铁企业的综合竞争力。结合钢铁产业的实际发展情况，适时参股、控股金融机构，在资金、资本以及人事上相互渗透，进入金融领域，实现金融资本与产业资本的融合。有条件的大型钢铁企业应开展期货交易，包括铁矿石、焦煤、焦炭、螺纹钢、热轧卷板和线材期货，以稳定企业生产经营、优化营销模式与库存管理。有选择性地对钢铁企业进行债转股，促进企业持续健康发展。

第18章

石化产业

石化产业是辽宁传统支柱产业之一，辽宁原油加工能力、乙烯产能分别列全国第二位和第三位，对二甲苯产能已跃居全国首位。2018年全省石化产业实现主营业务收入7 567.5亿元，实现利税972.2亿元，为辽宁全面振兴作出了重要贡献。新形势下，必须进一步促进辽宁石化产业补齐短板，培育新优势，形成新动能，实现高质量发展。

18.1 辽宁石化产业发展现状

总体上看，辽宁石化产业的现状：一是“四个占主导”，即在全行业中，传统产业占主导；在传统产业中，采油和炼油业占主导；在采油和炼油业中，国有企业占主导；在国有企业中，中央企业占主导。二是辽宁作为我国石化大省的地位没有变。目前，辽宁原油加工能力、乙烯产能、对二甲苯产能、销售收入、规模以上企业数量等指标均排在全国各省份前列，在我国石化产业发展中仍然起着十分重要的作用。三是辽宁石化产业大而不强的问题越来越突出，发展速度和质量与沿海发达省份的差距在拉大。

18.1.1 “十三五”以来辽宁石化产业经济运行概况

“十三五”以来，在省委、省政府的正确领导下，辽宁石化产业在规模以上企业数量减少902家的情况下，主要产品产量稳步增长，销售收入止跌回升，利润扭亏为盈，呈现出稳步上升的良好态势。2015—2018年，原油加工量年均增长8.2%，2018年原油产出创下了8 096.1万吨的历史新高；主营业务收入年均增长3.1%，2018年主营业务利润比2015年增加近200亿元，为近20年全行业效益指标最高的一年。2019年上半年，面对全球制造业疲软、国内经济下行压力加大、中美贸易摩擦升级、国际原油市场波动等困难，辽宁石化产业仍取得了利税442亿元的较好水平。

18.1.2　产能及主要企业情况

截止到2018年年末，辽宁石化产业规模以上企业有831户，2019年上半年为934户，其中年营业收入10亿元以上的企业有59户，百亿元以上的企业有15户。2018年年末，辽宁原油年加工能力1.29亿吨，在山东省之后列全国第二位；全省乙烯产能为183.5万吨/年，分属中石油、中国兵器、中国化工所属企业，继广东、江苏之后列全国第三位；全省对二甲苯产能660万吨/年（含大连恒力新增产能450万吨/年），占全国总产能1 830万吨/年的36%，列全国第一位。

18.2　辽宁石化产业发展存在的问题

对照高质量发展要求，辽宁石化产业存在产业布局结构不合理、行业整体活力不足、自主创新能力较弱、资源保障能力不足、市场支撑能力有限、管理相对落后等问题；同时，还有一些制约辽宁石化产业高质量发展的瓶颈问题需要破解。这些问题如果不能在“十四五”期间解决，辽宁石化产业与沿海发达省份的差距有进一步拉大的可能。

18.2.1　产业布局结构不合理

产业布局分散，发展受到限制。辽宁石化产业由于历史原因，布局比较分散。目前，除盘锦、大连两地具备发展石化产业的空间、政策等有利条件，具有较大发展潜力之外，抚顺、辽阳的石化企业不具备临港优势，发展空间受限，原油进口、产品运输、安全环保等方面都受到一定限制。

随着城市的发展，锦州、葫芦岛两地的石化企业逐渐被城市包围，面临两难选择，受到发展空间及安全环保、距离等的限制；如果异地搬迁，搬迁成本巨大。此外，锦西石化、锦州石化、抚顺石化、辽阳石化均为中石油所属企业，发展还受到中石油整体发展战略的限制。

产业结构不尽合理，产业链延伸不够，精深加工不足。从产业结构看，辽宁石化油头大、化身细、化尾小的问题比较突出，炼油产能大，化工产能小，精细化工产业发展滞后。在炼油方面，辽宁的中石油7家炼厂只有炼油装置，没有乙烯装置，化工产品比例很小，没有形成炼化一体化的产业链，没有能力为产业链的中下游发展提供原料。在化工方面，2018年全省原油加工量与乙烯产量之比只有100：2.17，在全国是最低的。受乙烯发展所限，辽宁化工产业在全省石化产业中的占比只有28.1%，远远落后于其他沿海省份。在化工新材料及精细化工方面，辽宁石化产品精深加工水平严重滞后，资源没有得到充分利用。其中，精细化工和以化工新材料为代表的战略性新兴产业占比更低。

化工园区总体发展水平偏低，产业集聚效应不显著。辽宁化工园区规模总体上不大。目前，辽宁还没有年产值超千亿元的化工园区，没有形成足够的经营规模。同时，辽宁化工园区产业特色不突出，功能定位不明确，主导产业不明显，园区产品关联度不高，产业链不长，且以初级产品为主，终端和高端产品较少，严重制约了园区的发展质量。辽宁化工园区的发展水平参差不齐，有些园区在物流运输管理、“三废”管理、信息化和智能化水平、园区管理人员素质等方面与先进园区相比还有较大差距。

18.2.2 行业整体活力不足

改革相对滞后，体制机制不活。其主要表现为：辽宁中石油所属石化企业只是单纯的生产基地，不能够就供、产、销、研形成完整的价值链，经营上不能灵活地面对市场，没有形成科学有效的公司治理结构。尽管混改工作已提出多年，但各企业都在探索中，推进的步伐不够快。人事用工分配制度不活，管理人员能上不能下、员工能进不能出、收入能增不能减；激励机制不够灵活，对员工的激励不到位；管理层级多、管理部门多、管理人员多，营销管理模式距离市场化的要求还有较大差距。

行业开放合作力度不大，经济开放活力不足。与广东、福建等沿海省份相比，对外引资合作的力度不够大，在引进外资、加强与央企的合作、发展民营经济等方面都有差距。

辽宁石化企业“走出去”的较少，国际化经营水平不高。辽宁大部分石化企业还没有走出辽宁、走向全国、走向世界。部分石化企业“走出去”的步伐不够快，缺少国际化的视野和国际化的经营能力。

18.2.3 自主创新能力较弱

目前，辽宁科技创新能力不足，导致辽宁石化企业产品同质化、低水平竞争的问题较为突出，缺少行业内的领军企业和单项冠军企业。在2018年11月工信部和中国工业经济联合会联合发布的第三批制造业单项冠军企业和单项冠军产品名单中，上榜的94家企业中有化工企业14家，上榜的68种单项冠军产品中有化工产品9种，辽宁无一家企业和一种产品上榜。

18.2.4 资源保障能力不足，市场支撑能力有限

油气资源不足，石化企业原料主要依赖进口。辽宁油气资源有限，油气生产企业只有中石油辽河油田分公司一家，由于企业隶属关系及行政调拨的原因，非中石油系统的炼油企业不能加工使用，省内原油资源无法满足炼油企业的需求。中石油所属炼油企业目前也不能全部加工辽河油田的原油，还需要加工一部分俄罗斯和大庆油田的管输原油，不足部分通过进口解决。

市场供需矛盾加大，产品主要靠外销。预计到2025年，辽宁成品油数量、乙烯及聚烯烃产品供大于求的问题将长期存在。受辽宁及东北地区需求不足的影响，辽宁石化产品需要大量销往华东、华南、华北市场，这增加了物流成本和市场风险。而随着惠州、宁波、舟山、上海等华南、华东市场的逐渐饱和，产品的销售难度将明显提高。

装备制造保障水平较低。目前，国内石化企业的关键核心设备仍以进口为主。辽宁作为装备制造业大省，石化装备省内配套占比只有25%，发达省份为40%。省内具有一定行业竞争力的石化装备制造企业屈指可数，石化装备制造水平在国内的竞争力较弱；沈鼓集团的大型压缩机制造虽然近年来取得长足进步，但在大型化及运行稳定性、消耗指标等方面与国外先进设备还有差距。

18.2.5 管理相对落后

管理模式不够先进。在辽宁石化企业中，国有企业占主导；在国有企业中，中央企业占主导。这些企业基本上都是有40年以上历史的老企业，由于历史原因，均采取“公司—分厂—车间”传统职能式的三级管理模式，管理机构多，管理人员总量大，管理效率不高；人员总量偏大，年龄老化，后勤辅助岗位人员偏多，企业负担重。

装置运行不够高效。辽宁国有石化企业受装置建成投运时间长、建设起点不高等因素的影响，普遍存在能效不高的问题，虽然经过持续的技术改造，但与国内石化先进企业比，差距仍很大。

安全发展、绿色发展还存在亟待破解的问题。在辽宁石化企业中，老企业居多，有些装置技术不够先进，“三废”产量较大，处理成本较高。危废处理产业发展相对滞后，危废处置可选择厂家较少，企业经营许可的办理门槛高，而危废跨省转移手续复杂，运输方面的限制比较多，时间较长。某些领域的环保治理技术还不够成熟先进。企业污染治理的资金压力大。企业面临减排、提标等任务，环保投入逐年增加。在安全发展方面，政府从上至下对安全工作高度重视，各类安全检查频繁，安全文件多、活动多，企业疲于应付各种检查，牵涉大量精力，但实际效果有限，检查的深度、专业化程度也有待提高。安全管理存在薄弱环节。在化工行业事故类型中，爆炸、中毒和窒息、火灾事故多发。科学先进的安全管理体系普遍没有建立，对先进安全管理理念和方法的应用不够，安全管理方法相对落后。

18.2.6 制约高质量发展的关键问题需要破解

国家产业政策限制。国家发改委《关于做好〈石化产业规划布局方案〉贯彻落实工作的通知》(发改产业〔2015〕1047号)明确指出：对未列入布局规划的新增炼油产能、新增PX项目以及以PX为中间产品的项目、新建乙烯项目及以乙烯为中间产品的项目，一律不得建设。这对辽宁已列入布局规划的兵器集团精细化工及原料工程项目、恒力炼化一体化项目、大连石化改造项目等是利好，但对其他企业的改造发展，是一个需要突破的政策障碍。

港口物流建设问题。盘锦作为辽宁石化产业发展的重要区域，近年来正在快速发展。随着盘锦港10万吨级航道建设的加快，未来满足更大级别VLCC的深水航道建设也应纳入日程，以满足华锦阿美项目的需求及建设世界级石化产业基地的需要。

政府配套设施建设问题。石化产业的发展需要政府提供相关配套设施的支持，辽宁受地方政府财力的限制，在政府配套工程建设上面临的困难还比较多。

18.3 辽宁石化产业高质量发展的对策建议

辽宁石化产业需积极整合，优化现有布局，进一步增加石化产品的附加值，增强产业拉动效应，提高石化产业与地方经济的融合度，同时大力发展与石化产业密切相关的航运物流、金融保险、商品交易，汇集信息，实现全产业链的整体提升。以延伸产业链条、提高配套能力、提升产品附加值等方式，完善全产业链，从而促进传统产业的优化升级。

18.3.1 加强顶层设计与整体规划

建立高质量发展的目标和标准，强化目标引领。建议由省政府牵头，对标国外发达国家、国内石化产业发达省份，研究建立一套辽宁石化产业高质量发展的近期和远期目标及指标体系、评价考核体系。

强化对石化产业发展的组织领导和规划引领。省委省政府应将石化产业列为辽宁重点发展的产业，建议由省政府主要领导挂帅，成立辽宁石化产业发展协调机构，实行“一位省领导、一个工作专班、一位专班负责人”的工作推进机制。由一位省领导担任石化产业链链长，对产业链发展情况进行专题研究和调度，协调解决涉及的重大事项，形成全省齐抓共推的合力；协调有关部门编制并落实辽宁石化产业“十四五”规划，统筹协调全省石化产业规划布局、发展方向和战略问题。

完善高质量发展的配套政策，强化政策引领。具体应包括对重点石化基地、重大石化项目的扶持政策，对产能和布局的调控政策，土地政策，金融支持政策，政府审批政策，省内不同地区石化产业的差异化发展政策等。可以出台适合辽宁石化产业高质量发展的产业指导目录，明确各市、各化工园区的主导产业定位。大力支持省内市场前景好、创新能力强、产业链完整的大企业以及重点石化项目。

18.3.2 优化产业布局

做强做大大连、盘锦两个世界级石化产业基地。由省政府主要领导和分管领导牵头，成立重点项目协调推进领导小组，调动一切资源，协调各方力量，支持大连恒力、华锦阿美、盘锦宝来炼油化工一体化项目建设，使这些项目尽快建成并投入运营，发挥大项目的示范带动作用。同时，围绕大连、盘锦大型炼化一体化项目下游产品的精深加工，通过引资合作，引入民营资本、外资等多种资本，发展精细化工产业，延伸产业链，形成产业集群。此外，完善两个基地配套的港口码头、物流运输等基础设施。通过项目建设，加快建成炼化一体化、化工新材料和精细化工、多元化原料加工及基础化工原料等产业集群。

做精做优抚顺、辽阳、锦州、葫芦岛四个石化基地。充分利用石化产业结构性过剩的契机和中石油转型升级的意愿，由省政府领导出面，加大力度与中石油会商，与所在地炼厂沟通，提出中石油在辽宁炼化企业转型升级的方案，并研究出台支持中石油在辽宁炼化企业转型升级的具体政策，协调政府相关部门及炼厂所在地政府建立转型升级的沟通协调机制，加快推进中石油在辽宁炼化企业的转型升级。

推动石化产业园区化发展。要向国内外先进园区对标学习，突出特色化、差异化，合理规划石化园区的布局，培育一批特色鲜明、竞争优势明显的石化园区。突出循环化、绿色化、智能化发展，建立一套科学规范的园区认定标准、高质量发展指标体系，严禁高耗能、高污染、落后产能、剧毒危险化学品企业、项目进入园区，提升园区质量；按产业链进行园区招商和项目布局，尽早形成完整的上下游产业链、销售供应链和价值链集群。还要鼓励和支持化工企业进入园区发展，针对园区外化工企业要制订计划，逐步通过搬迁改造等，提高化工企业入园率。为支持园区外企业进入园区发展，政府应出台园区用地优惠政策、企业搬迁原有土地处置优惠政策、搬迁金融支持政策和政府资金支持政策，解决搬迁企业的资金问题。此外，要加强园区管理，配备专业化的园区管理团队，完善园区软硬件设施，实现园区信息技术设施现代化、公共管理精细化、公共服务便捷化、安全环保一体化布局，提高园区的专业化管理和服务水平。

推动环渤海石化企业协同发展。近期，应考虑盘锦石化产业基地与大连石化产业基地的统筹协调发展问题。远期，应考虑推动国家制定环渤海、长三角、珠三角石化产业圈发展规划。其中，环渤海石化产业圈应与京津冀协同发展，与辽宁沿海经济带建设相衔接，将辽宁省的葫芦岛、锦州、盘锦、营口、大连等环渤海城市的石化产业发展纳入环渤海石化产业圈发展规划中。

18.3.3　优化产业和产品结构

围绕省内大型炼化一体化装置所产出的产品，通过招商引资、鼓励民营企业投资等，着力将其“吃干榨净”，就地进行精深加工，发展精细化工产业，加快培育战略性新兴产业。通过政府引导、招商引资、优化投资环境等，将产品精细加工潜力转化为现实生产力。

政府应加快培育战略性新兴产业。政府应组织相关机构对辽宁化工新材料产业的发展进行专题研究，出台化工新材料产业发展规划、支持化工新材料发展的税收优惠政策和其他支持政策，指导辽宁化工新材料产业发展。

对装置性能落后、消耗高的小化工企业加大清理、淘汰和退出的力度。

鼓励政府联合企业、科研机构等，将石化产业高质量发展的着力点放在化工新材料上，补齐辽宁在化工新材料上的短板。

18.3.4 坚持创新驱动发展

建议省政府设立战略性新兴产业、化工新材料发展基金，用于创新平台的建设和攻关课题的研究，推动石化产业从加工生产环节向研发、设计、品牌、营销、再制造等环节延伸，推动产业和产品结构迈向中高端。

政府科技主管部门要加强对科技创新的引导，组织企业和科研院所、大学对辽宁石化产业发展的产品及技术瓶颈问题、应用技术问题进行梳理；组织产学研科技创新的供需对接，抓好开放创新平台建设，以便更多的科技成果在企业内转化；完善科技创新的激励政策，包括高新技术企业评比、创新成果奖励、科技创新项目资金扶持、税收优惠、高端人才引进等政策，激发企业科技创新的积极性。

省内石化企业应加强与科研机构、大学的研发合作、项目对接，发挥科研机构、大学的人才优势，集合基础理论、前沿技术、关键共性技术研究上的优势，以及企业在资金、工艺技术与应用技术研究上的优势，通过建立共研、共建、共享发展共同体，提高科研成果的产业化率和本地化率。

18.3.5 扩大开放合作

协调国家相关部委给予辽宁石化企业足够的原油进口和成品油出口配额。省政府应积极与商务部沟通，争取商务部给予辽宁非中石油企业以足够的原油进口配额，给予辽宁重点石化企业成品油出口配额。

对辽宁企业加强对外开放合作的指导。组织专门机构对“一带一路”沿线国家、周边国家的产业政策、资源、市场、重点企业等情况进行研究，出台相应的指导意见，为辽宁石化企业的对外合作提供指引。

着力优化开放合作的政策环境。建立石化产业开放合作专项基金，完善相关的财税、金融政策，外资企业中的外国人员来辽宁工作的相关生活保障等政策；研究出台辽宁石化企业“走出去”发展的支持政策，鼓励辽宁石化企业在国际舞台上合作发展、锻炼成长。

18.3.6　提高安全与绿色发展水平

加强对企业环保改造的资金和政策支持。对于石化企业实施的废水治理、烟气排放治理、VOC治理等环保改造项目，政府要在政策上给予倾斜，在资金上给予支持。

改进危废管理。要通过政策与资金支持、简化审批环节等措施，让更多信誉好、技术水平高的企业获得危废处置资质，增加危废处置企业的数量，提高危废处置企业的技术水平，进一步降低石化企业的环保治理成本；对危险废物跨省转移审批实行分类管理、区别对待，可以适当简化审批手续。

创新政府安全监管方式方法。对标学习发达国家政府安全监管的方式方法，对安全监管的内容，各类安全生产许可证的取证及许可、准入，安全监管与奖惩机制等进一步梳理。改进安全检查的方式方法，提高安全检查的专业化水平，对安全管理坚持奖罚并重。

18.3.7　提升智能化、科学化管理水平

积极引导和支持石化企业申报国家智能制造试点企业，争取国家的政策和资金支持；同时，省政府要通过技术创新基金等渠道，给予一定的资金支持，调动企业建设智能工厂的积极性。

加大对重点石化企业的扶持力度，选树扶优扶强典型，打造2～3个具有全球竞争力的标杆企业，在辽宁石化产业发展中发挥引领和示范作用，缩小与国内外先进水平的差距。

要抢抓机遇，推动物联网、大数据、云计算、AI、5G与石化企业的装备、工艺、技术、管理相结合，加快智能工厂的建设步伐。坚持顶层设计、业务驱动，统一规划、分步实施的原则，高标准做好智能工厂建设规划，争取用5～10年的时间，将一些企业率先打造成具有“生产自动化、

过程数字化、管理可视化、决策模型化、供应链协同化、制造柔性化、产品定制化、服务体验化”特征的智能工厂，推动管理水平的大幅提升。要认真开展与跨国公司的对标，通过对标，找准短板和差距，找到追赶的目标，明确改进的思路和方向。

18.3.8 推进石化与相关产业的协同发展

培育、壮大石化下游消费市场。国内塑料加工业基本上以民营企业为主体，应围绕塑料加工产业的发展，制定吸引民营企业投资的政策，鼓励民营企业利用辽宁聚烯烃产品就地进行加工，并扶持省内有代表性的民营塑料加工企业做大做强。

推进石化装备制造业发展。发挥辽宁作为老工业基地的技术、管理、人才优势，加快辽宁石化装备制造业的发展，扶强帮弱补短板。扶强，就是要重点扶持沈鼓集团、中国一重等辽宁石化装备制造业的重点骨干企业做强做大，将其打造成国内乃至国际领先的标杆企业；帮弱，就是对辽宁石化装备制造业进行梳理，确定一批具有一定的管理水平、技术基础和发展潜力的企业，给予帮扶，使之成为国内石化装备某一专业领域具有影响力和竞争力的特色企业；补短板，就是立足全国石化装备制造业的发展，确定一批国内需要进口的石化产业核心装备和技术，集合企业、科研机构、大学等方面的力量进行重点突破，争取在某些方面实现国产化替代。

统筹考虑石化产业与港口物流产业的发展。在考虑石化产业的布局时，应同步考虑港口物流产业的发展，满足石化企业原油进口、成品油海上运输和出口的需求。要合理规划大连港、营口港、锦州港等港口在原油接卸、成品油运输、油品储运等方面的能力建设；加快推进盘锦港 VLCC 深水原油码头建设，打造辽宁新的原油和化工物流存储基地。为推动辽宁石化产业高质量发展，要采取“两步走”的发展战略：第一步是采取强有力的措施，优化布局、调整结构、扶优扶强、深化改革等，稳固辽宁石化大省的地位；第二步是在调整巩固的基础上，稳步提高，实现辽宁石化产业高质量发展，由石化大省向石化强省转变。

第19章 医药产业

推进医药产业高质量发展，有利于带动辽宁医药产业的结构调整和经济发展方式的转变，对提升人民生活水平具有重要意义。辽宁应高度重视医药产业发展，牢牢把握住新一轮东北振兴的重大机遇，坚持以“四个着力”为根本遵循，坚持发展是第一要务，以提高发展质量和效益为中心，以“四个驱动”为引擎，通过优化应用环境、强化要素支撑、调整产业结构、严格监管市场、深化开放合作，激发医药产业的创新活力，降低医药产品从研发到上市全环节的成本，推动医药产业智能化、服务化、生态化，实现产业的高速发展和产品向中高端转型，不断满足人民群众多层次、多样化的健康需求。

19.1 推动生物医药产业高质量发展

生物医药是衡量国家综合科技实力和大规模组织社会资源能力的重要标志，是一个多学科先进技术高度融合、具有广阔发展前景和显著发展优势的战略性新兴产业，更是关系国计民生的重要产业。

19.1.1 辽宁生物医药产业发展现状

辽宁作为东北老工业基地之一，生物医药产业目前已经形成大连、本溪等产业集群，大连双D港被科技部批准为国家级生物医药科技产业基地。近年来，在“一带一路”倡议等的指引下，辽宁与沿线其他国家在医药领域签订了多个合作协议，有力地推动了辽宁在生物医药科学研究、服务等方面的发展。一系列重大改革举措的推进和新医改政策的落实，带来了生物医药产业发展格局的重大调整，整个行业呈现出新的特点。

一是产业创新能力不断增强。辽宁拥有丰富的生物医药科技资源，32所高等学校和科研院所涉足医药领域，生物医药研发机构111家，科技人员8 200多名，占从业总人数的10.6%，其中两院院士3名、教育部长江学者12名。

在科技产出方面，2016年至今，辽宁承担生物医药领域国家重大专项及重点研发计划22项，累计获得中央财政支持25 735.67万元。目前，辽宁拥有生物医药科技专利398件，其中发明专利122件。

近年来，辽宁围绕肿瘤、糖尿病、感染、哮喘、神经退行性疾病等重大疾病开展了重大品种及其关键技术的研究并取得了突破。沈阳同联集团1类新药可利霉素2019年获得新药证书，该药是国内外第一个采用合成生物学技术研制的具有实用价值的抗生素。辽宁成大自主研发的双价肾综合征出血热灭活疫苗和锦州九泰抗哮喘1类新药盐酸川丁特罗均完成临床研究，已进入生产注册阶段。2017年1月至2018年7月间，辽宁获得药品临床试验批件27个，其中化药13个（1类药1个、2类药3个）、生物制品14个。

二是产业创新体系不断完善。经过多年的支持和培育，辽宁生物医药产业逐步形成了包括沈阳药科大学、中国医科大学、辽宁中医药大学、中国科学院大连化学物理研究所等在内的创新研发体系和以东北制药、三生制药、华润本溪三药等行业骨干企业在内的产业技术研发体系。在新药研发及产业化链条上，目前拥有国家重大新药创制综合平台、国家级新药临床前安全评价研究中心、国家中成药工程技术研究中心以及29个省级产业技术创新平台、132个省级重点实验室、66个省级工程技术研究中心，已初步建立了从药物源头发现到制备再到评价的完整药物研发链式体系，特别是在新药筛选、新药质量评价、药物制备、道地中药材种植、哺乳动物细胞大规模发酵等方面，在国内处于领先地位。同时，依托东北制药、三生制药等行业骨干企业组建了化学制药、基因工程制药、现代中药、新型疫苗等10个产业专业技术创新平台。

辽宁通过深化产学研合作，实现了技术需求与科技研发对接，初步完成了辽宁生物医药产业的创新平台布局。

三是产业优势及特色日益体现。辽宁医药产业按产品可分为四大子产业：化学药品、生物药品、中药、医疗器械，占比分别为68.5%、14.0%、8.0%、8.6%。2018年全省医药产业总产值为635.8亿元，同比增长25.6%，约占全国医药产业总产值的2%。其中，化学药品总产值435.6亿元、生物药品总产值89.1亿元、中药总产值51.0亿元、医疗器械总产值54.9亿元。目前，全省规模以上医药企业145家，其中以东北制药、三生制药、辽宁成大、远大诺康等为代表的主营业务收入亿元以上的企业35家，上市公司4家，分别为东北制药、三生制药、辽宁成大和兴齐眼药。表19-1为主要医药企业2016—2018年产值情况。

表19-1　主要医药企业2016—2018年产值情况

企业名称	2016—2018年产值情况（万元）		
	2016年	2017年	2018年
沈阳同联药业有限公司	52 103	12 528	20 793
辽宁成大生物股份有限公司	64 396	129 703	167 638
三生制药集团	152 300	186 800	272 900
锦州九泰药业有限责任公司	22 995	26 616	30 705
锦州奥鸿药业	114 305	172 890	151 143
东北制药集团股份有限公司	159 010	177 701	200 442
辽宁华润本溪三药有限公司	30 672	29 313	36 223

全省销售过亿元的生物医药品种共有48个。其中，三生制药集团自

主研发的国家1类新药重组人血小板生成素，是全球独家上市并被评为国家重点新产品的药品，已连续多年保持30%以上的销售额增长，市场占有率100%。远大诺康注射用血凝酶打破了国内蛇毒蛋白酶类止血药依靠进口的局面，其产品质量标准已超过进口和国内同类品种，市场占有率第一。成大生物人用狂犬病疫苗的各项技术指标已达到国际同类产品水平，是全球使用量最大的狂犬病疫苗，至今未发现全程免疫失败的病例，是中国狂犬病防治的首选疫苗。兴齐眼药拥有抗菌药、人工泪液、角膜修复药等八大系列15个重点产品。其中，速高捷已取代瑞士同类产品，填补了国内市场的空白，市场占有率60%以上。红旗制药作为上海复星医药（集团）股份有限公司的全资子公司，在抗结核病药物的研发及产业化方面处于国内领先地位，是全国最大的抗结核药物研发和生产基地。

四是产业集群格局初步形成。辽宁医药行业除中药外，多数药企集中在大连、沈阳、本溪、锦州、丹东等大中城市。截止到2017年年底，大连、沈阳、本溪三地医药工业产值占全省医药工业总产值的比重分别为44.4%、36.5%、6.5%。辽宁已建成1个国家级生物医药高新技术产业开发区、3个省级生物医药产业基地和5个生物医药产业园。

本溪生物医药产业园区联合沈阳药科大学、辽宁中医药大学等省内优势高校、科研机构，构建了覆盖新药研发流程各环节的公共研发服务平台体系，成功引入了四环医药、天士力控股集团、上海医药集团等多家国内医药百强企业和上市公司。目前，国家生物医药科技产业基地、国家创新型产业集群、国家高新技术产业开发区、国家重大新药创制综合平台、国家创新药物孵化基地5个国家级高端品牌落户本溪，本溪生物医药产业园区成为目前全国唯一集研发、孵化、产业、集群、园区于一体的生物医药产业聚集区。经过10年的发展建设，园区现有150余个医药产业项目，通过GMP、GSP认证的企业有52家，注册品种687个，其中独家品种30个。2018年，地区生产总值达39.5亿元，同比增长7.6%；规模以上工业增加值13.7亿元，同比增长4.71%；园区企业销售收入完成80亿元，同比增长10%。

19.1.2 辽宁生物医药产业发展存在的主要问题

近年来，随着辽宁生物医药科技创新体系的不断完善，生物医药产业得到了一定的发展，但是在行业竞争力、创新创业人才、研发投入等方面与国内先进省份相比仍存在较大差距，并有不断扩大的趋势。

整体规划不足。顶层设计决定产业发展的方向，除了传统产业规划的明方向、定目标外，还需要从空间、资本、技术、创新和区位等方面，全方位分析本地区生物医药产业发展的禀赋，从而制定符合区域实际的产业发展规划，从源头保障产业高质量发展。目前，辽宁对生物医药产业发展的整体规划和空间布局的统筹考虑仍显不足，产业发展所涉及的各部门、各市县之间尚未形成协同推进的合力；配套政策不完善，未形成差异化优势，缺乏因地制宜的政策扶持；在综合把握财务状况及产业发展的支持方面，缺乏对优势技术和品种的重点支持；政府职能从管理到服务的转变有待加强。

“中国生物医药产业发展指数”（CBIB）作为中国第一个国家级生物医药产业发展指数，通过对经济、创新、要素等指标的综合量化、实时监测，反映出一个地区的发展情况。2019年6月首次发布我国生物医药产业最具代表性的20个城市、20个园区、60家企业。辽宁省内城市、园区和企业均未入选。

创新能力不足。虽然近年来通过深化供给侧结构性改革，产业结构得到了明显优化，但总体来看，辽宁医药产业结构调整仍任重道远，“多、小、散”现象依然严重，独家品种、专利药等创新型产品少，低水平重复建设现象明显。例如，目前共有216个药品品种在省内的生产企业数量超过10家。其中，复方磺胺甲噁唑片有67家生产企业，乙酰氨基酚片有61家生产企业，安乃近片有49家生产企业。另外，2015—2017年度辽宁药品注册申请76件（新药占59.2%，仿制药占40.8%）。其中，新药申请以原化药3类、化药5类为主，注册申报数量虽位居全国中游水平，但与江苏、北京、山东等医药大省（市）差距较大。与此同时，1类新药申报数量极少，近3年化药1.1类申请仅2件，与医药大省相比差距更大，排名更加靠后，说明省内医药企业产品研发以“仿”为主，创新较少。

人才支撑不足。缺乏高层次技术创新人才和引领创新发展的顶尖产业人才，很多中小型医药企业没有新产品开发部门及人员配备，更无专门从事创新药物研发的人才。以2016年为例，全省279家医药企业中开展研发的企业仅48家，参与研发的人员仅占行业从业人员总数的5%，约为山东、江苏的30%～40%，其中从事创新产品研发人员所占比例更低。此外，在创新驱动发展的大环境下，业内研发人才的竞争日趋激烈，辽宁人才引进的力度不如发达省份；同时，企业培育的复合型及实用型人才大量流失。辽宁生物医药创新型人才的匮乏必然导致企业产品竞争力和盈利能力低弱，企业发展后劲不足。

产学结合不紧密。尽管辽宁拥有多所与医药相关的高校及科研院所，但尚未形成完整的产学研结合模式，企业、高校、科研院所产学研合作不紧密，以需求为导向、以利益为驱动的市场化产业协同创新机制尚未完全形成。其主要体现在：大学及科研院所研发的部分技术及成果的市场适应性与成熟度较差；省内医药企业对市场需求的判断能力较弱，接受研发成果的能力亦有待提高。以沈阳药科大学为例，近两年签订或正在签订的1亿元以上重磅级创新药物的转让合同均不在省内。科技成果转化体制机制不畅、创新意识不强、科研成果本地转化率低，“最后一公里”问题亟待突破。

研发投入不足。科技创新投入不足是全省医药行业存在的共性问题。首先是企业投入的严重不足，2016年全省医药行业研发经费占主营业务收入和利润的比重分别为0.59%、6.4%，仅为山东和江苏的30%～40%。其次是政府对生物医药产业的投入明显不足。以仿制药一致性评价为例，辽宁化药口服制剂约2 700余个，目前涉及一致性评价的包括91家企业、129个品种、809个文号。截至2019年11月，只有沈阳红旗制药有限公司的3个品种通过一致性评价。据不完全统计，已有四川、安徽、甘肃、福建等10余个省份对当地开展仿制药一致性评价的企业给予100万～400万元的经济补贴，支持企业在新一轮的市场竞争中占据主动，辽宁尚无相关支持政策。

19.1.3　支持推动生物医药高质量发展的建议

针对全省生物医药产业存在的问题，为促进生物医药产业高质量发展，特提出如下对策：

明确发展战略，制订和完善发展计划。健康中国已成为我国的国家战略、基本国策，生物医药产业作为国家战略性新兴产业，将迎来宏大的、难得的发展机遇；同时，癌症、心脑血管和代谢性疾病等重大疾病的防治研究也作为科技创新2030的17个重大项目之一。因此，在新一轮生物医药产业发展中，辽宁应坚持“抓创新就是抓发展、谋创新就是谋未来”的战略指导原则，梳理全省生物医药创新在全国所处的地位和优势、潜力，充分依托现有产业基础和特色，重点针对慢性非传染性疾病、新老传染病、老龄人口疾病等重大公共卫生问题，在个性化、精准化、智能化创新药物研发和以大数据、人工智能为代表的新技术与药物研发的交叉融合等方面取得突破性进展，构建辽宁生物医药领域技术和产业发展的新格局。

落实人才战略，稳定产业核心竞争力。人才资源是第一资源，对于符合辽宁生物医药产业需要的人才，应给待遇、给机遇、给荣誉，真正做到引得进、用得好、留得住。应充分依托沈阳药科大学、辽宁中医药大学等高校的生物医药人才培养优势，企业与高校、科研院所发挥合力，通过院校间的强强合作、企业参与人才培养等方式，提高人才与行业发展及需求的契合度，从而提高人才使用效率。有效实施人才配套政策，针对博士及以上高水平人才，提供安居、创业、政府津贴、就医、子女入学、出入境等全方位的支持政策。鼓励企业创新，为人才提供更好的发展平台，逐步实现从靠政策吸引人才到靠产业发展吸引人才，人才引进从重视数量到注重人才保留。

拓宽投资渠道，建立多元化资金投入体系。加大生物医药产业链招商引资力度，大力吸引社会资本，增加产业投入，形成生物医药产业集群规模效应。建立政府性生物医药产业发展基金，并将其纳入政府的年度财政预算内，重点用于重大生物医药项目的研究开发、生物医药企业重点技术改造升级项目、高层次创新创业人才及项目引进、科技创新服务体系建设等。通过政府资金投入，引导资金向重点企业、重点产品、重点项目集中，向关键型研发和重点技术水平提升项目集中。加大各种项目的资金整合力度，形成资金合力，推动生物医药产业良性、持续发展。此外，政府应鼓励企业积极应对国家医药政策的变化，支持和推动企业开展仿制药一致性评价，对通过药学部分研究的品种每个奖励100万元，对完成一致性评价的品种每个奖励300万元。

加快结构调整，推动生物医药产业转型发展。随着医改向纵深推进，“两票制”“仿制药一致性评价”“医保控费”“带量采购”等影响医药产业的重磅政策不断出台，创新驱动、产业转型升级成为必然趋势。由于辽宁生物医药企业的整体研发能力较弱，无法支撑技术升级和产业转型，因此应通过统筹科学研究、技术创新、科技中介服务体系建设，强化创新链和产业链有机衔接，构建产融研学官于一体的新型创新综合体，将沈阳药科大学、辽宁中医药大学、中国医科大学等高校、科研院所的科技创新能力与投资、孵化、产业化等环节有效衔接。通过各部分的协调和整合，实现目标导向、高效率、全链条的创新活动，促进行业经济效益水平的提高。

加强园区建设，促进生物医药产业集聚发展。生物医药产业具有高投入、高风险、高回报及研发周期长的特点，其发展必须依托向园区集聚、向经济发达地区集聚、向专业智力密集区集聚才能实现。目前，辽宁省内各地区生物医药产业基地已经初具规模，应积极引导创新要素向产业基地聚集。充分依靠和大力发展龙头企业，突出其创新及行业引领作用；加强园区内企业、研发机构以及中介服务机构之间的合作与交流，增强创新要素间的有效链接；使各集群的产业定位、布局差异化，同时给予各类政策和资源倾斜，实现不同区域的协同发展，使生物医药产业园区成为引领创新的新动能，通过提升产业核心竞争力和区域竞争优势，推动产业特色化、规模化、集群化、高端化和国际化进程，实现辽宁生物医药产业的跨越式发展。

19.2 促进中医药传承创新发展

党和国家非常重视中医药的发展，习近平总书记指出："切实把中医药这一祖先留给我们的宝贵财富继承好、发展好、利用好，在建设健康中国，实现中国梦的伟大征程中谱写新的篇章。"因此，辽宁应促进中医药传承创新发展，助力医药产业高质量发展。

19.2.1 辽宁中医药产业发展状况

中药资源普查结果显示，辽宁现存具有药用价值的植物1 600多种，其中植物类药材189科1 200余种，盛产辽五味、辽细辛、关龙胆、鹿茸和人参五大特色中药材，中药材自然储量为6 000万千克，年开发潜力达到50亿元以上。西丰梅花鹿已注册了地理标志商标，西丰被中国中药协会授予国家道地药材保护与规范化养殖示范基地，被中国林业产业联合会授予中国鹿产业第一县，成为全世界最大的鹿产品集散地。五味子、辽细辛、龙胆草的种植面积和产量均位居全国第一位。

在科研能力方面，拥有辽宁中医药大学等7所具备中药研究开发能力的高校及科研院所，它们都具备较强的科研实力。同时，自本溪生物医药科技产业基地被科技部批准为国家级生物医药科技产业基地以来，一批高校、科研院所和知名企业相继入驻产业基地。

依托这些资源优势，根据辽宁产业结构调整的需要，辽宁省政府出台了《辽宁省贯彻实施〈中药材保护和发展规划（2015—2020年）〉工作方案》（辽政办发〔2016〕32号）。方案对辽宁中药材保护和发展作出了全面系统部署。省卫计委与省农委为加强中药材质量信息服务体系建设，联合下发了《关于加强一个中心 两个站建设工作的通知》（辽卫发

〔2016〕37号），对加强中药材质量监测中心和清源、桓仁监测站建设，发挥其职能作用作出具体安排。目前，全省中药产业蓬勃发展，沈阳、本溪、大连、丹东等产业基地初具规模，沈阳红药、气滞胃痛冲剂等已成为中药名牌产品，中药材种植日趋规范科学，产学研对接平台正在搭建，中药材信息服务和质量监测工作已经起步，包括中药种植、加工、流通、使用、科研等多领域的中药协会正在筹建中。

可见，辽宁的中医药产业正以空前的速度朝着既定的目标飞速发展。但是，辽宁中医药产业发展还存在不少问题：中医药基础研究和人才培养还比较薄弱；传统中医诊断方法多被仪器检查所替代；中医药传承不足、创新不够、作用发挥不充分；中药材种植不规范，良莠不齐，导致疗效不佳；汤药古典熬制方法缺失，多被现代器皿取代，对祖传中医行医资格要求过高，传承人难以过关，导致技能失传等。

19.2.2 促进中医药传承创新发展的建议

辽宁应采取有效措施，切实把中医药这一祖先留下的宝贵财富继承好、发展好、利用好。为此，提出如下建议：

建立完善的中医药服务体系。在沈阳组建辽宁省中医医学中心，使其成为东北地区中医医疗中心。进一步完善各级各类中医医疗机构和其他医疗机构中医科室建制。健全集预防保健、疾病治疗和康复于一体的中医药服务体系，提供覆盖全民和全生命周期的中医药服务。大力发展中医诊所、门诊部和特色专科医院，鼓励连锁经营。建立健全体现中医药特点的现代医院管理制度。

加强中医药人才队伍建设。首先，改革人才培养模式。调整优化中医医学院校的学科专业结构，强化中医药专业的主体地位，提高中医药专业经典课程的比重，开展中医经典等级考试，建立早跟师、早临床学习制度。完善中医医师规范化培训模式，争取与国家中医药管理局共建中医药院校。将中医课程列为西医医学院校临床医学类专业必修课，提高临床类别医师的中医药知识和技能水平。鼓励西医学习中医，允许临床类别医师通过考核后提供中医服务，参加中西医结合职称评聘。允许中西医结合专业人员参加临床类别全科医生规范化培训。

大力培养中医药各类人才。通过学科建设、重大科研平台建设、重大项目实施、高层次创新团队组建等，培养造就一批高水平中医临床人才和多学科交叉的中医药创新型领军人才。建立“全国名中医”和“中医药高等学校教学名师”、高年资中医医师带徒制度。大力支持借助家族和以师承为主的“活态传承”。经国务院中医药主管部门认可的师承教育继承人，符合条件者可按同等学力申请中医专业学位。大力培养中药材种植、中药炮制、中医药健康服务等技术技能人才。支持中医医院设置中医专长医师岗位，促进民间特色技术疗法的传承发展。

完善中医医疗机构的薪酬制度。允许中医医疗机构突破现行事业单位的工资调控水平，允许医疗服务收入扣除成本并按规定提取各项基金，主要用于人员奖励。改革、完善中医药人员职称评聘制度，培养和支持辽宁中医药高端人才参与国家重大人才工程和院士评选。研究建立中医药人才表彰奖励制度，加强国家中医药传承创新表彰，放宽长期服务基层的中医医师职称晋升条件，健全人才评价激励机制。

推动中医药产业高质量发展。推行中药材生态种植、野生抚育和仿生栽培。强化中药材道地产区环境保护，加强珍稀濒危野生药用动植物保护，支持珍稀濒危中药材替代品的研究和开发利用。严格禁止农药、化肥、植物生长调节剂等的使用。评定一批省级道地药材良种繁育和生态种植基地。同时，加强对中药材交易的市场监管。

促进中药饮片和中成药的质量提升。促进现代信息技术在中药生产中的应用，提高智能制造水平。加大中成药上市后的评价工作力度。加强中药质量安全监管。建立多部门协同监管机制，探索建立中药材、中药饮片、中成药生产流通使用全过程追溯体系。逐步实现中药重点品种来源可查、去向可追、责任可究。严厉打击中成药非法添加化学品等违法行为。加大对制假制劣行为的责任追究力度。

加快推进中医药科研和创新。在中医药重点领域争取建设国家重点实验室，建立省级中医临床医学研究中心和技术创新中心，搭建多学科融合的科研平台。在发改、财政、科技计划（专项、基金等）框架下，研究设立中医药科技研发专项、关键技术装备重大专项。深化基础理论、诊疗规律、作用机理研究和诠释。开展防治重大、难治、罕见疾病，特别是突发传染病（如非典、新冠病毒）等的临床研究。聚焦癌症、心脑血管病、糖尿病、感染性疾病、老年痴呆和抗生素耐药问题等开展攻关，形成并推广中医诊疗方案。中医药主管部门要广泛收集、筛选散落在民间的中医药验方、秘方和技法。支持企业、医疗机构、高等学校、科研机构等协同创新。以产业链、服务链布局创新链，完善中医药政产学研用一体化创新模式。加强中医药产业知识产权的保护和运用，建立知识产权和科技成果转化权益保障机制。

健全中医药管理体制。建议单独设立辽宁中医药局，提格为正厅级单位，独立行使中医药管理的各项行政审批权和行政处罚权。做好中药发展规划、标准制定、质量管理等工作，完善中医药服务监管机制，促进中医、中药协调发展。完善中医药工作跨部门协调机制，在制定、实施中医药相关政策时，要充分听取并吸纳各级卫生健康、药品监督管理等部门的意见。

弘扬少数民族医药。少数民族医药是中医药的重要组成部分。辽宁蒙医药、满医药在全国占有重要地位。阜蒙县是我国“蒙医药发祥地”，阜蒙县蒙医医院（辽宁省蒙医医院）是辽宁唯一一家“三级甲等民族医院”。喀左县蒙医医院是二级甲等民族医院。省政府应制定和完善促进蒙医药发展的相关政策，加大资金支持力度，帮助阜新市和阜蒙县、喀左县做好蒙医院和蒙医药发展规划。大力支持满族医药生产基地——丹东药业集团有限公司发展。加大政策和资金支持力度，挖掘满族传统医学遗产，弘扬满族医药文化。

19.3　发展壮大蒙医药特色产业

蒙医药是祖国医学的重要组成部分，是中华民族传统医学的瑰宝，更是辽宁省卫生事业的特色优势。挖掘保护和弘扬发展蒙医药特色产业，将其纳入辽宁“十四五”规划，并提升为全省特色产业加以扶持，必将对“健康辽宁行动”的有效实施和辽宁经济社会发展起到积极的推动作用。

19.3.1　辽宁蒙医药产业发展所面临的问题

蒙医药产业布局需要优化。在调研中了解到，内蒙古自治区近几年来举全自治区之力发展壮大蒙医药产业，相继制定出台了《内蒙古自治区蒙医药中医药条例》《蒙医药中医药发展战略规划纲要（2016—2030年）》《蒙医药中医药健康服务发展规划》《蒙药材中药材保护和发展实施方案》《内蒙古自治区振兴蒙医药行动计划（2017—2025年）》等政策文件，为发展壮大蒙医药医疗、预防、养生、保健、教育、科研、文化、养老、旅游及产业体系提供了有力保障。而辽宁作为“蒙医药发祥地”，还未出台省级层面的促进蒙医药产业发展的布局规划及保障措施，全省蒙医药产业发展投入少、规模小、效益低，还未实现产业化、规模化、制度化发展。

政策扶持力度还需加大。辽宁省蒙医医院蒙药制剂中心设有传统工艺、蜜丸、水丸、散剂、酊剂、膏剂车间，生产5个剂型106个品种的蒙药。特别是一直保留着蒙医单人、单方、单配制的传统制药方法，在病人及家属的全程监督下配制，被各族百姓誉为“良心药、放心药”。但这些深受百姓认可和信赖的部分蒙药成药、院内制剂、饮片和蒙医非药物诊疗技术服务，大部分未纳入基本医保支付范围。因此，购药支出增加了百姓负担，制约了蒙医院及制药企业的发展。快速发展壮大蒙医药产业，需要医保政策向各级蒙医院倾斜和提供相关扶持。

辽宁省蒙医医院作为蒙医药产业发展的主要载体之一，异地新建后，总投资约1.6亿元，为了提升医院的综合服务能力以及满足广大患者的就医需求，按照三级甲等医院的标准，购入大量的先进医疗、制剂、检验、护理等仪器设备。除国家、辽宁省支持一小部分资金外，其余全部自筹，运行压力大，需要资金支持。

基础保障落后。目前，辽宁省蒙医医院蒙医药文化博物馆拥有全国乃至全世界蒙医药历史典籍、器具的孤品、善品，令世人瞩目。建馆以来，全国各地的民族医药学者、教授及蒙古国、日本、英国等国的学者、专家前来参观考察，但博物馆面积小，湿度、温度很难达到馆藏标准，馆内收藏的5 000余件珍贵古籍、器具无法得到有效保护，改扩建蒙医药文化博物馆迫在眉睫。此外，按照国家等级医院标准，还需给予其他基础设施建设投入保障。

机构建设还需完善。发展壮大蒙医药产业，需要省、市、县三级上下贯通的组织机构来制定规划、指导工作与组织实施。原有的辽宁省阜新蒙医药研究所因机构改革已被合并到辽宁省蒙医医院，职能缩减，已不适应蒙医药产业的发展，需要组建专业的省级蒙医药研发机构，对蒙医药基础理论进行深入的研究、吸收、整合、创新；需要组建蒙医药专家委员会，从更高层面、专业角度来研究、策划、指导全省蒙医药产业的规范化发展。

蒙药材种植未成规模。目前，全省使用的蒙药原材料基本上来源于外省，随着传统医药产业突飞猛进的发展，蒙药药材的用量在逐年增加，导致部分品种供不应求。阜新蒙药有限责任公司曾先后在部分乡镇建立了蒙药材种植基地，但由于缺乏相关的技术人员，以及农田没有水浇条件等原因，产量不高、品质下降，蒙药材基地没有得到理想的发展，未能形成产业。

蒙药材质量难以保障。目前，在部分蒙药药材的种植过程中，化肥、农药过量使用，导致农药残留量超标。此外，野生药材人工引种，出现了销售掺杂、掺假的各种乱象，“道地药材不地道”“方对药不灵”的现象十分突出。而且，在中药材市场上（目前国内尚无专业的蒙药药材市场），按蒙药理论采集、炮制的饮片更是凤毛麟角，已严重制约了蒙医药产业的发展。

蒙药生产企业需加紧改造。阜新蒙药有限责任公司建厂多年，生产配套设施陈旧、老化，包装及仓储等基础设施建设已成为制约公司发展的瓶颈问题，已经远远不能满足实际生产需求。

人才储备明显不足。由于地区发展水平及经济原因，人才引进优势不强，留不住高精尖人才。此外，蒙医医院承办的蒙医专科学校只是专科学历，学生虽实践能力强，但因学历所限不能留院工作，致使所培养的学生大部分回到乡镇医院。蒙医医院受规模及实验条件所限，省级课题申请困难，导致科研创新能力不足。

19.3.2　发展壮大蒙医药特色产业的建议

科学规划，促进蒙医药产业一体化发展。建议将蒙医药产业发展纳入辽宁省国民经济和社会发展“十四五”规划中，制定《辽宁蒙医药产业发展规划》，顶层设计、科学布局，加速资源整合和优化配置，做大做强蒙医药产业，不断增强蒙医药产业的驱动力和影响力，将蒙医药产业培育成为促进辽宁经济社会一体化融合发展的支柱产业，打造国内规模较大、综合实力领先的蒙医药产业集团。

完善机构，保证蒙医药产业向高端化发展。为更好地促进蒙医药产业高质量发展，建议恢复并高规格组建辽宁蒙医药研究所。依托辽宁蒙医药研究所，积极开展道地蒙药材栽培、种植、炮制技术的研究，开展蒙药的物质基础和作用机理研究，促进理论与实践的科学转化；开展蒙药功能食品、饮品的研发，实现蒙药材及蒙成药品种的标准提升、二次开发、应用及推广。

组建蒙医药产业化发展专门机构。借鉴内蒙古自治区及通辽市、呼和浩特市的做法，成立省、市、县三级蒙医药产业化发展专门机构，负责组织制定蒙医药发展战略规划，对蒙医中医医疗机构和从业人员、蒙药中药制剂、教育科研、监督管理等方面设定标准，规范程序，明确方向，并认真按照规划要求组织实施，全方位指导蒙医药产业发展。

组建蒙医药发展专家咨询委员会。加强全省蒙医药人才智库建设，组织知名专家、学者、名师、名医建立蒙医药发展专家咨询委员会，为蒙医药发展提供决策参考和智力支持。

培育人才，保障蒙医药产业专业化发展。协调支持辽宁中医药大学增设蒙医药学院或蒙医药专业，提升蒙医药专业水平和人才培养能力，加强蒙医药学科建设。建立院校教育、师承教育、毕业后教育、继续教育有机衔接的蒙医药人才培养机制，创新教学模式，提高教学质量。完善名蒙医评审机制，重点培养蒙医药临床及科研领军人才。建设一支由国医大师、蒙医药大师、蒙医药名医、蒙医药优才组成的高层次蒙医药人才队伍。

深化改革，推进蒙医药产业规模化发展、蒙药材规范化种植养殖。建议依托辽宁省蒙医医院、阜新蒙药有限责任公司建立蒙药材生产基地，加强道地药材良种繁育基地和规范化种植养殖基地建设。促进蒙药材中药材种植养殖业绿色发展，加强对蒙药材中药材种植养殖的科学引导，大力发展蒙药材中药材种植养殖专业合作社和合作联社，提高规模化、规范化水平。实施贫困乡镇蒙药材中药材产业推进项目，引导贫困户以多种方式参与蒙药材中药材生产。

促进蒙药工业转型升级。支持蒙药工业数字化、网络化、智能化建设，加强技术集成和工艺创新，从单一制药转向生产药品、保健品。提升蒙药装备制造水平，加速蒙药生产工艺、流程的标准化、现代化，提升蒙药知识产权的运用能力，逐步形成大型蒙药企业集团和产业集群。建立蒙医药产业孵化基地，开展蒙医药大健康产业科技创业者活动，促进蒙医药一二三产业融合发展。

构建现代蒙药材流通体系。充分利用蒙医药发祥地优势，制定蒙药材中药材流通体系建设规划，建设一批道地药材标准化、集约化、规模化和可追溯的初加工、深加工与仓储物流中心，与生产企业、供应商管理和质量追溯体系紧密相连，使辽宁成为蒙东地区乃至全国的蒙药材中药材销售中心和集散地。

多方支持，助推蒙医药产业标准化发展。推进蒙医等级医院标准化建设。建议省委、省政府及相关部门积极争取国家投资，支持蒙医医院建设，按照等级医院标准，加强其基础设施建设和医疗设备配置。开展蒙医区域诊疗中心建设，将蒙医医疗、治未病、教学、科研、康复、制剂等列入建设内容中，促进资源优化配置，推动优质医疗资源集团化，血液病、皮肤病、眼科、脾胃病、康复等重点科室标准化发展，更好地满足群众的健康服务需求。

落实政府对公立蒙医医院的支持政策。建议整合优化蒙医药专项经费，重点支持蒙医药继承创新、特色服务能力提升及人才队伍建设。完善蒙医药政策机制，在管理体制、运行机制、服务价格调整、基本药物、医保支付、人事管理、收入分配、医疗监管等体制机制改革中，充分考虑蒙医药特点，完善蒙医医疗质量控制体系和评审评价体系，保障公立蒙医医院健康可持续运转。

积极落实蒙医药补偿政策。落实《辽宁省城镇职工医疗保险条例》的有关规定，推动基本医保付费总额控制指标和医疗服务支付标准向蒙医医院倾斜。鼓励优先使用蒙药及蒙医传统方法进行治疗，并提高报销比例。将符合规定的蒙药成药、院内制剂（包括仅应用传统工艺配制的蒙药制剂）、饮片和蒙医非药物诊疗技术服务全部纳入基本医保支付范围。争取将更多的蒙药品种纳入国家基本药物和医保目录。

传承文化，推动蒙医药产业品牌化发展。建议培育蒙医药健康文化品牌，挖掘蒙医药发祥地阜新蒙医药古籍文献和蒙医药文化精神实质，建设具有辽宁特色蒙医特点、行业特征并体现时代精神的蒙医药核心价值体系。建议改扩建蒙医药文化博物馆，建立蒙医药非物质文化遗产保护与传承激励保障机制，加大对列入国家和辽宁省非物质文化遗产名录的蒙医药项目的保护力度，加强对蒙医药档案文献的收集、保管、开发与利用，推动更多的蒙医非药物诊疗技术列入《联合国教科文组织非物质文化遗产名录》和《国家级非物质文化遗产名录》，更好地实现蒙医药文物设施的有效保护和非物质文化遗产的传承发展。

第20章

金融服务业

金融服务业包括银行、证券、信托、保险四个分支，是现代社会不可缺少的重要服务手段。辽宁省需积极推进金融供给侧结构性改革，促进金融改革创新，优化金融空间布局，努力克服政策扶持力度不够、金融结构失衡、金融生态环境欠佳等突出问题，为辽宁老工业基地新一轮全面振兴提供质量更高的金融服务。

20.1　辽宁金融服务业发展现状

近年来，辽宁金融服务业围绕实体经济发展，努力扩大资金供给，拓宽融资渠道，完善融资增信服务，优化金融环境，为全省经济发展提供了有力支撑。

20.1.1　银行贷款稳步增长，结构持续优化

截至2018年年底，辽宁省本外币各项贷款余额44 985亿元，同比增长9%。2018年年初以来，辽宁贷款余额增速由2017年年末的6.7%逐步上升至9%，与全国差距从5.4个百分点缩减至3.9个百分点。全国与辽宁贷款余额增速趋势如图20-1所示。

辽宁省近年的贷款结构、三次产业贷款增速及其与全国的对比，其贷款加权平均利率的特点如下：

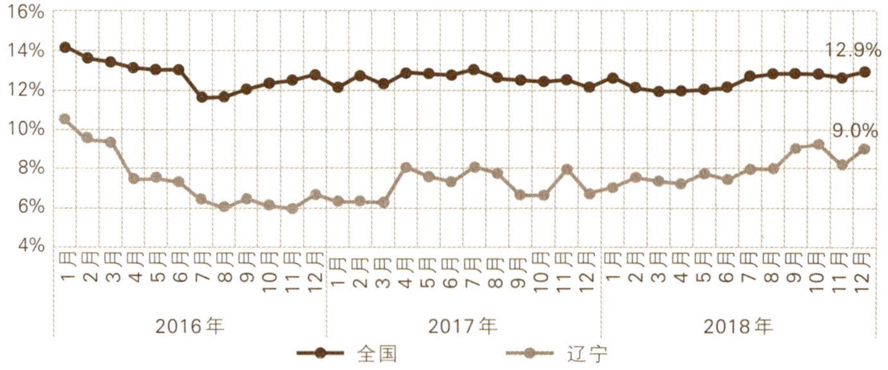

图 20-1 全国与辽宁贷款余额增速趋势（2016—2018年）

一是短期贷款大幅回落，中长期贷款稳步增长，票据融资快速回升。截至2018年12月末，短期贷款余额15 422亿元，同比下降2.5%。中长期贷款余额26 084亿元，同比增长12%。票据融资余额2 784亿元，同比增长73.8%。辽宁贷款结构增速趋势如图20-2所示。

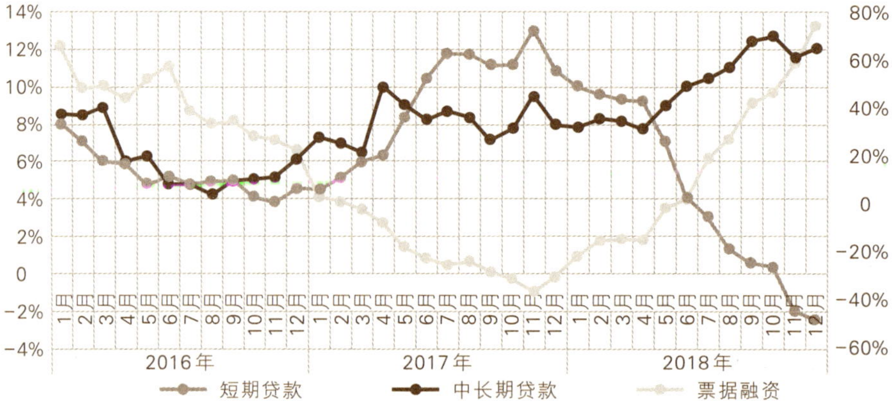

图 20-2 辽宁贷款结构增速趋势（2016—2018年）

二是第一产业贷款增长放缓，第二、三产业贷款平稳增长。截至2018年12月末，第一产业贷款余额1 566亿元，同比下降4.2%。第二产业贷款余额13 022亿元，同比增长6.2%。第三产业贷款余额20 617亿元，同比增长6.4%。辽宁三次产业贷款增速趋势如图20-3所示。

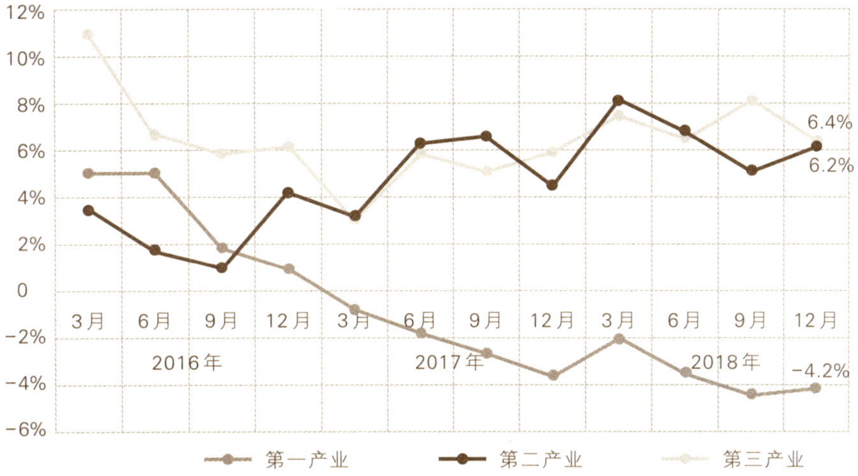

图20-3　辽宁三次产业贷款增速趋势（2016—2018年）

三是小微企业、涉农贷款增长较快。截至2018年年末，全省小微企业贷款余额11 070亿元，同比增长13.2%。涉农贷款余额8 148亿元，同比增长5.3%。

四是贷款利率前高后低。2018年前三季度，全省银行机构贷款利率持续上升；进入四季度后，辽宁贷款利率变化趋势与全国相同，较前三季度有所下降。全国与辽宁贷款加权平均利率趋势如图20-4所示。

20.1.2　地方金融机构稳健发展

截至2018年年末，全省共有融资担保机构378家，当年新增融资担保额491亿元，在保余额838亿元，在保企业6 512户。小额贷款公司549家，当年累计发放贷款196亿元，贷款余额311亿元，信用贷款率61.7%。典当行478家，当年累计发放当金48.2亿元，当金余额21.5亿元。融资租赁公司173家，融资租赁余额65.4亿元。商业保理公司3家，注册资本2.88亿元。

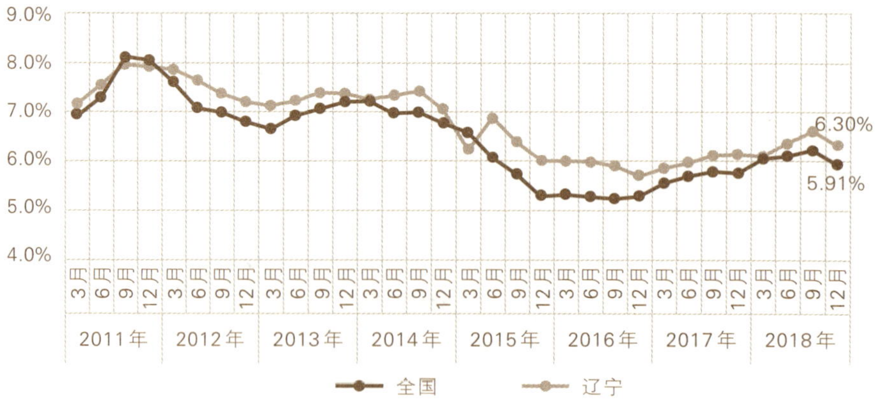

图20-4 全国与辽宁贷款加权平均利率趋势（2011—2018年）

20.1.3 保险业服务经济社会能力不断提升

截至2018年年末，全省实现保费收入1 188亿元，同比下降6.2%，低于2017年20.5个百分点；累计支付赔款及给付407亿元，同比增长9.1%，高于2017年12.3个百分点。从人身险市场运行看，在强监管持续推进下，保费收入大幅下降，业务结构品质不断调整优化，实现趸交向期交模式转变，退保金规模持续攀升，满期给付规模有所下降，部分寿险机构退保率偏高等问题需持续关注。从财产险市场运行看，车险业务低速增长，非车险增速同比上升，赔付支出同比上升，服务实体经济能力和风险保障功能作用逐步增强。

20.1.4 存款增速稳步回升

截至2018年年末，全省本外币各项存款余额59 016亿元，同比增长8.8%，高于2017年3.8个百分点；比2018年年初新增4 766亿元，同比多增2 233亿元。2018年3月以来，辽宁存款增速扭转下降趋势，总体回升态势明显，存款增速从低于全国平均水平4个百分点逐步转变为高于全国平均水平1个百分点。

20.1.5 资本市场运行走弱

资本市场运行走弱的原因表现为如下几个方面：

一是上市公司数量略有下降。截至2018年年末，辽宁省共有境内上市公司74家（主板50家、中小板13家、创业板11家），同比减少2家。全国中小企业股份转让系统挂牌企业224家，较2017年减少10家。

二是证券期货经营机构数量增加，交易规模下降。截至2018年年末，辽宁省共有法人证券公司3家、证券咨询公司3家、证券分公司53家，比2017年增加8家；证券营业部345家，比2017年减少8家。共有期货公司3家，期货分支机构108家（分公司25家、营业部83家），比2017年增加4家。登记私募基金管理人的机构162家，比2017年增加4家。截至2018年年末，证券成交额66 568.1亿元，同比下降35.8%；股票交易额32 149.4亿元，同比下降27.2%；期货成交量31 710.3万手，同比下降10.6%。2018年辽宁省证券业基本情况如表20-1所示。

表20-1　　2018年辽宁省证券业基本情况表

项目	数量
总部设在辖内的证券公司数（家）	3
总部设在辖内的基金公司数（家）	0
总部设在辖内的期货公司数（家）	3
年末国内上市公司数（家）	74
当年国内股票（A股）筹资（亿元）	125
当年发行H股筹资（亿元）	—
当年国内债券筹资（亿元）	1 054
其中：短期融资券筹资额（亿元）	181
中期票据筹资额（亿元）	415

资料来源：辽宁证监局、大连证监局。

三是法人证券公司规模较小，经营业绩下滑。辽宁省辖区内3家法人证券公司，无论是资产规模还是资本规模，在全国排名都比较靠后。同时，2018年，3家法人证券公司累计实现营业收入5.0亿元，同比下降43.3%；实现净利润-3.9亿元，同比下降1 658.4%。

四是债券融资有所下降。全年全省发行债券833亿元，同比下降15.5%，其中，发行公司债162亿元，同比下降19.8%；发行企业债60亿元，同比增长140%；发行非金融企业债务融资工具611亿元，同比下降19.5%。

五是大连商品交易所交易品种增加，不同交易品种间差异较大。截至2018年年末，大连商品交易所已上市17个期货品种和豆粕期权。其中，乙二醇期货于2018年12月10日挂牌上市。2018年，大连商品交易所各交易品种累计成交金额52.2万亿元。焦炭、铁矿石的成交额较大，均达10万亿元以上；豆二、纤维板的交易活跃度显著上升；玉米、玉米淀粉、胶合板、鸡蛋等11个交易品种交易量萎缩。2018年大连商品交易所交易情况见表20-2。

表20-2 2018年大连商品交易所交易统计表

交易品种	累计成交金额（亿元）	同比增长（%）	累计成交量（万手）	同比增长（%）
玉米	12 323.2	-41.5	6 681.3	-47.5
玉米淀粉	5 102.7	-48.6	2 261.3	-55.2
豆一	8 078.7	-21.2	2 211.2	-16.0
豆二	8 337.1	59 164.8	2 447.7	57 423.3
豆粕	73 500.2	60.3	23 816.2	46.2
豆油	31 020.3	-12.6	5 413.6	-5.3
棕榈油	21 635.1	-42.8	4 434.5	-34.8

续表

交易品种	累计成交金额（亿元）	同比增长（%）	累计成交量（万手）	同比增长（%）
纤维板	13.0	3 006.2	3.0	2 705.9
胶合板	0.5	-31.2	0.1	-46.4
鸡蛋	7 846.6	-44.9	1 991.8	-46.6
聚乙烯	17 105.1	-41.3	3 673.6	-40.2
聚氯乙烯	12 192.1	-4.6	3 636.3	-6.8
聚丙烯	23 008.8	-5.2	4 934.9	-13.0
焦炭	149 675.5	93.6	6 907.2	72.2
焦煤	35 478.2	13.9	4 646.5	10.1
铁矿石	115 280.7	-32.5	23 649.2	-28.1
乙二醇	1 266.2	—	232.4	—
合计	521 864.0	0.4	96 940.6	-11.7

注：成交金额、成交量为单向计算。

资料来源：大连商品交易所。

20.2 辽宁金融服务业发展存在的问题

辽宁金融服务业取得了一定的发展，但在金融生态环境、金融市场体系以及政策扶持方面还存在不少问题。

20.2.1 金融生态环境持续恶化，信用服务市场发展滞后

金融生态环境有待改善，信用服务市场发展滞后，具体表现为如下几个方面：一是信贷资产质量有所下降，处置与化解难度大。银行不良贷款风险加大。截至2018年年底，全省不良贷款余额2 182亿元，不良率4.85%，居全国前列。同时，企业债券存在兑付风险。部分高负债企业发行的债务融资工具和公司债存在延期兑付风险，对地区信用环境产生较大影响。此外，上市公司股票质押风险加大。在股市持续下行期间，辽宁部

分上市公司股票质押比例高，可能引发上市公司非正常控制权转移，加大金融机构的流动性风险。

二是信用服务市场发展滞后。信用信息传播机制不健全、信用产品研发不足、信用服务市场发展滞后，信用信息的整合共享平台亟待建设，特别是大数据征信技术发展不足。金融风险运行监测和防范金融风险的联动机制仍需强化。政策性担保机构不大不强。

三是金融机构风险偏好下降，信贷投放更加审慎。市场主体对宏观经济增长信心不足，部分企业经营业绩下滑，财务指标恶化，个别企业债务违约风险暴露，银行机构风险偏好下降，对实体企业的信贷投放更加审慎，导致信贷有效需求明显不足。另外，受企业债务违约事件影响，银行间市场交易商协会对辽宁等部分地区企业发债更加审慎，增加了征求意见环节。某些承销机构反映，市场对辽宁企业债券不认可，导致辽宁企业债券融资难度加大，债券融资大幅减少。

20.2.2 金融结构失衡较突出，金融服务手段需要丰富

金融结构失衡仍较突出，多层次的金融市场体系尚未建立，需要更多地培育企业上市，丰富金融服务手段，更好地发挥金融服务产业发展的作用。具体表现为如下几个方面：

一是全省社会融资规模增长过度依赖银行贷款间接融资，直接融资比例小。2018年，辽宁省社会融资规模新增3 795.8亿元，同比少增140.1亿元，连续三年同比少增。其中，表外融资规模减小440.3亿元，同比少增（多减）1 632.0亿元；直接融资增量继续下滑，企业债券融资额同比多降，股票融资额同比少增；贷款增量占比升至95.3%，较2017年提高了28个百分点。

二是银行信贷投放不均衡，信贷投放地区差异较大。2018年全省新增贷款3 667亿元，同比多增1 074亿元，但从各市看，实现同比多增的仅有沈阳、锦州、辽阳、鞍山4个市，其他10个市均同比少增。全省新增贷款主要集中于沈阳、锦州2个市，占全省新增贷款比重78.1%，其他12个

市新增贷款占全省比重仅为21.9%。各银行机构信贷投放差异较大。全省信贷投放主要依赖于地方法人银行机构，全年城商行、民营银行及农信机构新增贷款3 591亿元，占全部新增贷款比重的97.9%，五家国有大型银行合计新增贷款321亿元，同比少增433亿元；政策性银行、股份制银行、域外城商行贷款投放合计均为负增长。银行贷款结构不优。从银行贷款期限结构看，全省中长期贷款、票据融资新增较多，短期贷款负增长，但票据融资对实体经济支持力度有限。全年票据融资新增1 183亿元，占全部新增贷款比重的32.3%，短期贷款新增-414亿元。

三是企业上市后备资源匮乏，资本市场发展后劲不足。目前，辽宁经济发展正处于新旧动能转换的关键时期，在资本市场方面直接表现为符合上市条件的企业数量较少，特别是新经济领域的企业上市后备资源稀缺。据了解，上交所科创板重点支持新一代信息技术、高端装备、新材料、新能源、节能环保以及生物医药等高新技术产业和战略性新兴产业。但在上述领域中辽宁企业数量少，占据行业领先位置的更少，辽宁企业上市的后备资源匮乏。

四是金融服务手段单一，金融组织体系不够完善。地方金融力量较为薄弱，本土金融实力不足，本土法人金融机构数量较少、规模较小，缺乏强有力的龙头金融机构，服务本地经济的能力有限。专注服务于对经济结构调整与转型升级有关键性意义的科技企业、军民融合企业、小微企业和“三农”的专业机构发展不足，金融中介服务机构较少。

20.2.3　政策扶持力度不足，政策环境仍需进一步优化

金融服务业发展政策环境仍需进一步优化，支持促进金融业发展的政策扶持力度不足，市场机制作用发挥不够。具体表现为以下几个方面：

一是金融生态环境不够完善。2016—2018年，各省、自治区、直辖市政府为了不断完善本省金融生态环境，在国家“十三五”规划的指导和要求下，相继出台了一系列引导金融业发展的政策法规、指导意见，内容包括打造多层次资本市场、完善区域股权交易中心、规范抵质押登记手

续、组建政府引导基金等，旨在不断提升政府金融服务质量，提升资金融通效率和质量。单就出台文件数量而言，辽宁省排第19位，对区域金融环境的规范和服务有待进一步提升。

二是政府要更多地发挥市场化机制的作用。东北地区政府对于经济运行的干预相较于南方地区政府而言多用行政手段，而非市场化手段。这就导致部分企业总是戴着有色眼镜来看待东北地区，认为其投资政策风险较大且收益成长性不足，资本投入的不足也致使东北地区产业发展逐步落后于全国。在经济下行压力不断加大的情况下，稳增长成为当前政府的首要任务，经过不断实践和调整，部分政府已经认识到市场化调节机制的重要性，灵活创新财政支出方式，通过组建政府引导基金、给予财政贴息等手段，引领经济发展方向，不断撬动民间资本，让区域内民间资本与财政资金形成合力，共同增强区域经济发展活力。

20.3 辽宁金融服务业高质量发展的对策建议

辽宁应以金融改革创新为动力，以服务实体经济为目的，以优化金融生态环境、促进金融机构和金融人才集聚为着力点，推进金融服务业高质量发展，力争把辽宁打造成金融改革示范省、金融创新集聚地和金融生态安全区。

20.3.1 构建金融核心功能体系

构建金融核心功能体系要注意以下几个方面：

一是发展现代金融机构体系，夯实金融基础功能。丰富金融机构牌照门类，壮大地方法人金融机构总部，创新金融机构门类和业态，完善金融中介服务体系，促进金融机构外溢发展。

二是构建金融要素市场体系，强化金融特色功能。积极融入全国金融市场，发展全国性金融交易市场集群，争取全国金融市场改革试点。增强地方金融要素市场集聚辐射效应，加快要素市场发展整合步伐，创新要素市场机构体系，创新交易模式和产品种类。

三是健全金融基础设施体系，完善金融配套功能。发展跨境人民币结算、跨境电子商务结算、跨国公司总部结算、离岸金融结算、金融要素市场结算、企业账户资金结算等特色金融结算服务。健全支付结算体系，尤其是要优化多层次支付清算网络、夯实票据支付结算能力、提高银行卡支付结算效率、发展移动支付和网络支付。提高金融基础设施服务能力，加强金融要素市场配套基础设施建设，建立金融风险监测预警系统，健全金融后台服务机构体系，完善金融综合统计，建设国库服务体系。

20.3.2　服务供给侧结构性改革

服务供给侧结构性改革要注意以下几个方面：

一是强化对有效供给体系的支持力度。做好资金“加法”，引导金融机构配合实体经济发展调存量、优增量，加大对转型升级的传统优势产业、战略性新兴制造业、战略性新兴服务业的支持力度。

二是支持去除无效供给。做好资金“减法”，密切配合推进去产能、去库存、去“僵尸企业”和空壳公司，切实减少无效供给和低效供给，提高资金使用效率。

三是降低企业融资成本。进一步完善辽宁市场利率定价自律机制，压缩过多环节、过长链条的产品，持续规范金融机构、中介机构服务收费，扩大股权融资比例，通过财政补贴、银保合作等方式降低企业抵押担保成本，完善企业信用等级评价机制。

四是服务创新驱动发展战略。鼓励商业银行在产业园区、孵化器设立科技支行，支持银行、小贷与创投基金合作开展投贷联动，创新知识产权质押融资模式。探索设立科技创业证券公司，壮大创业投资规模，支持辽宁股权交易中心科技创新板建设。推动财政资金与金融资本共同设立风险补偿资金，发展科技保险，形成风险补偿分担机制。

五是积极发展绿色金融。加快建立绿色金融体系，加大绿色信贷投放力度。支持符合条件的机构发行绿色债券等产品，鼓励发展绿色信贷资产证券化。支持政府性资金与社会资本共同发起设立绿色发展基金，运作好环保产业股权投资基金，重点支持成长性较好的生态环保类企业和重大环保基础设施项目。落实环境高风险领域环境污染强制责任保险制度，支持保险机构创新绿色保险产品和服务。打造综合性环境资源交易平台，完善信用环境配套，将企业环境信用记录作为融资重要参考条件。

20.3.3 优化金融功能空间布局

优化金融功能空间布局要注意以下几个方面：

一是以沈阳和大连为载体，建设金融中心核心区。高标准打造特色金融城，鼓励新设和引进全国性、区域性金融总部和全国性金融市场，建设跨国资金运营和结算中心，打造金融总部集聚地。加快金融商务区建设，进一步拓展高端金融空间和提升金融集聚水平，打造金融总部机构聚集区、金融核心商务区和金融要素市场聚集区，发展多层次支付结算、财富和资产管理业态。

二是以示范新区为平台，推进金融综合改革创新。争取国家赋予示范新区更多金融先行先试政策，推进实施中国（辽宁）自由贸易试验区金融项目，推动沈抚新区作为国家级示范区发展平台以人工智能和电子商务为核心的重点项目加快落地，发展股权投资、商业保理、融资租赁等创新型新兴金融业态，探索建设省内金融综合改革试验区，为全省金融开放高地建设提供有力支撑。

三是打造金融特色小镇，加快形成集聚效应。重点打造沈阳市永安机床小镇、大连市金普健康小镇、大连市皮口辽参小镇、鞍山市汤岗子温泉小镇、抚顺市高湾冰雪体育小镇、本溪市五女山中医药健康小镇、锦州市九华山凌水小镇、阜新市十家子玛瑙小镇、辽阳市小北河袜艺小镇、朝阳市南哨紫陶小镇、盘锦市新立认养农业小镇。谋划发展金融服务外包产业园、天使投资人LOFT社区等一批具有广阔发展空间、易形成集聚效应的金融特色小镇。

四是深化金融对五大功能区域特色发展的服务。在都市功能核心区，大力发展总部经济，培育全牌照金融机构体系，依托金融核心区强化对资金、信息、人才、管理的影响力，体现金融集聚辐射功能。在都市功能拓展区，率先扩大金融对外开放，开展各类金融开放业务试点。在城市发展新区，大力发展直接融资，拓展新型融资产品运用，建立金融服务新型城镇化、新型工业化、农业现代化的长效机制。在生态涵养发展区和生态保护发展区，发展普惠金融，建立健全农村金融服务体系，稳步扩大金融服务覆盖面，鼓励金融资源流向“三农”、生态产业、旅游产业和特色产业，吸引本地资金留在本地。

20.3.4 提升金融系统运行效能

提升金融系统运行效能要注意以下几个方面：

一是畅通企业融资渠道。大力发展直接融资，进一步提高股权融资比重，优化企业融资结构，完善企业市场化资本补充机制。畅通间接融资渠道，引导银行规范开展各类表外融资业务，综合运用理财、资管资金为实体企业服务。

二是提高金融机构运行效率。支持民间资本进入金融领域，支持外资金融机构提高市场份额，通过加大市场竞争提升金融市场运行效率。深化地方法人金融机构改革，优化调整国有资产考核制度，改善公司治理机制和组织架构，提高整体管理效能。加快金融业信息化建设。

三是保持良好的机构效益水平。推动金融机构扩大业务范围，支持法人银行机构申请债券承销、财富管理、私人银行等业务牌照，加快银行业务转型，提升管理精细化水平，强化券商综合金融服务能力，推动保险机构经营方式和产品创新，引导各类新型金融机构发挥比较优势，明确市场定位，贴近乡镇、村、社区客户需求，实现与银行、证券、保险等传统金融机构的错位竞争。发挥好信托公司境外理财业务（QDII）的作用。积极引导小贷、担保等行业转型发展，促进并购重组和市场化退出。

四是防范化解金融机构重点风险。严密防控金融机构风险叠加、交叉传染。完善金融机构风险治理机制，提高信息系统和数据质量水平，建立健全风险“防火墙”，提升全面风险管理能力。

20.3.5 建成金融对外开放高地

建成金融对外开放高地要从以下几个方面着手：

一是务实推动金融对外开放。推动中国（辽宁）自由贸易试验区金融制度创新突破，促进中国（辽宁）自由贸易试验区跨境双向投融资改革，发展外资金融机构，促进跨境金融协作。二是探索跨区域金融合作。拓展区域金融市场合作。与渤海经济带沿线省市、东三省城市群密切协作，建立机构互设、产品互认、资金互通、市场互联的合作机制；创新金融合作模式。鼓励各类政策性、商业性金融机构加强资金融通协作，探索设立区域合作产业投资基金等机构，服务区域重大项目和基础设施建设；建立跨区域金融合作机制。探索建立机构信息库、产品信息数据库和从业人员信息数据库，加大金融管理与市场运行信息、社会公共信用信息、行业协会自律信息的共享，推动建立常态化协调工作机制，建立跨区域长效金融监管协作机制，简化金融机构行政审批流程，力争实现监管互认，加强对非法集资、互联网金融等跨区域风险的监管合作和协调，统一监管标准、方法和手段，协调跨区域案件处理。

20.3.6 打造完善的金融生态环境

打造完善的金融生态环境要注意以下几个方面：

一是优化金融发展大环境。加强对金融发展的法治环境、社会信用环境、政务和政策环境的建设。加强金融司法联动，建立健全行业主（监）管部门、公安、法院、检察院协调配合机制，合力推动金融案件立案侦查、审查起诉、案件审判等工作，实施非法集资等重大案件“挂牌督办制度”。健全社会信用体系，依法建立守信激励、失信惩戒的信用制度，开展政府、金融机构、企业间的信用信息共建共享，推动放开政府各行政部门间信用信息，构建服务小微企业与金融机构的信用平台。完善政务和政策环境，提升地方政府服务意识和效率。加大公共数据开放力度，为金融机构发展提供环境、土地、人才、政策、社会信用信息等资源信息支撑，帮助金融机构决策。加大简政放权力度，优化调整市场准入、抵押登记、资产处置等行政审批流程，为金融机构提供高效经营环境。

二是完善相关体制机制。完善金融监管机制，加强与金融监管部门的工作联动，建立地方金融风险监测、预警系统和新金融清算所，健全风险处置长效机制，定期开展金融风险排查和专项整治。建立金融稳定机制，加快金融基础设施建设，研究建立统一的资金托管清算公共服务平台，强化新兴金融业态的资金监管。构建符合市场经济要求的市场退出和风险处置机制，探索在银行、证券、期货、保险等领域建立市场化风险救助机制，支持对高风险金融机构采取兼并、重组、拍卖、置换、债转股等市场化方式妥善处置，最大限度地减少风险蔓延和投资者损失。发展风险管理业态，充分发挥金融业的风险管理功能，鼓励与风险管理相关的金融机构、产品、服务和市场创新，以满足各类市场主体和多元化投资的风险管理需求，促进风险管理产业化发展。完善金融消费者权益保护机制，规范金融机构行为。引导金融机构将保护金融消费者合法权益纳入公司治理、企业文化建设和经营发展战略中统筹规划，落实人员配备和经费预算。建立金融消费者适当性制度，加强信息披露，有效保障金融消费者财产安全权、知情权、自主选择权等消费者权益。

20.3.7　形成金融人才集聚效应

形成金融人才集聚效应要注意以下几个方面：

一是创新金融人才引进方式。以机构为载体集聚高端金融人才；加强紧缺金融人才政策引导，定期发布紧缺金融人才目录；鼓励金融机构以柔性引进、智力引进、团队引进等方式，面向海内外引进一批在业界有较大影响的高级管理人才和引领金融创新的高级专业人才；支持金融机构以“人才+项目”模式，集聚和培养高端金融人才；争取国际金融组织和外国政府贷款投资金融人才开发项目，搭建海内外金融人才交流平台。

二是加大人才引进政策支持力度。依法依规完善金融人才激励机制和贡献奖励政策；探索组建金融人才发展专项基金，建立全市金融人才评价体系；支持金融机构以期权、股权、分红、企业年金等市场化方式激励人才；鼓励金融人才创新成果市场转让与转化，将新引进金融人才和项目列入政府性风险投资、创业投资基金优先投资名单；增强对金融人才的公共服务。

三是健全多层次金融人才培养机制。强化基础金融人才培育；建好辽宁金融学院，打造高质量的金融人才教育平台；强化专业人才培训；强化高端人才培养；创新辽宁金融研究院运行模式，做实国家普惠金融实验室，打造具有较强研究能力和社会影响力的专家智库，加强对全市金融发展的支持和指导。

四是培育尊重、包容的金融文化氛围。营造充分尊重、关怀、宽容、支持金融人才成长，实现金融人才价值的金融文化氛围；健全金融领域重大决策专家咨询制度，鼓励高端金融人才以多种方式参与经济社会管理，在经济和政策待遇上予以倾斜；进一步夯实金融中心文化底蕴，研究建设金融历史博物馆、金融文化中心等文化传播平台，推动举办标志性、有影响力的金融高端论坛，率先在全国发布咖啡等大宗商品价格指数；组织举办金融文化节、金融博览会等活动，常态化开展金融知识宣传活动；培育在全国具有影响力的金融传媒、金融自媒体、金融资讯机构，营造良好的社会舆论环境。

20.3.8 大力加快金融改革创新

一是深化金融系统创新。积极推动跨境金融创新，支持传统金融机构改革发展，加快培育新兴金融机构。

二是支持金融利用互联网新技术规范发展。突出业态创新，占据互联网金融发展制高点。强化业务创新，提升互联网金融创新引领地位。培育引进龙头企业，成为全国互联网金融聚集地与辐射源。健全互联网金融支持体系，助推相关服务企业共生共赢。

三是建设全国保险创新发展试验区。发展再保险市场，推动辽宁逐步建成东北重要的保险风险集散中心。丰富保险产品、保险服务，创新保险展业模式，增强保险社会民生保障“稳定器”功能。全面提高保险业对实体经济的保障力度，发挥保险经济“助推器”功能。

四是打造一流财富（资产）管理中心。做强财富管理机构，筑建财富管理高地。拓展财富管理渠道，夯实资金流入洼地。拉长财富管理产业链，提高财富保全增值水平。提升财富管理竞争力，扩大辽宁财富管理中心的影响力。

20.3.9　聚焦专业金融领域发展

聚焦专业金融领域的发展，要从以下几方面着手：

一是积极推动“金融+先进制造”，完善先进制造业金融综合服务体系，大力发展金融设备制造业。

二是积极推动“金融+科技创新企业”，大力发展创业及股权投资机构，加快发展科技信贷市场，发展和利用多层次资本市场，推动科技保险服务创新，加快建设辽宁金融创新服务区，打造众创金融生态圈，建设创新创业金融街（园区）。

三是积极推动“金融+普惠”，支持各类金融机构发展面向小微企业、社区、居民的低门槛、微利化、个性化的金融服务，引导各类普惠金融服务主体借助现代技术，降低金融交易成本，延伸服务半径，拓展普惠金融服务广度和深度，助力缓解中小微企业“融资难、融资贵”问题。

四是积极推动“金融+军民融合”，支持银行、证券、保险等金融机构设立军民融合专营机构、服务中心和事业部，引导金融机构创新和完善抵质押模式与贷款授信机制，积极开发军民融合企业订单融资贷、技改融资贷、军工项目贷等专业化信贷产品，引导融资性担保机构、商业保理机构、金融租赁、融资租赁机构为军民融合企业提供担保增信、贸易融资和租赁金融服务，促进军民融合产业与贸易市场、资本市场有效衔接。

五是积极推动“金融+民营经济”，支持民营资本进入金融领域，大力发展小额贷款公司，规范发展融资担保公司，推进辽宁民间金融街建设发展。

六是积极推动“金融+自贸区”，加快自贸区金融改革创新，打造中国融资租赁第三极，开展跨境人民币创新业务，支持开展各类跨境交易业务，推进建设辽宁现代金融服务区。

七是积极推动“金融+国企改革”，支持金融机构设立产业基金助力国企转型升级，综合运用多种融资工具满足企业并购重组需求，运用资产证券化等业务品种促进企业盘活存量资产。

八是积极推动“金融+走出去”，聚焦新材料、高端装备、能源化工、汽车及零部件等重点优势产业，对接国家丝路基金、中非发展基金、中国—东盟投资合作基金以及亚洲基础设施投资银行等国家政策性金融工具，分类推进国际产业合作，推动一批跨国并购项目。

九是积极推动“金融+航运”，推动船舶产业投资基金、飞机租赁基金和航空产业投资基金的试点，探索开展海洋基础设施融资租赁业务，搞好航运税收政策和融资租赁货物出口产品出口退税政策试点。

第21章 养老产业

截至2018年年底，辽宁常住人口中60岁及以上老年人口达1 044.6万人，占全省总人口的23.96%，高出全国6.06个百分点，老龄化形势异常严峻，高龄、失能、独居老年人均超过百万，养老服务工作任务紧迫而繁重。必须按照及早应对、科学应对、综合应对的要求，抓住宝贵时间窗口，推进养老产业高质量发展，有效应对人口老龄化高峰。

21.1 辽宁养老产业发展现状

“十三五”时期，全省各级党委政府认真贯彻落实习近平总书记关于养老工作的重要批示指示精神，在资金上加大投入，在政策上健全完善，在氛围上不断营造，着力推进居家社区机构相协调、医养康养相结合的养老服务体系，取得了显著成效。

21.1.1 符合省情的养老服务体系逐步完善

大力发展居家和社区养老服务，城市社区养老服务设施覆盖率达到87.2%，农村社区覆盖率达到56.8%，居家养老综合信息服务平台达到35个。沈阳、大连等9个市先后被确定为国家居家养老服务和社区养老服务改革试点地区，探索形成了一批可复制、可推广、可持续的经验模式。机构养老补充作用有效发挥，率先在全国制定出台民办非营利性养老机构运营补贴政策，先于国家探索创建养老机构责任保险制度。鞍山、锦州等7个市建立养老机构床位开办费补贴政策。全省各类养老机构发展到2 059家，床位20.19万张。省政府实施了提高养老院服务质量四年滚动计划。医养结合工作深入推进，所有养老机构能够以不同形式为入住老人提供医疗卫生服务。

21.1.2 养老服务政策制度体系初步形成

2017年，辽宁省人大审议修订了《辽宁省老年人权益保障条例》。省政府印发了《关于加快发展养老服务业的实施意见》、《关于加快养老服务业发展若干政策》、《关于全面放开养老服务市场提升养老服务质量的实施意见》、老龄事业“十三五”规划4个政策文件。省民政厅会同省财政厅等部门下发了资助消防设施改造、公建民营等系列配套政策。各地围绕资金扶持、安全管理、放管服改革等多个方面下发了各类政策文件，形成较为全面的政策体系。

21.1.3 多元化资金筹集机制基本建立

5年内争取国家资金超过2.7亿元，补助辽宁居家和社区养老服务改革试点，实施城企联动普惠养老等基本养老设施建设2个。每年省本级安排资金近3亿元支持养老机构运营、社区养老设施建设等项目建设。省本级和部分市福利彩票公益金用于社会福利事业达到50%以上，并随老年人口的增加逐步提高比例。在各类扶持政策的拉动下，调动了社会力量投资养老服务的积极性，民办养老机构床位占比超过65%。全省基本建立起财政资金、福利彩票公益金、企业和个人以及慈善投入相结合的多元化资金筹措机制。

21.1.4 老年人福利保障水平不断提高

连续5年提高城乡特困人员救助供养标准，城市特困人员救助供养基本生活平均标准达到12 864元/年，农村特困人员集中、分散供养基本生活平均标准一致，达到8 040元/年，达到了超过城乡低保标准1.3倍的要求。省财政连续5年每年下拨资金3 000万元，资助各地实施农村敬老院维修改造。全省特困人员供养服务机构达到645家，床位7.7万张。积极落实国家政策，为90岁以上的老年人、80～89周岁经济困难的老年人发放了高龄津贴，对经济困难的高龄老年人和失能老年人发放了生活补贴和护理补贴。

21.1.5 养老服务人才队伍不断发展壮大

省内部分高校开设了老年护理、老年服务与管理等专业。省民政厅、财政厅下发文件，建立了养老服务和管理类专业毕业生入职奖补政策。加大养老护理员培训力度，依法落实各项工资福利、社会保险待遇。全省养老服务从业人员达到2.1万人，初步形成了一支以养老护理员为主体、专业技术人员合理配置、职业化程度日益提高的养老服务人才队伍。

21.2 辽宁养老产业发展存在的问题

在总结经验和成效的同时，我们也清醒地认识到，辽宁养老服务不平衡不充分的问题越来越突出，与党中央、国务院要求和人民群众期盼相比，仍然存在明显差距。

21.2.1 养老服务业管理体制机制不完善

虽然辽宁制定了一系列关于促进养老服务业的政策举措，但体制机制僵化、政策执行不到位的问题依然突出。养老服务产业关联行业多、涉及部门广，各职能部门在养老服务业中的法定职责不够明确，缺乏高效的协调机制，难以形成合力，影响养老服务产业推进的速度。与此同时，在省内一些地方，养老服务产业发展的税收、土地等优惠扶持政策落实不到位、产业投资限制过多以及审批流程复杂烦琐等问题仍然存在且比较突出，在一定程度上挫伤了民间资本进入养老服务业的积极性。此外，长期以来，养老服务是作为政府公益性事业由政府具体运作的，而不是作为产业由市场来推动的。辽宁养老服务产业市场化发展时间虽短，但存在产业形态多、差异性大、产业发展不规范等问题，政府在产业发展规划与规范管理上还存在诸多短板。

21.2.2 养老服务业市场供给能力有待提升

我国的基本养老策略是“9073”，即90%的老人选择居家养老，7%的老人选择社区养老，3%的老人选择机构养老。调查显示，辽宁居家养老的老年人养老服务的市场需求程度从高至低依次为医疗服务、护理服务、应急服务、家政服务。但目前辽宁养老服务供给主体的整合能力有限，市场开发意识不足，提供的服务集中在保洁、家政、养生保健等方面，与老年人的养老服务需求不匹配，难以满足养老服务多元化和个性化的需求。此外，辽宁养老服务从业人员普遍存在文化程度不高、年龄偏大、收入水平低、工作不稳定等问题。据调查，目前，辽宁从事养老护理工作的人员年龄普遍在40~60岁之间，40岁以下的不超过20%；文化程度偏低，以初中及以下学历的人员为主，大专及以上学历的人员占比不足20%；收入水平偏低，养老服务人员收入普遍在城乡居民平均收入以下，职业认可度较低，流动性大。养老服务队伍专业化水平不高，也严重制约养老市场的供给能力与水平。

21.2.3 养老机构的市场化盈利能力欠缺

针对养老服务市场化中的政策空白，2013年以来，国家层面及辽宁制定出台诸多鼓励养老服务业发展的政策举措，明确要求放开市场准入，鼓励社会力量参与养老服务。但市场化发展过程中，亟待突破多重困境，如养老机构普遍面临资金投入大、回报周期长以及利润薄盈利难等问题。除了少数高端的养老服务企业，绝大多数养老服务机构还没有找到成熟的商业化运作模式，尤其是一些中小型养老服务机构。中国老龄协会调查数据显示，养老机构收益50%持平、30%亏损、20%略有盈利。养老机构的高空床率、高亏损率让很多民间资本望而却步。

21.2.4 收入水平低难以有效支撑养老需求

随着辽宁人口老龄化程度的加剧，潜在的养老服务消费市场也日益增大。但辽宁老年群体的整体收入水平不高，老年人的收入大多处于“够用”状态，导致其对养老服务“心有余而力不足”，直接制约了辽宁养老服务消费市场的培育和发展。以机构养老为例，根据中国养老信息网登记的593家辽宁民营养老服务机构数据测算，辽宁民营养老机构的月平均费用为1 951元。2019年，辽宁城镇居民人均消费性支出27 355元，月均2 280元，略高于养老机构的月平均费用；农村居民人均年生活消费支出12 030元，月均只有1 003元，显著低于养老机构月所需费用，意味着绝大多数家庭根本没有能力支付高昂的养老院费用。市场费用高与老人支付能力低之间的矛盾，成为制约辽宁养老服务业发展的突出问题。

21.3 辽宁养老产业高质量发展的对策建议

养老问题是当前全社会共同关注的大问题，事关辽宁超过千万老年人口的晚年幸福。作为一个系统工程，要根据省情探索养老路径，坚持坚守底线、突出重点、完善制度、引导预期的基本原则，着力破解养老服务工作中的“难点”“痛点”“堵点”问题，大力推进养老服务供给结构不断优化、社会有效投资明显扩大、养老服务质量持续改善、养老服务消费潜力充分释放，确保基本养老服务应保尽保，多样化、多层次养老服务需求得到有效满足，老年人及其子女获得感、幸福感、安全感显著提高。

21.3.1 坚持政府主导和社会参与相结合

政府要发挥主导作用，重点做好法制保障、规划引导、政策制定、资金拉动、示范带动、监督管理等工作，优先满足特困人员以及经济困难的孤寡、高龄、失能等老年人的养老服务需求。要积极培育市场，进一步建立健全金融、土地、规划、税费、补贴等扶持政策，鼓励和引导各种社会主体参与，推动其成为发展社会养老服务的主角。

可以引进国内外养老品牌，也可以加快培育本土品牌，发展一批规模化、连锁化、品牌化养老服务企业。同时，注重增强老年人的消费能力，完善特困救助供养、高龄津贴、养老服务补贴、护理补贴制度，探索推进长期护理保障等老年福利制度，解决老年人有钱养老的问题。

21.3.2 坚持城乡统筹推进

目前，辽宁城镇老年人口集中、服务资源丰富、服务需求旺盛，社会养老服务格局已经形成；而农村养老服务则起步晚、基础差、投入欠账多，发展严重滞后。要将补齐农村养老基础设施短板、提升特困人员供养服务设施（敬老院）建设标准纳入脱贫攻坚工作和乡村振兴战略。

充分调动社会资源，利用政府和社会资本合作、公家民营等方式，支持特困人员供养服务设施（敬老院）建设、改造升级照护型床位，开辟失能老年人照护单元。逐步将特困人员供养服务设施（敬老院）转型为区域型养老服务中心。在发展农村养老服务业上，除政府的刚性投入之外，重点应放在农村集体经济对养老服务业的“兜底”作用上。大力发展政府扶得起、村里办得起、农民用得上、服务可持续的农村幸福院等互助养老模式。

21.3.3 更加重视巩固居家养老的基础地位

调查发现，辽宁目前的养老情况是“9064”，即90%的老人选择居家养老，6%的老人选择在社区养老，4%的老人选择在机构养老。所以说，完善以居家养老为主的养老服务业是主要发展方向。

一是发挥家庭在养老方面的传统功能，形成居家养老的生活环境和无障碍环境，将失能老年人家庭成员照护培训纳入政府购买养老服务目录，组织养老机构、社会组织、社工机构、红十字会等开展养老照护、应急救护知识和技能的培训。

二是支持养老机构运营社区养老服务设施，上门为居家老年人提供服务。引导各类社会主体参与老年人餐桌、社区日间照料、老年人活动等社区养老服务设施的建设、运营和管理；积极培育和引入家政、物业等企业和社会中介组织上门为居家老年人提供助餐、助浴、助洁、助急、助医等服务。

三是运用互联网、物联网等现代技术手段建设符合老年人特点的社区养老信息网络平台，大力增强居家养老的服务功能。

21.3.4 大力发展社区养老服务

通过地方立法等政策的出台，全面推进养老服务业的基础设施建设，对新建小区，各级政府要抓住养老服务设施规划、住宅小区配套养老服务设施落实来解决社区养老服务设施建设问题，确保新建小区按照标准配套养老设施并移交民政部门管理。对老旧小区，要通过回购、租赁、改造整合闲置设施等措施，下决心补足老城区养老服务设施的历史欠账，减少老旧小区的设施布局空白点。

21.3.5 强力推进机构养老改革发展

坚持公办养老机构公益属性，确定保障范围，其余床位允许向社会公开，收益用于支持兜底保障对象的养老服务。重点支持发展养护型养老机构，逐步增加护理型床位，满足失能半失能老年人的养护刚性需求。按照国家2020年11月出台的《养老机构管理办法》《〈养老机构等级划分与评定〉国家标准实施指南》等新的政策部署，建立健全养老机构事中事后监管制度，组织开展养老机构等级评定，评价结果与发放补贴挂钩。实施农村公办养老机构改造提升工程。加强养老机构安全监管，防范化解重大风险。

21.3.6 加强养老服务人才队伍建设

从基层到地方，再到国家层面，对社区养老服务业进行统一规划，在建设、运营、监管中，制定相关制度，人、财、物等投入方面要加强顶层设计、给予扶持优惠，对服务业中的用工不足问题，要通过职业学校开设养老服务专业、校企合作等，逐渐扩大对专业人才的培养。为此，要做到以下几点：

一是鼓励辽宁高等院校和职业院校增设老年服务管理、社会工作、医疗保健、护理康复、营养配餐、心理咨询等涉老专业学科点。依托现有职业院校和企业资源，推动在大中城市建设一批养老护理职业培训实训基地。二是探索建立养老服务人员入职补贴、培训补贴和岗位补贴等制度，加大职业培训、岗前培训力度，完善职业技能等级与养老服务人员薪酬待遇挂钩机制。三是对在养老机构就业的专业技术人员，执行与医疗机构、福利机构人员相同的职业评定和晋升政策。

21.3.7 建立老年人长期护理保险制度

调查发现，养老机构的基础护理平均费用超过当地退休养老金水平，失能、失智老年人需要的长期护理费用加重了老年人及其家庭的支出负担，因此，建立老年人长期护理保险制度，应作为受政府规范性文件强制保障实施的独立性险种。

老年人长期护理险，资金筹集可以通过个人医保中心账号划拨、单位配套缴费和政府补贴共同集资。对规定建档立卡贫困人口、城市最低生活保障对象、重度残疾人等群体的个人缴费部分由政府予以资助。在费用报销方面，长期护理险重点保障长期处于失能、失智状态的参保人，经评定享受老年人长期护理保险待遇的人员，按照一定的比例由个人担负和老年长期护理险统筹支付。

长期护理保险是为失能、半失能老年人提供日常生活照料和医疗护理的保险制度，旨在化解个人、家庭和机构的长期护理风险，满足失能老人的长期护理需求，减轻照护者的负担。2016年，人社部发布《关于开展长期护理保险制度试点的指导意见》，辽宁也于2019年在本溪县试点，效果良好。建议尽快出台实施意见，鼓励条件成熟的城市结合实际积极开办，对评估达到护理需求等级的长期失能人员，为其基本生活照料和与基本生活密切相关的医疗护理提供服务或资金保障，健全保障制度，顺应民生需求。

21.3.8 从战略层面应对辽宁人口老龄化的趋势

当前，辽宁人口发展呈现规模持续减小，老龄化却不断加剧的趋势，是全国老龄化程度比较高的省份之一。2019年，辽宁60周岁及以上人口超过千万，占总人口的24.7%，高于全国平均水平6.6个百分点；其中，65周岁及以上人口占16.2%，占比在全国各省区中居首位；养老抚养比达到1.47：1，在全国各省区中居第28位。同时，辽宁常住人口比最多时的2014年减少39.7万人，户籍人口减少54.0万人。预计到2025年，全省60

周岁及以上人口占比将超过32%，65周岁及以上人口占比将超过23%。

人口是经济社会发展的基本要素和动力源泉，经济高质量发展离不开人口的高质量发展。近几年人口持续减少是辽宁经济增长乏力的重要因素，老龄化是辽宁养老金风险乃至财经潜在风险不断增强的重要原因，老龄化已经成为辽宁振兴发展的重要制约因素。面对辽宁人口发展的严峻形势，辽宁应将积极应对人口老龄化作为振兴发展的重要战略，化老龄风险为“长寿红利”，抓早、抓实、抓到位。

一是做好积极应对老龄化的顶层设计。充分发挥市场配置资源和政府调控、兜底的“双作用”，调动政府和社会（个人）“双能量”，推进涉老消费和产品生产“双提速”，促进养老事业和产业“双发展”。编制、出台人口长远发展规划和应对老龄化等专项规划。健全以养老事业和产业、财税、金融、收入分配、社会保障等为主要内容的宏观调控政策体系，以放开三孩和降低生育、养育、教育成本为主要内容的鼓励生育的政策体系，以农民市民化、城镇户籍放开等为主要内容的人口迁徙和引育留人才的政策体系，以老有所养、老有所医、老有所为、老有所学、老有所乐为主要内容的养老政策体系。建立健全战略实施的组织协调和监管机制，把积极应对人口老龄化列入各级政府的议事日程。

二是大力发展养老事业和产业。全面放开养老服务市场，催生银发经济新产业、新业态、新模式，推动养老事业和产业协同发展。围绕老年人衣食住行，根据老年人经济状况、文化水平、健康状况等差异，加快发展多层次、多样化、多模式的养老事业和产业，提供生活照料、医疗保健、文化娱乐、金融保险等养老服务，构建与居家社区机构相协调、医养康养相结合的养老服务体系。各级政府提供更为丰富的公共产品，鼓励、支持、培育兼具公益性和商业性的社会企业，鼓励引导社会力量以独资、合资、联营、参股等方式参与养老产业，将现有公办养老机构交由社会资本方运营管理，采用PPP模式运作养老服务项目，做好项目储备，确保工作有序推进。发展养老房地产，建设满足不同需求的养老社区。

三是大力发展涉老用品制造业。目前全球老年用品有6万多种，但中国仅有2 000多种，老年用品制造业发展空间和市场需求巨大。辽宁有较好的发展涉老用品制造业的产业基础，应鼓励、支持、扶持涉老用品生产和流通领域的创新创业，研发生产老年用品，完善老年产品流通体系和服务体系，形成一批产业链长、覆盖领域广的老龄产业集群，抢占老年产品和服务市场。

四是大力发展家政服务业。着力培育一批各具特色的优质家政企业，大力发展员工制家政企业，培育壮大家政服务市场主体，加强行业监管，推动家政服务业高质量发展。针对辽宁养老服务专业人才极度短缺的困境，着力建设一批产教融合实训基地，鼓励支持有条件的养老机构建设养老护理员培训基地、实训基地，加快推动本科和职业院校开设家政服务专业，培养专业素养高、服务能力强的家政服务人员和管理人员。

第22章

文化旅游产业

文化旅游作为新型文化业态，从20世纪80年代开始呈现融合发展态势，经过30余年的蓬勃发展，已成为世界主要国家优先发展的“绿色朝阳产业”，在国际旅游市场中所占份额愈来愈大，已成为世界旅游经济的支柱产业和全球第三产业发展的重要经济现象。党中央提出“要推动文化产业与旅游、体育、信息、物流、建筑等产业融合发展”。作为我国大力扶持发展的第三产业新模式，文化与旅游两大产业的融合发展对辽宁补齐经济结构短板、推动经济结构转型升级，实现老工业基地全面振兴、全方位振兴具有特别重大的现实意义。

22.1 辽宁文化旅游产业发展现状

辽宁历史悠久，文化底蕴浓厚，文化旅游资源丰富，地域特色鲜明，门类齐全，氛围浓郁，发展空间十分广阔，有着得天独厚的优势条件。

22.1.1 区域文化旅游资源开发利用效果显现

全省有世界文化和自然遗产6处，国家A级旅游景区454个，其中国家级5A景区有5个。有国家级特色小镇13个。辽宁既有以大连、营口、锦州、盘锦、葫芦岛等为代表的沿海旅游经济带，又有以本溪、鞍山、丹东等为代表的山水风光旅游资源，还有以沈阳、抚顺、阜新为代表的民族文化和工业旅游资源，以沈阳、朝阳、辽阳为代表的历史文化资源。2017年年末，全省有文化馆、艺术馆125个，公共图书馆130个，博物馆65个，档案馆152个。2017年辽宁文化及相关产业增加值为594.72亿元，占地区生产总值的2.54%。

2018年，辽宁旅游总收入5 254.8亿元（在全国31个省、市、自治区排第19位），同比增长13.3%（第26位），其中，国内旅游收入5 237.4亿元（第19位），同比增长13.7%（第24位），入境过夜旅游收入17.4亿美元（第15位），同比下降2.2%（第29位）；接待国内旅游人数56 211.4万人次（第16位），同比增长11.7%（第19位）；接待入境过夜旅游人数287.7万人次（第16位），同比增长3.2%（第22位）。2019年上半年，全省旅游总收入3 189.7亿元，同比增长15.9%，接待国内游客32 274.9万人次，同比增长13%。在省辖市中，沈阳市2017年文化产业增加值165.37亿元（在全国15个副省级市排第11位），占地区生产总值的2.9%（在全国15个副省级市排第11位）；大连市文化产业增加值284.7亿元（在全国15个副省级市排第8位），占地区生产总值的4.07%（在全国15个副省级市排第9位）。2018年，沈阳市接待国内游客8 175.6万人（在全国15个副省级市排第14位），实现旅游总收入759亿元（在全国15个副省级市排第15位），占地区生产总值的12.06%（在全国15个副省级市排第14位）；大连市接待国内游客9 288.07万人（在全国15个副省级市排第10位），实现旅游总收入1 440亿元（在全国15个副省级市排第11位），占地区生产总值的18.78%（在全国15个副省级市排第9位）。

从全省来看，沈阳、大连两市文化旅游产业引领全省发展，辽西北地区文化旅游收入所占比重较小。2019年上半年，沈阳、大连两市规模以上文化及相关产业占全省比重为87%（沈阳占37.4%、大连占49.6%），其他12市所占比重仅为13%。2019年上半年，沈阳、大连两市旅游总收入1 295.2亿元，占全省比重为40.6%（沈阳占14.3%、大连占26.3%）；铁岭、朝阳两市总收入最小，占全省比重仅为8.7%；省内其他城市旅游收入介于沈阳大连和辽西北三市之间。

22.1.2 文化旅游要素整合推动产业融合发展

全面贯彻高质量发展的要求，加快推进地方文化旅游资源开发建设，完善地方文化旅游服务体系，促进文化旅游产业健康发展。从根本上解决现实中存在的、制约辽宁文化和旅游融合发展的突出问题，总结辽宁文化旅游产业发展实践经验，为加快“十四五”时期辽宁文化旅游资源开发利用，为实现文化旅游产业又好又快发展，打下坚实基础。

通过深入开展辽宁文化旅游产业发展理论研究，借鉴浙江省经验，在高校、社科院等研究机构成立研究院、建立智库，打造拥有高端峰会、论坛讲坛、高端智库、文旅期刊、行业标准的一流科研品牌，为辽宁文化和旅游发展打造“最强大脑”。通过建立健全文化旅游研究框架和理论体系，加强对各类文化旅游资源的保护及利益分配机制的研究，将文化旅游研究与田园综合体、乡村振兴有机联系，加强文化旅游与旅游扶贫关系的研究，加强文化旅游的理论与实证研究，指导辽宁文化旅游产业更好发展。

通过加大市场整合力度，推动要素融合。全省加大技术融合力度，丰富和创新文化旅游业态，加快产品融合，提高文化旅游产品的吸引力和生命力。通过鼓励品牌融合，提高文化旅游产业的影响力和竞争力。引导消费融合，增强文化旅游产业发展的内生动力。

齐心协力，推动文化与旅游产业融合发展。通过整合现有产业优惠政策，完善融合发展扶持政策体系。通过制定一体化发展标准，打通两个产业边界和行业分立限制，整合行业协会及其职能，引导市场主体合作跨界发展。落实宣传营销融合政策，实现文化旅游产品统一捆绑营销，实施旗舰企业引进与培育工程，打造辽宁产业融合发展特色。按照文化旅游产业融合发展要求，创新统计方法，实现文化旅游产业统计标准融合。

采取措施，加大渗透，推动文化与旅游产业融合发展。通过打造一批文化旅游产业融合园区，促进两个产业的集聚发展，建设一批文化旅游重大项目，强化旅游与文化的相互渗透。举办一些大型文化旅游活动，提高产业融合力度和人气聚集，引进培育文化旅游市场主体，支持融合企业的做大做强。构建形式多样的网上平台，加快文化旅游产业智慧发展，建设省级产业融合特色示范区，推动文化旅游产业有序发展。

22.2 辽宁文化旅游产业发展存在的问题

辽宁文化旅游资源比较丰富，区位优势明显，但是没有转化为发展优势，还存在一些不容忽视的问题。

22.2.1 思想解放不深入，观念更新滞后

辽宁在转变思想、更新观念方面做了大量工作，取得了明显成效，但是与发达地区相比，我们在思想观念和思维方式方面还存在着很大的差距，官本位意识、小农意识和等靠要思想不同程度地存在，对经济社会发展规律研究不深，缺乏开拓进取、探索创新精神；对重大新兴产业特别是文化旅游产业发展趋势把握不准，抓不住发展机遇，难以抢占产业发展制高点；对项目建设、投资融资等办法不多，缺乏担当精神。

一些领导干部之所以思想不解放，究其原因：首先，在于个人私利作祟，面对工作畏首畏尾、患得患失，怕担责、怕出错。其次，抱有小富即安、自我满足的心态，满足于既有成绩。此外，学习、创造能力下降，知识结构老化，陷入本领恐慌。

22.2.2 产业融合发展尚不充分

各区域、各市之间存在各自为战现象，文化旅游资源开发缺乏长远规划和整体布局，碎片化、模式雷同问题突出，需要加大资源整合力度，促进区域协作，实现协调发展。主要有以下问题：

一是文旅融合发展理论研究比较薄弱。高校、智库和科研机构对文旅融合发展的理论研究还不够深入、不够重视，没有很好地回答文旅融合发展中的重大理论问题和现实问题，对实践探索难以提供理论指导和智力支持。

二是文化和旅游融合的法律还有待完善。当前，推动文化与旅游融合发展，各级多以下发文件的形式保障，缺乏稳定性、长期性和约束力，缺乏法律保障。

三是文化与旅游融合的深度还不够、层次还不高、领域还不广。文化和旅游融合更多地停留在自发结合的初级阶段以及产业项目合作、资源要素整合的浅层次上。

四是产业发展政出多门，政策不统一，融合配套政策不到位，在促进文化与旅游产业融合发展方面缺乏有效抓手。相对于中央和国家出台的指导性政策，省本级虽然也出台了具体的实施意见，但是有些实施意见没有经过认真调查研究并征求意见，与辽宁的实际情况结合得不够，提出的意见比较泛泛、不具体，缺乏可操作性。

五是要素建设和发展相互渗透不够。要素建设相对滞后。由于产业边界越来越模糊，文化产业内部行业壁垒逐步被打破，文化要素需要更加紧密与旅游等其他生产运营融合区域发展不平衡的现象较为突出，产业结构需要进一步优化。

22.2.3　公共服务水平有待提高

基础设施建设还不完善。旅游集散中心、购物店及旅游厕所等建设存在“盲区”；智慧旅游平台建设滞后，与旅游市场的需求不相匹配；公共旅游交通体系存在缺口，游客抵达景区“最后一公里”瓶颈需要解决，还没有形成连接各主要口岸、主要区域和景区的旅游集散体系；相关旅游产业链条不完善，餐饮、娱乐、购物、温泉、康养、公厕等配套设施不够完善。游客服务中心、乡镇文化站、村文化中心、景区景点公共场所文化内涵不足，景区文化展演展示的场地少、项目少，公共文化设施的旅游服务功能比较缺乏。

公共文化服务和产品供给水平不高，主观倾向突出，与群众文化需求脱节。公共文化服务资源短缺与浪费的现象并存，城乡区域文化发展差距大，公共文化服务均等化水平亟待提高。

市场监管力度不够。文化旅游市场秩序还不规范，失信、失范和“宰客”现象还不同程度地存在，消费者投诉、纠纷、矛盾受理解决机制还不完善，游客“一机（手机）在手游遍辽宁”的愿望还未能实现。

22.2.4 宣传推介力度不够

文化旅游业发展的新观念和创新意识宣传不足，全民参与推动文化旅游融合发展的浓厚氛围还未形成。在自媒体时代，辽宁对外宣传形式还比较单一，推介力度不够，缺乏稳定持续的形象宣传，加之前几年“投资不过山海关”负面流言的影响，很多辽宁文化旅游精品资源还养在“深闺”人未识。宣传推介力度不够，许多优质文化旅游资源（比如北票大黑山国家森林公园）甚至省内游客都未曾听说，只能在自家“院里”红火。在文化旅游市场竞争日趋激烈的今天，“好酒也怕巷子深”。

22.2.5 文旅专业人才缺乏

文化和旅游人才供需失衡问题始终较为突出，领军型、高层次、复合型管理人才稀缺。宣传、文化旅游部门公职人员倾向行政管理，文化旅游专业知识缺乏，难以提供高质量的规划引领、政策保障、市场监管等公共服务。产业人才支撑不足，高端创意设计复合型人才、综合性经营管理人才、专业性实用人才相对匮乏，现有的人才外流严重，旅游人才供需失衡。

22.2.6 资金支持力度不够

这是当前文化旅游产业发展比较明显的制约因素。各级政府因财力有限，财政投入有限。辽宁地方一般公共预算文化体育与传媒支出由2013年的95.3亿元减少至2016年的84.7亿元。对社会资本投资撬动不足，2016年辽宁将1亿元文化产业专项资金（黑龙江省文化厅文化专项资金有1 000万元，省委宣传部设立文化事业建设费1亿元）并入省产业（创业）投资引导基金。按照《关于加快全省文化产业高质量发展的若干意见》，2019年，辽宁划拨了不低于1亿元的专项资金。但是，有些市还未设立文化产业发展专项资金。

文化旅游产业项目无形资产比重较大，有形资产数量少，知识产权等无形资产的估值非常困难，最终造成文化企业没有足够的有形资产抵押物，很难获得担保公司担保，也难以获得银行等金融机构的青睐。一些小微企业因受资金限制，对一些文化旅游项目只能“望洋兴叹”。鼓励社会力量参与的投融资机制还未形成。

22.3　辽宁文化旅游产业高质量发展的对策建议

辽宁应以全球化的视野来审视文化旅游产业发展问题，借鉴国内外成功经验，积极探索文化旅游产业发展规律，勇于改革创新，补齐发展短板，把丰厚的文化旅游资源转化为新的发展优势，推进文化旅游产业高质量发展。

22.3.1　推进文化与旅游理念融合

各级要深入学习贯彻习近平总书记关于文化和旅游融合发展的重要论述，深刻理解中央关于统筹推进文化建设和旅游发展、促进文化和旅游深度融合重大决策部署的重大意义。

一是树立“融合即发展”理念，充分认识文化与旅游两个产业融合发展的重要意义；二是树立“发展需要融合”理念，融合是两个产业发展的大趋势和成功之路；三是树立“互促共进多赢”理念，两个产业在融合中会产生叠加放大效应；四是树立“长期全链融合”理念，持之以恒地推动两个产业的全面深度融合；五是树立“整体发展观念”，破除部门利益优先、各自为政、墨守成规、画地为牢等陈旧观念的束缚，防止简单、草率的相互替代的倾向；六是树立以人为本的理念；把满足旅游者需求、保障旅游者利益作为优质文化旅游产业发展的关键，要超越经济目标，以满足人们日益增长的文化旅游美好生活需要为根本。

22.3.2　加快文化旅游要素整合

要继续深化公共文化服务领域重点改革，加快推进全省基本公共文化服务标准化建设。借鉴广东、福建等省的先进经验，推进公共数字文化和智慧旅游建设。要强化供需对接，加强平台建设，加强智慧旅游建设，启动建设文化和旅游大数据中心，研发手机App。

下大气力推进辽宁旅游公共服务设施建设。指导督促各市完成好旅游厕所工作目标任务，多方筹集资金，突出解决一些景区环境特别是厕所脏、乱、差的问题。督促各地高质量完成旅游厕所电子地图上线工作。推动各地完成好旅游集散中心、自驾车露营地等项目建设。要深入推进乡村文化振兴，学习外省经验，筹备召开全省乡村文化振兴现场推进会。

22.3.3 创新宣传手段，树立辽宁文化旅游新形象

要拓展思路，创新文化旅游产品宣传，加大辽宁文化旅游品牌宣传推介。重点探索与时俱进的多样化的宣传手段。要充分利用中国（东北）文化产业博览会和深圳文博会、辽宁（沈阳）工艺精品文化节、全省文化旅游发展大会等平台，开展旅游形象宣传，搭建宣传营销平台。

将传统媒体与新媒体结合，达到“1+1>2”的效果。要扩大宣传交互性和参与度，将线上宣传与线下活动结合起来，创新线下活动策划推广，实现线上宣传与线下活动无缝对接，推动文化旅游产业品牌形象深度宣传与拓展。学习河北等省的经验，定期召开全省文化旅游发展大会，充分发挥综合带动效应，推动全域、全季、全民文化旅游产业大发展。要借鉴上海市品牌推介的成功经验，把辽宁特色文化旅游品牌向全球推广。

22.3.4 树立辽宁文化旅游新形象

从单一文化区的区域范畴看，需要推动文化旅游区域一体化建设，建立综合协调机制，整合区内文化旅游资源，避免恶性竞争开发，鼓励项目产品差异化发展。要加强文化旅游发展的区域协同和产业融合，重视文化旅游的跨区域合作，积极推动辽、吉、黑、蒙四省区文化旅游合作交流与创新发展，携手共同制订市场拓展计划，推进区域一体化。建立东北文化旅游合作联席会议、搭建东北旅游协作区等新平台，实施横向协作联动旅

游宣传促销项目。

大力实施“旅游+”战略，培育东北旅游新业态、新产品，整体打包向海内外推介。要积极推动省内区域联动发展，推进沈阳经济区、辽宁沿海经济带和辽西北三大区域内文化旅游产业发展的协作等，增强区域旅游整体吸引力和竞争力。

22.3.5　加强文化旅游区域合作

要转变文化旅游人才观念、创新人才体制机制，积极搭建人才成长平台。要推动人才融合，建立主体多元的产业人才培养体制。借鉴上海市的经验，把教育和文化旅游产业发展紧密结合起来，构建“文教结合”机制，及时发现和预测辽宁文化旅游产业发展所需的各类人才及其规模、层次、结构。把文化旅游相关学科和专业纳入辽宁高校学科建设计划，把辽宁特色优势文化学术学科纳入辽宁高水平地方高校建设范围，进行重点建设。借鉴四川省的经验，在全省开展特色文化旅游人才工程建设，积极搭建政府、文化旅游企业及景区、社会与特殊文化旅游人才之间的桥梁，吸引更多社会各界优秀人才投身到文化旅游产业发展中。

在广泛调查研究的基础之上，制订“特色文化旅游人才工程建设”实施方案，规范相应管理办法，制订特色文化旅游人才选拔、培养、培训计划。要出台财政支持政策，保障经费和人员投入，确保特色文化旅游人才工程建设实施方案的贯彻落实。要依托辽宁高等院校特别是旅游类高等院校，建设特色文化旅游人才培养平台和高地，快速培养大批辽宁特色文化旅游人才。要进一步完善文化旅游高端人才引进机制，为辽宁文化旅游产业发展积聚更多的优秀人才。

22.3.6　构建多元投资主体，突破文化旅游产业发展瓶颈

文化旅游融合发展，要充分发挥社会资本与市场资源的配置作用。要加大政府的财政投入，根据辽宁经济发展水平，适当增加省文化旅游产业发展专项资金数额。还要借助社会资本的投入和参与，构建多元投资主体。要研究建立文化金融合作机制，搭建平台为文化旅游融合企业和项目

提供投融资服务。

要引导和鼓励多种形式的社会资本进入文化旅游产业，共同推进文化旅游融合发展。要强化政策扶持和保障，鼓励和支持金融机构创新金融产品及服务，构建文化旅游产业融资平台，解决文旅产业融资难的问题，推动文化旅游产业发展。政府及金融管理部门要制定操作性和实践性强的政策，让多方面和多条线的政策红利直接落地。

鼓励各金融机构大力支持旅游业发展，建立“全产业链”的金融服务体系。鼓励引导金融机构优先安排重点旅游项目贷款资金，并给予政策倾斜。积极开展旅游景区经营权和门票收入质押、股权和商标质押、旅游装备服务企业知识产权质押、海域使用权抵押、旅游酒店经营性物业抵押贷款等适合旅游企业经营特点的融资模式。加大对小微旅游企业和乡村旅游企业的信贷支持。对符合信贷条件的旅游项目要加大融资授信支持，根据旅游项目的风险和经营情况，合理确定贷款利率、期限和还款方式，对国家、省、市重点扶持的旅游项目尽量执行基准利率。

加强窗口指导，引导地方银行信贷资金倾斜文化旅游产业。地方政府及金融管理部门要加强窗口指导，合理引导信贷资金向文化旅游产业倾斜。创新金融产品与服务，做好微观层面的供给操作。要因户施策，差异化精准金融供给。增强信息科技支撑，保障金融便利，建立文化旅游产业信贷风险管理机制。鼓励地方银行主动加强创新实践，探索对文化旅游产业信贷供给的风险分散、转移和补偿等风险管理机制，强化风险的可预见性和可控性。

策论

本书从第23章到第28章，从产业发展对策的视角，将调研报告及发言材料中侧重谏言的内容，划入策论篇进行论述。内容包括：抓住产业链缩短、本地化配套趋势增强的机遇，壮大辽宁工业经济；在后疫情时期加快发展应急产业，提高应急管理能力；通过释放东北粮食优势，打造辽宁食品大省；在建设沈大经济带过程中，发挥“辽中南城市群”作用，形成产业聚集区，支撑产业高质量发展。在推进数字产业化、产业数字化、治理数字化的进程中，顺应数字时代的发展趋势，加快“数字辽宁”建设。基于辽宁智能技术和传统产业基础，大力发展智能制造，提升产业的智能化水平。激发市场主体的活力，鼓励、支持创新创业型科技企业，积极培育更多的“独角兽”和“瞪羚”企业。顺应扩大开放趋势，实现辽宁高质量对外开放，促进形成“十四五”时期改革发展新布局。最后，打造良好的营商环境对于实现产业高质量发展至关重要，辽宁应进一步升级和优化营商环境，助力辽宁产业发展壮大。

“十四五”时期是产业补链、强链、延链的关键阶段。辽宁应围绕产业链的发展瓶颈和薄弱环节，以抢占产业价值链高端为目标，提高辽宁传统产业产品的联合成套能力，推动原材料行业提高产品精深加工能力，加快将资源优势转化为产业优势和市场优势，同时，强化招商引资和重大项目支撑，补齐产业链短板。抓住产业补链、强链、延链的机遇，壮大辽宁工业经济。

随着全国进入后疫情时期，辽宁应注重应急预案实施过程中暴露出的问题，及时更新完善预案，并健全应急物资保障体系，补齐短板，防患未然。同时，发挥辽宁作为工业大省的优势，抢抓机遇，发展应急产业，提升辽宁应急管理能力，提高应对突发公共事件的能力。

食品产业是朝阳产业，到2020年年底全国规模以上企业主营业务收入规模可达15万亿元，在全国工业体系中保持12%左右的最高占比，预计年增长率高于同期GDP，发展潜力巨大。辽宁位于东北平原玉米带和大豆主产区南端，可以释放东北粮食优势，发展饲料加工、畜牧养殖、食品加工，有条件有潜力建设成为食品大省。

城市群发展作为现代社会进步和经济发展的标志和途径，是区域发展的新引擎，是东北振兴发展的新动力。加快发展“哈长沈大城市群”，有助于增进区域认同和促进共同发展，有助于强化产业链配套和壮大经济规模，有助于形成区域市场和拉动城市群消费，有助于发挥区域优势和促进协调发展。

“十四五”时期是建设“数字辽宁”的关键时期，需要加快建设步伐。在应对新冠疫情和常态化防控的过程中，非接触式经济得到快速发展，通过非接触方式，满足了生产、生活的各项需要，减少了病毒的传播途径，还开拓了新的经济形态。在智能化逐步普及的过程中，迎来了智慧产业快速发展的机遇期和成长期。辽宁应抓住机遇，注重智慧产业的发展，在推进传统产业转型升级的过程中，提升传统产业的智能化水平，带动智慧产业发展，提高辽宁产业及经济的核心竞争力。顺应互联网时代的数字化趋势，利用新一代信息技术对辽宁传统产业进行数字化改造升级，加快全省数字产业发展，提高政府治理数字化水平，借助工业互联网促进工业化与信息化融合，大力发展数字经济，加快建设“数字辽宁”。

加快制造业智能化发展是制造业转型升级的必由之路，加快推进由“辽宁制造”向“辽宁智造”转变，是辽宁产业升级的重大机遇。辽宁应坚持规划引领、分类指导，加强建立智能制造示范基地，搭建智能制造发展平台，规范标准，落实改造，促进制造业转型升级，推动产业价值链向高端延伸，向各领域扩展，培育形成新的经济增长点。

产业发展的基础是市场主体，在新技术日新月异的时代，更需要鼓励、支持创新创业型科技企业，培育更多的“独角兽”和“瞪羚”企业。当然，对所有的企业而言，都是市场主体，激发市场主体的活力，有助于构建现代产业体系，实现经济更好发展和高质量发展。

辽宁是中国东北地区唯一的沿海沿江沿边省份，是“一带一路”建设的重要节点，是东北对外开放的重要门户，区位优势得天独厚。辽宁应积极扩大对外开放，坚持把扩大开放作为推动高质量发展的必由之路，主动融入国家“一带一路”建设，积极参与京津冀协同发展，着力打造对外开放新前沿，不断提升改革发展的质量和水平，积极参与国内国际双循环，在不断提高对外开放水平过程中，促进辽宁振兴发展。

产业的高质量发展离不开良好的营商环境。推动政府服务职能转变，强化政策保障，改善政府服务，联合政府与社会营造追求创新的环境，营造适于产业发展的环境。以市场需求为导向，完善法治，加强监督，保护市场主体。不断深化“放管服”改革，降低企业创新、人才创业门槛，在全省形成鼓励创新创业的良好氛围。通过优化营商环境，促进辽宁更好更快发展。

第23章

全力抢抓机遇促进后疫情时期辽宁发展

新冠肺炎疫情对全球经济和社会发展造成了严重影响，也给辽宁的发展带来了挑战，同时也带来后疫情时期的机遇。疫情对物流和人流的影响，延伸为对产业链、供应链、资金链、信息链、价值链的影响，同时出现就近配套的趋势，辽宁可以抢抓产业链本地化机遇，做强辽宁工业经济，拉动全省经济发展。根据抗击疫情的经验教训，积极完善突发公共卫生事件应急预案、加快健全应急物资保障体系、加快发展应急产业。

由于辽宁处在东北粮食主产区的南端，是玉米南运的必经地，有发展饲料加工、畜牧养殖、食品加工的良好条件和产业基础，可以在辽宁释放东北粮食优势，打造辽宁食品产业大省，做大现代产业体系。

同时，推动经济更好发展和促进辽宁振兴。在推动形成辽中南城市群优势互补的区域经济布局中，加快发展沈大经济带，带动全省经济高质量发展。

23.1 抢抓产业链本地化契机壮大辽宁工业经济

从中国应对新冠肺炎疫情的有效做法，到全球阻止疫情蔓延的具体措施，包括“封城”、“锁国”、居家隔离、控制交通、限制聚集性活动等，以减少非必要的人员接触，控制新冠病毒传播，避免及减少病毒感染。这些无奈的做法，使经济活动和社会生活受到限制，使物资流动不畅，导致生产经营和生活消费活跃度降低，使国际金融、内外贸易和全球经济受到严重影响。疫情严重影响了生产经营活动，造成了医疗物资短缺，个别国家客商在机场截流运往订货国家的医疗物资，出现争夺医疗物资的情况，导致后疫情时期，许多企业特别是跨国公司的复工复产难以进行，复工达产更加困难。疫情对全球供应链、生产链、销售链的冲击，对世界经济的影响，已经导致缩短产业链和配套本地化趋势日趋明显。

23.1.1　后疫情时期是补短板促发展的重要机遇

辽宁工业本地化配套率低、消费品比重低是明显的短板，需要择机补齐。辽宁的工业结构以装备制造业和原材料工业为主，最终消费品比例偏低，在超市里和电商平台上辽宁产品不多。涉及的工业装备，其本地配套率也很低。例如，辽宁作为国防装备大省，其本地化配套率通常都不足15%，电子信息产品的本地化配套率也低于20%，这成为辽宁工业的短板。在后疫情时期，通过本地化配套缩短产业链，辽宁可以把挑战转化为机遇。通过产业链本地化壮大辽宁工业经济，再附依消费链缩短，就地转型多生产终极消费品，双管齐下，可以扩大辽宁经济总量，加快辽宁全面振兴。

由于应对疫情的特殊需要，以及后疫情时期复工达产的考虑，通过缩短产业链实现本地化配套，为辽宁壮大工业经济带来了难得机遇。中华人民共和国第一个五年计划开始了第一次产业布局，改革开放以来进行了第二次产业布局，自此中国大规模的产业布局基本完成。同时，中国工业增加值占GDP的比重开始逐年下降，服务业逐渐成为占比最大的产业。此后的工业发展只能依靠产业升级和完善配套来实现。因此，此次疫情后出现的本地化配套趋势，将成为辽宁壮大工业非常难得的机遇。针对这个趋势，全国的工业省份大致可以分为三类：一类是当地配套比较齐全的南方发达省份，二类是类似于辽宁这样有工业基础而本地配套不全的省份，三类是工业基础较弱还谈不上完善配套的省份。因此，对于辽宁这类省份而言，抢抓本地化配套趋势的机遇，具有特殊的现实意义。

23.1.2 做好补短板促发展的重点工作

做强辽宁工业经济的重点是保持和发展现有存量，引进和扩大外来增量，特别是以扩大增量为重点，要做好如下五项工作：

一是把为辽宁配套的外地企业引入辽宁企业周边，实现就近配套。例如，设立中德产业园为宝马汽车配套，设立各类产业园为龙头企业配套等，都是值得肯定和推广的做法。由于辽宁本地企业在质量、价格、服务等方面缺乏竞争力，导致为辽宁装备制造企业配套的大部分企业都在南方。疫情期间暴露的运输距离远、物流成本高、配套保障差的问题，使上游企业趋向就近配套。而能够稳定配套关系和实现就近配套的最佳方案，就是吸引南方的配套企业到辽宁企业周边建厂，实现老客户就近配套，这样既保留了供应链，又缩短了运输距离，当地又增加了企业，实现一举多得。因此，当前需要辽宁各级政府，辨识企业的新需求，落实优化政策，促进主体企业和配套企业集群式发展。

二是对于短时期内不能到辽宁发展的外地企业，支撑龙头企业实行B计划，培育本地合格供应商，鼓励本地企业逐步替代，实现本地企业相互配套。对于原来外地配套企业由于资金筹措、搬迁费用、熟练工人、原材料供应等方面的问题，暂时不能迁入的，可以对接辽宁当地企业，逐步进行本地化替代，尽快实现就近配套。

三是提升消费品比重，企业向生产最终产品方向调整，就近满足当地市场需求。优化辽宁工业结构的一个基本共识，就是把原材料工业向成品型的消费品工业转型，向当地市场就近供应消费品，实现就近增值。以辽宁作为钢铁大省为例，应该大力发展钢铁深加工产业，生产金属工具、金属家具、金属日用品、金属餐具等金属厨房用品等等。基于辽宁特别是东北一亿多人口的消费市场，甚至辐射华北及东北亚地区，发挥辽宁的消费品生产潜力。

四是鼓励商业企业和电商平台推销辽宁本地商品。虽然现在的商业企业和电商平台实行市场化运营，政府更需要带头遵守市场规则，不干涉其正规经营活动。但是，政府的政策鼓励和政策引导形成的规模效应，地方领导上电商平台带货，都可以达到推销本地商品的效果。同时，企业就近销售节省的物流成本，就近售后服务，再配合一些促销活动，会对辽宁工业向消费品转型发挥相应的配合作用。通过抓住此次难得的机遇，实现辽宁工业结构转型。

五是注意防止辽宁企业外流，避免削弱本地工业实力。本地化配套趋势并非只发生在辽宁，与辽宁工业结构和规模类似的地方，也会存在相应的趋势和采取相关的措施，也会把辽宁为外地配套的企业拉到当地。为了不削弱辽宁的工业实力，应该尽量让这些企业实现就近配套，或者转型，协助这些企业留在当地，共同发展，这也是政府应该做好的工作。

23.1.3　采取得力措施确保补短板促发展效果

为了在“十四五”时期抓住产业链缩短和本地化配套的机遇，达到做强辽宁工业经济的预期效果，建议采取如下四条措施：

一要出台鼓励产业链本地化五年行动计划。后疫情时期，配套本地化的趋势会维持一段时间，实现配套本地化是一个过程，基于预测判断，这个过程的峰期也就五年左右，故建议出台辽宁省鼓励产业链本地化配套五年行动计划。通过文件明确行动计划的指导思想、工作原则、重点任务、具体措施，以及开展相关的活动等。

二要加大招商力度吸引外地企业落户辽宁。借助本地化配套补齐当地产业链，发展产业集群，其关键是通过招商引资把为本地企业配套的外地企业吸引到本地落户。具体办法是发挥本地企业的主导作用，对把配套企业引入当地的人员和企业给予精神和物质奖励，给各级地方政府及各类开发区管委会具体任务和引进企业指标，给引进来的企业优惠待遇，特别是要帮助引进的企业开拓本地配套业务，扩大原来配套额度之外的生产规模，使原来因为辽宁企业配套量不足，拒以独立设厂的企业，也能够在辽宁发展壮大，实现互利互惠。

三要搭建配套信息平台，利用产业地图，促进本地企业相互配套。此项工作应该着眼全省一盘棋，不仅鼓励各个市县区属地配套，更要以属地为基础做到全省企业相互配套，协助引进来的企业扩大生产规模，实现集群式发展。为此，需要解决企业间信息不对称问题，通过共绘和使用产业地图，搭建和完善企业信息互动平台，助力企业就近找到配套伙伴。

四要基于现有政策综合施策，积极推进，务求实效。多年来，全省和各市县区都出台了许多鼓励企业发展的优惠政策，针对后疫情时期经济的恢复，又有一些新的支持政策，对于为本地化配套而引进的企业，可能需要一些具体扶持政策，但是，目前最需要的是综合施策，切实落实好各项政策，真正取得支持企业发展和做强辽宁工业经济的实效。

23.2 后疫情时期补短板加快发展应急产业

面对严重危害人民生命健康的新冠肺炎疫情，党中央、国务院果断决策，启动重大突发公共卫生事件一级响应，展开全面抗击。辽宁也及时采取应对措施，较早在省内有效控制了疫情，并大力援助省外重点疫区，展示了辽宁的应对能力和长子情怀。随着全国疫情防控形势积极向好，战胜疫情的时刻终将到来，从有序复工复产到全面稳产达产，疫情防控和经济发展将进入后疫情时期。

当务之急，需要正确应对疫情中存在的问题和漏洞，及时补齐短板，提升应急管理能力和恢复经济活力，尽快完善突发公共卫生事件等各类应急预案，尽快健全应急物资保障体系，抢抓机遇发展应急产业，以此提升应急管理能力，促进辽宁振兴发展。

23.2.1 针对问题，及时更新，完善全省突发事件应急预案

抗击疫情的实践是对突发重大公共卫生事件应急体系和应急能力的一次实战检验，也是对应急预案质量和实施效果的全面检验。全国能够在较短时间内控制疫情并将最终战胜疫情，在一定程度上表现为公共卫生应急预案的良好实施效果，表现为国家应急能力和社会动员能力的有效发挥，

有助于健全国家公共卫生应急管理体系，提高突发重大公共卫生事件的应对能力。辽宁应对疫情坚决有力，较早控制了疫情蔓延，降低了响应级别，并有序恢复生产经营，也表明应急预案发挥了积极作用。同样，应急预案实施过程中暴露的问题，正是需要弥补的短板，为更新完善预案提供了切入点和着力点，也为健全应急管理体系提出了迫切要求和更高标准。

基于新的定位、原则和技术，制定高质量的突发公共事件应急预案，也是提升应急能力的具体举措。鉴于此次及类似疫情的危害和影响，首先，应该把重大疫情列入国家公共安全事件的最高等级予以预防，列入特别重大突发公共卫生事件进行防控，把应急预案启动作为应急响应的关键，并在应急预案中予以明确，用以提高应急预案的权威性、指导性和可操作性。其次，举一反三，对辽宁全省各类应急预案进行全面修订，与时俱进地更新预案的定位要求、启动条件、技术支撑、演练安排、物资保障等内容，使应急预案在需要时能够拿得出、顶得上和用得好，能够做到有备无患、临阵不慌、沉着应对。

通过对应急预案进行重大更新，切实提高应急预案的质量和应对突发事件的能力。高质量的应急预案，应该由人工智能、区块链、大数据、云计算等信息技术全面支撑，关联信息及时更新，平台化指挥精准调度，实现动态监测及应急响应的智能化联动体系。据此应对复杂多变的各类突发事件，把事件的频次、规模、影响、危害等控制在最低程度，逐步改变应急预案只是静态文稿、应急内容不能与时俱进、相关信息更新滞后的状况，使应急预案保持常新，能够随时启动，随时动态响应，真正发挥应急预案的应有作用。

23.2.2　补齐短板，有备无患，健全应急物资保障体系

在疫情应急响应启动后，出现了应急物资供应紧张的情况，特别是在重点疫区和应急响应初期，物资极度短缺，只有通过国内外紧急调运和采购，才能应对疫情防控的迫切需要。由于此次疫情属于罕见的特别重大突发公共卫生事件，且政府、医院、红十字会应对医疗物资短缺的经验不

足，特别是应急医疗物资储备体系尚不健全，进而影响了抗击疫情效果。

针对抗击疫情期间发生的应急物资供应不足，防控物资出现短缺的情况，习近平总书记在2020年3月1日出版的第5期《求是》杂志发表文章指出：“要健全统一的应急物资保障体系。把应急物资保障作为国家应急管理体系建设的重要内容，尽快健全相关工作机制和应急预案。优化重要应急物资产能保障和区域布局，做到关键时刻调得出、用得上。健全国家储备体系。建立国家统一的应急物资采购供应体系，推动应急物资供应保障网更加高效安全可控。”

在后疫情时期，辽宁要尽快建成应急物资动态储备系统，形成对应急物资保障体系的技术支撑，这是贯彻习近平总书记部署的具体举措，也是辽宁应该做好的一项工作。落实好国务院部署要求：“健全应急产品实物储备、社会储备和生产能力储备管理制度，建设应急产品和生产能力储备综合信息平台，带动应急产品应用。加强应急仓储、中转、配送设施建设，提高应急产品物流效率。”在市场调节和产能保障的基础上，厂家及商家适量存储、用户增加储量，国家、省、市、县各级合理分工，建立基于电商平台的应急物资动态储备系统，融入应急物资保障体系。作为四级应急预案的物资储备安排，在县、市级预案中，把物资储备在最终用户端，做到用储结合。在省级应急预案中，可以建立基于电商模式的应急物资动态储备系统，实行有进有出，售储结合，储备物资按照品种和数量动态质押在电商仓库，实现动态平衡储备。而国家级应急预案的物资储备，主要是对省级储备的统筹，借助电商平台的库房分布及物流体系，可以方便及时有效地实现应急物资的快速调用。同时，基于电商平台的动态平衡储备可实现物资保质期和有效期内的良性循环，避免占用财政资金大量采购，堆积不用，过期报废，造成浪费。

辽宁是国家的战略要地和交通枢纽，率先健全省级应急物资动态储备系统，形成对国家应急物资保障体系的战略支撑，是辽宁应有的责任担当。辽宁具有工业基础和应急产业基础，能够提供相应的产能储备和应急服务。省内县级和市级的用户端储备，可以满足应急物资保障体系对县市的储备要求。基于辽宁信息化发展水平和各大电商平台在辽宁的区域布局，可以率先建成基于电商平台的应急物资动态储备系统，用于国家级储备的统筹协调，为健全国家应急物资保障体系做出贡献。

23.2.3　需求导向，抓住机遇，加快发展应急产业

在抗击疫情过程中，特别是在应急响应初期，遇到了医疗隔离设施不够、防疫装备不足、防护服及医疗用品严重短缺、应急服务跟不上等诸多问题。后疫情时期，伴随着公众安全意识的提高及落实国家战略部署的要求，亟须更新各级应急预案和健全应急物资保障体系，这势必催生对应急设施、装备、产品和服务的有效需求，为应急产业带来难得的发展机遇。重温和落实国务院办公厅印发的《关于加快应急产业发展的意见》（国办发〔2014〕63号），大力发展应急产业，积极为突发事件预防与应急准备、监测与预警、处置与救援提供专用产品和服务，提升应急物资保障能力，是提高公共安全基础水平的迫切要求，是培育新的经济增长点的重要内容，也是提升应急技术装备核心竞争力的重要途径。

辽宁作为工业大省，具有发展应急产业的良好基础。抚顺拥有东北地区唯一的国家级应急产业示范基地，且在全国12个基地中唯一以矿山石化为重点产业方向，其应急救灾装备广泛应用于消防、矿山、石化、航空航天等领域；该基地中30多家企业的330多种产品涉及监测预警、预防防护、处置救援、应急服务四大类，立足辽宁、辐射东北、面向全国、出口海外的格局初步建成。位于营口的中国北方安全（应急）智能装备产业园，初步形成了以高端安全装备制造和智能化监测监控系统为主体，以应急救援工程机械和安全领域应用新材料等为配套，以科技研发、金融服务、成果孵化为支撑的产业体系，园区内110多家企业生产的100多种产品涉及火灾消防、公共安全等8个门类，销往全国各地及海外。此外，沈阳、大连、铁岭等市也具备一定的应急产业基础。辽宁有诸多的应急装备和产品，包括华晨负压救护车、东软医疗设备、新松医用配送机器人和智

能医用辅助设备等，在此次抗击疫情中均发挥了重要作用，也预示有良好的市场前景。

抢抓机遇发展应急产业，是支持国家应急物资保障体系建设的需要，也是促进辽宁加快振兴发展的需要。建议结合落实国务院关于加快应急产业发展的意见，适时出台辽宁加快发展应急产业的行动计划，明确发展思路、重点和措施。立足辽宁工业基础，聚焦监测预警、预防防护、处置救援、应急服务四个方向作为产业发展重点，形成辽宁装备和产品特色，树立辽宁应急服务品牌。大力支持应急产业基地、产业园区的建设，支持重点企业开发生产应急装备和产品，支持有条件的企业转型生产应急产品和从事应急服务。

辽宁在深化信息化与工业化融合的过程中，应运用大数据、物联网、云计算、人工智能等新技术，提升应急产业的智能化水平，大力发展智慧应急产业。特别要鼓励生产具有远程管理、实时监测、自动控制、智能识别、主动预警等功能的应急机器人、医疗设备、特种车辆、防暴器材等装备和产品，大力推广应用基于三维地图、实时定位、指挥调度的可视化应急管控平台。推动传统应急产业向智慧应急产业的转型升级，使辽宁应急产业成为全省工业经济的增长点，成为促进辽宁振兴发展的新抓手，成为国家应急产业体系的新亮点。

23.3 释放东北粮食优势，大力发展食品产业

在加快供给侧结构性改革、做好“六稳”、落实“六保”、谋划“十四五”时期发展、构建辽宁现代产业体系的过程中，在继续强化辽宁工业大省地位的同时，有必要也有可能把辽宁建设成为食品产业大省。辽宁省地理位置优越、气候条件适宜，位于东北平原玉米带和大豆主产区南端，有丰富的饲料原料、秸秆、饲草和添加剂辅料供给，饲料加工业、畜牧养殖业、食品加工业形成规模，水产养殖、捕捞及加工业、食品包装业及相关配套产业，均有发展基础和前景，辽宁省有条件有潜力发展食品产业，建

设成为食品产业大省。

23.3.1　辽宁发展食品产业符合经济发展的内在逻辑

玉米和大豆种植带通常也是畜牧养殖带，这是世界农业发展的普遍规律，东北畜牧业发展水平比世界畜牧养殖带落后，与丰富的粮草资源不相称，并导致食品产业规模也不相称。食品产业空间布局受资源禀赋、区位优势、消费习惯及现有产业基础的影响，会向原料主产区、重点消费区和物流枢纽区逐步集中和持续优化。以往由于饲养方式粗放、畜产品加工和运销能力不足，冬季低温严寒增加了养殖成本，远离市场增加了物流成本，导致东北畜牧业生产效率总体上低于全国平均水平。现在，人们对有机、绿色畜产品等高端消费需求不断增加，南方沿海地区、水网地带禁养限养，倒逼畜牧生产北移西进，东北特别是辽宁迎来了加快畜牧业发展的大好时机。

东北南部的辽宁沿海经济带环渤海区段及辽西北的丘陵地区，作为连接东北饲料原料地与南方食品消费区的海运通道及陆路走廊，地处东北玉米南运的必经地，还是豆粕供应丰富、位列全国第五的大豆压榨集聚区，土地资源丰富，比较适宜的寒温带气候产出的肉蛋奶品质上乘，再加上规模化养殖、加工、销售的较低成本，便捷的物流网络，以及现有的产业规模、技术管理人才、市场销售渠道等，赋予辽宁发展食品产业得天独厚的条件。现在，后疫情时期的产业链整合，网上销售的快速普及，全国铁路客货分流，销售半径延长，为辽宁食品产业发展提供了新的机遇。

利用充足的饲料、秸秆和饲草，东北特别是辽宁可以大力发展肉鸡、蛋鸡、猪、肉牛、奶牛、羊、水产品的养殖。根据农业农村部资料，东北的粮食、秸秆、青贮玉米、苜蓿产量在 2015 年就已经分别占到全国的 24%、41%、70% 和 13%。东北地区发展畜牧业的人工成本比全国平均水平低 20% 甚至 30%，东北养殖用地比中原和南方水网地区相对宽裕。东北地区属于畜产品价格洼地，肉、蛋价格总体较低，有市场竞争力。近些年来，以粮食及畜牧业为基础的食品产业一直处于上升阶段，产业链上龙头企业不断发展壮大，产业规模和销售收入稳定提升，就得益于东北特别是辽宁的基础和优势。

东北平原作为玉米和大豆主产区，有丰富的饲料原料和秸秆饲草供给，有把草料转化为肉蛋奶的条件，能够把国家粮食安全延伸为食品保障。东北特别是辽宁已经具备粮食生产、畜牧养殖、食品加工及相关配套的产业基础，完全有可能把以玉米和大豆为主的粮食基地转化为以肉蛋奶为主的食品基地，把粮食外运变为肉蛋奶外运，以适应后小康社会人们饮食结构由碳水化合物为主向高营养蛋白质的转变。

23.3.2 辽宁具有发展食品产业的优越条件

东北粮食优势可以在辽宁充分释放，发展以玉米和豆粕为主要原料的饲料加工业。国家统计局数据显示，全国玉米总产量保持在2.2亿吨以上，其中东北的产量约占一半，自2015年以来一直超过1亿吨。2018年东北四省区最高时共拍卖临储玉米7 100多万吨，淀粉、乙醇等企业的玉米深加工能力在2018年达到4 600万吨，2020年接近6 000万吨，现在每年仍有4 000多万吨玉米外运。辽宁省处在东北玉米带和大豆主产区的南端，每年外运的玉米都经过辽宁港口和陆路运往南方。通常的饲料配方中有约60%的玉米和20%的豆粕，其他为添加剂等辅料，辽宁近年的饲料年产量约1 000万吨，山东和广东约3 000万吨，辽宁完全有年产3 000万吨以上的潜力。2019辽宁全年粮食总产量2 430万吨，全年油料产量97.7万吨，其中绝大部分玉米和油料副产品用于饲料原料。截至2020年2月全省有饲料和饲料添加剂生产企业797家，配合浓缩精料补充料生产企业555家。若把4 000万吨东北外运玉米在辽宁就地加工转化，可以数倍地增加饲料加工企业规模、饲料加工能力和饲料产量。

利用充足的饲料可以做大做强畜牧养殖业。辽宁的饲料加工能力为发展肉鸡、蛋鸡、猪、淡水水产、肉牛、奶牛、羊的养殖奠定了基础。辽宁省农业农村厅资料显示，2019年，全省肉类总产量365万吨，蛋类产量307万吨，奶类产量133万吨，其中猪肉产量189.4万吨，禽、牛、羊、驴等肉类生产稳定，不仅确保了本省的肉蛋奶供应，还外销其他省区和远销海外。“十三五”期间，全省农产品出口额由2016年的45.6亿美元增长到2019年的51.4亿美元，始终位居全国前五位。出口农产品涵盖种植业产品、水产品、畜产品和林果类产品四大类33个品种，杂色蛤、裙带菜、杂粮、辣根、鹿茸等产品出口规模在国内行业中处于前列。

据报道，2020年7月辽宁有总投资127亿元的64个大型养猪项目，正在新建或改建中，每个项目投资额均在500万元以上，2020年年底，新增生猪存栏约200万头以上，可见辽宁畜牧业的发展势头强劲。

辽宁养殖业的集约化规模化发展，为食品加工业发展奠定了基础。2019年，全省食品加工企业名录登记3 830家，规模以上农产品加工主营业务收入达到2 867亿元，比2018年增长8.54%，21个农产品加工集聚区主营业务收入892.5亿元，同比增长11.8%。新增规模以上农产品加工企业52家，共培育壮大省级以上农业产业化重点企业636家，其中国家级64家，排在全国第7位。

饲料加工、畜牧养殖、食品加工产业链的形成和发展，是释放东北粮食、辽宁区位和产业优势的结果。辽宁禾丰牧业的饲料及畜产品、大连韩伟集团的肉鸡和鸡蛋，锦州沟帮子烧鸡和黑山的褐壳蛋等，已经是行业的著名企业和名牌产品。基于优良的生态环境，突出绿色、有机、品牌的特色，通过招商引资吸引全国有实力的农牧业和食品产业的龙头企业，到辽宁通过“企业+家庭牧场”和产加销一体化的方式，发展集约化规模化畜牧养殖，形成品牌化商业化加工销售，把区域的粮草资源优势转化为经济优势。

23.3.3　“十四五”期间加快发展辽宁食品产业的具体建议

从辽宁食品产业发展背景来看，“十四五”期间是深入实施东北振兴战略的重要时期，是充分利用资源探索发展新路的重要时期，把释放东北粮食和畜牧业优势，发展食品产业列入规划非常必要。我国2020年规模以上食品工业企业主营业务收入突破15万亿元，在全国工业体系中保持

12%左右的最高占比，预计年增长率高于同期GDP增长率，发展潜力巨大。基于粮食优势建设国家食品基地，将国家粮食安全延伸为食品保障，应该列入国家“十四五”时期规划。通过规划强调对黑土地的保护利用，重申东北粮食在国家安全中的战略定位，明确东北发展畜牧业和食品产业的总体部署，特别是在“十四五”期间，通过出台支持政策，引领东北粮食生产、饲料加工、畜牧养殖、食品加工和配套产业发展，在规划、用地、资金、税收、人才等各个方面给予支持。使肉类和奶类产量占全国总产量的比重分别以15%和40%为目标，确保占比以高于同期GDP的增速逐年上升。

辽宁结合区位特点和产业发展定位，把食品产业发展列入“十四五”规划，明确目标、任务、重点工作、保障措施，确保在“十四五”期间，辽宁农牧业和食品产业实现更好发展，为提升国家食品保障能力作出贡献，走出优势充分释放的发展新路。

对辽宁而言，应该借鉴山东、河南、四川等食品产业大省经验，大力发展食品产业，明确建设食品产业大省。山东省2018年的数据显示，全省规模以上食品工业企业达5 000余家，实现主营业务收入1.7万亿元，约占全国食品工业主营收入的16%；实现出口额135亿美元，约占全国食品工业出口总额的24%，稳居全国食品工业大省首位。河南省利用丰富的农产品资源，大力发展食品工业，规模以上食品企业达3 410家，2015年食品行业主营业务收入突破万亿元，达到1.06万亿元，成为食品产业大省。四川省2011年食品工业总产值和销售收入双双突破5 000亿元，近年来，四川省委省政府大力推进实施“食品工业大省向食品工业强省转变，建设中国重要的食品工业加工基地”的战略，2019年，四川省政府提出将食品饮料产业打造成为四川省五个万亿级支柱产业之一。黑龙江和吉林也先后提出建设食品工业大省。据悉全国至少有10个省提出建设食品工业大省。为形成建设辽宁食品产业大省的合力和加快建设步伐，提出如下具体建议：

一是把建设辽宁食品产业大省与全省产业协调发展及东北一体化进程

结合起来，形成科学分工和良性互动。在辽宁沿海经济带环渤海段和辽西北地区，规划农业养殖和食品加工示范区。利用“飞地经济”模式，为辽宁其他地区例如大伙房水源地生态区、吉林省和黑龙江省的饲料加工、畜牧养殖和食品加工项目提供发展空间，共同促进食品产业发展。

二是出台支持产业发展的指导性文件，引领辽宁食品产业发展。全省形成共识，明确定位，在项目审批、用地指标、资金扶持、税收优惠、环境保护等各个方面给予支持，加快辽宁食品产业大省建设步伐。

三是发展存量、引进增量、扩大总量在鼓励存量企业发展壮大的同时，有针对性地通过招商引资，吸引食品产业相关的大企业到辽宁发展，共同做大做强辽宁食品产业。

四是提供专业化的技术支撑和服务，发展相关配套产业。从全产业链的视角补短板锻长链，大力发展从粮食生产、饲料加工、畜牧养殖、食品加工到包装运输全链条的配套设备和服务体系，广泛应用新一代信息技术，提高全产业链的智能化水平，优化产业结构，实现协调发展、更好发展和高质量发展。

23.4 发展“沈大经济带”，建设“沈大城市群”

近年来，尤其是习近平总书记在辽宁考察并主持召开深入推进东北振兴座谈会以来，反复强调新时代东北全面振兴要从“五大安全”战略高度，推动形成优势互补、高质量发展的区域经济布局。加快发展沈大经济带，加快建设沈大城市群，对优化辽宁乃至东北区域经济布局，促进东北振兴发展，具有非常重要的意义和作用。

城镇化发展已经取得阶段性成果，人口进一步向城市集聚趋势日益明显，使城市化发展成为当今中国经济社会发展的主要推动力。在“十四五”时期，城市化发展将进入城市群阶段，围绕城市群形成经济圈，围绕城市带形成经济带，成为构建双循环体系的主要载体，成为现代经济体系的产业聚集区。通过大都市经济圈及城市群经济带，挖掘新型城镇化的增量潜力，加快构建高效率的资源要素流通体系，加快形成国内经济大循环新格局。

当前，全国已初步形成了五大城市群和经济圈，“珠三角城市群”、“长三角城市群”、“长江中游城市群”、“成渝城市群”和“京津冀城市群”。东北三省需要建设“哈长沈大城市群”，成为国家第六大城市群和经济带。“哈长城市群”已经得到国家批准，在加紧建设之中，辽宁正在申报“辽中南城市群”，建议辽宁申报“沈大城市群”，在东北形成三省四市共同建设“哈长沈大城市群”的合力，把与“哈长城市群”联动，形成“哈长沈大城市群”作为振兴东北的抓手和举措。

对辽宁而言，需要加快推动“沈大城市群”建设，把“沈大城市群”发展列入辽宁“十四五”规划。加强城市群内部产业链配套，打破区域行政壁垒，优化区域产业布局。发挥“沈大城市群”在振兴辽宁中的作用，共同发力，促进东北全面振兴。

23.4.1 “沈大经济带”的发展现状

“沈大经济带”是东北哈大主轴的南端部分，从北向南串联铁岭、沈阳、辽阳、鞍山、营口、大连6座城市，人口2 400万，地区生产总值总量1.8万亿元，连接沈阳经济区、辽宁沿海经济带两大国家战略区域。加快沈大经济带建设，不仅有利于发挥沈阳、大连两大中心城市的辐射带动功能，而且有利于提升“辽中南城市群”能级，成为辽宁高质量发展的新引擎。因此，迫切需要构建以沈阳、大连为核心，以沈大经济带城市区域一体化为引领，以协同合作为依托的发展模式，进一步完善辽宁经济布局。

“十三五”期间，以沈阳、大连、辽阳、铁岭、鞍山、营口六城市为代表的“沈大经济带”进入快速发展阶段，集聚效应进一步凸显，对辽宁经济带动作用进一步增强。2018年，“沈大经济带”创造了全省72.1%的地区生产总值；集聚了超过56.8%的人口和超过70%的高校；农业增加值占全省比重超过50%，工业和服务业增加值占比超过70%（见表23-1）。“沈大经济带”逐渐成为辽宁重要的经济增长带。

表23-1　　2018年"沈大经济带"经济社会发展情况

地区	地区生产总值（亿元）	农业（亿元）	工业（亿元）	服务业（亿元）	总人口（万人）	高等院校（所）
沈阳	6 292.4	260.11	2 376.58	3 655.71	745.1	47
大连	7 668.5	442.7	3 241.58	3 984.2	595.2	30
鞍山	1 751.1	96.87	722.89	931.3	341.8	2
营口	1 346.7	102.57	597.69	646.46	231.4	3
辽阳	869.7	75.83	440.81	353.08	175.4	3
铁岭	616.6	141.69	196.39	278.54	291.6	4
总计	18 545	1 119.77	7 575.94	9 849.29	2 380.5	89
辽宁总计	25 732.8	2 033.3	10 510.4	13 189.13	4 191.9	115
"沈大经济带"占比	72.1%	55.1%	72.1%	74.7%	56.8%	77.4%

资料来源：2019年辽宁省统计年鉴。

以鞍钢等国有大型企业为龙头，形成了以鞍山、本溪为核心，辐射带动沈阳、辽阳等地区的高端钢铁材料产业群；以辽宁忠旺、辽宁忠大、中铝沈加等为代表的铝型材企业在辽阳、鞍山、沈阳、营口、盘锦、葫芦岛等地布局了铝材精深加工产业。石化产业发展向重点地区集聚，园区化发展趋势明显，大连、盘锦、抚顺、辽阳等地区石化产业规模约占全行业的80%。截至2019年，沈阳铁西装备制造产业集群、沈阳欧盟经济开发区汽车产业集群、大连软件和信息技术服务产业集群等17个产业集群被工信部授予国家新型工业化产业示范基地。

23.4.2　"沈大经济带"的问题及瓶颈

"十三五"期间，"沈大经济带"的经济带动作用、产业集群发展、开放平台建设以及区域交通基础设施等方面都取得较大进展，但一些深层次问题也不容易忽视。

一是区域发展不平衡问题突出，"两极"辐射力有待增强。2015—2018年期间，尽管"沈大经济带"经济带动作用显著增强，但区域内部发展不平衡、不充分问题非常突出，沈阳-大连两极的带动作用不明显，“极化”和“虹吸效应”非常明显。以人口为例，2015—2018年期间，沈阳和大连总人口分别增长了2.0%和0.3%，总人口呈现增长状态，但是鞍山、辽阳、营口、铁岭等城市人口数量呈现下降态势，均为负增长（见表23-2）。造成这种情况一方面与人口外流有关，另一方面与沈阳和大连的吸引力有关。

表23-2 2015—2018年“沈大经济带”经济社会发展情况

地区	2018		2015		地区生产总值增长（%）	人口增长（%）
	地区生产总值（亿元）	总人口（万人）	地区生产总值（亿元）	总人口（万人）		
沈阳	6 292.4	745.1	7 272.3	730.4	-13.5%	2.0%
大连	7 668.5	595.2	7 731.6	593.6	-0.8%	0.3%
鞍山	1 751.1	341.8	2 336.9	346	-25.1%	-1.2%
营口	1 346.7	231.4	1 513.8	232.6	-11.0%	-0.5%
辽阳	869.7	175.4	1 028.6	179	-15.4%	-2.0%
铁岭	616.6	291.6	740.9	300.4	-16.8%	-2.9%
总计	18 545	2 380.5	20 624.1	2 382	-10.1%	-0.1%
辽宁总计	25 732.8	4 191.9	28 555.6	4 382	-9.9%	-4.3%
“沈大经济带”占比	72.1%	56.8%	72.2%	54.4%		

资料来源：2019年辽宁省统计年鉴。

与国内长三角、粤港澳大湾区等经济带建设相比，“沈大经济带”建设的“两极分化”现象特别突出，普遍带动作用较差，区域内部发展不平衡、不充分问题逐渐突显。

二是合作水平低，缺乏统一的战略发展规划。目前，“沈大经济带”内各城市之间合作还停留在较低水平。主要表现在：第一，各城市合作很大程度上还是从发展各自的地方经济的要求出发。对于一个地方政府来说，地区生产总值是衡量政府政绩的主要标准，面对项目竞争与分配时，区域合作机制可能遭到最严峻的考验。基本上没有对土地利用、税收优惠等尖锐性问题进行详细探讨。第二，合作机制主要是以非常设的会议形式出现，缺乏权威性。以“东北四市市长联席会议”为例，参会代表一般就区域经济合作发表一些看法，基本上是交流、联谊的性质；其常设机构联络处的日常工作不过是收集一些信息。第三，“大而全”“小而全”的布局倾向，在同构竞争的道路上愈走愈远。产业结构趋同使得各地区不能发挥自己的比较优势，同时也使得投资和生产分散，降低了地区的整体经济效益。

三是行政区分割的体制性根源没有消除，行政壁垒问题突出。目前，行政区分割的体制性根源没有消除，区域行政不对称性、目标不确定性以及区域合作层次还不高的根本原因在于制度与体制，区际经济传递的规模与范围十分有限，普遍存在着“市属”观念强、“市域”观念弱的问题。错综复杂的行政屏障和利益冲突，直接导致：一是各自为政，缺乏整体协调，各方极少把眼光扩展到市属以外的地方，大多舍不得放弃自身的既得利益。二是行为扭曲，导致无序竞争。为了各自的经济利益，大都表现出强烈的“独立意识”，特别是港口竞争，招商引资相互比拼政策优惠。

23.4.3　推动“沈大经济带”的对策建议

“沈大经济带”是辽宁重要经济增长极和经济带，在对接国家重大开放战略中具有重要战略地位。面向“十四五”时期，如何激发“沈大经济带”潜力，成为辽宁实现高质量发展的重大战略举措。对此，有如下建议对策：

一是扬长避短，错位发展，推进腹地作用有效释放。依据比较优势和差异化发展原则，淡化行政区划概念，发挥创新要素集聚优势，实现区域、产业统筹规划，进一步明确各市的发展方向和功能定位，对区位相近、产业趋同的，统一制定专项规划与协同发展机制，推进产业在“沈大经济带”内的有序转移承接和资源要素的高效流动。

二是充分发挥自贸区、综合保税区示范引领作用，打造新经济增长极。利用好自贸区这一名片，以综保区为依托，加快硬件设施和要素资源配置的完善，积极推进辽宁相关城市争创跨境电商试点市。应引入推广成熟的跨境电商综合服务平台，实现跨境商品与监管部门的有效对接。加快通关一体化进程，促进贸易便利化。鼓励现有电商平台和传统外贸企业拓展跨境电商业务，利用跨境电商平台开拓国际市场，利用“海外仓”融入海外零售体系，推动海外营销渠道建设，以跨境贸易增强传统产业转型升级动力，培育壮大一大批跨境电商产业园区和企业主体，激发创新创业活力。

三是依托区位优势，打造东北亚国际物流与商贸中心。建议积极发挥港口牵动辐射作用，整合海陆要素资源，加快海陆双向衔接，加快“辽满欧”运输大通道建设，努力打造区域性国际物流中心。加强沈阳港与鞍山、辽阳、营口、大连等市的合作，致力于将其打造成东北亚国际物流与商贸中心，促进一体化发展。充分利用区域立体化交通优势深挖国际贸易物流潜力，合理规划大物流发展布局，大力发展多式联运，加快联接沈大经济带沿线城市的国际物流通道建设，全面提升物流业发展水平。

四是以科技创新带动新兴产业发展，促进民营经济、现代服务业双高。深入实施创新驱动发展战略，积极谋划筹建支撑产业发展的新兴产业技术研究院、共性技术创新中心布局建设。加强众创空间和创新创业孵化平台等载体建设，完善区域科技企业孵化体系，推动大中小微企业、各类科研机构、创客各展所长、优势互补。支持、鼓励本地企业主动与沈大区域高等院校、科研院所开展科技合作交流，不断拓展合作新领域、新内涵。重点推进区域制造业企业与东北大学、中科院沈阳自动化所等开展校企、院企合作，推动一批重大科技专项攻关，为新兴产业发展提供新引擎。大力发展民营经济和现代服务业，充分调动市场和社会力量参与“沈大经济带”一体化建设的积极性，鼓励各类企业协调好合作与竞争的关系，最大限度地发挥企业在区域合作中的主体作用。同时，建设科技大市场，打造科技资源集聚、科技创新交流、科技成果交易的示范基地。

23.5　促进沈阳都市圈物流一体化发展

沈阳都市圈物流一体化具备较好的协同机制基础、产业合作基础和设施互联基础，但也面临一些问题，突出表现在：一是物流成本过高，削弱了区域竞争优势。目前，沈阳社会物流总费用与地区生产总值的比率为19.5%，全国的平均水平为14%左右，沈阳地区的物流成本比全国高出约5个百分点。成本“高地”很难成为投资“洼地”，所以降低了区域产业环境的比较优势。二是枢纽功能不足，拉低了物流的效益水平。高效的多式联运综合体系尚未形成，运输结构公路一家独大，因缺少内陆港，沈阳地区的集装箱海铁联运比例仅为0.1%，而国际上为25%～40%。统一的物流信息平台尚未建立，物流信息不对称、不共享，阻碍物流资源优化配置。三是市场主体散弱，缺乏龙头项目引领。沈阳、鞍山、抚顺、本溪、辽阳五市规模以上交通运输、仓储和邮政业企业仅占4.7%，尚无本土企业入选全国物流企业50强。沈阳中欧班列2019年仅开行210列，较西安的2 133列、成都的1 576列等差距巨大。四是统筹协调乏力，制约合作互补共赢。物流一体化面临思想观念短板和顶层设计短板。在思想观念方面，各市尚未把物流业上升到主导产业的地位来重视和对待。在顶层设计方面，缺少强有力的高位协调机制和“一盘棋”运作的规划统筹，各市之间各自为政、竞争多于合作。

23.5.1　建设数字沈阳陆港，打造智慧物流信息平台

大力支持沈阳市与招商局集团、腾讯、中储智运等龙头企业合作，沈阳都市圈各市政府入股，成立数字沈阳陆港，打造立足沈阳都市圈，面向东北亚，能够实现物流信息互联共享，具备支付结算等金融功能的智慧物

流信息平台，与实体沈阳陆港构成线上线下融合发展的态势。

23.5.2 推进实体沈阳陆港建设，构建高效多式联运中心

支持沈阳市深化与招商局集团、中交建等央企的战略合作，大力推进沈阳陆港多式联运中心项目建设。建议采取“一核多支点”的模式。一核，即以沈阳陆港多式联运项目为核心，联动桃仙机场航空枢纽，形成“陆港+空港”双轮驱动。多支点，即联结沈阳市内沈阳东站中欧班列、蒲河铁路综合货场、自贸区、综合保税区等物流资源，促进整合互补;联结沈阳都市圈各市重要物流节点，打通辽宁中部城市群物流通道;与辽宁港口集团合作，建设都市圈出海通道。

23.5.3 加大沈阳中欧班列支持力度，共建国际物流开放通道

加大对沈阳中欧班列的资金支持。目前，西安、郑州、成都等地的省市财政均按一定比例对中欧班列给予补贴。其中，省级财政的补贴比例为40%～60%不等。建议辽宁设立中欧班列发展专项资金，省市各出资50%，对沈阳中欧班列给予补贴支持。支持沈阳争创国家中欧班列集结中心。建议辽宁省政府统筹沈阳都市圈和大连、营口等港口城市，以及辽宁港口集团资源配置，由中外运牵头承办公铁海航物流联动业务，实现全省货源与沈阳中欧班列无缝衔接，建设以沈阳为枢纽，省内外相关城市为节点的“干支结合、枢纽集散”集疏运体系，打造“盛京号”班列品牌，争创国家中欧班列集结中心。

23.5.4 加强顶层统筹领导，夯实协同协作组织保障

加强省级层面对沈阳都市圈工作的领导，由省里牵头，建立沈阳都市圈物流一体化联席会议制度，定期组织省直及各市领导、相关职能部门召开工作会议，研究确定发展规划、改革事项、支持政策，协调推进重大项目。将沈阳都市圈物流一体化发展纳入辽宁省“十四五”规划，抓紧编制沈阳都市圈物流一体化发展规划，与各市“十四五”规划有效衔接。

第24章

积极推进“数字辽宁”建设

推进“数字辽宁”建设，通过网络化、数字化、智能化促进产业转型升级，助力实现辽宁全方位振兴，更是辽宁贯彻落实习近平总书记提出的“实施国家大数据战略，构建以数据为关键要素的数字经济”，加快建设“数字中国”的重大战略部署。数字经济作为新一代信息技术与实体经济深度融合而产生的新型经济形态，已经成为数字时代的主导型经济，并在更新兴、更前沿、更融合的领域引领全球经济发展。非接触式经济作为非接触式服务业与非接触式服务装备制造业整合下诞生的新兴产业，在后疫情时期，迎来了快速发展的难得机遇，辽宁需要抓住机遇乘势发展，将其培育壮大。在建设智慧城市和智慧社会的过程中，智慧农业、智慧工业、智慧服务业进入成长期，辽宁应该顺应智能化趋势，注重发展智慧产业，赋能传统产业转型升级，发展壮大智慧经济。

24.1 加快辽宁数字化进程，大力发展数字经济

“十四五”时期是辽宁数字化进程和数字经济发展的关键时期，通过加快数字产业基础建设，加快“数字产业化、产业数字化、数字化治理、数据价值化”进程，全面推进辽宁数字经济发展，加快“数字辽宁”建设。

24.1.1 辽宁推进数字化进程和发展数字经济

辽宁先后印发了《辽宁省促进大数据发展行动实施方案》（辽政发〔2015〕81号）、《辽宁省加快推进“互联网+政务服务”工作方案》（辽政发〔2016〕81号）、《辽宁省政务信息系统整合共享实施方案》（辽政发〔2017〕88号）、《辽宁省工业互联网发展行动计划（2016—2020）》（辽经信〔2016〕141号）、《辽宁省“企业上云”实施方案》等文件，推进大数据汇聚和产业发展。同时，在医疗、金融、物流、教育、生态环境、市政建设、旅游、农业等各行各业出台的行动计划、发展指导意见或改革实施意见等文件中，均把建设大数据平台、与大数据深度融合或发挥大数据作用作为具体措施来推进行业发展。沈阳于2016年10月被国家发展改革委、工业和信息化部、中央网信办批准为国家大数据综合试验区，制订出台了《沈阳市国家大数据综合试验区建设三年行动计划（2018—2020年）》。

政策陆续落地。切实扶持企业上云，确定了37家上云服务商，沈阳支持华为公司、紫光等工业云，大连支持华为软件云、大连公共云服务平台。目前全省上云企业超过1万户，沈阳、大连累计安排补助资金4亿元；实施优惠电价政策，省发改、工信、物价等部门联合制定政策，对部分信息化企业自建的数据中心实施电价优惠政策。

市级大数据管理机构相对健全。据了解，2018年以来，辽宁除了鞍山、丹东、辽阳正在争取组建大数据管理的相关机构外，其余11个市均成立了大数据管理机构，沈阳在机构改革中保留了大数据局。市级机构相对健全，是辽宁大数据发展的一个特点。

辽宁具有雄厚的信息产业基础。拥有东软集团、荣科科技、大连华信等核心企业70余家。2018年，辽宁大数据核心基础产业，即软件和信息技术服务业实现主营业务收入2 071亿元，规模以上企业1 600多家，从业人员23.5万人，其中专业数据处理企业200多家，自主研发的数据采集、处理、分析相关工具软件100多个。

具备良好的大数据基础设施。拥有沈阳国际软件园、启迪科技园、大连软件园、大连腾飞软件园、大连天地软件园、鞍山光电产业园等近10个特色产业园区和以东软集团、大连华信、浪潮双创基地、格微软件为代表的企业园区。大连华信、鞍山梦网等20多个园区（企业）数据中心（不含三大运营商数据中心）投入运营。拥有大数据流通与交易技术国家工程实验室沈阳分中心、大连翰闻资讯海关数据等30多个公共服务平台，文思海辉大数据采集分析、现代高技术出租车大数据、东方测控矿山自动化监控等数十个垂直行业服务平台。全省4G基站总数超过7.5万个，无线4G网络总覆盖率达96.23%，实现县城以上城区、所有乡镇及行政村、大型公共场所、全省大学城、2A以上景区、高速铁路4G网络全覆盖。

数字化建设不断取得新的成果。辽宁移动等运营商和一些高新技术企业从探索尝试到应用推广，积累了4～5年的大数据经验，社会数据资源不断丰富，大数据应用百家争鸣，大数据监测应用相对活跃。如浪潮集团辽宁分公司拥有全国电商大数据资源，开展电商大数据监测分析；沈阳华盾大数据研究院开展基于监测大数据的电梯云、物业云、消防云、警务云、智慧换位等应用。

国内外大数据企业陆续到辽宁谋篇布局。国际外包业务及近百家世界500强企业，包括IBM、埃森哲、花旗、软银、富达基金、聚思鸿等公司建设国家东北亚大数据中心。德国SAP（思爱普）建设全球供应链采购交易平台。华为、腾讯、浪潮、京东、中科曙光等企业陆续投资辽宁大数据相关产业，华为（锦州）云中心、大连华为软开云等项目建成运营；省政府与腾讯公司开展数字辽宁、工业互联网和智慧城市合作；沈抚新区与浪潮、京东、中科曙光签署大数据合作协议；国家信息中心大数据创新创业（沈阳）基地正式运营，北京天地群网、美林数据等11家企业入驻，装备制造业大数据服务平台正式上线。

辽宁在全国率先组建省级工业互联网产业联盟，设立集成电路和智慧产业基金。另外还有中国工业软件产业发展联盟CAE分联盟、辽宁物联网产业联盟、云计算基础资源产业联盟、车联网产业创新联盟、移动云计算产业联盟、IDC俱乐部、辽商总会电子信息委员会等20多个机构从事大数据服务，初步形成了以产业联盟合力促进大数据与实体经济融合发展的态势。

人才培养体系建设不断完善。2018年，辽宁设置数据科学与大数据技术、机器人工程等产业急需的本科专业66个。成立大数据产业校企联盟，联盟成员单位包括东北大学、辽宁大学、辽宁工程技术大学、沈阳师范大学等20多所高校，旨在整合协调科教与产业资源，建立产教资源共享机制、与政府沟通的渠道、国际合作的平台，推动人才培训与技术标准、评价体系的建立等。2019年重点推动高校大数据人才培训，推动多学校多企业联合，开展科学建设与科研合作。

大数据整体发展水平居全国中游。根据大数据战略重点实验室2019年5月发布的《大数据蓝皮书：中国大数据发展报告NO.3》（以下简称《中国大数据发展报告NO.3》），2018年辽宁大数据发展指数排在全国第12位，比2017年提高2个位次，远高于吉林（第26位）和黑龙江（第29位），处于东北的领先地位。2018年，辽宁大数据发展指数为30.38，略低于全国平均指数（39.09），与排名前五位的北京（74.11）、广东（69.42）、浙江（53.64）、上海（53.25）和贵州（52.59）差距较大，整体水平居全国中游。2018年数字中国指数增长呈现“东快西慢”的态势，东部地区增速领跑，中部指数增速与东部接近，均高于西部地区，南部地区、北部地区指数增速无显著差异。我国数字化发展进入了动能转换的新阶段，数字产业成为数字化发展的主引擎。西部地区数字产业发展起步不久，产业数字化的进程尚未深入到广大的后线城市。预计随着产业互联网在各地的深入发展，西部地区将释放增长潜能，增速有望追赶东、中部地区。东北地区大数据发展处于中低水平，辽宁相对较好，吉林和黑龙江整体表现较弱。

大数据发展呈现政用主导特点。《中国大数据发展报告NO.3》采用政用、商用、民用三个维度对各地大数据发展情况进行评估。其中，大数据政用指数主要从关注与支持、试点示范、电子政务三个方面进行综合评价。报告显示，2018年，辽宁大数据发展的政用指数为18.89，排在全国第8位，贵州、广东、北京、河南和上海位居前5位。辽宁的政用指数相对于商用和民用指数排名较高，因此在大数据发展类型上，属于“政用主导型”。这个评价结果和辽宁近年来大力推进政务信息化资源整合等工作，大数据政用先行引领的实践相吻合。沈阳的大数据政用指数排名第19位，但依然是“政用主导型”发展类型。这和沈阳市政府组建大数据局，实施《沈阳市国家大数据综合试验区建设三年行动计划（2018—2020年）》等强力的政府推动有关。

通过推进数字化进程，辽宁数字经济发展取得了较大进展。据中国信通院测算，2019年，辽宁数字经济增加值达到8 531亿元，占地区生产总值的34.2%，比上年名义增长11.0%（以下增长率均为名义增长率，即按当年价格计算），占比比上年提高了1.5个百分点，增速比地区生产总值增速快了5.1个百分点，对整体经济增长的贡献率达到60.5%。

数字化基础设施不断完善。2019年，辽宁千兆宽带网络覆盖全省14个市，光纤接入用户占宽带用户总数的比重高于全国平均水平；互联网数据中心的服务能力不断提升，工业互联网标识解析取得突破性进展。截至2020年上半年，辽宁已累计完成5G基站建设2万余个，基本实现了重点地区、重点企业、交通枢纽的5G网络覆盖。

数字产业化发展较快。2019年，全省电子信息制造业同比增长15.4%，其中，集成电路产值同比增长超过45%，集成电路产业稳居IC装备全国三强。软件业务收入同比增长16.6%，位居全国第12位；软件业务出口额位居全国第6位，占全国总额的4.3%。电信业务总量同比增长53.4%。

产业数字化转型加快。2019年，辽宁产业数字化增加值占经济总量及占数字经济总量的比重分别达到30%和87%。全省正积极推进“互联网+现代农业”“互联网+惠农工程”“互联网+精准施肥”，大力发展农村电子商务；推进工业互联网发展，加快发展智能制造，提高两化融合基础能力；推进服务业数字化，加快发展数字贸易和智慧物流。

数字化治理水平有所提升。数字化治理的政策环境进一步优化，数字政府服务能力有所提升，全省一体化政务服务平台上线运行，智慧城市建设铺开。

24.1.2 辽宁数字经济发展存在的问题

辽宁数字经济发展虽然取得了一定成绩，但对标发达省份和对比后发省份，差距还很大。可以说，辽宁整体经济发展水平的差距正越来越多地反映为数字经济发展水平的差距，已处于“标兵渐远、追兵频超”的两难境地。据赛迪公司评估，2019年，辽宁数字经济发展指数在全国各地中居第20位，比上年位次下移7位，指数值低于全国平均水平。其中新型数字基础设施指数具有相对优势，在全国各地中居第13位；以政务网上服务和数据治理为主要评估内容的环境指数是劣势，在全国各地中仅居第26位，反映产业规模和产业主体的产业指数和反映数字经济与实体经济融合程度的融合指数均在全国各地中居第19位。具体见表24-1：

24-1　　2019年辽宁数字经济发展指数及与全国的对比

	指数值	位次	组别	全国指数
总指数	23.5	20	4	29.6
基础指数	30.6	15		31.3
传统数字基础设施		17	3	31.4
新型数字基础设施		13	2	31.2
产业指数	14.0	19	3	24.6
产业规模		19	3	
产业主体		17	3	
融合指数	24.6	19		30.1
两化融合(工业和信息化)		20	3	
农业数字化		21	3	
服务业数字化		13	2	
环境指数	24.8	26		32.4
政务新媒体		19	3	32.8
政府网上政务服务		22	3	34.5
政务数据治理		29	4	31.1

资料来源：赛迪《2020年中国数字经济发展指数》，2020年9月。

整体来看，在数字经济发展方面，辽宁不仅与先进省份差距较大，甚至在有些领域处于东北地区末位。特别是对比辽宁数字经济发展与广东、浙江、北京等地的发展，差距是全方位的，主要表现为：

第一，在数字经济发展理念和顶层设计上有差距。在发展理念和路径上，辽宁依然停留在传统大工业思维中，习惯于用传统理念和办法来应对数字经济时代新经济新动能的严峻挑战，还没有真正树立起数字经济和互联网思维，还没有充分认识到以大数据和人工智能为代表的新一代信息技术及其所赋能的数字经济，对整个经济社会生态所产生的“革命性”甚至“颠覆性”影响。在顶层设计上，与广东、浙江、贵州等地把发展数字经济作为全省“一号工程”并提出系统完备的数字经济发展总体思路、主要任务和工作部署相比，辽宁还没有把做大做强数字经济作为引领辽宁全面振兴、全方位振兴的关键路径与核心举措来抓。目前辽宁存在的问题是既缺少强有力的组织协调，又缺乏推动数字经济发展的重大行动。一般性工作布置多、文件（方案）多，但监督落实和实际操作少，成效不明显。在政策环境上，辽宁在推进数字经济发展、提供应用场景、赋能实体经济等方面的产业、资金、人才等政策措施不完善不配套，新政策新举措不多且力度不够。

第二，在数字经济发展水平和速度上有差距。辽宁数字经济发展水平较低，速度较慢。据中国信通院测算，2019年，辽宁数字经济增加值占地区生产总值的比重低于全国平均水平2个百分点，增速低于全国平均水平4.6个百分点，对整体经济增长的贡献率低于全国平均水平7.2个百分点。同期，广东、浙江、北京等地数字经济规模超过万亿元，占比超过40%（其中，广东、浙江数字经济总量分列全国第1、第3位，经济总量占比分列全国第3、第4位）；浙江增速超过15%，贵州、福建等地超过20%。在北京大学等高校科研机构推出的由数字基础、数字能力和数字应用构成的数字生态指数2020评估中，北京、上海、浙江、广东属于全面领先型，位居全国前4位，而辽宁在全国排名第19位，属于蓄势待发型，如图24-1所示。

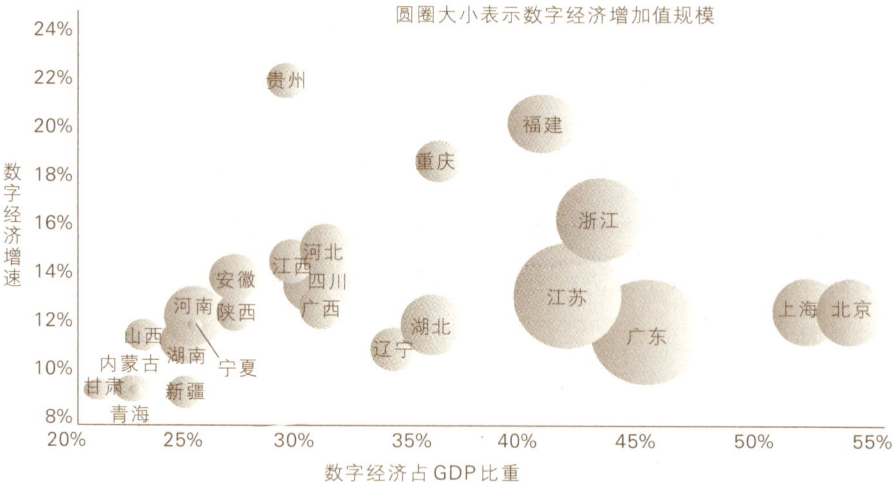

图24-1 2019年部分省、自治区、直辖市数字经济增加值规模、占比和增速

数据来源：信通院《中国数字经济发展白皮书（2020年）》，2020年7月。

第三，在数字产业化发展竞争力上有差距。辽宁数字经济领域缺少本地头部企业，在电子信息百强企业、软件业务收入百强企业、人工智能综合实力百强企业中仅各有1家企业入围；而同期广东分别有26家、18家、20家企业入围，浙江分别有16家、9家、5家企业入围，北京分别有9家、32家、56家企业入围。在2020年互联网综合实力百强企业、中国大数据企业50强、中国独角兽百强、电子商务百强企业中均无辽宁企业入围（同期在互联网综合实力百强企业中，北京、广东、浙江分别有38家、13家、4家企业入围）；在2020年上半年全国区块链技术创新典型企业行列中，辽宁也没有企业进入。在数字产业化方面，2019年辽宁电子信息制造业产值仅占全国的0.8%，集成电路产量仅占全国的0.25%；在智能制造、网络通信设备、云计算设备等方面，技术研发能力也不强。软件和信息技术服务业发展放缓，软件业务收入由2013年的全国第4位滑落到

2019年的第12位，占全国的比重由2013年的9.1%滑落到2019年的2.4%。据赛迪公司评估，2019年，辽宁大数据发展指数为22.75，在全国位居第16位，处于第三梯队，政策环境、数据资源、创新能力等是相对劣势；而同期广东、北京、浙江发展指数分别为56.43、48.07、41.18，分列全国第1、第2、第5位。在北京大数据研究院对134个城市的大数据产业发展情况评估中，2019年北京、深圳、广州、杭州分列第1、第2、第4、第5位，而沈阳、大连均未进入前20位。据赛迪公司评估，目前辽宁5G区域发展指数在全国位居第17位，而广东、江苏、北京、浙江则分列全国前4位。另外，据36氪研究院2020年对全国36个城市人工智能发展情况评估，北京、上海、深圳、杭州位居全国前4位，而沈阳、大连则分列第17、第19位。

第四，在数字经济应用领域上有差距。辽宁在产业数字化和数字化治理方面进展缓慢，数字经济应用领域有效需求不足。

在产业数字化方面，2019年，辽宁企业中有电子商务交易活动的仅占5.5%，在全国位居第29位。同时企业数字化转型缓慢，应用场景缺乏。由于传统产业与互联网等新一代信息数字技术跨界较大，双方能力不同，“语言”不通，融合发展困难重重。服务业数字化发展程度较高，第一、第二产业数字化转型进程缓慢；大型企业和龙头骨干企业数字化投入较大、水平相对较高，而中小企业“上云用云赋智”等数字化程度普遍较低，龙头企业“以大带小”的生态体系还不完善。工业互联网领域平台商、服务商对工业一线需求缺乏足够的实践和理解，解决企业实际问题的供给能力还不足，工业互联网落地的“最后一公里”亟待下大功夫解决。据中国工业互联网研究院评估，目前辽宁工业互联网发展应用指数为34.5，位居全国第21位，而名列首位的广东为74.2，名列第4的浙江为63.3。

在数字化治理方面，辽宁数字政府建设差距明显，政务数据资源开发开放不够，智慧城市建设特别是城市大脑建设比较滞后。在调研中了解到，目前全省政务服务事项网上可办率为95%，但有9个市实办率不足

10%，绝大多数县几乎没有办理过全程网办事项。国家部门建设的业务系统仅有5个与省一体化平台实现信息共享，仅占0.57%，131个省级部门和各地区自建政务服务系统未与省一体化平台实现对接和信息共享。据赛迪公司评估，2019年辽宁数字政府建设总指数为50.1，低于全国平均水平，位居全国第19位；而同期广东、浙江的总指数分别是75.2、73.4，位居全国前2位。据中央党校评估，2019年辽宁省级政府网上服务能力总指数为80.88，位居全国第19位；而浙江、广东均为96.73，并列全国第一。

第五，在数字经济产业发展生态环境上有差距。企业“不会数字化、不敢数字化、不想数字化”的现象较为普遍。在调研中发现，能力不足、技术储备不足导致企业“不会”数字化；数字化投入风险大、效果不可预知导致企业“不敢”数字化；跳不出传统发展模式、依赖原有路径导致企业“不想”数字化。工业互联网发展呈现“一头热一头冷”，互联网平台商、服务商的热情和积极性要远高于工业企业。工业企业虽有转型升级需求，但缺乏互联网思维及相关技术和人才，特别是在没有成功案例参考和市场检验成功的情况下，主动尝试的意愿不强，观望的多，行动的少。

应用型人才结构性短缺，市场急需“既懂工业又懂互联网”的跨界复合型人才。调研中企业普遍反映，随着5G、大数据、人工智能和实体经济的深度融合，企业急需既懂大数据分析技术又懂相关业务知识，既有互联网思维又理解制造业痛点的复合型人才，但在市场上招聘有3年以上经验的跨界融合型人才困难较大。而辽宁对高端人才的学历、职称认定门槛较高，政策灵活性不够，企业所急需的技能人才无法享受住房、落户、个税、小孩上学等优惠政策，对数字经济人才的吸引力不足。

在市场培育和制度保障上有差距。调研中不少企业反映，目前省内应用市场主要被省外大型企业占领，省内互联网、大数据和人工智能中小型企业较难获得订单，只能转向开拓省外市场。同时，数字经济新业态企业一般规模较小，大多为“轻资产”企业，研发和人员薪酬支出是其主要成本，但目前各类财政资金在支持方向、资金用途以及评审标准方面仍沿用传统思路，对解决数字经济新业态企业的痛点、难点问题的针对性不强。另外，辽宁在数据确权、数据定价、数据交易等方面缺乏相应的法律法规，导致个人隐私、商业数据、公共数据安全得不到有效保护，直接影响企业“上云用云”和数字化转型的意愿，难以有效激活数据资产价值。

24.1.3 加快发展数字经济的对策建议

“十四五”时期，是辽宁数字经济发展的重大战略机遇期。应坚持新发展理念，把握高质量发展要求，立足新发展格局，以“创新引领、数据驱动”为核心，以“数字产业化、产业数字化、数字化治理、数据价值化”为主线，以信息技术与实体经济特别是制造业深度融合为主战场，充分发挥数据作为数字经济关键生产要素的重要价值，提升新一代信息技术产业发展能级，夯实新型基础设施，促进5G、互联网、大数据、区块链、人工智能与实体经济深度融合赋能，积极培育新产业新业态新模式，大力提升政府数字化治理水平，创建新型智慧城市，积极参与“一带一路”建设，推动辽宁向制造强省、网络强省、数字经济强省转变，打造国家数字经济创新发展试验区，以数字经济大发展快发展，全方位引领实体经济数智化转型，更好地推进辽宁高质量发展，加快全面振兴、全方位振兴。

鉴于辽宁与先进省份的发展差距，以及后发省份的紧追压力，因此需要瞄准数字经济发展的最前沿，立足辽宁现有产业基础和条件，紧盯实体经济数智化转型的痛点和难点，统筹布局，精心谋划，制定重点行动，采用创新性乃至颠覆性手段大胆突破，推进辽宁数字经济实现跨越式高质量发展。“十四五”期间辽宁数字经济发展的有关指标应最大限度向先进省份靠拢，同时不能低于后发省份的标准。这是找准辽宁在构建新发展格局中的位置，实现振兴新突破、作出新贡献的客观要求，也是在新发展阶段实现辽宁全国经济发展排位“稳中求进”的重要保障。

第一，学习借鉴先进省份和后发省份的成功经验，将做大做强数字经济作为“十四五”时期辽宁一号工程，由省委、省政府主要领导亲自抓、亲自推、亲自督。考虑到推进数字经济高质量发展，全方位引领实体经济数智化转型，不仅广泛涉及全省经济、社会、文化和生态等方面的跨越式、颠覆性发展，而且深度涉及多领域体制机制的系统化改革，许多事宜还同时涉及党政相关部门的职能范围，为了加强组织协调，更好地开展工作，建议充分发挥省委财经委员会的作用，建立省深化数字辽宁建设推进工作机制，加强对全省数字经济发展工作的组织领导和统筹协调，研究数字经济发展重大政策，商议解决重大问题，统筹各地各部门力量，形成全省上下协同推进数字经济发展的良好格局。工作机制要充分发挥省财经委员会办公室（改革办）的作用，对外可加挂省委数字经济办公室的牌子，日常协调工作由省发改委会同省网信办、省工信厅等负责，省委省政府督查室加强跟踪督办。省各有关部门、各地市要根据规划确定的发展思路、发展重点和任务要求，结合本部门本地区实际认真贯彻落实，并根据各自职责，研究制订本部门本地区推进数字经济发展的实施方案。构建数字经济统计指标体系，建立全省经济运行监测预警系统。组建辽宁省数字经济发展专家咨询委员会和辽宁省数字经济研究院，开展重大前沿问题研究，为数字经济发展和重要应用项目及工程实施提供决策咨询和评估建议。

第二，牢固树立新发展理念，转变传统大工业思维，破除路径依赖，积极探索数字经济引领赋能实体经济，实现高质量发展的方式方法。辽宁作为“共和国长子”和新中国工业的摇篮，曾在传统工业经济时代创造了诸多辉煌，留下了大工业思维的财富。但进入数字经济时代，从核心生产要素、生产方式、发展动力、盈利模式到组织、管理与传统工业经济时代相比都发生了质的飞跃，无论是发展理念、思维模式，还是生产形态都出现了全方位变革。实践证明，传统工业投资大幅增长的红利已过，今后数字化浪潮下的工业投资，其主要方向就是企业对数字化、网络化、智能化改造升级的持续投入。因此，各级领导干部应带头加强学习，牢固树立新发展理念，加快形成数字化思维，主动参与，为提升政府数字化治理能力扫除障碍；应通过合理的政策设计及舆论宣传，提升全民数字经济认识和素养，引导企业主动摈弃“赚大钱、赚快钱”的短视思维，让“想用、会用、善用”数字化技术进行自主发展和探索式创新成为企业发展主流。尤其是传统产业数字化应首先明确要解决什么，能解决什么的问题，既要有所侧重，也要有所限制。要树立全新投资理念，适时调整财政扶持政策，持续加大对机器换人、设备换人、工业互联网应用等数字化改造升级的支持力度，以数字经济与实体经济的融合投资，实现全产业链、价值链、供应链、创新链的综合赋能，确保实体经济供给成本更低、效率更快、收益更高，更好地适应市场需求，助推社会投资稳定增长。

第三，高质量编制“十四五”全省数字经济发展总体规划和专项规划，强化规划项目支撑。一是狠抓落实。做好年度推进计划的滚动编制与重大项目的组织工作，定期分析研究全省数字经济发展情况，部署年度工作重点，合力推进数字经济发展。各地、各单位要制订推进数字经济发展工作方案和实施细则，主动谋划并积极推进一批重大项目和示范工程。二是做好试点示范。支持现有优势产业集聚区将发展数字经济作为重点方向，充分发挥资源优势，先行先试，积极开展数字经济创新政策试点，探索适应数字经济特点的政策措施，推动数字经济生态体系打造，建立一批体制机制完善、产业要素齐备、辐射带动力强的数字经济示范基地。三是强化督导考核。制订科学具体的评估方案和评估指标体系，对规划执行情况进行跟踪分析，协调解决规划实施中的新情况、新问题。建立项目建设推进机制，分批次发布和实施数字经济重大项目。完善数字经济考核评价机制，组织开展数字经济年度实施情况检查与绩效评估，加大考核力度，强化考核结果应用。

第四，坚持以“数字产业化、产业数字化、数字化治理、数据价值化”为发展主线，精心谋划、强力推进辽宁数字经济大发展快发展。

加快数字产业化发展。深入实施科技创新引领产业振兴专项行动，鼓励支持信创产业发展，加强密码算法、核心芯片、量子加密、网络安全、数据安全等方向技术攻关，建设国家级信息安全产业基地。壮大电子信息制造业，重点发展集成电路设计、制造、封测，配套发展集成电路材料和设备制造业，打造全国领先、东北地区最大的集成电路产业基地。做强做优软件服务与互联网产业，重点支持高端工业软件、新型工业应用程序（App）等的研发与应用，发展面向制造业的信息技术服务业。培育发展新一代信息技术产业，加快建设一批云平台应用工程，发展具有行业影响力的云应用服务商。着力推进省级智能制造基地建设，重点支持发展和培育高档数控机床、工业与服务机器人等智能制造关键技术装备。制定5G全产业链企业目录，精准引进一批5G智能终端、通信模组、天馈线等制造企业和项目。加速引进培育北斗终端制造、位置服务、软件开发等项目和企业，建设省级北斗数据中心和数据运营服务平台。制定全省区块链发展指导意见，推动建设区块链产业园。

加快产业数字化转型。重点是加强企业数字化改造，加快行业数字化升级，打造区域制造业数字化集群，培育数据驱动的新模式新业态，发展平台经济、共享经济、产业链金融等新业态。推进制造业数字化转型，聚焦装备制造、汽车制造、航空航天、工程机械、轨道交通、电子信息等重点行业，实施“设备换芯”“生产换线”“机器换工”，推动智能制造单元、智能生产线、智能车间、智能工厂建设。制定工业互联网平台建设指南，加快“5G+工业互联网”应用普及，深入推进中小企业“上云用数赋智”行动。积极推进各类开发区数字基础设施升级、园区管理与服务数字化以及园区企业数字化转型。推进生产性服务业数字化发展，加快研发设计、现代物流、金融服务、检验检测服务、商务咨询、人力资源服务等数字化转型。推进生活性服务业数字化升级，发展体验式消费、个性需求定制服务、智能零售、共享经济、平台经济等新模式新业态，培育信息消费新热点。建设一批省级服务业数字化转型示范区，加快建设智慧旅游大数据中心和智慧监管平台。推进农业数字化转型，促进新一代信息技术与种植业、畜牧业、渔业等加工业全面深度融合应用。加强智慧农业技术与装备研发，推广智能化农机技术。加快农村电子商务发展，推进农业旅游电子商务融合发展。构建全省统一的农产品质量安全追溯平台。

加快实施数字化治理。推进政务信息化建设体制改革，建立“管运分离”的数字政府建设管理新体制，打造兼具“高智商”和“高情商”的数字政府。推进政务信息系统整合，构筑一体化政务服务平台，统筹建设省政务大数据库，推进省直横向、省市县三级纵向的信息资源向信息共享平台迁移，实现各类信息交换共享。构建省、市、县、镇四级畅通的网络支撑体系，打造统一安全的电子政务云平台、政务大数据库、信息资源共享平台、政府数据统一开放平台。强化数字化支撑，完善数据共享、数据流通和数据开放等机制，鼓励政府部门、社会企业、科研机构等多元主体合作开发数据资源，以数据自动化流动促进城市高效治理。创新政府数字化治理模式，建立基于大数据的经济运行及社会发展监测分析系统，支撑党委政府科学决策和重大突发公共事件处理。强化数字技术在政务、市场监管、安全生产、生态环保、食品安全、公共区域监测监控、公共卫生安全等领域的应用，构建“数据汇聚、在线监测、事中监管、协同联动”一体化社会治理体系，切实提升政府数字化治理能力。着力实施信息惠民，深化“最多跑一次”改革，推动政务服务事项向移动端、自助终端等延伸，打造“掌上办事之省”和“掌上办公之省”。

加快实现数据要素价值化。推进数据采集、标注、存储、传输、管理、应用等全生命周期价值管理，打通不同主体之间的数据壁垒。建设数据采集标注平台和数据资源平台，实现多源异构数据的融合和存储。加快完善数字经济市场体系，推动形成数据要素市场，建设辽宁大数据交易中心。推动数据要素全面深度应用，深化数据驱动全流程应用，大力发展数据标注产业和人工智能基础数据服务产业。支持省内有条件的高新技术产业园、电子信息产业园、软件信息服务产业园、数据中心基地等共建数据标注和人工智能基础数据服务产业基地，开展有针对性的数据标注企业招商引资和孵化培育，推动形成数据标注产业集群，将辽宁建成东北亚数据标注和人工智能基础数据服务产业最强省。

第五，持续优化营商环境，科学制定加快辽宁数字经济高质量发展的保障措施。

创新管理体系。按照审慎包容、开放共建，既要规范、更要放活的理念，对现有规章制度进行全面清理，破除制约数字经济发展的不合理束缚和“隐性壁垒”。完善统计评价体系，研究制定数字经济发展评价实施方案，开展年度综合评价和分类排序。将发展数字经济的实施情况与成效纳入部门绩效考核和市县高质量发展考核评价。

强化科技支撑。全面深化与在辽“国字号”科研院所及知名企业在数字经济领域的合作，充分发挥省内高校科研机构主体作用，积极开展数字经济领域基础理论和应用研究。依托头部企业或科研机构，在5G、VR/AR/MR、工业互联网、人工智能、智能制造、网络数据安全等细分领域突破一批关键核心技术，形成一批重大科技成果，在项目资金管理、科研人员职称评定、薪酬奖励等方面加大政策激励力度，充分调动事业单位在科技成果转化方面的积极性。鼓励企业、科研院所及高校积极参与创建数字经济标准体系，争取更多国家项目在辽宁实施。

汇聚人才资源。建立数字人才需求目录和人才数据库，聚焦数字经济前沿基础和核心关键技术攻关需求，着力引进和培养一批急需紧缺人才与高层次人才及团队。深化产教融合、校企合作，鼓励辽宁高校增设新一代信息技术产业等数字领域相关专业，建设一批数字经济产教融合联盟和人才培育基地，加强专业教育和融合型、实用型人才培养。数字经济强调活力、崇尚创新，通常也被认为是年轻人的经济。实践证明，数字经济发达地区往往是年轻人扎堆地区，人气足则财气聚。年轻人越多就越容易形成刚需，这不仅直接推动了数字经济发展，同时也带动了各类实体经济的发展。因此，要充分学习借鉴深圳、杭州、佛山等地吸引年轻人的优惠政策和经验，积极引进清华校友三创大赛等全国著名双创生态服务平台，大力支持大学生、青年人员和留学人员及高技术人员在辽创业创新。

培育数字化市场主体。瞄准世界500强、大型跨国企业、全国电子信息百强、软件百强、互联网百强，开展靶向招商、以商招商和补链招商。

建立数字经济企业“白名单”制度，引导优质数字经济企业对接资本市场，优先支持股改、挂牌和上市。大力培育“小巨人”“隐形冠军”“单项冠军”“独角兽”企业，推动数字经济中小企业“专精特新”发展。建立健全“微成长、小升高、高变大”的科技型企业培育发展机制。

加大财税支持力度。加强财政预算与规划实施的衔接，设立省数字经济产业发展专项资金，加大对数字经济发展重点领域、重大项目和应用示范的支持力度。对于数字经济相关创新成果，优先纳入政府采购目录。充分发挥政府投资基金作用，引导社会资本成立数字经济细分领域子基金。落实好税收优惠。

创新金融扶持方式。构建“生产服务+商业模式+金融服务”跨界融合的数字化生态。提高产融对接平台服务水平，促进中小企业、数字化服务商和金融机构等的合作，激发中小企业数据资产活力。探索开展“云量贷”服务，鼓励发展供应链金融。支持政策性银行、开发性金融机构以及商业银行建立数字经济优惠利率信贷专项。推动企业通过境内外上市、并购重组、发行债券等方式扩大直接融资。

深化开放合作。健全国内合作机制，积极开展部省合作，切实加强区域合作，全力推动政产学研用合作。拓展国际合作空间，依托世界经济论坛（夏季达沃斯）、工业互联网全球峰会等高端平台，开展数字经济领域国际业务合作。以服务“一带一路”建设为切入点，积极引进沿线国家数字经济发展的优秀经验和创新成果。建设东北亚中日韩数字经济合作引领区，支持沈阳、大连、营口等市建设数字经济合作产业园，创建国家级跨境电商综试区。吸引日韩信息技术企业在辽宁设立区域总部、研发中心，形成中日韩数字经济产业合作集聚高地。

优化营商环境。深化“放管服”改革，建立适应数字经济发展的包容审慎监管政策。发挥市场主体作用。建立市场化的数据应用机制，构建公平竞争、择优培育的数字经济应用场景供需对接机制。完善社会信用信息共享体系。建设全省统一的社会信用信息数据库和共享平台，推动跨省互联互通、信用信息共享和信用结果互认。健全信用运行联合奖惩机制。强化要素保障，开展“亩均论英雄”改革，加强数字经济领域用地、用能、环境容量、创新等要素资源优化配置和重点保障。

24.2 适应防疫常态化，加快发展非接触式经济

后疫情时期，发展非接触式经济机遇难得，非常必要。大力发展非接触式经济，这既是疫情防控带来的市场需求，也是深化供给侧结构性改革、培育壮大新兴产业的需要。

24.2.1 疫情影响下非接触式经济崛起

所谓非接触式经济，是基于人工智能、区块链、云计算、大数据、边缘计算、物联网等数字技术，通过互联网平台或智能设备，人与人或人与物保持安全接触距离或零接触，即可完成交易和服务的新型服务业态。根据服务类型，非接触式经济可分为以下四大类型：

一是信息产品非接触式经济。通过交换信息产品，服务者与被服务者之间即便有物理空间阻隔，也能通过无线信号完成服务。特别是互联网时代，传递信息以数字信号的方式进行，摆脱了原来物理空间的限制，突破了传统的人与人近距离信息和纸质媒介传递方式。因此，信息产品经济，成为非接触式经济的主要突破口。

二是货币金融非接触式经济。货币金融类服务的内容是特殊的金融信息。通过交换金融信息，交易对象之间即便有物理空间阻隔也能完成服务。特别是有了基于互联网的移动支付系统，货币交换支付就能彻底摆脱物理空间的限制，突破传统的近距离金属货币和纸币的传递方式，避免人与人之间的接触。中国的货币移动支付，成为全球非接触式服务的一大亮点。很显然，在控制疫情的过程中，需要消毒的纸币、金属硬币也越来越少。

三是货物物流非接触式经济。对于货物物流服务，虽然服务者与被服务者之间在空间上必须密切接触才能完成货物物流的服务交割，但可以在

时间上不同步，确保服务者与被服务者之间错开而不直接接触。

四是与人体相关的非接触式经济。随着科技发展，近年来可以使用信息技术、新材料等进行“隔离”，通过设备来实现非接触式服务。

产业是在不同历史环境下形成的，特定的满足人的需求的方式。新冠肺炎疫情改变了很多人的生产、生活方式，在此影响下，非接触式经济快速发展，所覆盖的领域比较多。例如，在工作方面，阿里钉钉、微信企业版、国家网络云课堂等上线以支持学生在线学习，职员远程办公等需求。在娱乐方面，棋牌游戏及竞技游戏爆发，根据七麦数据公开披露的数据，IOS免费榜前十名棋牌类游戏单日下载量较平日有3倍以上增长。就短视频而言，短视频App春节期间下载量大幅增加，西瓜视频、微视、央视频排名提升明显。在“非接触式政务”方面，税务部门推出“非接触式”纳税服务，交警部门推出非接触办理车驾等业务，公安部门推出非接触式公安业务等。另外，在“非接触式生活服务”方面有无人零售、非接触配送、无接触购物等。

24.2.2　发展非接触式经济机遇难得

非接触式经济是非接触式服务业与非接触式服务装备制造业整合下诞生的新兴产业。非接触式服务的核心内涵是服务者对被服务者的服务以非接触的方式进行，非接触式服务装备制造业生产非接触式服务业所需的设备工具产品。

目前，新冠肺炎疫情虽使我国处于暂时的困难当中，中国经济暂时受影响，但长期向好趋势不会改变，给中国创造了千载难逢的发展非接触式经济的历史机遇。突发的疫情把潜在的非接触式需求迅速转化为现实需求，使未来对非接触式服务业发展、装备制造的需求更清晰，发展非接触式经济的大方向也就更明确。从需求与供给两方面看，非接触式服务业有广阔的发展前景与市场潜力。

抗击疫情迫切需要非接触式装备制造产品并提供非接触式服务。从需求侧看，全球对非接触式服务及装备制造有巨大潜在需求；从供给侧看，信息技术、机械控制技术、材料科学正在快速进步，满足人们需求的能力越来越强。就目前非接触式服务业的装备制造水平而言，中国拥有强大的机器人产业、可穿戴设备产业、智能装备产业、数字经济产业等高新技术制造业，深圳及粤港澳大湾区、长三角地区拥有全球无与伦比的硬件设备优势。

作为一种新型服务业，非接触式服务是对已有服务模式的补充与完善，是把非接触式服务设备介于服务者与被服务者之间所产生的新服务模式和非接触式服务新业态。就目前非接触式服务业的发展水平而言，我国在全球处于先进水平。例如，腾讯拥有中国人应用最广泛的社交网络QQ以及微信平台；i深圳等电子政务App服务很全面；阿里巴巴拥有全球最强的电子商务平台、拥有钉钉这样的电子办公软件、菜鸟这样的物流平台；支付宝、微信移动支付占有率很高；远程教育普及程度高；远程医疗在5G推动下正在迅速发展等。疫情过后，人们很大程度上会延续非接触式服务的消费习惯，对非接触式服务的需求还会继续下去。而且，非接触式需求还有其他潜在发展驱动力：

劳动力短缺驱动的需求。未来劳动力短缺可能成为新问题，对替代劳动力的机器人需求会大增。各类非接触式设备与机器人为人类提供各类服务是未来不可逆转的趋势。

老龄化驱动的需求。无论是居家养老还是养老院养老，对非接触式机器人服务有很大需求。这种需求随着人口老龄化加剧也会越来越强。

快递驱动的需求。随着网上购物的进一步发展，越来越多的生产生活活动在网上进行。人力资源成本的快速增高，对快递机器人、无人机的需求也越来越多，这也是无人快递发展的一个根本动力。

易感群体驱动的需求。除了老人、小孩、体弱者等易感群体，由于世界上宗教、种族、文化千差万别，某些群体对人体接触较敏感，对医疗、安检、餐饮等领域的非接触式服务需求很强烈。

24.2.3 发展非接触式经济现实意义重大

目前，防治新冠肺炎疫情出现积极向好的局面。由于人与人近距离接触会导致病毒传播，如何解决医院病房、隔离社区、工作场所、公共场合的活动可能导致的病毒传染，成为防疫的重点，这迫切需要以非接触方式提供服务。发展非接触式经济十分必要。在此期间，很多地方都涌现出不少非接触式服务的新模式与新产品。例如，红外线测温，机器人送餐、送药服务，机器人消毒服务，无人机宣传巡逻模式等。

在疫情防控、复工复产之际，减少潜在的病毒携带者对健康人群在社区、工作和公共场所的感染，是我们目前面临的巨大挑战。推广非接触式服务，将会减少接触机会，降低感染概率，其在防控疫情、保障生活学习、支撑企业复工复产等方面发挥了重要作用，为中国最终战胜疫情做出贡献，展示出中国经济的强劲韧性和新动能的巨大潜力。新产业、新业态、新模式将成为中国经济增长的新空间。国家统计局2020年的数据显示，3月份，高技术产业增加值增长8.9%，比1—2月份大幅回升了20多个百分点；3D打印设备、单晶硅、多晶硅和智能手表等产品，继续保持较快增长。与互联网相关的经济表现比较活跃，电子商务、在线学习、远程问诊等得到比较快的发展。商品网上零售额3月份增长了5.9%，占社会消费品零售总额的比重为23.6%，比2019年同期提高了5.4个百分点。从增加值的角度来看，一季度信息传输、软件和信息技术服务业增加值增长13.2%，拉动GDP增长0.6个百分点，还有金融业增长6%。因此，发展非接触式服务具有重要的现实意义。

24.3　顺应智能化趋势，侧重发展智慧经济

“十四五”时期是国家致力实现更好发展、东北深入实施振兴战略、辽宁努力提升发展水平的重要时期，也是智慧城市建设、智慧社会发展、智慧产业形成规模的重要时期。辽宁正在推进全面振兴和全方位振兴，核心是经济振兴，关键是产业振兴，重点之一是发展智慧产业。智慧产业是实现传统产业智能化改造升级形成的产业形态，是覆盖范围广、发展潜力大、带动能力强的产业，是能够降低成本、增加效益、提高核心竞争力的

产业。在“十四五”时期，辽宁加快推进传统产业转型升级，加快实现创新驱动和高质量发展，不失时机地侧重发展智慧产业，利用人工智能、大数据、物联网、云计算、5G等技术，提升传统产业的智能化、数字化、网络化水平，为传统产业转型升级赋能，将辽宁制造提升为辽宁智造，提高经济的科技含量和核心竞争力，推动全省经济社会发展迈上新台阶。

24.3.1 “十四五”时期是智慧经济发展的重要成长期

在网络化、数字化、智能化的大潮中，在智慧城市和智慧社会的发展中，智慧产业应运而生，成为数字经济与实体经济深度融合、全面升级的产物，成为传统产业和数字产业的升级版。智慧产业作为人工智能相关的经济活动，通常包括智慧工业、智慧农业和智慧服务业。智慧工业涉及智能制造、智慧工厂、智慧车间等。智慧农业涉及智慧种植、智能养殖、智能温室、智能田间作业的农机无人驾驶、无人机作业等。智慧服务业涉及智慧商务、智慧物流、智慧教育、智慧旅游、智慧养老、生产型智慧服务业等。特别是其中的智能制造，具体形式是智慧工厂，是在数字化工厂的基础上，利用物联网技术和设备监控技术，加强信息管理和服务。根据产销流程，提高生产过程的智能控制，减少生产线上人工干预，即时采集生产线数据，科学合理地编排生产计划与生产进度，构建高效节能、绿色环保、环境舒适的人性化工厂，助力实现高质量发展。

随着5G商用、北斗组网完成、新基建实施，迎来了智慧产业发展的机遇期，“十四五”时期将是智慧产业加快发展的成长期。5G作为推动人工智能、物联网、云计算、大数据等新一代信息技术与实体经济深度融合和改造提升的重要基础，将逐渐成为经济发展和社会进步的新引擎和加速器，对推动智慧城市建设，发展智慧产业，拓展辽宁智慧经济具有重大意义。以人工智能为特征的新一代信息技术将加快渗透到传统产业的方方面面，从设施农业的智能监控、农用无人机的广泛应用、农机的无人驾驶，到流程制造的自动化监控、基于物联网的远程监控、各类机器人的普遍上岗，以及少人化、无人化、人性化的智能服务，将推动智慧产业形成规模。

24.3.2　注重发展智慧经济的现实必要性

辽宁应该抓住智慧产业成长期的发展机遇，在“十四五”时期重视发展智慧产业。辽宁发展智慧产业是顺应智能化发展趋势的需要，在智能技术的推动下，社会步入智能化时代，会出现智慧城市和进入智慧社会。智慧城市是一个复杂、实时、动态、高度协同的系统，在这个复杂协同系统中，实体要素和数字化要素、人与城市环境、人与社会、政府与市场、市场与市场等都需要协同，这种协同具有复杂性、实时性、动态性的特征，信息流、资金流、各类要素在城市的物理空间和数字空间流动，带动城市的智慧化运行。

智慧社会是继农业社会、工业社会、信息社会之后的一种更为高级的社会形态。数字化、网络化、智能化浪潮推动智慧社会快速演进。智能化程度成为企业、行业、地区乃至国家核心竞争力的关键构成要素，普遍智能化是智慧社会到来的重要特征。在新一轮的竞争中，城市之间比的是产业的智能化程度、政府治理的智能化程度、“城市大脑”的智能化程度。

24.3.3　注重发展智慧经济的内在可行性

辽宁有大力发展智慧产业的条件和基础。到2019年年底，辽宁电子信息产业实现产值2 600多亿元，其中软件和信息服务业收入达到1 700多亿元。大连软件园和沈阳国家软件园是智慧产业聚集区，全省的软件企业为智慧产业发展提供软件服务和技术支撑。东软集团的软件正在为智慧政府、智慧社保、智慧社区、智慧医疗、智慧医院、智慧交通、智慧银行等提供解决方案。新松机器人是智能制造的典型，为智慧工厂提供技术和装备。沈阳无距科技为智慧农业提供农用无人机。辽宁有企业信息化、农业信息化和社会信息化的基础，特别是通过推进“两化融合”及工业互联网，用智能技术为传统产业赋能，辽宁装备制造业的智能化水平会在“十四五”时期得到明显提高。一切带有智能控制元器件的装备和产品，所有可以应用智能控制的流程和环节，全部可以智能化服务的第三产业项目，都将随着智能化的大潮提升智能化的水平，带来智能化的巨大市场需求和产业机遇，促进智慧产业的发展。

辽宁传统产业转型升级会带动智慧产业的发展。辽宁作为传统工业大省，同时也是农业和服务业大省，处在对传统工业、农业和服务业进行智能化改造升级的重要时期，通过提升智能化水平，提高产品的科技含量，降低产品在生产和使用过程中的能源消耗，降低人力资源成本，提高产品性能和经济效用，以此提高辽宁产业及经济的核心竞争力，发挥辽宁在东北全面振兴和全方位振兴中的积极作用。

24.3.4 注重发展智慧经济的具体建议

发展智慧产业应该围绕本地区产业转型升级的总体要求，明确目标、统筹规划、营造氛围，加强新一代信息技术在重点行业、各类企业的集成应用和融合创新，大力研发智能产品，增加智能装备，培育智慧车间、智慧工厂和智慧企业，打造智慧园区，推动本地区产业向智能化、高端化、高质化、集群化、集约化方向发展。具体的政策建议如下：

辽宁把注重发展智慧产业列入“十四五”规划引领发展。充分认识发展智慧产业的作用、意义和重要性，顺应智能化的发展趋势，把发展智慧产业提升到促进全省传统产业转型升级、促进经济社会发展、促进辽宁全面振兴全方位振兴的高度，把握“十四五”时期的发展机遇，在规划中明确注重发展智慧产业的任务、重点和目标，用规划引领发展智慧产业的路线图。

出台辽宁“十四五”时期注重发展智慧产业的指导性文件支持发展。通过出台《辽宁发展智慧产业五年行动计划（2021—2025）》，明确发展目标、指导思想、主要任务、重点工作、保障措施等，推动智慧产业发展。

举办展会论坛营造发展智慧产业的浓厚氛围促进发展。要与智慧城市和智慧社会建设互动促进发展。借助工业互联网全球峰会、沈阳制博会、大连数交会等展会平台，配套举办智慧产业发展论坛、智慧城市论坛，不断提升论坛的知名度和影响力，为推动传统产业借助智能化实现转型升级营造良好氛围。

探索形成智慧产业发展的指标体系。无论是智慧产业还是智慧城市建设，都没有成熟的做法和成型的案例，特别是没有权威的统计指标体系和衡量标准，需要基于现行法规，利用大数据和智能化技术，进行一些探索研究，形成可量化的指标体系，用于进程评估和目标考核。

第25章 大力推动制造业智能化升级

智能制造是基于新一代信息通信技术与先进制造技术深度融合，贯穿设计、生产、管理、服务等制造活动的各个环节，具有自感知、自学习、自决策、自执行、自适应等功能的新型生产方式。智能制造不仅对未来制造业发展和分工带来深刻影响，云存储、云计算、复杂管理系统和认知计算等新技术，而且为统一平台、生产线标准化、智能工厂横向和纵向连接以及智慧城市建设奠定技术基础，这种具有革命性、颠覆性的重大技术变革，对人类生产生活方式和商业模式变革将产生极其深远的影响。

经过几十年的快速发展，辽宁智能制造业在全国具有一定的竞争优势，但与先进地区相比，差距很大、问题很多，急需推动。辽宁大力推广智能制造，是促进辽宁制造业加快升级，不断提高制造业竞争力的内在要求；是推动辽宁经济增速换挡、结构调整阵痛、增长动能转换的客观需要；是发挥辽宁制造业优势、重振实体经济的战略途径。

25.1 辽宁智能制造产业发展现状

党中央、国务院高度重视我国智能制造发展，党的十九大报告强调，要加快建设制造强国，加快发展先进制造业，中央政府先后出台了智能制造发展规划、人工智能发展规划和工业互联网发展规划。辽宁省高度重视智能制造发展，按照国家智能制造工程总体部署，结合辽宁省智能制造发展实际，组织编制了《辽宁省智能制造工程实施方案》，提出以新一代信息技术和制造技术的深度融合为支撑，以示范应用为引领，加快智能制造创新体系建设，夯实智能制造发展基础，提升装备智能化水平，推广智能制造新模式，持续推动制造业数字化、网络化、智能化发展，努力把辽宁建设成为具有重要影响力的智能制造基地。

25.1.1　智能制造试点示范项目迅速推广扩大

自2017年起，辽宁省确定了100个智能制造及智能服务试点示范项目，予以重点推进。在100个项目中，装备制造类项目60个、电子类项目14个、医药类项目6个、轻工类项目4个、冶金和石化类项目各3个、纺织和民爆类项目各2个、建材类项目1个、智能制造标准验证类项目5个，其他类项目5个。截至2020年，已初步建成28个智能制造及智能服务试点、示范项目，沈阳机床集团、东软医疗系统、锦州汉拿电机等9家企业承担的项目被评为国家智能制造试点示范项目，18个项目列入国家智能制造综合标准化与新模式应用项目计划。通过项目带动，引导更多企业建设智能生产线、数字化车间和智能工厂，全省在汽车、机床、石化、智能装备、家电、乳制品等领域培育了一批智能制造典型企业，为行业智能化改造打造了模板，提供了标准和经验，带动作用明显。通过实施智能化改造升级，辽宁很多企业在产品设计周期、劳动生产率、产品质量等方面有大幅提升。比如，大连冰山集团核心零部件实现柔性制造，让48个工位同型号的部件生产实现24小时无人值守；智能物流管理体系让沈飞民机一年可节省1 500万元；在沈阳航天三菱汽车发动机制造有限公司，智能制造已涵盖企业研发设计、生产制造、营销服务、物流配送等全产业链的经营管理活动；在大连光洋科技集团有限公司，大连智能制造装备产业园项目建设正在积极推进，项目建成后将引入行业唯一的国家工程实验室和11个专业化子公司，为用户提供配套的智能制造装备和解决方案。2018年，全省认定省级装备“专精特新”产品（技术）197项，认定“专精特新”中小装备企业70家，有344项装备技术创新项目被列入2019年《辽宁省企业技术创新重点项目计划》；2019年《辽宁省工业高质量发展推荐产品目录》，包含了推动辽宁产业向高端化、智能化发展的189户企业的284种产品。

25.1.2 核心装备和共性技术研发取得进展

辽宁省装备制造技术基础雄厚，全省以此为依托，大力推动智能制造装备技术发展，持续推进取得初步成效。一是智能制造核心装备水平不断提高。沈阳机床自主研发i5智能机床，全国布局“5D智造谷”，为传统工业向智能制造转型开辟新路径；沈阳新松机器人公司已成为国内最大的机器人产业化基地。二是智能制造基础技术研究不断突破。中科院沈阳自动化研究所、中科院沈阳计算研究所等单位已掌握了机器人、复杂制造系统、智能信息处理等关键技术，并承担了国家智能制造相关领域多项标准制定工作。三是积极融入国家智能制造战略。在国家各部委大力支持下，国家机器人创新中心、国家机器人检测与评定中心（沈阳）、国家机器人质量监督检验中心（辽宁）分别获批，全省机器人产业的创新、检测、检验能力进一步增强。

25.1.3 智能制造生态体系建设初见成效

辽宁不断完善智能制造发展创新体系，整合产业优势资源，充分发挥政府在智能制造发展规划引导、政策支持、环境营造等方面的重要作用，积极建设智能制造生态体系。一是明确智能制造发展关键着力点。全省提出要在增强智能制造创新能力、夯实智能制造发展基础、发展关键智能装备和产品、培育推广智能制造新模式、大力提高智能制造系统集成能力五个方面精准发力，力争通过5~10年的努力，使全省制造业智能化水平显著提升，创新能力明显增强。二是成立智能制造联盟抱团发展。中科院沈阳自动化所、沈阳机床集团、沈阳新松机器人、东北大学、航天云网沈阳中之杰公司等30多家单位，发起成立了辽宁省智能制造协作联盟，搭建了智能制造系统集成、标准化服务、行业应用和市场推广一体化公共服务平台，帮助省内智能装备、工业软件提供商开拓市场。其中，中科院沈阳自动化所、沈阳新松机器人2家单位列入国家第一批智能制造系统解决方案供应商名录。三是为智能制造企业提供多方位支持。按照国家智能制造综合标准化与新模式应用项目申报要求，建立智能制造综合标准化与新模式应用项目库，组织科研院所有关专家开展现场辅导与咨询服务，鼓励省内重点单位大力开展智能制造综合标准化与新模式应用项目建设。目前，沈阳新松机器人、大连瓦轴集团、北方华锦等单位承担的24个项目获得国家财政资金2.9亿元。组织相关技术专家和金融机构为省内重点企业提供技术支持和金融服务，开展经验交流和产品推介活动。

25.1.4　国内外智能制造合作不断展开

在国内合作方面，辽宁积极引进国内智能制造类核心企业，特别是信息技术骨干企业。与华为签署战略合作协议，促进大连、锦州、沈阳等区域与华为开展云计算合作，借助华为公司云计算和大数据优势，与其在数字城市、5G、物联网、人工智能等领域开展深层次合作。华为大连软件开发云中心已实现500余家本地软件开发企业上云用云。同时对于国外合作，辽宁积极开展与德国相关方面对接合作。包括开展与德国“工业4.0”标准对接，中科院沈阳自动化所与德国电气电工信息技术委员会（DKE）经过长期合作，共同制定的面向工业、工厂过程自动化的工业无线网络两项标准已成为国际标准；积极引进德国双元制人才培养模式，重点推进宝马实训中心、中德智能制造学院建设，为全省制造业发展提供高技术人才。中德智能制造学院项目已列为国家中德智能制造合作试点示范项目。

25.2　辽宁智能制造产业发展存在的问题

辽宁智能制造虽然形成了一批标志性智能制造工厂，培育扶持了一批具有很强市场竞争力的系统集成、装备研制、软件开发与智能制造新模式应用等领域的骨干企业，但仍处于推广应用体系、高端产业体系、平台服务体系、标准支撑体系和人才服务体系建设过程中，要达到“中国制造

2025”的标准，成为全球智能制造前沿阵地，要参与全球智能制造竞争与合作，还有很大差距，有很长的路要走。

25.2.1 智能制造重点领域和关键技术环节差距明显

辽宁的智能制造业技术创新能力薄弱，先进核心技术受制于外国，在新产品和新技术的研发上，与发达国家智造企业相比仍存在一定的技术差距，如机器人领域，虽然辽宁有全国最大的机器人生产企业，中国是世界第二大机器人应用市场，但机器人工业仍然面临技术落后、关键部件质量低等现实问题。工业发达国家在智能制造方面投资和建设起步较早，经过多年的发展，已经积累了较大的技术优势，辽宁智能制造企业和国际品牌企业之间存在着明显的差距，智能制造生产模式尚处于起步阶段。辽宁企业长期依靠低廉劳动力形成的成本洼地，导致全球价值链低端锁定，多数企业使用智能设备替代人工的动力不足。现阶段，即使一些引入智能设备的企业，也仅停留在初级应用阶段，以智能制造整合价值链和商业模式的企业屈指可数，更没有形成构建智能制造体系的战略思维和总体规划。

25.2.2 标准体系、工业软件和配套核心部件相对薄弱

辽宁省智能制造业产业配套能力严重不足，电子信息产业落后，研发设计数字化水平有待提高，高端设备和核心零部件几乎都来自国外。工信部的统计表明，几乎全部高档液压件、密封件和发动机、95%的高档数控系统和80%的芯片都长期依靠进口。这也导致国内智能制造业的发展对外依赖性增强，产品整体竞争力减弱，并具有较大的外部控制风险。同时，标准是产业特别是高技术产业领域工业大国和商业巨头的必争之地，主导标准制定意味着掌握市场竞争和价值分配的话语权。目前，德国除了在国内及欧盟层面推广“工业4.0”标准化外，还在国际标准化组织内部设立了与“工业4.0”相关的咨询小组。辽宁虽然是制造业大省，但是辽宁参与制定的制造业国际标准不多，辽宁在制造业标准体系中的话语权及影响力不大。

25.2.3　高端人才和领军人才短缺制约智能制造发展

辽宁省智能制造领域高端人才严重不足，复合型人才非常缺乏，已经不能满足传统制造业向智能高端制造业的发展。从经营管理层面来看，企业缺少具有预见力的领军人物，以及在高水平的研发、市场开拓、财务管理等方面的专门人才。从员工队伍层面来看，辽宁企业存在初级技工多，高级技工少，传统型技工多，现代型技工少，单一技能的技工多，复合型的技工少的现象。员工综合素质偏低，直接制约了智能制造系统的应用和推广。这已成为困扰辽宁传统制造业向智能高端制造业发展的瓶颈。而在国家战略层面，涉及智能制造标准制定、国际谈判、法律法规等方面的高级专业人才匮乏更是明显的“短板”。

25.2.4　产业链上相关企业总体规模小核心技术缺乏

辽宁省目前能够提供智能化解决方案的大型企业很少，参与智能制造相关领域企业多为中小企业，缺乏核心技术，特别是硬件开发技术，企业竞争力较弱，缺乏国际竞争力。在智能制造诸多基础技术方面仍然停留在仿制层面，创新能力不足，关键技术难以突破。全省智能制造相关产业整体上来讲，强调智能生产和智能制造服务，忽视智能管理、智能设计环节，使得智能制造某些核心技术处于实验室阶段，制约了产业化进程。由于智能制造领域技术门槛较高，仅仅依靠单个企业探索全新领域显然很困难。工业级产品对数字技术、智能技术、网络技术和新材料技术等方面要求很高，整体研发耗时较长。现有智能制造技术大多掌握在部分科研机构手中，而多数研究机构过于独立封闭，技术研发分散，未能形成合力，同一技术重复研究，浪费大量的研发经费和研发时间。多数企业又热衷于大而全，一些具有较好关键部件研发基础的企业纷纷转入整机生产，难以形成研制、生产、制造、销售、集成、服务等有序、细化的产业链。

25.3　加速发展辽宁智能制造产业的建议

全面落实《中国制造 2025》和推进供给侧结构性改革部署，将发展智能制造作为长期坚持的战略任务，分类分层指导，分步骤持续推进，以构建新型制造体系为目标，以实施智能制造工程为重要抓手，着力提升关键技术装备安全可控能力，着力增强基础支撑能力，着力提升集成应用水平，着力探索培育新模式，着力营造良好发展环境，为培育经济增长新动能、打造制造业竞争新优势、建设制造强省奠定扎实的基础。

25.3.1 坚持规划引领、分类指导，营造健康有序发展大环境

借鉴广东、江苏、天津等地经验，加快启动辽宁智能制造发展战略相关重大课题研究，制定辽宁智能制造发展规划，引导辽宁智能制造健康快速发展。高起点推进智能制造园区建设，着力引进国内外智能制造重点企业在辽宁布局。因地制宜、充分考虑区域间政策衔接与产业融合，统筹和引领区域智能制造一体化发展。积极为智能制造供需企业搭建无缝对接平台。现阶段，可尝试对已有的一些公共实验室、技术平台进行功能改造与服务拓展，并通过多方参股、市场化运作等灵活方式打通“上游-下游-终端”之间的联系通道，便捷高效地为企业提供“交钥匙工程”和“一站式服务”，使企业能降低成本、少走弯路。

强化激励、注重落实，创新人才内培外引体制机制。把高端人才队伍建设作为智能制造发展的重中之重，积极拓宽智能制造高层次人才引进、培养渠道，为海内外人才（团队）创新、创业营造优质服务环境；协同省内高校及社会培训机构建立面向中低端产业工人的技能提升教育与培训计划，促使智能制造高技能人才整体素质转变和创新意识增强，并逐步提升他们的社会地位和待遇；支持智能制造龙头企业和科研机构核心技术人才柔性工作，组建智能制造公共服务平台专家队伍，并提高科研人员成果转化收益比例，完善科技成果、知识产权归属和利益分享机制，全面激发科研人员的积极性和创造性。

科技金融结合、多措并举，全面拓宽投融资渠道。鼓励金融机构创新金融产品和服务，积极满足智能制造企业的资金需求。探索设立省、市两级智能制造政府投资引导基金，鼓励创业投资基金、产业投资基金加大对

智能制造企业的投资支持。鼓励智能制造企业通过融资租赁实施设备更新改造。大力支持符合条件的智能制造企业到主板、中小板、创业板和境外资本市场上市融资，支持暂不具备上市条件的中小微企业通过全国中小企业股份转让系统、天府（四川）联合股权交易中心挂牌融资。

全面深化改革、扩大开放，加强国际合作与交流。持续深化“放管服”改革，优化营商环境，为智能制造发展创造良好的市场环境。加强国际合作，抓住德国“工业4.0”与《中国制造2025》对接以及与中东欧合作的主要战略机遇期，深化智能制造新技术、新工艺、新模式、知识产权等方面的国际国内交流与合作，不断拓展合作领域。鼓励辽宁企业加快融入全国乃至全球智能制造产业链分工体系和协同制造体系。鼓励跨国公司、国外机构等在辽宁设立智能制造研发中心、人才培训中心、营销中心等功能性机构，建设智能制造示范工厂。积极融入“一带一路”建设、京津冀协同发展、长江经济带以及粤港澳大湾区开发建设等国家战略，加强区域间智能制造各领域合作。

25.3.2 大力发展智能装备制造业

重点发展机器人产业。依托新松机器人、中科院沈阳自动化研究所等企业和科研院所，着力发展具有自主知识产权、核心竞争力、市场前景的工业机器人，加快突破机器人关键核心技术，重点支持工业机器人本体、控制器、减速器、伺服电机等关键零部件的研发和应用，打造完整的工业机器人制造产业链。

发展智能化基础制造与成套装备。聚焦高端装备和制造过程的产品设计、柔性制造、高速制造、自动化和网络制造等环节，通过集成创新，围绕3D打印设备、在线检测、智能物流等，重点发展一批基础制造装备、流程制造装备和离散型制造装备，提升装备质量可靠性水平，加快智能化装备的产业化和示范应用，大力提升智能制造成套装备的整体水平。

加强智能制造示范基地建设。加快智能制造产业集聚化、规模化发展，促进智能制造产业链整合、配套分工和价值提升。围绕智能制造产业高端化发展方向，选择智能装备和关键零部件研发制造及智能制造系统集成与应用服务等较为集中的产业集聚地和产业园区，推动产业转型升级和两化深度融合，初步形成从数控机床、智能机器人到智能成套装备，从硬件、软件到信息技术集成服务的智能制造产业链。扶持基地内一批骨干企业发展。依托各地产业发展基础和优势，打造高端企业集聚、产业链条健全、服务功能完善的智能制造产业集群，培育建设一批在全国范围内具有较大影响力的智能制造示范基地。

25.3.3 突破标准体系、工业软件及核心部件

加强智能制造标准体系建设。强化智能制造标准体系建设，利用大连发达的电子信息产业优势以及东软集团的技术优势，构建基础共性标准、关键技术标准和重点行业标准，开发工业软件、基于CPS的智能复杂管理平台。根据《国家智能制造标准体系建设指南》，支持企业加强合作与交流，积极参与制定智能制造标准，包括基础共性标准、关键技术标准和重点行业标准，开展标准的试验验证及在典型行业的推广应用。

加快工业软件开发应用。重点开发计算机辅助类（CAX）软件、基于数据驱动的三维设计及建模软件、数据分析与可视化仿真软件、模块化设计工具以及标准数据库，高安全高可信的嵌入式实时工业操作系统、制造执行系统（MES）、企业资源管理软件（ERP）、供应链管理软件（SCM）等业务管理软件，提高智能制造软件支撑能力。强化从设计到制造全程数字化，实现产品的设计、配置、订货、计划、生产和物流的统一协调。为即时响应、生产前甚至在生产过程中最后一分钟的需求变更提供支撑。

完善工业互联网和信息安全系统。推进高带宽、实时、先进工业互联网基础设施发展，一方面发展波分复用的高带宽的工业以太网，另一方面推动以5G为基础的无线宽带网、高速射频网发展。推动制造企业内网络升级改造和试验网络建设，实现装备、产品、物料、人员、控制系统、信息系统的智能互联；研发新型工业网络设备与系统，构建工业网络标识解析系统及试验验证平台；鼓励开展工业云和大数据平台建设；研发安全可

靠的信息安全软硬件产品，构建先进、完善的工业网络基础设施，以及智能制造信息安全保障系统。

突破关键功能部件及系统。重点研发通过传感技术输出数据，具有智能化特征、智能制造的精密功能部件，分散式控制系统（DCS）、可编程逻辑控制器（PLC）、数据采集系统（SCA-DA）、高性能嵌入式控制系统等核心系统产品。积极布局工业互联网，完善基础设施。加强基础零部件开发。利用装备制造业优势，在微观生产环节推动基于新一代智能制造的IC标签可对话的工业生产线开发，并带动省内装备制造企业采用新的工业标准和控制系统。

25.3.4　落实制造业智能化改造工程

推进设计制造和生产管理的信息化改造。支持企业集成应用计算机辅助设计、制造工艺规划仿真技术等，建立数据采集分析系统和制造执行系统（MES），提升研发制造全过程信息化水平，推进企业数字化设计、装备智能化升级、工艺流程优化、精益生产、可视化管理、质量控制与追溯、智能物流等方面的快速提升。支持引导有基础、有条件的中小企业推进生产线自动化数字化改造升级。

推进生产装备的数控化、智能化改造。重点聚焦智能工厂、智能生产、统一标准工厂互联、制造服务化、供应链协同等重点领域，全面提升生产设施数字化水平、设备运行效能和产品创新能力。在数控机床、船舶、航空等高端装备领域，逐步实现统一通信标准的新型生产线，实现产品模块化设计、零部件智能生产、装配及检测智能化。鼓励支持大型装备制造企业搭建工业互联网平台，利用5G、互联网、大数据、人工智能等新技术手段，提供远程维护、故障预测、性能优化等服务，促进高端装备领域企业实现服务化延伸。围绕机械加工、食品、船舶、农机、建材等产业规模较大的重点行业领域，推进智能化、数字化技术及装备在关键环节的深度应用，不断提高生产装备和生产过程的智能化水平。对劳动力密集型、作业环境恶劣、高安全风险等行业企业，支持开展“机器换人”工程，通过机器人、自动化生产线、数控成套装备等集成应用，有效提高安全管理水平。

推进汽车行业智能制造应用。发挥辽宁汽车行业产业规模优势，以整车智能制造为牵引，带动动力电池、驱动电机和控制器等核心零部件企业同步提升智能制造能级，使汽车产业成为智能化转型升级的标杆行业；通过全数字化工厂建设、系统互联互通、数据价值驱动、制造服务转型、组织生态创新等新理念的引入和实践，深入推进物联网、大数据、工业云等技术的应用，开展数字化生产、网络化协同、个性化定制与服务化延伸的智能制造实践。

促进冶金、化工等材料行业智能制造应用。重点聚焦大数据应用创新、产业交易生态圈等，推动全产业链集成创新和服务制造化转变。在石化、冶金、新材料等流程型制造企业中，推动建立网络化协同平台，实现资产运营、生产管理、供应链协同优化及产品全生命周期管理。加强智能传感和实时数据采集、在线检测、远程监控与故障诊断系统的集成应用，提升企业在资源配置、工艺优化、过程控制、质量控制与溯源、能源需求侧管理、节能减排及安全生产等方面的智能化水平。

促进100人以上中小企业智能化改造。引导有基础、有条件的中小企业推进生产线或生产单元自动化改造，开展管理信息化和数字化升级试点应用。建立龙头企业引领带动中小企业推进自动化、信息化的发展机制，提升中小企业智能化水平。整合和利用现有制造资源，加快建立云制造服务平台，在线提供关键工业软件及各类模型库和制造能力外包服务，服务中小企业智能化发展。

25.3.5 积极搭建智能制造发展平台

建设一批智能制造创新平台。探索建立辽宁省智能制造创新中心，培育一批智能制造企业技术中心、工程研究中心和重点实验室等创新服务平台。充分发挥沈阳新松机器人智慧园、华为云计算中心、中科院自动化所机器人与智能制造创新研究院等创新平台的作用，围绕重点领域智能制造重大需求，开展关键共性技术和核心技术研发，提高智能制造关键环节和重点领域的创新能力和科技成果产业化水平。开展智能化改造、智能产品研发、智能制造标准制定、智能制造人才培养等创新服务工作。

建设智能制造示范区和战略联盟。加快沈大国家自主创新示范区建设，向国家申请建立“中国工业4.0示范区”，加快开发全新的基于服务和实时保障的CPS平台。在大连建立中国CPS研究中心，在沈阳建立“工业4.0”产业化基地。建立全国性工业科学研究联盟，提出我国“工业4.0”战略方案。尽快成立由IT、电子、电气及设备装置生产厂商、研究单位、大专院校组成的工业智能制造战略平台，制定“工业4.0”发展纲要。辽宁可以率先打造基于“工业4.0”的智能城市、智能交通、智能楼宇和智能家庭系统。提供全面智能化解决方案，并输出我们的知识、技术和经验。充分利用现有科技资源，联合产业链上下游，建立产学研用紧密合作的智能制造产业技术创新战略联盟，开展关键共性技术研究应用、智能制造标准制定和产业化应用示范，为联盟企业提供开放共享的技术信息服务。

统筹布局人工智能创新平台。谋划布局人工智能创新平台，强化对人工智能研发应用的基础支撑。人工智能开源软硬件基础平台重点建设支持知识推理、概率统计、深度学习等人工智能范式的统一计算框架平台，形成促进人工智能软件、硬件和智能云之间相互协同的生态链。群体智能服务平台重点建设基于互联网大规模协作的知识资源管理与开放式共享工具，形成面向产学研用创新环节的群智众创平台和服务环境。混合增强智能支撑平台重点建设支持大规模训练的异构实时计算引擎和新型计算集群，为复杂智能计算提供服务化、系统化平台和解决方案。自主无人系统支撑平台重点建设面向自主无人系统复杂环境下环境感知、自主协同控制、智能决策等人工智能共性核心技术的支撑系统，形成开放式、模块化、可重构的自主无人系统开发与试验环境。人工智能基础数据与安全检测平台重点建设面向人工智能的公共数据资源库、标准测试数据集、云服务平台等，形成人工智能算法与平台安全性测试评估的方法、技术、规范和工具集。

推进现有创新平台与智能制造融合对接。以沈大自主创新示范区、辽宁自贸区、国家高新技术开发区以及重点产业园区为依托，明确智能制造发展定位，把握发展重点和路径，努力构建东北亚智能制造装备产业大核心、大配套体系，提升信息网络、公共服务平台等基础设施水平，促进产业集聚区规范有序发展；大力推进沈阳、大连等地区率先实现优势产业智能转型，成为“中国制造2025”试点示范城市，带动其他地区加快自动化、数字化升级改造，逐步向智能化发展；大力实施智能制造试点示范。发挥国家智能制造示范项目引领示范作用。积极搭建省、市两级智能制造试点示范发展平台，支持制造业细分领域龙头企业、系统集成商、软件开发商、核心智能制造装备供应商、科研院所成立联合体，建立长效合作机制，开展智能制造各领域和各环节试点示范，形成有效的经验和模式，并在相关行业移植、推广。

第26章

全面激发市场创新主体活力

改革开放以来，我国逐步建立和不断完善社会主义市场经济体制，市场体系不断发展，各类市场主体蓬勃成长。习近平总书记指出，市场主体是我国经济活动的主要参与者、就业机会的主要提供者、技术进步的主要推动者，在国家发展中发挥着十分重要的作用。市场主体是经济的力量载体，保市场主体就是保社会生产力。要千方百计把市场主体保护好，激发市场主体活力，弘扬企业家精神，推动企业发挥更大作用、实现更大发展，为经济发展积蓄基本力量。为此，辽宁应加大支持力度，加快推进瞪羚和独角兽企业、新型研发机构、大企业平台化及离岸创新中心（域外创新中心）等新型创新主体建设，将这些新型创新主体打造成辽宁新旧动能转换、激发创新内生动力的重要力量。

其中，瞪羚和独角兽企业作为具有创新活力的一个群体，在经营效益、成长性、创新性等方面表现突出，已成为推进辽宁高质量发展的重要力量。持续鼓励瞪羚和独角兽企业发展，积极培育瞪羚和独角兽企业，有助于提升区域经济活力，吸引产业集聚，进而助力新时代辽宁经济发展和东北全面振兴，实现经济高质量发展。

26.1 激发市场主体活力意义重大、影响深远

激发市场主体活力能够推动经济更好发展。习近平总书记在企业家座谈会上发表的重要讲话中强调，新冠肺炎疫情对我国经济和世界经济产生巨大冲击，我国很多市场主体面临前所未有的压力。市场主体就是经济的力量载体，保市场主体就是保社会生产力。要千方百计把市场主体保护好，激发市场主体活力，弘扬企业家精神，推动企业发挥更大作用，实现更大发展，为经济发展积蓄基本力量。在加快经济复苏中确保做到“六稳”和落实“六保”，支持企业实现更大发展。

26.1.1 取得经济发展成就得益于市场主体活力的增强

中华人民共和国成立以来，在经济建设和发展遇到巨大困难和面临历史性转折的关键时刻，都是中国共产党发挥领导作用，带领全党和全国人民凝心聚力、攻坚克难、走出困境。当前，我国疫情防控取得重大战略成果，经济发展呈现稳定向好态势，抗击疫情进入常态化精准防控阶段，经济发展正在加速恢复。在此关键时期，习总书记要求各级党委和政府要给企业纾困解难，树立亲清政商关系，营造更好的营商环境。

经过改革开放40多年的市场化改革发展，各类市场主体已经成为发展经济的中坚力量。国有企业、民营企业、外资企业、港澳台资企业，以及个体工商户，作为中国特色社会主义市场经济体系的市场主体，在创造中国经济奇迹的过程中发挥了主力军作用。在中国经济和世界经济面临新冠疫情和逆全球化影响的关键时期，只有更好地发挥市场主体的主观能动性，激发市场主体的内在活力，释放中国经济体量的内部潜力，才能聚合成高质量发展的强大动力；特别是通过打造市场化、法制化、国际化的营商环境，降低企业运行成本、提高企业核心竞争力，支持企业更好地参与市场合作和公平竞争，使企业的生产经营活动更加活跃，推动经济更好发展。

26.1.2 经济发展过程就是激发市场主体活力的过程

新中国成立后，全国人民以极大的热情投入社会主义建设，创立了大量的国有企业、集体企业和个体工商户，形成了中华人民共和国成立初期的市场主体，并奠定了经济的早期基础。在改革开放过程中，以市场经济为导向的经济体制改革，优化了国有企业和集体企业结构，引进了外资企业和港澳台资企业，发展壮大了民营企业和个体工商户队伍，形成了现在的市场主体，奠定了更加稳固的经济基础。在新形势下，面对新冠疫情冲击和国际不确定性影响，充分调动市场主体的积极性会实现新时期经济的更好发展。

市场主体作为经济活动的基本单元，其要素所有权、投资收益权、独立经营权及知识产权等，都必须受到应有的尊重和得到依法保护，进而促进形成规模日益巨大的社会生产力，使市场主体的产权所有者由内在动力驱使，自主扩大生产经营规模，主动降低投资经营风险，在获取投资收益的同时，创造税收、稳定就业、增加经济效益和社会财富。所以说，保护市场主体就是保护社会生产力，培育市场主体就是提升社会生产力，激发市场主体活力就是调动社会生产力。

市场主体的核心要素是企业家群体，激发市场主体活力的重点是调动企业家的积极性。通过弘扬企业家精神，营造企业家不断涌现、茁壮成长、备受尊重的社会氛围，维护企业家群体的合法权益、应有待遇和社会地位。在座谈会上，习总书记作为党和国家最高领导人与企业家面对面交流互动，倾听企业家的意见和对“十四五”规划的建议，这就是率先垂范对企业家给予尊重、信任和鼓励，就是激发市场主体活力、潜力和动力。

26.1.3 大力激发市场主体活力，实现更好的经济发展

市场主体活力得以激发之时，就是中国经济甚至世界经济得到更好发展之际。习总书记主持企业家座谈会的消息引起了国内外广泛关注，习总书记的重要讲话在企业家群体中和社会上引起积极反响，必将在全社会形成保护和激发市场主体活力的浓厚氛围，带动中国经济更好发展，为世界

经济复苏发挥积极作用。特别是，保护和激发市场主体活力、实现更好发展的指示要求，已经成为各级党委和政府的实际行动，成为全党和全国人民的共识，给世界经济和国际形势带来积极影响。可以预见，立足国内超大规模的市场，通过繁荣国内经济、畅通国内大循环，国内市场主体会捷足先登，以更加饱满的热情、十足的干劲、满满的信心及坚定的决心，展开新一轮的产业升级，并通过扩大投资满足内需，推动新一轮产业布局，最终带动经济实现更好发展。值得一提的是，中国的疫情防控和经济恢复都走在世界前列，已经进入常态化精准防控时期，中国会成为经济复苏乃至更好发展的热土，中国的市场主体及其他国家的一些市场主体、瞄准中国市场的跨国公司及港澳台资企业，会借助全球供应链和产业链整合之机，加大在华投资力度、扩大生产经营规模，这必然会促进中国经济和世界经济实现更好发展。

26.2 激发企业创新主体活力的挑战与对策

习近平总书记强调，“企业家要做创新发展的探索者、组织者、引领者，勇于推动生产组织创新、技术创新、市场创新，重视技术研发和人力资本投入，有效调动员工创造力，努力把企业打造成为强大的创新主体，使其在困境中实现凤凰涅槃、浴火重生”，为企业的创新发展指明了方向。据统计，2019年辽宁科技型中小企业新增3 000余家，总量突破7 500家，高新技术企业新增1 000余家，总量突破5 000家，培育瞪羚和独角兽企业134家。目前，激发民营企业创新主体活力、培育壮大民营科技型企业，是辽宁在“十四五”期间需要重点加强的领域。

26.2.1 培育创业创新主体面临的问题

辽宁的科技型企业目前在数量上和创新能力上还不够，特别是科技领军型企业数量少、体量小。辽宁高新技术企业认证数量尽管突破了5 000家，但不及广东省的1/7，不足深圳的1/2。截至2018年年底，全国共有独角兽企业202家，其中，北京有82家、上海有38家、杭州有18家、深圳有18家，而辽宁仅有6家潜力独角兽企业，真正的雁型效应尚未形成。另外，辽宁培育的瞪羚和独角兽企业只有134家，与先进地区相比差距较大（北京中关村661家、上海张江296家、深圳123家、广州116家、苏州工业园100家）。在《中国区域创新能力评价报告2019》中，辽宁排名第19，落后于其地区生产总值排名。在中国企业创新能力千名排行中，辽宁仅入围19家企业，为广东的1/10，反映了辽宁企业发展活力不足的事实。具体问题如下：

第一，企业及企业家创新意识有待增强。目前，辽宁具有影响力的领军型、战略型企业家较为稀缺，终端消费性行业及领域问题比较突出。辽宁民营企业家队伍在创新意识、发展理念、进取精神等方面，与发达地区相比还有较大差距。辽宁的重工业、能源型产业比重偏大，国有企业多，导致民营市场主体发育不充分。此外，计划经济的惯性思维难以清除，核心能力弱，创新意识差，发展活力不足，可持续发展能力不强。

第二，政策协同支持力度不够。近些年国家和辽宁省出台系列文件，激发科研人员创新活力，但到了具体执行环节，政策难以落实。“十三五”期间，辽宁出台了《辽宁省民营科技企业梯度培育工程实施方案》《科技助力民营企业创新发展若干政策措施》《科技创新引领产业振兴专项行动方案》等系列配套政策措施，但在政策执行中，创新创业政策涉及部门多，协同支持体系尚未形成，影响了政策支持力度。

第三，科技中介服务能力不强。截至2018年年底，辽宁省已经有科技中介公司891家，但其中小型公司887家，大中型公司仅4家。科技中介公司主要集中在沈阳和大连两个中心城市。现实中，一些科技中介机构是从政府中分离出来的，其业务也仅限于原有的行政管理范围，对政府依赖性强，服务内容单一，系统服务能力不足。一些机构缺乏清晰的业务定位和核心竞争力、知名度低、专业化水平不高，只是开展信息收集与提供、技术咨询与指导、科技成果的展示与交易洽谈等一般性的服务，无法满足客户要求。

第四，人才招聘难，呈现外流态势。现实中，很多企业招聘不到急需的人才，特别是高端技术人才。由于知名、核心平台企业的发展规模、数量不足，辽宁面对南方经济发达省市的人才争夺时处于劣势，一些企业核心技术人才、科研骨干呈现外流态势。另外，政府对企业引进高层次人才、团队的支持力度不够，个人所得税政策不优，落实程序复杂，配套政策协同不够，也加剧了人才外流。

第五，企业创新融资渠道不畅。尽管政府近几年努力推进银税互动，以及应收款、销售合同等创新抵押融资产品，并在疫情发生以来加大了支持力度，但在实践中，大多数民营企业的资金需求难题尚未真正破解。民间借贷成本普遍高于20%，过高的借贷成本使民营企业望而却步。同时，从资本市场来看，民营企业缺乏直接融资意识，也弱化了融资效果。

26.2.2 激发创新主体活力的建议

激发创新主体活力的本质是打造营商环境问题。辽宁应培养壮大科技企业家队伍，大力提高企业家人才队伍的创新创业意识，创造适于企业家成长的环境，营造支持创新创业的社会氛围，使更多的人投入创新创业的大潮。因此，建议如下：

第一，通过政府奖励激发创新主体活力。在培育企业家群体的过程中，完善辽商奖励制度，对于发展业绩优、成长空间大、商业模式新、经济贡献大、社会口碑好的企业家，每年进行一次评选，政府通过奖励、税收返利等激励手段给予企业家充分的肯定，并联合大众媒体进行年度专场宣传，营造“争当优秀企业家、成就优秀企业家”的浓厚氛围，畅通企业家参与政策咨询和经济决策的渠道。此外，聘请优秀企业家作为政府经济顾问，吸纳他们进入创新管理智库，参与有关政策的制定。

第二，加大引进人才、留住人才的力度。统筹落实引进人才和留住人才的各项政策措施，解决高端人才引进在落户、子女上学、住房医疗保障等方面存在的问题，减少人才流失。加大财政投入，对企业引进人才给予一定的资金支持，将企业引进人才纳入“兴辽英才计划”，对民营企业引进的高管团队和特殊紧缺人才给予政策扶持，切实解决研发人员的激励受限问题。实施技能人才强省战略，创新机制以培育产业技术工人，完善建立经理人市场，实施产业提智工程。

第三，大力提高科技中介服务能力。促进政府、企业、高校院所、金融机构和中介机构紧密合作，建设培育联合开发、优势互补、成果共享、风险共担的创新服务综合体，提升中介服务能力。系统打造包括技术转移、检验检测认证、创业孵化、知识产权、科技金融、科技评估、创新决策和管理咨询等的科技中介服务产业链，积极培育科技研发、技术推广、工业设计等市场化新型研发机构、研发服务综合体和研发服务外包新业态。围绕辽宁核心产业发展需求，培育、引进一批骨干科技中介机构，引导和支持有条件的科技中介机构积极参与各行业与区域创新平台建设。建立中介机构及执业人员信用档案，建立失信惩戒退出机制，通过规范管理，提升行业自律水平及服务形象品牌。

第四，优化企业创新的金融服务环境。开辟融资贷款绿色通道，切实落实支持中小微企业创新创业活动。总结沈阳市铁西区政府与广东发展银行合作建立风险基金的经验做法，对民营企业的创新产品生产和科研活动进行信贷倾斜和投资担保，引导其对企业创新项目提供信贷资金支持。建立风险保障基金，鼓励和支持民间资本、民营企业参与创新产品开发的投融资活动，为辽宁创新创业深度发展注入新活力和新动力。设立产品开发专项基金，对企业新产品中试基地建设、研发后段中试产业化开发项目给予专项扶持，减少民营企业开发新产品的风险，切实促进科技成果转化。

26.3　积极培育和发展瞪羚、独角兽企业

独角兽企业是指处于初创期的未上市的、估值超过10亿美元的企业，具有高成长性、平台化的特点，代表着新经济的活力和新兴产业的发展趋势。另外，瞪羚企业也受到社会各界的关注。瞪羚企业是指成立时间在

10年以内、成长性极好、创新性极强的高新技术类企业。

近年来，辽宁认真贯彻落实习近平总书记关于科技创新的重要论述，深入实施创新驱动发展战略，大力培育新型企业创新主体，加快发展新经济、新业态和新模式，取得了积极的成效。瞪羚企业和独角兽企业作为辽宁推进新旧动能转换的重要力量和有效抓手，是培育壮大新动能和改善营商环境取得成效的具体表现。

26.3.1 辽宁培育和发展瞪羚、独角兽企业成效显著

近年来，为顺应新经济发展趋势，辽宁紧紧围绕新旧动能转换、创新驱动发展和高质量发展等新要求，积极培育和发展瞪羚、独角兽企业，相关工作取得显著成效。主要举措包括：

辽宁正在推进沈大自创区和全省高新区率先开展瞪羚和独角兽企业的培育。2019年，在全省高新区工作会议上，省科技厅出台了《辽宁省沈大自创区和高新区高质量发展“六大工程”实施方案》，明确提出建立科技企业梯度培育体系。目前，辽宁已初步搭建起“科技型中小企业—高新技术企业—瞪羚、独角兽企业”三级梯度培育体系（其中，科技型中小企业4 708家，高新技术企业3 658家，瞪羚企业、潜在和种子独角兽企业134家），使其成为推动辽宁新旧动能转换、新兴产业壮大、高质量发展的中流砥柱。

辽宁制定出台瞪羚、独角兽企业建设指引。为加快培育适应市场发展方向的新型创新主体，省科技厅借鉴了发达地区的培育经验，下发了《辽宁省新型创新主体建设工作指引》，明确了辽宁省瞪羚、独角兽企业的功能定位、建设条件、组织服务、政策扶持等内容，加快推进瞪羚和独角兽企业、新型研发机构、平台化大企业、离岸创新中心（域外创新中心）等四类新型创新主体建设。

辽宁加强对瞪羚、独角兽企业的培育和支持。2020年，省科技厅会同省直有关部门出台了《科技助力民营企业创新发展若干政策措施》和《辽宁省民营科技企业梯度培育工程实施方案》等政策文件，集聚各类创

新资源，提供精准服务，激发民营科技企业的高速成长潜力，推动新兴产业领域的瞪羚、独角兽企业集群化发展，不断提升自主创新能力及新兴产业发展水平。省内各地市和高新区纷纷出台政策举措，大力培育瞪羚、独角兽企业，并支持企业发展。例如，2019年10月，沈阳高新区召开创新主体奖励大会，发布了关于加快四个主导产业发展的若干政策措施，对316家企业、445个项目进行奖励，奖励金额达8 420万元。

辽宁组织开展瞪羚、独角兽企业的备案和发布。省科技厅组织各市科技局和各高新区开展瞪羚、独角兽企业备案，多次召开专题培训会，广泛发动符合条件的企业进行申报；特别是搭建了辽宁省瞪羚、独角兽企业在线服务平台，实现瞪羚、独角兽企业线上备案，同时计划推出企业入库申报、资源链接、政策申报、新闻动态、明星企业展示、企业发展监测与统计分析等多项服务功能。2019年12月10日，省科技厅主办2019辽宁瞪羚独角兽企业发展峰会，发布了《2019辽宁省瞪羚独角兽企业发展报告》。该报告显示，2019年，辽宁共备案134家瞪羚、独角兽企业，其中潜在和种子独角兽企业6家、瞪羚企业128家，瞪羚、独角兽企业中高新技术企业占比达84%。潜在和种子独角兽企业、瞪羚企业主要分布在沈阳市（48家）和大连市（41家），主要集中在新能源与节能环保、新材料、软件与信息技术、生物制药与医疗器械、精密仪器制造等高新技术行业。

辽宁加强双创示范基地建设和公共服务平台建设。辽宁近年来切实推动大众创业、万众创新，营造中小微企业创业创新发展的良好环境，引导和支持小型微型企业创业创新基地和中小企业公共服务平台发展，为创新创业中小微企业提供场地、投（融）资、技术、信息咨询、创业培训、市场营销、专业支持等服务，为培育潜在的瞪羚、独角兽企业筑牢基础。目前，省级中小微企业创业基地共有76家，入驻中小微企业5 829户，开展服务活动1 280次，服务中小微企业8 045户；省级中小企业公共服务平台总数达203家，开展服务活动12 556次，服务中小企业9 387户。

26.3.2 辽宁培育瞪羚、独角兽企业存在的主要问题

要成长为瞪羚、独角兽企业，企业的技术、资金及发展模式等都面临着更高的要求。同时，瞪羚、独角兽企业的培育和发展状况，也是地区经济社会发展水平、营商环境水平的综合体现。目前来看，辽宁瞪羚、独角兽企业的培育和发展工作仍存在很多短板，具体问题如下：

一是适合培育瞪羚、独角兽企业的战略性新兴产业规模不大。辽宁传统制造业实力雄厚，相比之下，以高端装备、新材料、新能源、生物技术、信息产业等为代表的战略性新兴产业总体规模不大、发展速度不快，无法为瞪羚、独角兽企业的培育和发展提供坚实的产业支撑。

二是现有高成长性企业数量偏少、质量偏低。2018年，辽宁进入独角兽企业榜单的企业仅有1家，且估值不高、排名靠后。从拥有瞪羚、独角兽企业的数量上看，相比于北京、上海、广东、浙江、江苏等经济发达省市，辽宁距离成为瞪羚、独角兽企业重要聚集区的目标还有很大差距。

三是对企业的金融支持和服务能力较弱。辽宁金融体系相对薄弱，对企业服务能力有限，造成大多数企业融资渠道狭窄、融资成本较高、发展资金匮乏。例如，沈阳上博智像科技有限公司的某些军品项目研发需要大量资金投入，资金压力较大，由于缺乏有效的贷款和融资渠道，企业发展的规模和速度受到限制。此外，政府对目前已经存在和潜在的瞪羚、独角兽企业宣传力度不够，助力企业进一步扩大影响力的效果有待提升。

四是对高成长性企业发展的支持力度不大、不够精准。辽宁培育瞪羚、独角兽企业的支持政策仍不够密集，没有形成政策“组合拳”，政策之间的协同作用需要进一步发挥。同时，对于一些高成长性的科技企业，缺少“量身定制”的有效扶持。例如，沈阳无距科技有限公司已经拥有超前于市场2代至3代的技术能力，并且依靠技术优势推出产品，迅速占领细分行业的市场龙头位置，然而，在保持核心竞争力、推动技术能力转化为产品、迅速占领市场方面，仍然亟需地方政府给予有效支持。同样，沈阳美行科技有限公司、沈阳迈思医疗科技有限公司在政策、资金、人才等

方面，也需要政府部门给予一定支持。

五是缺乏高端创新性人才和行业领军人才。受困于经济结构单一、经济下行压力较大、薪酬待遇不高等因素，包括辽宁在内的整个东北地区对高端人才无法形成足够吸引力，人才外流现象严重。高端创新性人才和行业领军人才不足，缺乏产生瞪羚、独角兽企业所需的灵魂人物，也限制了辽宁瞪羚、独角兽企业的培育、产生和发展。

26.3.3　辽宁加快培育瞪羚、独角兽企业的建议

瞪羚、独角兽企业在经营效益、成长性、创新性等方面表现突出，成为辽宁调整经济结构、壮大新动能的中坚力量。辽宁应抓住机遇，优化产业布局和资本运作模式，营造良好的市场环境与舆论氛围，培养创新人才，从而加快培育瞪羚、独角兽企业。因此，建议如下：

第一，加快新兴产业发展，加强科技企业培育。牢牢把握科技进步大方向、产业革命大趋势，优化产业布局，优先培育和壮大智能制造、新材料、新一代信息技术、生物医药、海洋、新能源和节能环保等一批具有辽宁优势和特色的战略性新兴产业集群，加快发展数字经济、共享经济、平台经济等新业态，构建产业体系新支柱，为瞪羚、独角兽企业的培育和发展提供坚实的产业基础。夯实“科技型中小企业—高新技术企业—瞪羚、独角兽企业”梯度培育体系。加强众创空间、孵化器、大学科技园等创业平台建设，建设产业技术研究院等新型研发机构，加速推进科技成果转移转化，提升科技型企业核心技术竞争力，增加瞪羚、独角兽种子企业的数量。

第二，持续优化营商环境，扶持瞪羚、独角兽企业发展。深入调研，精准掌握辽宁瞪羚、独角兽企业的需求，充分学习借鉴外省培育瞪羚、独角兽企业的有效经验做法，持续优化营商环境，为瞪羚、独角兽企业的发展提供适当的应用场景，为高成长性企业的发展提供精准的扶持政策。注重对潜在瞪羚、独角兽企业给予适当的金融支持，着力解决企业在快速发展过程中容易遇到的“融资难”“融资贵”等问题。

第三，注重培养、引进和留住创新创业人才。充分利用辽宁丰富的高等教育资源和完善的科研体系，加快产业结构升级，培养和留住更多优秀的创新创业人才。同时，提高对外开放程度，吸引更多的高素质创新创业人才参与当地新经济的发展过程。在政府方面，注重加强人才队伍建设，加大吸引、留住人才政策的力度，为高校毕业生提供优质的就业环境；在高校方面，提高学科建设水平，提升学生培养质量，为未来瞪羚、独角兽企业的发展输送更多高质量人才。

第四，发挥孵化器对企业的培育作用，完善资本运行模式。更好发挥创业基地、众创空间等孵化器对企业的培育作用，改善提高培育载体的创业创新环境和服务水平，吸引、集聚国内外创业创新资源，为创业者应用新技术、开发新产品、开拓新市场、培育新业态提供更好的服务。此外，尝试完善资本运行模式，加大对潜在瞪羚、独角兽企业的培育力度。在培育企业发展的不同阶段，强化资本与业务发展的关联，积极运用产业培育基金投入、引入战略投资与风险资本等多种融资方式，形成多元化、持续性的投入保障体系。

第五，为企业发展营造良好舆论氛围，注重发挥推广示范作用。及时宣传各级政府的政策法规，建立政府和瞪羚、独角兽企业沟通交流新渠道。进一步加大宣传力度，扩大“辽宁省瞪羚、独角兽企业”影响力，营造良好的舆论氛围。此外，增加瞪羚、独角兽企业家之间的互动交流，定期开展学习交流、金融对接等活动，促进企业合作。同时，注重帮助企业做好推广，更好地发挥重点企业的示范作用。例如，支持沈阳美行科技有限公司城市级智慧停车平台在省内城市的推广，以及在政府采购和产品注册方面对沈阳迈思医疗科技有限公司给予帮扶和支持等。

26.4 有效集聚创新要素，赋能科技型中小企业发展

当前，辽宁高新技术企业数量与南方发达省份相比，数量少、规模小，创新能力弱、发展质量低的问题仍然比较突出，特别是技术创新市场

导向机制、技术创新激励机制和科技金融支持机制尚不健全，各类资源要素相对分散，对创新支持力度不够，这些问题制约了科技型中小企业发展壮大，需要采取得力措施，聚集各类创新要素，为科技型中小企业发展赋能，促进其实现快速发展。

26.4.1　构建资金向科技创新有效集聚的洼地

加快金融组织、产品和服务模式创新，推动银行机构根据科技型中小企业特点，制定相适应的信用评价体系和贷款审核标准，健全授信尽责免责和容错纠错机制。创新和丰富科技金融产品，积极开展知识产权、科技企业股权质押贷款、信用贷款等业务。政府发挥引导和支持作用，设立科技型中小企业创业投资引导基金，以阶段参股的方式发挥杠杆带动作用。鼓励引导更多的民间资本建立风险投资公司，按照科技型企业的发展周期推进种子基金、天使基金、创业投资基金、质押担保、场外交易、多层次资本市场上市等发展。建立和完善科技型中小企业信息共享机制，完善行业项目库，积极向基金公司推荐优质企业和项目。

26.4.2　打造科技人才创业创新的高地

优化升级“兴辽英才计划”，完善“平台+人才+机制”的工作模式，实施“项目+团队”的“带土移植”工程。健全创新激励和保障机制，构建充分体现知识、技术等创新要素价值的收益分配机制。完善科技评价机制，建立以创新能力、质量、实效、贡献为导向的科技人才评价体系。支持科技创新人才的双向流动，允许科技创新人才及其团队在科研院所和民营企业间双向兼职流动，鼓励高校科研院所研究人员、科研团队携带成果或项目创办科技型中小企业。

26.4.3　搭建创新链与产业链精准高效衔接的平台

聚焦产业发展需求，引导企业与科研机构和高校合作，积极参与建设重点实验室、产业技术创新中心和新型研发机构。推动重大科技基础设施、科技项目、科研仪器设备、科学数据等科技资源向科技型中小企业开放共享。支持企业牵头组建创新联合体，鼓励构建产学研、大中小企业有机结合的创新链。围绕辽宁科技型中小企业集中的高端装备制造、新材料、人工智能、生物医药等传统优势产业和战略性新兴产业领域，做好数字技术和实体经济深度融合，推动科技型中小企业提质升级。建设高起点全产业链支撑带，打通科技链与产业链的堵点，全面提升科技成果转化效率。

26.4.4 创建有效提升科技型中小企业市场竞争力的支持体系

实施科技型企业梯度培养计划，围绕专精特新，重点做好“雏鹰”“瞪羚”企业培育。以增强地方企业竞争力为目标，全面梳理各部门各领域重点项目标准，研究制定做强、做大地方企业的措施办法。综合运用财政、金融、税收、奖补等手段，激发企业加大科技创新投入。要更加灵活普遍地运用技术标准、环境保护等手段，不断提高相关门槛，倒逼企业投资研发、加快产业技术升级。注重细分市场，开发新产品，开拓和抢占新市场。

26.4.5 筑牢全面保护和服务知识产权的阵地

强化知识产权全链条保护，健全知识产权综合管理体制，增强系统保护能力。运用互联网、大数据、人工智能等手段，通过源头追溯、实时监测、在线识别等，加强域内自主品牌和新业态、新领域创新成果的知识产权保护，完善知识产权快速维权与维权援助机制，加大对反复侵权、恶意侵权等违法行为的查处力度。加强对知识产权政策和法律的宣传教育，增强企业、公众的知识产权意识。建立健全知识产权运营服务平台，开展知识产权快速审查、确权、价值评估和质押融资等服务。

第27章

加快打造对外开放新前沿

习近平总书记在党的十九大报告中提出“推动形成全面开放新格局”，指明了中国特色社会主义新时代对外开放的前进方向。辽宁地处环渤海和东北亚地区中心地带，既沿海又沿边，区位优势明显。辽宁有大陆海岸线2 100多公里，是“一带一路”建设的重要节点，是连接欧亚大陆桥的重要区域，在国家区域发展战略中作用突出。辽宁作为东北地区唯一的沿海省份，近年来以深度融入“一带一路”建设为主线，以辽宁沿海经济带为支撑，全力把自身打造成“一带一路”建设的战略支点，成为中国北方地区对外开放的大门户。本章重点对“十三五”期间辽宁省对外开放的主要进展、存在问题进行回顾与分析，并提出面向“十四五”辽宁对外开放与高质量发展的对策建议。

27.1 辽宁对外开放的主要进展

“十三五”以来，辽宁省对外合作稳步推进，初步构建“一体两翼”对外开放新格局，六大领域的国际合作成效显现。2019年4月，辽宁省4个项目被纳入代表着中国对外合作最高水平的第二届“一带一路”国际合作高峰论坛成果清单，数量和质量居各省前列，体现了“一带一路”综合试验区建设的良好开局和积极进展。

27.1.1 对外开放新格局初步形成

辽宁省委、省政府充分树立大局观、全局观，将辽宁置于全国“一带一路”建设大格局中，构建以“一带一路”综合试验区为载体，向东打造东北亚经贸合作先行区，向西建设中东欧“17+1”经贸合作示范区的陆海内外联动、东西双向互济的“一体两翼”对外开放新格局。第一，全面推进“一带一路”综合试验区建设。辽宁省以东北亚和中东欧国家为重点，沿“六廊六路多国多港”拓展全方位、多领域、深层次国际合作，谋划推进300余个合作项目，探索实践六项重点试验任务。第二，加快东北亚经贸合作先行区的建设步伐。辽宁省与日本、韩国的地方政府多次举办产业投资交流会议，积极谋划高科技领域合作；与俄罗斯稳步推进跨境物流、农产品贸易、能源电力等领域合作。2018年和2019年上半年，辽宁省与东北亚国家进出口贸易总额达到446.11亿美元。第三，中东欧“17+1”经贸合作示范区建设初见成效。辽宁省与中东欧17国多次开展富有成效的高层互访活动，承办了第五次中国—中东欧国家地方省州长联合会工作组会议，启动辽宁中东欧国家馆。同期，辽宁省与中东欧国家外贸进出口总额达到37.24亿美元。

27.1.2 经贸合作愈加紧密

尽管外部环境复杂多变，但依托国内完整的产业链和巨大市场，辽宁外贸结构优化、动力转换加快的长期趋势并没有改变。从贸易规模来看，2019年辽宁货物进出口总额达到7 522亿元，进出口规模处于同期的全国省市第九位。从经济类型看，辽宁民营企业进出口总额为2 544.6亿元，增长9.2%。分国家和地区看，2019年，辽宁省对韩国和东盟传统市场出口额快速增长，其中对韩国出口额达317.6亿元，同比增幅超11%；对东盟出口额达384.7亿元，同比增长近20%。此外，辽宁省对“一带一路”沿线国家和中东欧17国进出口继续保持增长态势，增幅分别为3.9%和11.7%。

“十三五”以来，辽宁省紧紧围绕重点国家、重点产业、重点企业开展交流合作，有关领导先后出访英国、日本、韩国等国家，举办了多次大型推介活动，先后与法国米其林集团、三菱东京日联银行、韩国SK集团等一批重点企业达成合作意向，促成宝马三期工厂、华晨雷诺合作、沙特阿美炼化综合体开发、利安德巴赛尔轻烃一体化等重大项目落地，同日本三菱日联银行、华润集团的战略合作顺利签约，同巴符州混委会、新辽理事会的合作愈加紧密，推动辽宁省同海外企业的合作迈向更高的台阶。

27.1.3 重大开放平台建设成效显现

辽宁自贸区挂牌以来，坚持以制度创新为核心，以可复制、可推广为基本要求，以突出辽宁特色为工作重点，扎实推进自贸区建设各项工作。商务部国际贸易经济合作研究院编写的《中国自由贸易试验区发展报告（2019）》显示，辽宁自贸区总体方案任务完成率居于全国同批7个自贸区前列。另外，经国际知名第三方评估机构普华永道评估，截至2019年，国家总体方案中赋予辽宁自贸区的123项改革试验任务中，中央事权78项和地方事权45项全部完成，100%落地。大连片区的“保税混矿”监管创新和进境粮食检疫全流程监管、沈阳片区的优化涉税事项办理程序、营口片区的集装箱风险分级管理共4项创新，被列入国家第四批和第五批改革试点经验。截至2019年9月，辽宁省自贸区已有190家东北亚外资企业入驻，合同外资金额达4.9亿美元。辽宁自贸区为东北振兴起到示范带动作用。截至2019年10月份，辽宁自贸区新增注册企业4.5万家，注册资本为6 640亿元，其中1.7万家企业开始运营，运营率达37%。辽宁自贸区实现进出口总额3 500亿元，累计实际利用外资36亿美元。在新增注册企业中，来自黑龙江省、吉林省、内蒙古自治区的企业达8 300余家，占比20%。

作为中国首个中德高端装备制造产业合作的战略性平台，中德（沈阳）高端装备制造产业园建设取得重大进展，成为“中国制造2025”与“德国工业4.0”战略对接的重要载体。截至2019年，沈阳中德产业园进驻外企475家，其中包括宝马、采埃孚、普利司通等知名的世界500强企业57家，还有本特勒、慕贝尔、安川电机等企业，各企业的生产效益均稳步增长。

27.1.4 企业“走出去”融入“一带一路”建设

“十三五”期间，辽宁省加快了企业“走出去”的步伐，积极参与“一带一路”倡议。第一，大力开拓对外承包工程市场。重点是推进辽宁省对外承包工程企业在房屋建筑、交通水利、电力通信、工业安装等领域的合作，在带动辽宁装备、产品、技术和服务走出去方面取得新突破。第二，加强国际产能合作重点项目调度。结合“走出去”活动，带领产能过剩企业走到境外，为辽宁省调结构、去产能做出有益探索。第三，推进境外经贸合作区建设。将辽宁境外经贸合作园区打造成集生产制造、商品展示、海外仓储等投资贸易项目为一体的多功能平台。第四，进一步做好政策研究。研究吃透国家相关政策，指导、帮助企业用好、用足“走出去”资金扶持政策，更好发挥政策的杠杆效应。第五，鼓励支持各市建立“走出去”企业联盟。通过联盟建设促进企业紧密合作、组团出海，帮助企业提升海外市场开拓能力和跨国经营管理水平。

27.2 辽宁对外开放存在的主要问题

“十三五”期间，辽宁省紧扣“以高水平开放推动高质量发展、全面开放引领全面振兴”这一主题，努力推进“一体两翼”对外开放新格局。五年来，辽宁对外经贸合作愈加紧密、重大开放平台建设成效显现，但制约辽宁对外开放高水平、高质量发展的体制机制问题仍然存在。

27.2.1 开放型经济发展水平不高

较长时间以来，辽宁对外开放度一直低于国家平均水平。2019年，全省实现进出口贸易总额7 256.41亿元，其中，沈阳和大连进出口贸易总额占全省进出口贸易额的比重分别达到14.9%和65.8%，两城市进出口贸易总额合计占比达到全省的80.7%，但辽宁对外贸易对整体GDP贡献不高，占GDP比重仅为29%，低于全国平均水平（32%），其他地级市，尤其是沿海城市的对外贸易发展普遍较为滞后，具体情况见表27-1。

表27-1　2015—2018年辽宁省各城市进出口贸易总额占全省比重情况

城市	2015年	2016年	2017年	2018年
沈阳	14.6%	13.1%	12.9%	13.1%
大连	57.3%	60.5%	62.1%	63.1%
鞍山	3.0%	3.2%	4.1%	3.8%
抚顺	0.9%	0.9%	0.6%	0.6%
本溪	3.5%	3.0%	3.8%	3.3%
丹东	4.3%	4.6%	3.4%	2.0%
锦州	2.5%	2.3%	2.5%	3.1%
营口	6.9%	6.2%	5.5%	5.7%
阜新	0.3%	0.3%	0.3%	0.3%
辽阳	1.2%	1.2%	0.8%	0.6%
盘锦	0.9%	2.5%	1.6%	2.2%
铁岭	0.8%	0.4%	0.3%	0.5%
朝阳	1.0%	0.9%	0.5%	0.6%
葫芦岛	1.7%	0.9%	1.5%	1.1%

资料来源：2019年辽宁省统计年鉴。

“十三五”以来，受数据“挤水分”、中美贸易战等多重因素影响，辽宁省实际利用外资数量呈现逐步下降态势，实际利用外资在全国占比也逐步降低。截至2019年，辽宁省实际利用外资33.2亿美元，在全国占比仅为2.4%，与“十二五”相比存在较大差距，具体情况如图27-1所示。

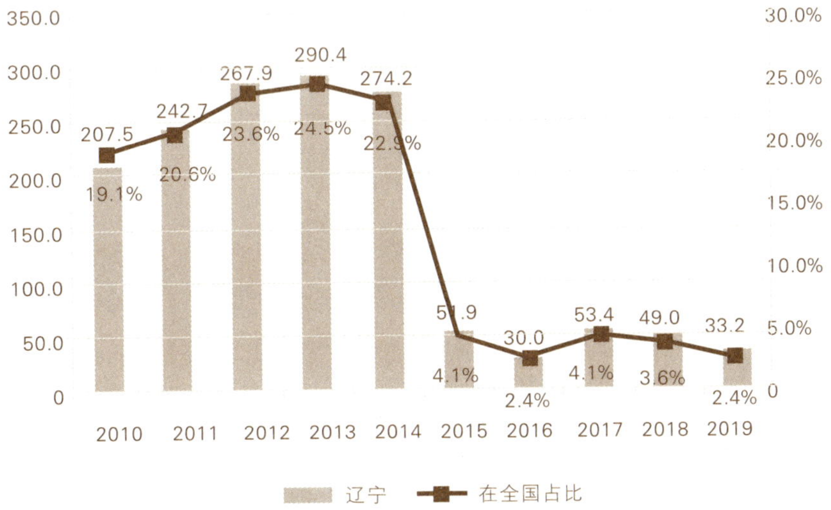

图27-1　2010—2019年辽宁省实际利用外资及其在全国占比情况（单位：亿美元）

27.2.2 出口增幅放缓加剧贸易逆差

2016—2019年，辽宁省贸易逆差由3.9亿美元扩大为144.31亿美元。钢材、农产品、船舶均为重要出口产业，而最近两年，辽宁钢材、农产品、船舶出口增长均较为缓慢，2018年增幅分别为0.9%、2.2%、8.6%。受到国际市场需求降低、生产要素成本上升、钢铁行业产能过剩等因素的严重影响，辽宁省对外贸易逆差额日趋加大，外贸竞争力在明显减弱（见表27-2）。

表27-2　　2010—2019年辽宁省进出口贸易结构情况　　金额单位：亿美元

年份	进出口总额		出口		进口		贸易差额
	总量	增速	总量	增速	总量	增速	
2010	806.7	—	431.2	—	375.5	—	55.7
2011	959.6	19.0%	510.4	18.4%	449.2	19.6%	61.2
2012	1 039.9	8.4%	579.5	13.5%	460.4	2.5%	119.1
2013	1 142.8	9.9%	645.4	11.4%	497.4	8.0%	148
2014	1 139.6	-0.3%	587.6	-9.0%	552	11.0%	35.6
2015	960.9	-15.7%	508.4	-13.5%	452.5	-18.0%	55.9
2016	865.2	-10.0%	430.7	-15.3%	434.6	-4.0%	-3.9
2017	994.2	14.9%	448.8	4.2%	545.5	25.5%	-96.7
2018	1 144.3	15.1%	488	8.7%	656.3	20.3%	-168.3
2019	1 051.69	-8.1%	453.69	-7.0%	598.00	-8.9%	-144.31

资料来源：2019年辽宁省统计年鉴。

27.2.3 对日、韩经贸往来有待深入

通常来说，与日韩地理距离较短的优势应该有助于辽宁深化同日韩的经贸往来。然而，辽宁同日本、韩国的经济贸易却并没有显示这种趋势。2018年，辽宁与日本进出口贸易总额达到1 077.3亿元，占我国与日本进出口总额的5.0%，远远低于环渤海地区的山东，也低于江苏、上海和浙江等省市。同样，辽宁与韩国进出口贸易总额也展现出同样的特点，见表

27–3。尽管中日韩自由贸易试验区的深入推进可为辽宁对外开放带来重大机遇，但区域之间的竞争可能成为重要阻碍。

表27–3　　2018年各省份与日、韩进出口贸易总额及比重情况　　金额单位：亿元

	总计	江苏	山东	上海	浙江	辽宁
日本	21 615.5	5 200.7	1470	3 795.18	1 581	1 077.3
韩国	20 669.4	3 951.7	1 934.6	1763	1 206	353.8
日本	100%	24.1%	6.8%	17.6%	7.3%	5.0%
韩国	100%	19.1%	9.4%	8.5%	5.8%	1.7%

资料来源：2018年中国及各省市国民经济和社会发展统计公报。

全球已经进入服务经济时代，服务贸易在世界贸易中的比重已超过40%，其增长速度持续高于货物贸易。"十三五"以来，中国服务贸易平均增速高于全球，2018年服务贸易进出口额达到5.24万亿元，服务贸易占外贸比重从2012年的11.1%提高到2018年的14.7%，服务贸易已成为进出口贸易的重要演进方向。2018年，山东省服务贸易进出口额到达4 060.9亿元，服务贸易进出口占外贸（货物与服务进出口之和）的比重为17.4%。2017年，上海实现服务贸易总额1 955亿美元，规模居全国第一，服务贸易占全市对外贸易的比重提高至29.1%，高出全国平均水平14.6个百分点。而辽宁省尚未有官方机构公布相关的服务贸易发展情况。

27.2.4　"一带一路"市场有待深度开发

截至2019年前11个月，辽宁省对"一带一路"沿线各国出口额在全省出口总额中的占比仅为25.3%，远不及辽宁与传统出口伙伴日本、韩国、美国和欧盟的份额。在中美贸易摩擦、欧盟经济下行、日韩经济复苏乏力的背景下，深化与"一带一路"沿线国家的经贸合作，进一步扩大对"一带一路"沿线各国的出口，是辽宁构建对外开放新格局、推动全面开放的重要抓手，更是促进辽宁全面振兴、全方位振兴的重要突破点。当前存在的主要问题有：

一是出口产品附加值较低。辽宁省的对外出口中加工贸易所占比重较大，省内民营出口企业规模小、创新能力不足，产品附加值低，难以形成品牌效应，无法在“一带一路”市场中获取竞争优势。加之部分“一带一路”沿线国家经济发展相对落后，产品需求层次不高，亦导致辽宁对其出口产品附加值低。

二是出口产品结构单一。辽宁对“一带一路”沿线国家出口的产品多集中于机电产品，占比达49.8%，其他的出口产品种类相对单一，出口结构严重失衡，如2018年辽宁出口的农产品中，水产品所占比重已超过50%。

三是出口运输方式单一。2010—2018年，辽宁对“一带一路”沿线国家的出口中，采用海洋运输的占90%以上。由于海运周期较长、运费低廉，运输产品多以中低附加值产品为主。

四是出口目的地过于集中。目前，在“一带一路”的沿海国家中，辽宁的出口市场主要集中在东盟、南亚、蒙俄及中亚，而对沿线其他国家的出口则相对较少。2019年1—11月，辽宁对东盟、南亚、蒙俄及中亚出口额占对“一带一路”沿线国家出口总额的比重高达81.1%，其中对东南亚11国出口额的占比更高，但对中东欧16国的出口额仅占4.9%。出口目的地过于集中，必然使辽宁对“一带一路”沿海国家的出口面临巨大市场风险。

27.2.5 企业“走出去”的服务支撑能力有待加强

截至2019年，辽宁省的“走出去”企业已在全球125个国家和地区开展了大量对外承包工程、对外劳务、对外投资等海外项目。面对企业“走出去”的需求，辽宁省的服务支撑能力还有待加强。全省涉外法律、金融、会计、税务、信息等服务体系不健全，缺少对境内外投资、贸易、市场信息的收集、研究、发布的机构和渠道，对外投资信息咨询、风险评估等专业服务相对薄弱，金融支持力度有限，一些“走出去”的投资项目和区域合作项目，由于缺乏金融支持而难以落实，难以更好地服务于“一带一路”建设。“走出去”企业风险保障机制不够完善，面临东道主国家的政治风险、战争风险、金融风险，而这些风险对企业的正常经营和盈利都有重要影响；同时，东道主国家的风俗习惯、法律法规、对本土企业的保护措施等也是“走出去”企业发展的阻碍。当前，无论是国家层面还是地方层面都未出台相关保障措施，不能为“走出去”企业消除风险方面的后顾之忧。而且，对“走出去”企业的优惠政策支持不到位，无论是国家级还是省级的相关优惠政策门槛都较高，很多中小型企业无法达到优惠条件。

27.3　辽宁对外开放高质量发展的对策建议

“十四五”是辽宁改革与发展事业的关键时期，需要把握扩大开放的大趋势，把高水平开放作为一条主线，不断提升改革发展的质量和水平，以高水平开放促进形成“十四五”改革发展新布局，在扩大开放中实现高质量发展。

27.3.1　建设东北亚区域合作平台，打造辽宁对外开放新前沿

进一步推进辽宁全方位、深层次参与东北亚国际合作。一是扩大合作范围，优化开放的空间和格局，加快跨境铁路建设，连接中蒙俄经济走廊，加快航运中心建设，做强、做优丹东中朝边境经济合作区。二是拓宽合作领域，加强与东北亚地区的公共安全合作和地域文化交流。三是以经济合作为重心推动辽宁全面振兴和全方位振兴。加强日韩重点产业、能源、农业、食品加工和贸易促进机构等多方合作。四是高层次合作，加强自贸区建设，打造国际一流营商环境，开展海关、检验检疫、认证认可、标准计量等方面的合作交流和贸易供应链便利合作。五是探索和推动自由贸易，建立健康产业联盟，加快构建东北亚旅游、教育合作圈，推动智能制造产业深度合作。

积极推动“东北亚经济走廊”建设，加强与周边国家的战略对接。加强辽宁与周边国家在铁路、公路、航空、海上运输等综合交通运输体系上

的互联互通建设。推动辽宁与各国在金融、产业、相关制度、技术标准等领域的对接发展。充分依托北极东北航道的开发利用，积极同其他各方共同参与“冰上丝路”建设，开发陆海双向发展带，全力保障“辽海欧”大通道运输，支持大连、营口等主要港口稳定运营“辽海欧”通道，实现季节性常态化运营。充分利用“数字丝路”的手段，培育省内跨境电子商务主体，加强电子商务服务平台建设；加快沈阳、大连跨境电子商务试验区建设，大连跨境电子商务试验区以日韩市场为主要深耕对象，沈阳跨境电子商务试验区重点面向中东欧国家市场；打造辽宁“丝路电商”，推动扩大辽宁产品的辐射范围。

加强平台建设，积极对接中日韩自贸区合作需求。一是紧跟中日韩自贸区谈判最新进程，着眼于深度融入东北亚经济圈，搭建中日、中韩开放合作重要平台，建设中日韩自贸区地方经贸合作示范区，助力中日韩自贸区谈判。二是在规划上精准对标，精心绘制发展蓝图。三是在产业上明晰定位，形成特色产业集群。四是在招商上瞄准重点，构建完整产业生态体系。五是在保障上高位统筹，推动各项工作按时有序落实到位，切实把示范区建设成引领地区开放发展的重要支撑和强劲引擎。

扩大后疫情时代与俄罗斯在能源资源领域的合作。一是建立辽俄区域合作会晤机制和发展基金，制定《辽宁省与俄罗斯西伯利亚和远东地区能源合作总体规划》，筹建辽俄区域合作发展基金，加大对能源合作重点项目的支持力度。二是在产业链上游，引导民营企业赴俄参与油气开发和LNG建设项目，若获得1 000万吨原油，可增加年产值500多亿元；若获得100亿立方米天然气，可增加年产值300多亿元。三是在产业链中游，及早筹划、积极参与中俄正在规划的西线天然气管道工程，并引导民营企业参与。四是在产业链下游，利用俄罗斯价格低廉的天然气生产乙烯丙烯、化工产品和新材料，若生产100万吨乙烯，可增加年产值200多亿元。五是建立辽俄科技信息中心和人才交流中心，大量汇集俄罗斯高科技信息，为辽宁省相关企业发展提供有利信息支撑。六是制定政策，降低辽俄能源合作企业成本，引导民营企业通过独资、合资等多种形式参与辽俄能源合作。

推动大连与日本高端制造业深度合作，促进辽宁制造业振兴发展。一是依托大连与日本高端制造业的融合互补性，构建高端制造业深度合作体系。认真研究锻压铸造技术、集成电路涂胶显影设备等产业领域与日本合作的可能性，缩短研发周期，实现优势互补，提升技术、产品和生产工艺等水平。二是借鉴日本转型发展之路，加速布局高端产业链，争取进入芯片等高端制造业产业链下游。切实抓住难得的国际贸易和产业机遇，积极盯住重点企业和重点领域，做好布局芯片产业链下游的准备，精准扩大和提升大连的高端制造业。三是向日本高端制造业学习精细制造的理念和管理技术，培育和储备更多大国工匠。制定相关政策，引导大连与日本的高端技术人员开展交流合作，联合培养精于精细制造的技术人才，推动大连制造业向精细制造升级发展，为辽宁制造业高质量发展、全方位振兴添合力、增动力。

积极融入“一带一路”建设，不断提升辽宁农业对外开放水平。一是强化对农业外向型经济发展的支持引导，在财政、金融、保险、税收等方面实行“组合式”政策支持。二是搭建农业对外开放服务平台，强化政府服务功能，发挥专业协会等民间组织的作用，形成综合服务与专项服务协同配合的格局。三是持续推进出口农产品生产基地建设，提升优质农产品的供给能力，实现出口农产品质量安全与国际标准接轨。四是鼓励、支持企业“抱团出海”，采用重组、并购等资本手段，共建具有国际竞争力和品牌影响力的生产商、流通商和实力较强的科技型农业跨国集团。五是加强科学规划和风险防控，最大限度降低对外合作风险。六是加快培育农业外向型人才，打造熟练运用国际规则和国际惯例的实用型人才队伍。

27.3.2　完善对外开放先导区，引领辽宁对外合作新发展

辽宁应以辽宁自贸区、中德（沈阳）高端装备制造产业园、中法产业园为基础，加强与周边国家，如日本、韩国、俄罗斯的科技创新联盟，注

重国际产能合作发展，不断增强传统产业核心竞争力和可持续发展能力，形成支撑经济发展的新动能。具体建议为：一是以新一代信息技术、新材料、新能源、生物健康等产业为重点，吸引战略性新兴产业领域的国内外重点企业进驻，推进产业链纵向延伸，培育特色鲜明、具有重要影响力和竞争力的新兴产业集群，形成新动能的主体力量。二是借鉴中国和新加坡共建苏州工业园区的经验，对标国际一流营商环境，产业园区按照国外先进标准建设，重视制度型开放转型，执行政企分离的管理制度，园区管委会负责全区行政管理职能、企业化运营并享有园区合作区的一级开发权，园区执行市场化的开发经营模式，坚持“先规划后建设、先地下后地上”的开发程序、刚性与弹性结合的管理制度。

建设后疫情时代“2.0版”辽宁自贸试验区。一是加强多层次、多领域协调联动，推动制度创新。建立与国家发改委等部门有效的常态化沟通协调机制，与其他省市各片区深度互动，加强与“一带一路”沿线国家的协同。与高校、智库、涉侨部门及团体联动，有效利用各行业、各领域优质资源。二是加强服务贸易的统筹发展，推进产业转型。构建统筹推进服务贸易发展的体制机制，推进服务贸易领域进一步开放。重点发展软件研发及开发服务等产业。发展跨境金融等金融服务业，推进国内外金融和类金融企业集聚发展。三是加强高水平营商环境建设，提升行政效能。设立省级自贸区建设专项资金，按国际标准加强自贸区综合评估。打造专业化自贸区精英管理团队，成立专家委员会，实现决策民主科学。

争取增设丹东沿边新片区，打造辽宁自贸区对外开放新前沿。一是在《进一步深化中国（辽宁）自由贸易试验区改革开放方案》中增设丹东“沿边新片区”。二是落实《关于促进边境贸易创新发展的指导意见》，将新片区打造成集边境贸易、加工制造、生产服务、跨境旅游于一体的开放平台。要着力培育、发展贸易相关产业及边境商贸中心。以重点推进韩国贸易投资合作为抓手，在先进制造业、现代服务业等方面取得突破性进展。大力发展以朝韩为导向和特点的跨境旅游、文化交流活动，建设朝韩跨境旅游特色区。三是加强面向朝韩开放和东北地区的基础建设、政策连接的合作。要加强与朝韩在交通设施建设领域的合作；加强大连和绥芬河自贸试验片区的建设。四是积极开拓以丹东为起点和重要节点的辽宁、吉林、黑龙江合作开发的沿边经济带和沿边旅游带。

探索建设大连自由贸易港，打造区域对外开放新高地。大连市区位优势明显，是哈大铁路和沈大高速公路的终端，是中国东北的海陆空交通枢纽，是东北地区面向世界、转身向海的门户。随着北极夏季航道的开通，大连不冻港的地理位置和战略意义也进一步提升。大连应成为东北开放的龙头城市，积极探索自由贸易港建设，打造中日韩自贸区地方经贸合作示范区，以服务贸易为重点，深化同日本、韩国的经济贸易合作，形成对日韩服务业开放的高地；在生产性服务业和高端服务业方面，探索新的开放领域和开放政策；利用自由贸易港的投资与贸易便利化政策，探索在医药、医疗、医养、教育、金融、文化、旅游等领域的开放，在服务业开放领域形成突破。

27.3.3　完善改革开放创新体系，提升辽宁对外开放水平

强化改革开放创新体系建设，打造科技创新开放新前沿。一是要构建以企业为主体的开放创新体系，发挥企业国际合作主导作用。支持创新引领型企业细分优势领域，建立专业化众创空间，推动企业和科研机构的联合创新，推动企业主导参与国际创新合作。二是政府统筹搭建科技国际合作平台，推动产学研整体开放创新。优化国际科技合作基地布局，建立一批涉及科技政策、科研机构等内容的基础信息数据库，提供便捷的科技交流与合作信息服务。三是加强协同创新成果的产权保护，推进科技创新国际合作。重点提升知识产权律师事务所、代理所等中介机构的服务能力，为企业协同创新、知识产权并购等提供专业服务，并强化国际合作的知识产权意识和法律法规服务，直面知识产权国际纠纷，推动企业科技创新的国际合作。

加强“双循环”战略框架下的供给侧结构性改革。一是深化改革，充

分释放民间活力。政府工作的核心就是千方百计把民间的动能释放出来，主要任务是如何放得开。二是支持企业竞争战略转型。在新的发展阶段，企业的主导竞争战略必须及时转向差别化，而差别化要求企业必须持续推动技术进步与创新。三是鼓励科技人员创业。把以技术进步为核心的技术活动转化为以创新为核心的经济活动，培育出符合未来发展需要的新经济企业群。四是支持科技进步向上游拓展。政府应以前所未有的力度支持大学、科研机构、企业不断地向科技上游进军。五是以都市圈和城市群作为创新发展的核心依托。面向未来打造有利于技术进步与创新的基础载体是都市圈和城市群的核心要务。

坚持制度创新，加快推进规则标准等制度型开放。规则标准等制度是国家间进行贸易和投资活动的契约，决定着商品和要素流动的潜力空间。中国经济从高速度增长阶段转向高质量发展阶段，呼唤更高水平的对外开放。辽宁急需通过新一轮制度型开放，将大门“越开越大”。一是进一步围绕市场主体需求，针对市场主体反映强烈的痛点、难点、堵点问题，对标国际先进水平，在商事、投资、贸易、事中事后监管、行业管理制度等重点领域深入推进制度型开放。二是抓好辽宁自贸试验区建设，发挥沈阳、大连的带动作用，分别对标国家中心城市和自由贸易港建设标准，加强制度创新探索，加快推广、复制一批自贸区的成熟经验和制度，着力建设更高水平的开放型经济新体制。

加强法治化建设，不断完善营商环境。一是优化营商环境的法治基础。通过体系化的“立改废释”和机制化的法规清理更新，把法治化营商环境的要求和亲商、便商、惠商理念，传导到每项规章制度中，转化为管理服务、执法司法的具体法治实践。二是加强对市场主体的平等保护。要优化商事案件办理、诉讼案件管理和商事纠纷多元化解机制，加大执行工作力度，提高信息化应用水平，加强侦查、诉讼、刑事审判、民事行政执行全领域监督，既要坚持严格、规范、依法，又要用足、用活、用好保护企业发展的相关政策规定，为市场主体的投资信心和预期保驾护航。三是坚决预防与清理制约营商环境优化的隐性壁垒。在一些新兴业态的审批过程中，存在着因既有法律法规滞后致使无可参照条款用于审批监管、因风险难以判断致使不敢使用部分可借鉴或适用的条款、审批重复或过严及审批标准不一致等隐性壁垒。要用市场视角、整体理念和改革思维，审视现行市场准入政策，加强企业诉求征集和会诊，对边界模糊、执行弹性大的事项，以制度形式加以明确，确保政策落实落地。

辽宁的对外开放需要国家政策的支持引导。一是积极争取国家鼓励"走出去"的各类政策性扶持资金，在用好国家外经贸发展专项资金等现有政策的基础上，加大省级财政对"一带一路"的支持力度，安排专项扶持资金，推动辽宁"一带一路"综合试验区和沿海经济带"17+1"经贸合作示范区建设，落实金融和政策性保险支持政策，完善银政保协调机制，降低"走出去"企业的投资和经营风险，支持企业充分利用丝路基金、中非基金、东盟基金、中投海外直接投资公司、银企联盟等融资服务平台。二是整合机构服务资源，提高综合服务能力。辽宁应以市场化运作和政府购买服务的形式建设权威实用的、服务"一带一路"的"走出去"公共服务平台，支持提供资产评估、涉外法律、投资顾问、设计咨询、知识产权、风险评估、资质认证、会计、税务、仲裁等服务的中介机构的发展，加强与中国驻境外使领馆、海外华人（侨）华商组织、境外投资贸易促进机构和商协会的沟通，发挥"走出去"企业联盟和新型智库体系的作用，为"一带一路"经贸合作和人文交流提供优质服务。

27.3.4　内外联动促开放，区域协同促发展

加快辽宁沿海经济带开放协同，为打造对外开放新前沿提供强大支撑。一是协同推进服务业对外开放。鼓励沿海经济带在国家级开发区规划建设一批特色服务出口基地，加快形成服务贸易产业集聚。二是协同推进石化产业融合发展。推动资源向优势企业集中，做大单体炼油规模。三是协同推进东北亚国际航运中心、物流中心建设。加强铁路、公路和港口的多式联运设施衔接，推进沿海水域资源共享、共用。四是协同共建高水平

合作平台。积极响应“一带一路”倡议，加强与日本、韩国、俄罗斯等国的跨境电商合作。

促进东北三省一区人文旅游一体化融合发展，打造旅游对外开放新格局。一是发挥专门议事协调机构的作用，组建三省一区的旅游智库，扩大东北旅游推广联盟的规模，有效推动区域协同发展。二是打破各种形式的地区壁垒，建立大东北无障碍旅游区，科学整合区域内重点文化、旅游资源，塑造旅游品牌体系，结合自身区位优势和资源优势，实现文化、旅游错位发展。三是加快旅游集散中心的建设，完善区域旅游信息共享平台，构建适销对路的入境旅游产品体系，优化离境退税服务流程，为外国游客提供更加便捷的国际化服务和保障。

推进辽西地区参与京津冀协同发展战略。一是通过积极努力，把辽西建成京津冀产业梯度转移的承接地、绿色农产品供应基地、旅游目的地。二是把京津冀作为辽西老企业对外合作、转型升级的首选地，把“招才引智”的触角向京津冀地区延伸，把工作在京津冀地区的“辽西籍”成功人士作为返乡创业的主要工作对象，把京津冀地区作为辽西对外开放的“窗口”，作为融资的主战场，把辽西建设成为京津冀地区目标人群的养老、养生基地。把北京作为“向上争取”的主攻目标。三是加大领导力度，形成“高端对高端”合作机制。引导企业等各类市场主体，把目光投向京津冀、脚步迈向京津冀。四是加大投入、联动力度，设立专项基金，对辽西地区参与京津冀协同发展战略给予资金支持。同时，形成“省带市”工作格局，并加强辽西各市联动，做到各有侧重，还要加强部门间联动，形成工作合力。

促进沈阳经济区物流一体化发展。一是大力支持沈阳与招商局集团、腾讯、中储智运等龙头企业的合作，建设数字沈阳港，打造智慧物流信息平台。二是大力支持沈阳深化与招商局集团、中交建设集团等央企的战略合作，加快推进沈阳港多式联运中心项目的建设。三是大力支持沈阳中欧班列发展，省市各出资50%，设立中欧班列发展专项资金，打造“盛京号”班列品牌，推动沈阳争创国家中欧班列集结中心。四是加强顶层统筹领导，尽快组建沈阳经济区一体化工作领导机制及办事机构，由省里牵头，建立沈阳经济区物流一体化联席会议制度，抓紧编制沈阳经济区物流一体化发展规划，并将其纳入辽宁省“十四五”规划。

27.3.5　加强制度集成创新，引领辽宁自贸区建设

辽宁自贸区制度创新有成绩、有亮点，但制度创新设计与企业实际需求难匹配，制度创新与产业发展之间存在“两张皮”，制度创新的集成性不足。针对个别片区产业定位“高大上”，热衷于抢“帽子”，不够聚焦、没有做到产业链化；一些政策虽然对企业有激励作用，但对整体产业拉动效应不强；制度创新没有聚焦产业发展，难以形成对产业链发展的持续推进等问题，需要加强制定集成创新。

一是充分认识制度集成创新的重大意义，强化顶层设计。将原来围绕某一要素（投资、贸易、金融、货物、人员、数据）的自由化和便利化的环节性创新，转变为全物流链条、全贸易链条、全产业链条、全管理链条的创新。建议探索建立自贸办与深改办的合署办公机制，省政府主要领导挂帅、亲自督办，由当地城市主要领导牵头推动自贸试验区改革的重大事项，强化顶层设计和政策集成突破。

二是围绕国际产业链、供应链、价值链重构开展制度集成创新。围绕辽宁改造升级“老字号”、深度开发“原字号”、培育壮大“新字号”，以及强链延链、建链补链，思考制度集成创新的突破口，将制度集成创新与提高产业链水平结合起来，与履行维护国家“五大安全”战略使命、构建新发展格局战略支点结合起来，加快辽宁物流和贸易新枢纽、新通道、新节点的谋划建设，打造全省开放型经济体系的升级版。

三是围绕东北亚开放合作开展制度集成创新。对中日韩乃至东盟的产业链重构进行研究，促进东北亚产业链、供应链、价值链的分工和合作，特别是中日韩之间的冷链、医疗价值链、旅游产业链、文化传播链的重构，弄清楚其中的交易规则、投资规则、流通规则，寻找制度创新的突破

口。加强对保税型、临港型和离岸型产业的系统性研究，积极推动东北亚保税油中转基地、海上综合服务中心、东北亚粮食采购和分拨中心、国际中转集拼中心、冷链分拨和交易中心、跨境电商进口消费品集散中心、区域木材分拨集散基地建设，创新东北亚区域国际产业开放合作体制机制，建设东北亚现代产业合作示范区。

四是推动三个片区差异化协同发展。营口片区基于全省港口整合后的新定位，继续发挥体制机制灵活的优越性，重点推进医养等大健康产业、数据中心等大数据产业，探索出符合腹地港定位的特色产业发展之路。沈阳片区进一步聚焦重资产、重负担国有企业的盘活问题，抓住全产业链发展契机，关注研发设计等服务贸易转型，实现“以商赋能”，以产业链关键环节的商业能力撬动全链条重资产环节的重新估值。大连片区要立足东北亚港群一体化，全面对接RECP，高标准看齐CPTPP，在物流、人流、资金流和信息流四大监管领域向国际最高标准看齐，打造东北亚区域资源配置中心，取得与国际高标准经贸规则看齐的标志性成果。

五是设立制度创新奖。学习海南经验，尽快建立辽宁自贸试验区制度集成创新的评奖制度，形成与科技创新一样的激励机制。同时加大宣传力度，借助电视、报刊等传统媒体和微信等新型媒介对外宣传推广。创设《辽宁自贸区制度创新交流》刊物，提高全社会的思想认识，形成标杆和学习效应。加大培训力度，举办多种制度集成创新案例培训班，在扩大宣传和增进交流的同时，做好干部的培训和培养，让可复制经验更快更好地在全省开放中见效。

第28章

全力建设营商环境最优省

良好的营商环境是促进产业高质量发展的重要保障，辽宁产业的更好发展需要更好的营商环境。自2016年12月《辽宁省优化营商环境条例》发布以来，辽宁省按照党中央、国务院的部署，持续推进“放管服”改革，多次开展“纠四风”和“办事难”专项整治，围绕企业、群众反映的突出问题，开展政务服务窗口质量、乱收费乱罚款乱检查、垄断性服务行业、政府和企业失信、企业正常跨区迁移难等五大专项整治。总体来说，辽宁营商环境有明显改善。但是，对标先进地区，辽宁营商环境建设依然存在不足，需要进一步优化营商环境，助力产业实现高质量发展。

精心谋划辽宁“十四五”时期全省经济社会发展战略，事关辽宁振兴发展大局。根据《中共辽宁省委关于制定辽宁国民经济和社会发展第十四个五年规划和二〇三五年远景目标的建议》，建设营商环境最优省，将作为“十四五”时期辽宁坚定不移推进全面深化改革的首要任务和重要支撑，而切实提升政府工作效能、提高企业和人民群众政务服务体验，将对辽宁建设营商环境最优省具有重要深远意义。

28.1 “十三五”时期营商环境建设情况

“十三五”时期，辽宁深入贯彻落实中央部署，高度重视营商环境建设，为改善营商环境措施频出，通过简化政府工作流程、集中办公、集中服务等方式，实现了各项审批事项的大幅压缩，辽宁营商环境建设成效显著。

28.1.1 辽宁大力改善营商环境

党的十八大之后，“简政放权、放管结合、优化服务协同”“深化‘放管服’改革优化营商环境”“市场化、法治化、国际化营商环境”等内容先后被写入《政府工作报告》，中央和各级政府高度重视营商环境建设工作。习近平总书记在深入推进东北振兴座谈会上强调，新时代东北振兴的重点工作，第一个就是“以优化营商环境为基础，全面深化改革”。辽宁省委、省政府坚持从高位推动，已连续3年将优化营商环境列为《政府工作报告》的重点工作。

“十三五”期间，辽宁深入贯彻落实中央部署，把优化营商环境作为推动高质量发展的重大任务，不断创新体制机制，出台实施一系列政策措施，营商环境不断改善，有力促进了辽宁民营经济的发展。2016年6月，由辽宁省委书记、省长担任双组长，全省各地区、各部门为成员单位的辽宁省软环境建设工作领导小组办公室成立；2017年2月，《辽宁省优化营商环境条例》出台；2017年3月，辽宁省营商环境建设监督局正式成立；2018年10月，辽宁省借鉴世界银行标准和国家评价指标，建立符合辽宁实际的营商环境的评价指标和机制；2018年11月，辽宁省营商环境建设局正式挂牌；2019年9月，《辽宁省推进“最多跑一次”规定》实施，对辽宁依法推进和保障“最多跑一次”改革、全面提升政务服务便利化水平、优化营商环境具有重要意义；2019年10月，新修订的《辽宁省优化营商环境条例》正式出台，充分吸纳先进地区经验，将原条例由39条增加到63条，标志着辽宁优化营商环境工作进入更加规范化、法制化的轨道。

28.1.2 营商环境建设成效显著

“十三五”期间，辽宁营商环境工作举措得当，成果显著：坚持简政放权，激发市场活力和社会创造力；坚持优化服务，提升政务服务效能。辽宁深入推进审批服务便民化，提升政务服务规范化水平：对全省办事窗口进行规范统一，建立完善“首问负责、容缺受理、否定备案、‘好差评’”等10项制度，全面提升窗口服务质量和水平；近百项公共服务和便民服务事项将依托手机APP、银行网点，实现“指尖办、就近办、家里办”。此外，辽宁省全面开通8 890平台，接受营商环境投诉，确定了完善的企业投诉处理反馈机制；加强监管，营造公平、公正竞争环境；创新监管方式，推进“双随机、一公开”监管、信用监管、大数据监管、“告知承诺+事中、事后监管”，全省三级政府部门“一单两库一细则”实现全覆盖，推进部门联合进行“双随机、一公开”监管。特别是在今年疫情期间，面对受新冠肺炎疫情影响的经济社会发展局面，辽宁省营商环境建设局制定了应对新型冠状病毒肺炎疫情、优化营商环境，支持企业开工复工经营发展的若干意见，从优化审批流程、拓展服务渠道、推进工作落实三个方面，推出“绿色通道”“容缺受理”等12条举措，为生产防疫物资的企业开通审批“绿色通道”，确保防疫物资的快速生产、快速供应。为保障企业复工复产期间反映问题的渠道畅通，辽宁省第一时间公布“辽宁省政务服务中心疫情期间办事指南”，鼓励引导企业“网上办、预约办、电话办、指尖办”，为支持企业开复工建设提供审批保障。同时，聚焦“六保”“六稳”，组织各级政府机关工作人员深入复工复产一线，充分发挥信息员、服务员、协调员、代办员的作用，为市场主体提供精准服务，在原有为全省19 056个重点项目、规上企业、限上企业服务的基础上，进一步拓展服务范围，将11 704家规下中小微企业登记入册，实现台账式管理，进行主动上门服务，共帮助企业解决15 398个困难问题。

近年来，辽宁先后取消、下放、调整省级行政职权842项，成为全国行政许可事项最少的省份之一；工商登记前置，审批事项减至32项，全面实行“32证合一”；建立执法人员与检查对象“双向互盲”抽查机制，实现省、市、县三级政府部门随机抽查事项全覆盖；376项证照实现即办即给，484个事项实现“最多跑一次”，企业开办时间压缩至3.5个工作日内；严查招商承诺不兑现、新官不理旧账问题，清偿政府欠款194亿元；工程建设项目审批时限压缩至90个工作日以内；积极推动规上工业企业全部配备“项目管家”，为企业发展提供“店小二式”“保姆式”服务。经过辽宁各级政府部门的不懈努力，全省的营商环境不断优化，其中大连、沈阳在营商环境方面已经取得新的突破，在中国战略文化促进会、中国经济传媒协会等单位发布的《2019中国城市营商环境指数评价报告》中，营商环境指数分列第19位和第23位。

28.2 “十三五”时期营商环境存在的问题

总体来看，尽管全省优化营商环境工作成效显著，但是个别问题同样突出。《优化营商环境条例》的贯彻实施同先进地区相比还有一段差距，审批权限下放和审批时限压缩还有一定空间，“互联网+政务服务”“数字政府”全面实现还有很大难度，企业群众投诉的痛点、难点、堵点问题仍在一些领域存在，营商环境考核评价和曝光问责的震慑力度相对不强。

28.2.1 政府服务方面存在的问题

在某种程度上，营商环境就是政府管理服务水平，影响营商环境的一些问题首先表现在官员作风和政府服务方面。具体问题有：

一是部分官员不作为问题。近年来，随着国家反腐败政策的持续深入，使大部分官员“不敢腐”的同时，也使部分官员产生了“不敢为、不想为、不愿为”的思想，“不求有功但求无过”的不作为现象有普遍蔓延的趋势。这就导致一些国家的好政策难以落到实处，或落地时间较长，工作人员态度较差，导致群众办事排长队、来回问、多头跑、反复跑，企业很难在第一时间享受到政策的优惠。

二是政府服务还不够高效务实。这一问题主要表现在个别政府机关落实上级要求“上下一般粗”，没有结合本地区实际情况，以“完成任务好交差”的心态去开展工作，使一些好的政策措施无法及时有效地落地。还有一些政府部门在促进非公经济、服务民企工作方面，纵向上权责不清，横向上职责不明，部门间协调沟通不畅，出现问题相互推诿，致使企业有时办理相关业务困难重重，严重挫伤了企业扩大投资、进一步发展的积极性。用企业的话讲，“现在是门好进了，脸好看了，但事儿依旧难办”。

三是营商环境监督渠道不畅。群众在反映营商环境问题时容易遭遇“踢皮球”、投诉无门等问题。此外，营商环境投诉问题的办结率较低，投诉成本较高，或是在办理过程中发生进度慢、敷衍、拖延等情况，甚至出现假办结、被办结等问题。

28.2.2　政务数据交换共享存在的问题

数字政府建设水平会直接影响营商环境。当前，在“互联网+政务服务”和“放管服”改革的推动下，各级政府的政务服务水平快速提升，许多政务服务事项都实现了“最多跑一次”的服务目标。但是，从政府各部门的管理角度看，限于目前跨地区、跨部门和跨层级的数据交换不畅，还未实现全省政务数据互通互信和共建共享，各地政务服务事项的流程简化、要件缩减，可能加大了管理风险，违背了提升政府政务服务水平的初衷。目前，辽宁存在的主要问题如下：

一是数据共享使用在横向与纵向存在明显的数据壁垒，政务数据资源收集碎片化，全省市级政府部门数据尚未纳入省数据平台，政务协同缺乏信任基础。

二是各部门对共享数据平台的使用安全性存在疑虑，有上传共享数据信息不完整、业务种类不全面、更新频率不及时的问题，一定程度上影响了信息使用部门的效率效果。

三是政务数据生成、存储与交换、共享环节割裂，无法动态满足各部门与时俱进、常变常新的数据使用需求。

四是部分行业，如金融、准金融机构，对核心业务系统安全等级要求高，须内网封闭运行，行业内网与数据共享公网的转换互联缺乏技术支持、存在安全隐患等。

28.2.3 营商环境建设存在的问题

虽然辽宁营商环境建设取得了一定的成绩，市场环境不断规范，政务环境不断优化，法治环境不断完善，人文环境不断提升，但与发达地区相比还有较大差距。《2019中国城市营商环境指数评价报告》显示，辽宁的沈阳、大连与北京、上海等发达城市相比，基础设施环境指数、生活环境指数相差不大，但在文化环境指数、金融环境指数、技术创新环境指数、人才环境指数等方面还存在一定差距。根据沈阳市工商联与民营企业的广泛接触及深入调研，制约辽宁民营经济发展的营商环境问题主要有以下几个方面：

一是法治建设还需要进一步加强。由于辽宁各地区的经济社会发展水平差距较大，行政执法环境复杂多变，导致自由裁量权被滥用，同一类案件在不同地区会出现较大的裁量差异，有些地区、部门在涉及审批、处罚等事项时经常就高不就低，不考虑企业的需求和利益，严重抑制了市场的活力，限制了企业的发展。部分中小企业由于自身实力的限制，没有能力获得专业的法律团队支持，在纠纷中处于被动状态。执行难的问题依然存在，在面对执行难的问题时，很多企业束手无策，只能等待。

二是企业经营成本依旧偏高。沈阳市工商联于2019年开展了企业经营成本调研，从调研结果可以看出：首先，企业的制度性成本占比较高，仍有部分企业的运营较大程度受到制度性成本的影响。而且值得注意的是，制度性成本不仅体现在资金上，一些烦琐的审批、审核等行政制度更大地影响了企业的正常运营，其带来的时间成本也不容忽视。其次，企业资金压力较大，贷款利率在5%以下的民营企业仅占样本企业总数的30%，有12.02%的企业面临着贷款利率超过8%的压力。一些企业表示，即便利率如此高，仍然难以获得贷款。与民营企业相比，国有企业通常可以获得低于5%利率的银行贷款，而且抵押申请流程和证明环节相对民营企业要简单得多。

三是诚信体系还需要进一步完善。一方面，政府的契约与诚信精神还要进一步提高。政府信用缺失问题，即有的政府换届之后，对于前一任政府的债务，后面的政府不履行或者搁置不处理，政府缺乏契约精神。“新官不理旧账”使政策没有连续性，地方发展没有一致的目标，往往令企业寒心。民营企业在东北投资时的一项重大忧虑就是政府诚信问题，地方政府在制定新政策或变更原有政策时，不能充分考虑民营资本利益，在前期作出难以兑现的承诺以促成合作，但在后期兑现不完全，部分地区换任新的领导后，对原有政策的执行打折扣，甚至否认。另一方面，民营企业的信用体系还没有效建立起来，缺少能够准确衡量民营企业信用情况的综合指标，分散于各部门的信用统计无法互认互通。

28.3　优化辽宁营商环境的对策建议

总的来说，辽宁的硬环境与先进地区差距不大，部分城市甚至在某些方面在全国处于前列，但在软环境上与先进地区还存在较大差距，甚至有差距逐渐拉大的趋势。在研究和制定“十四五”规划的当下，辽宁更应把注意力聚焦在软环境建设上，要在软环境建设上有新的突破，为民营企业发展创造有利条件。“十四五”期间，辽宁省营商环境建设将逐渐步入攻坚阶段，应对当前的营商环境进行进一步升级和优化，塑造更加优质的营商环境。

28.3.1　改善政府服务

要改善政府服务，辽宁须全面改善政策和法治环境，提高要素质量，降低要素供给成本。具体对策建议如下：

（一）深化“放管服”改革，构建高效务实的政务环境。第一，深入推进简政放权。进一步优化、简化行政审批程序，规范办事流程；清理、整顿依附于各政府职能部门的评估、检测、鉴定等中介机构和协会组织，推进管理型政府向服务型政府转变；通过政府购买服务的方式，将部分政府职能交由组织健全、运行规范的商会组织承接。第二，全面开展“互联网+政务服务”。加快推进全省一体化政务服务平台建设，尽快实现全部审批事项“一网通办”，让企业办事“一次也不用跑”；用好区块链、大数据、人工智能等高科技手段，提高工作质量和效率，将有限的人力更好地专注于创新高效服务上，优化政务服务环境。第三，完善精准有效的政策环境。全面清理和及时修改阻碍民营企业发展的地方性法规和政策，争取推出一批具有突破性、创新性的政策；制定涉企政策时，要主动听取、采纳企业及行业商会协会的意见建议，确保政策更接地气；要狠抓政策落地、落细、落实，对未能有效落实的政策措施，要分析原因，认真研究解决办法。第四，建立营商部门协调沟通机制。对当前的营商部门进行优化，确保不同部门之间的有效协调和沟通，明确各部门详细的职责和义务，减少责任推诿现象的发生。

（二）降低政府税费，减轻企业资金压力，构建低成本的营商环境。降低企业税费成本，进一步减赋降税，对税费项目进行全面摸底统计，梳理出“企业税费目录清单”并公示，清单以外的收费项目一律不得执行。对于拥有税额标准自主确定权的税种，尽量采取较低的征收标准。认真清理没有法律、法规依据或未经批准的涉企保证金，严格执行缴纳标准，推广以银行保函替代现金缴纳。对新创或处于成长期的中小企业给予一定期限的“税收豁免期”。进一步降低养老保险费率，或将医疗保险与生育保险合并，将“五险一金”精简为“四险一金”，减轻企业社保缴纳压力。将民营企业的工资标准纳入最低工资标准测算范围，完善最低工资标准增长机制。将民营企业所聘的离、退休人员所发生的工资总额不列入缴纳养老统筹的基数，切实减轻民营企业负担。

（三）建设信用政府，构建诚实守信的社会环境。第一，深入推进诚信型政府建设。政府应严格履行应尽职责和义务，守信践诺，发挥在诚信建设中的示范表率作用。建立政府诚信监测治理机制，对政府失信行为进行监督；梳理政府对企业失信事项，提出依法依规限期解决的措施；建立因政府规划调整、政策变化造成企业合法权益受损的补偿救济机制。第二，加强民营企业信用体系建设。建立适合民营经济特点的信用征集体系、信用评价体系、失信惩戒机制及信用修复机制；推进省内各信用信息系统的互联互通，实现政府部门、金融机构及民营企业间的信用信息共享和交流。第三，发挥工商联教育宣传职能。加强对企业家队伍的培育，树立诚实守信、艰苦奋斗、聚焦实业的优秀企业家典型，弘扬新时代优秀企业家精神，营造尊商重商的社会氛围。

28.3.2　建设市场化、法治化的营商环境

自2019年国务院颁布《优化营商环境条例》以来，各地相继出台营商条例且各有侧重，比如，《北京市优化营商环境条例》提出了审批、监管、政务服务、数据共享与业务协同、政策保障等五大制度创新。《上海市优化营商环境条例》明确提出要践行“有求必应，无事不扰”的服务理念，当好服务企业的“店小二”。《青岛市优化营商环境条例（草案）》针对市场主体的权益维护问题，明确提出要依法保护市场主体的经营自主权、财产权及其他合法权益。辽宁应加强营商环境的市场化、法治化建设，具体建议如下：

（一）优化环境，保护市场主体。优化营商环境应以市场主体需求为导向，为各类市场主体投资兴业营造稳定、公平、透明、可预期的良好环境。第一，政府要依法平等保护各类市场主体产权的合法权益，对待各类企业应一视同仁。在市场准入、审批许可、经营运行、招投标等方面，为民营企业打造公平的竞争环境，给企业发展创造宽松又充满活力的市场空间，杜绝重复执法等现象；鼓励企业家持续推进产品创新、技术创新、金融创新和管理创新；对企业研发平台升级为国家级的企业、市级领军型企业和培育实施重大创新项目的企业，给予较大数额的补贴。第二，政府应努力提升政务服务水平。精简行政许可、优化审批流程、规范行政审批中介服务、减证便民、促进跨境贸易便利化；加强数字政府建设，推进“一网一门一次”改革，强化全省一体化政务服务平台功能；践行“最多跑一趟”的服务承诺，一次性为企业解释清楚问题，企业提交材料后，后续程

序由政府部门内部协商进行，过程公开透明，并给出办理时限，使群众心中有数；同时，强化涉企工作人员的服务意识，切实提高服务质量，多说“怎么办”，少说“不能办”，承诺的事“马上办”，把“让群众办事不求人，企业办事更便捷”作为目标；此外，应积极贯彻落实国家对中小企业融资政策的支持及配套措施，制定并强化落实具体的实施办法，从税费优惠等各方面为中小企业提供各项政策扶持；进一步完善和健全中小企业信用担保体系，改善信用环境；改变金融机构单一的注重抵押、质押的观念，将保证方式扩大到信用保证、动产质押、第三方担保、企业主信用、其他权利保证及未来现金流保证等方面。

（二）完善法治保障，规范市场环境。在中央全面依法治国委员会第二次会议上，习近平总书记深刻阐述了“法治是最好的营商环境”这一重要论断。社会主义市场经济本质上是法治经济，应进一步打造稳定、公平、透明、可预期的营商环境。首先，平等是法治的内在价值，政府应推进产业政策向普惠化转变，尊重市场经济规律，清理违反公平、开放、透明市场规则的政策文件，推进反垄断、反不正当竞争执法。同时，加大知识产权保护力度，增强人民群众的财产安全感。其次，政府应促使行政权力在法律框架内有序行使。虽然相关部门三令五申，但乱收费、乱罚款、乱停业等情况仍偶有发生。为杜绝此类现象，建议政府相关部门制定有关检查指导的各项规章制度，各类检查必须有充分依据，可借鉴发达国家和地区的做法，通过工商联或其他第三方机构对企业进行联合检查，提高检查的透明度和精准度，提高检查效率；先行下发检查指导意见，企业参照有关检查指导意见进行自查，发现问题先行整改；慎重使用罚款、停产、停业等强制措施，检查的目的是促进企业发展，真正体现“政府为企业着想”的理念；强化监督问责，对违法违规、干扰企业正常经营的行为依法、依规查处。

（三）畅通监督机制，巩固建设成果。政府应建立起对营商环境建设的检查监督工作制度，有效保障和促进工作落实。通过日常监督检查，不断优化和巩固营商环境建设成果。对于企业和群众投诉举报的损害营商环境的问题，要明确负责营商环境建设投诉的机构，制定和完善投诉举报具体办法，履行相关职能职责，提高依法受理举报投诉的结案率。加强各部门绩效评价，年度考核时邀请企业参与评价，倾听服务对象的心声，为企业发展提供“店小二式”服务。

28.3.3　推进“区块链+数字政府”建设

为建设营商环境最优省，大力推进辽宁“区块链+数字政府”工作，优化政务数据资源使用，打造安全、高效、互信的政务平台，切实解决群众办事难、办事慢、办事繁问题，建议如下：

（一）把数字政府建设作为“一把手”工程来抓。目前，辽宁虽已专门成立了大数据中心，但省委网信办、省政府网信办、省发改委和省信息中心都在抓数字政府建设的相关工作，限于机构性质，大数据中心开展的更多是服务属性和技术属性的工作，权威性和统筹性不够。要大力推进“区块链+数字政府”建设，必须要由综合部门、专职领导负责具体工作，构建“区块链+数字政府”建设组织体系，解决管理体制、运行机制、建设运维模式等发展难题。

（二）明确思路，统一规划，做好顶层设计。要切实发挥好“一把手”在统筹推进“区域链+数字政府”建设中的规划、立项职能。按照“大平台、大数据、大系统、大服务”的数字政府建设思路，打造区块链基础平台，充分借鉴国内已上线的应用场景功能，以超前的思维全面架构数字政府框架。先易后难，率先在政务服务方面利用区块链数据共享模式，实现政务数据跨部门、跨区域共同维护和利用，促进政务服务业务协同办理。

（三）加强制度建设，为区块链技术发展提供法制保障。不能仅依靠区块链技术来承担信息安全保障的重担，要建立“区块链+数字政府”的法律法规保障环境和基础支撑体系，制定、完善大数据共享管理办法，进一步明确数据共享开放的原则、措施，以及大数据采集、存储、开放、应用、保护、安全等方面的规定，用制度管理弥补技术上存在的不足。

（四）要加强“区块链+数字政府”标准规范的建设。省委省政府的综合部门要依据《国务院关于在线政务服务的若干规定》等文件，加快建立适应电子证照关键技术标准、跨地区互认标准和满足一网通办、全流程网办要求的多渠道、无差别、全业务、全过程服务供给标准体系，便于各部门、各行业严格按照“区块链+数字政府”在线政务服务系统标准规范同步建设各自的业务管理信息系统，做到标准统一、整体联动、业务协同。

（五）要鼓励、支持区块链技术优势企业协同政府共同开展“区块链+数字政府”的建设工作。鼓励、支持具有区块链技术或平台优势的企业，如华为、东软等供应商，与政府紧密协同、高效配合，加快推动区块链技术多场景应用落地，打造有利于区块链技术发展的良好的产业生态和商业模式，做好辽宁“区块链+数字政府”的设计、建设、发展、完善工作，进而实现数字政府建设目标，即推动社会治理精准化、公共服务便捷化、城市管理智慧化的发展。

28.3.4 发挥区块链技术优势

辽宁应积极采用区块链技术，加快数字政府建设，提高政府服务效率，创造更优的营商环境。原因如下：

一是区块链技术可有效提升政府服务效能。应用区块链技术，可以满足从底层建设一门式政务服务平台的要求，通过数字化的统一政务服务，可有效提升政府服务效能。首先，区块链技术中的P2P技术和共识机制，能够在不同主体之间构建一个点对点的分布式对等网络，在这个去中心化的自组织网络中，政府各部门处于相对平等的位置，治理体系呈现分布式结构，政府各部门之间可以实现信息的快速传递，无须层层审批，政府组织结构由多层化转向扁平化，信息传递更加及时有效，政府服务效能大幅提升。其次，区块链分布式记账模式可在行政审批过程中实现数据的动态收集，而区块链的共识机制可将各行政审批环节产生的数据信息以自然人为单位形成个体身份记录，从而赋予每个机构、每个公民相应的身份认证，政府审批从条件审批转化成表现审批，大大压缩了政府的自由裁量权，使政府的服务更加公平、公正。

二是区块链技术可有效重塑数字化政府社会信用体系。首先，应用区块链非对称加密和智能合约等技术，可在保障安全隐私的前提下构建一种新的信用认证模式。区块链技术加密储存了交易双方完整的交易记录，然后以时间加记录为区块，构建出每个个体或机构产权清晰的信用资源，银行不再作为第三方机构进行信息收集及信用担保。其次，利用上述技术构建数字化信用资源，个体可以在“区块链+数字政府”系统中实现“自证清白”，无须奔走于不同机构之间收集证明资料，政府各部门则依靠这些数字化信用记录办理政务服务事项，进而促进政府治理等各项活动的有序进行。

三是区块链技术可使公开政府信息更透明、公开，增强政府公信力。首先，政府部门通过区块链的非对称加密技术，以相应的公钥和私钥来确定信息利用方权限，政府数据库遭受攻击和信息泄露的可能性降低，政府公开信息更安全。其次，区块链以时间戳为顺序的链式数据结构，和分布式节点存储的特性，使其链上生成的数据具有不可篡改性，且具有举证与追责功能，政府公开信息更可信。再次，有了区块链安全、可信的技术保障，政府信息公开范围将进一步拓宽，信息利用方共享、使用信息更加顺畅，公民的知情权和公共利益可得到更好的维护，政府公信力将大幅提升。

四是区块链技术已在多省数字政府的建设领域发展应用。2020年4月，区块链作为新一代信息技术被纳入新型基础设施建设，预示着区块链产业落地范围和速度将大大提升。2020年两会期间，区块链成为热议话题，北京、深圳、重庆、湖南、福建、河北等超过20个地区在地方两会上均提及当地区块链产业的发展。据不完全统计，截至目前，已完成和正在筹建的“区块链+数字政府”政务应用已超过90个，主要应用于电子政务数据共享，涵盖七大场景，包括数字身份、电子票据、行政审批、工商注册、涉公监管、电子存证、产权登记等。

主要参考文献

［1］王建军.现代产业分析：原理 方法 案例［M］. 北京：经济管理出版社，2019.

［2］于立宏，孔令丞. 产业经济学［M］. 北京：北京大学出版社，2017.

［3］马歇尔 A，马歇尔 M. 马歇尔文集第1卷：产业经济学［M］. 肖卫东，译.北京：北京大学出版社，2017.

［4］苏东水. 产业经济学［M］. 4版. 北京：高等教育出版社，2016.

［5］于光远. 经济大辞典［M］. 上海：上海辞书出版社，1992.

［6］刘伟，张辉. 中国经济增长中的产业结构变迁和技术进步［J］. 经济研究，2008（11）：4-15.

［7］刘志彪，等. 产业经济学［M］. 北京：机械工业出版社，2015.

［8］刘志彪. 产业链现代化的产业经济学分析［J］. 经济学家，2019（12）：7-15.

［9］干春晖. 产业经济学：教程与案例［M］. 2版. 北京：机械工业出版社，2015.

［10］李伟. 高质量发展有六大内涵［N］. 人民日报（海外版），2018-01-22.

［11］陈世清. 超越中国“主流经济学家”［M］. 北京：中国国际广播出版社，2013.

［12］钱纳里，鲁宾逊，赛尔奎因. 工业化和经济增长的比较研究［M］. 吴奇，王松宝，等译. 上海：上海三联书店，2018.

［13］弗里曼．技术政策与经济绩效：日本国家创新系统的经验［M］．张宇轩，译．南京：东南大学出版社，2008.

［14］斯密．亚当·斯密的国富论［M］．孙基华，申春梅，朱顺兰，等译．北京：科学普及出版社，2014.

［15］潘士远，史晋川．内生经济增长理论：一个文献综述［J］．经济学，2002（3）．

［16］诺思．制度、制度变迁与经济绩效［M］．杭行，译．上海：上海人民出版社，2014.

［17］财政部预算司．政府收支分类改革问题解答［M］．北京：中国财政经济出版社，2006.

［18］熊彼特 J．经济发展理论［M］．杜贞旭，郑丽萍，刘昱岗，译．北京：中国商业出版社，2009.

［19］诺思 D．经济史中的结构与变迁［M］．陈郁，译．上海：上海三联书店，1991.

［20］郑新立．如何理解中国经济转向高质量发展［EB/OL］．［2019-07-22］．http：//www.xinhuanet.com/2017-10/31/c_1121880961.htm．

［21］杨伟民．贯彻中央经济工作会议精神推动高质量发展［J］．宏观经济管理，2018（2）．

［22］林兆木．关于我国经济高质量发展的几点认识［N］．人民日报，2018-01-17.

［23］任保平．创新中国特色社会主义发展经济学阐释新时代中国高质量的发展［J］．天津社会科学，2018（3）．

［24］金碚．关于“高质量发展”的经济学研究［J］．中国工业经济，2018，（4）：5-18.

［25］冯俏彬．我国经济高质量发展的五大特征与五大途径［J］．中国党政干部论坛，2018.

［26］迟福林．转向高质量发展，要突出强调动力变革［J］．环境经

济，2018（5）.

［27］史丹，赵剑波，邓洲．从三个层面理解高质量发展的内涵［N］．经济日报，2019-09-19.

［28］张军扩，侯永志，刘培林，等．高质量发展的目标要求和战略路径［J］．管理世界，2019，35（007）：1-7.

［29］高培勇，袁富华，胡怀国，等．高质量发展的动力、机制与治理［J］．经济研究，2020（4）.

［30］陈爱东，唐静．论高校内控制度的完善和财务风险的管理——基于内部治理的视角分析［J］．会计之友．2009（11）.

［31］陈宝禄．完善高等学校内部会计控制的研究［D］．天津：天津大学，2007.

［32］陈汉文，张宜霞．企业内部控制的有效性及其评价方法［J］．审计研究，2008（3）.

［33］陈宏辉．企业利益相关者的利益要求：理论与实证研究［M］．北京：经济管理出版社，2004.

［34］陈松．高校内部控制中存在的问题及应对措施［J］．经济研究导刊，2012（5）.

［35］陈留平，魏微，张猛超．论我国高校内部控制建设——基于江苏高校的调查［J］．高校教育管理，2014（1）.

［36］程晓陵，王怀明．公司治理结构对内部控制有效性的影响审计研究［J］．审计研究，2008（4）.

［37］池国华．企业内部控制规范实施机制构建：战略导向与系统整合［J］．会计研究，2009（9）.

［38］戴林艳．大学校园文化的内涵及文化价值［J］．教育教学论坛，2010（18）.

［39］方红星，王宏．企业风险管理——整合框架［M］．大连：东北财经大学出版社，2005.

［40］张慧．新形势下机床制造业发展面临的机遇和挑战［J］．科技创新导报，2015，12（32）：200–201，203.

［41］夏茂森，马云俊．产业链视角下的辽宁机床产业转型升级问题［J］．辽宁工程技术大学学报（社会科学版），2016，18（5）：689–694.

［42］王馨，于海跃，叶丹丹．辽宁制造业技能人才开发路径与策略研究——基于“中国制造2025”战略［J］．冶金经济与管理，2019（6）：40–44.

［43］赵萍，段兴盛，胡晓旭．辽宁智能制造业科技创新体制改革的对策研究［J］．科技经济导刊，2019，27（29）：181–182.

［44］王影，冷单．我国智能制造装备产业的现存问题及发展思路［J］．经济纵横，2015（1）：72–76.

［45］王鹏飞．中国集成电路产业发展研究［D］．武汉：武汉大学，2014.

［46］姜莱．大连集成电路产业的经济效用及发展策略分析［J］．经济论坛，2011（5）：97–99.

［47］陈晓莹．软件与信息技术服务业的人才发展现状及对策研究［J］．山西农经，2020（7）：148–149.

［48］韩宝国，李世奇．软件和信息技术服务业与中国经济增长［J］．数量经济技术经济研究，2018，35（11）：128–141.

［49］石琳．辽宁省软件产业经济运行情况分析［J］．科技创业月刊，2011，24（1）：12–13.

［50］韩廷超，仇健．“智能制造装备”和“航空装备”发展方向及对策研究［C］//中共沈阳市委、沈阳市人民政府、中国农学会.第十三届沈阳科学学术年会论文集．沈阳：沈阳市科学技术协会，2016：3.

［51］李美萍．中国高端装备制造业模块化协同创新研究［D］．南昌：江西师范大学，2015.

［52］王春宇．大力推进辽宁省通用航空产业发展［J］．辽宁经济，

2011（9）：14-16.

［53］贺正楚，刘亚茹，彭花，等. 推进中国先进轨道交通全产业链的国际化发展［J］. 海外投资与出口信贷，2019（2）：40-44.

［54］李林，陈浩，张晶福. 发挥产业集群优势 打造创新生态系统——国家先进轨道交通装备创新中心建设实践与思考［J］. 中国工业和信息化，2019（Z1）：46-51.

［55］高雁鹏，张伟伟. 轨道交通对近代沈阳城市空间形态的影响研究［J］. 山西建筑，2016，42（32）：11-12.

［56］彭华. 中国新能源汽车产业发展及空间布局研究［D］. 长春：吉林大学，2019.

［57］段增辉. 汽车产业调整振兴规划下的辽宁汽车产业［J］. 消费导刊，2009（12）：79.

［58］刘全. 中国造船产业现状发展分析［J］. 中国水运，2011，11（8）：37-39.

［59］谭思明，闫侃侃. 全球价值链视角下我国区域造船产业竞争力评价研究［J］. 工业技术经济，2011，30（5）：24-30.

［60］张广本，闫红霞. 我国石油石化产业发展战略研究［J］. 工业技术经济，2009，28（2）：25-32.

［61］徐佳澍. 辽宁石化产业对外贸易发展的现状、问题及对策［J］. 时代金融，2016（36）：52.

［62］蔺晓刚. 关于辽宁石化产业发展的分析思考［J］. 当代化工，2016，45（6）：1097-1100.

［63］陈爱雪. 供给侧改革背景下我国钢铁产业产能过剩问题的解决路径研究［J］. 工业技术经济，2016，35（10）：133-137.

［64］贺薏璇. 新形势下的辽宁钢铁产业现状与发展建议［J］. 金融经济，2019（6）：42-43.

［65］李军，黄一帆. 金融科技赋能金融服务业［N］. 经济观察报，

2019-11-25（020）.

［66］刘硕．我国金融服务业现状及未来发展趋势研究［J］．大众投资指南，2019（17）：212.

［67］丁宁，彭琳，王瑞．辽宁省振兴老工业基地发展金融服务业的可行性分析［J］．商场现代化，2006（5）：217-219.

［68］武赫．人口老龄化背景下我国养老产业发展研究［D］．长春：吉林大学，2017.

［69］许福子．辽宁养老产业发展研究——基于对辽宁省10个地区的调查［J］．社会福利（理论版），2014（9）：58-63.

［70］郑松．辽宁文化旅游产业发展的问题与对策［J］．时代教育，2017（13）：203-210.

［71］魏震铭．文化旅游产业发展方略探析——以辽宁省为例［J］．文化学刊，2010（1）：129-134.

［72］杨心瑜．中国农产品加工业集聚现状及影响因素研究［D］．重庆：重庆工商大学，2015.

［73］欧阳日辉．数字经济遇到新冠疫情：危中求机与创新发展［J］．新经济导刊，2020，（2）：42-48.

［74］胡涛．非接触式服务业：新冠肺炎催生的新型服务业［N］．深圳特区报，2020-03-24（4）.

［75］胡涛．以“疫”为机大力发展非接触式经济［N］．中国经济时报，2020-03-19（4）.

一、“产业大调研”的行业领域和参加人员

1. 加快推进我省钢铁产业高质量发展调研组

组长：江瑞

副组长：王英

成员：林垚（报告执笔）、黄维（报告执笔）、李豹、王聪、王洪新、郭永全、孙秀华

2. 软件和信息技术服务业调研组

组长：戴玉林

副组长：张连波

成员：刘军、姜健力（报告执笔）、刘云鹏、刘爽、石祥滨、胡剑锋、胡旺阳、胡强、刘畅、马国峰

3. 集成电路调研组

组长：戴玉林

副组长：张连波

成员：张震、于左（报告执笔）、刘云鹏、姜健力、曲勃、孙远、刘畅、马国峰、刘洋（报告执笔）、田润霖（报告执笔）

4. 文化旅游产业调研组

组长：许波

副组长：王意恒

成员：张玉珠、张克宇、滕贞甫、赵佼、李兴泰、王轩龙、王敬峰、冯志莲、田雪峰、白金明、全晓红、刘文彦、刘玉玮、孙学辉、庄

蕊、曲滋娇、冷旭、吴军、吴利薇、张明、张义生、张立旗、张啟智、李铁刚、杜焕平、姜晓秋、殷之声、海春生、曹志涛、裴奔、孙健（报告执笔）

5. 大数据产业发展调研组

组长：武献华

成员：王广林（报告执笔）、丛林、康杰、刘雅晶、丁仁朋、王毅强、宋旭东、蔡颖、庞福东（报告执笔）、关显旭

6. 智能制造产业调研组

组长：赵延庆

副组长：蔡井伟、杨翠杰、张天维（报告执笔）

成员：侯巍、刘刚、李荣刚、卢军、王佳才、时燕、韩世乘、张慧、王起新、张冰冰、鲍鹏飞、杨玉东、卢广金、陈亚文（报告执笔）、刘延春、于谦

7. 燃气轮机产业发展调研组

组长：高科

副组长：王大心

成员：吴海峰、岳永华、周绍海、孟继民、王庆林（报告执笔）、丁仁朋、王江山、姜凯、焦明若、陈少华

8. 氢能和燃料电池汽车产业调研组

组长：梅冬（报告执笔）

成员：富伟、赵阳、李季、徐忠斌、王智兼、李文萍、齐士宏、赵晓日、刘常福、胡金库、张松、陈新

9. 养老服务体系调研组

组长：许波

副组长：国长青

成员：王庆湖、孙磅、孙萍、吕晓东、鲍儒、李雅珍、单军、何序、王磊、陈秋红、丁鹏、何序哲、李月娥、孙健菊（报告执笔）、范春光

10. 重大新药创制和疫苗研制调研组

组长：李晓安

副组长：蔺晓刚

成员：夏令奎、阎浩林（报告执笔）、程卯生、孙苓苓、韩锐、张嵘（报告执笔）

11. 超导磁共振等医疗器械产业调研组

组长：李晓安

副组长：蔺晓刚

成员：张艳青、马秀良（报告执笔）、桑子刚、吴智丰、孙思予

12. 独角兽企业调研组

组长：李晓安

副组长：蔺晓刚

成员：张春英、吴智丰、李平生、姜健力、马拓（报告执笔）

13. 石化产业高质量发展调研组

组长：江瑞

副组长：王英

成员：杜秉光（报告执笔）、钱建华、周绍海、王来宏、陆安慧、李豹、李家乐、栾化振（报告执笔）、李琛、周峰、王建伟

14. 石化行业精细发展调研组

组长：戴玉林

副组长：刘始杰

成员：钱建华、杜秉光、周绍海、陆安慧、李京辉、丁仁鹏、朱连军、李豹、李家乐、钱建华（报告执笔）、张庆民

15. 造船传统产业调研组

组长：江瑞

副组长：王英

成员：简俊、王宏志（报告执笔）、李豹、董震、杨家轩、韩美玲

16. 金融服务业调研组

组长：江瑞

副组长：王英

成员：张仕才、杨新璐、李豹、刘立勋、屈丽、刘立勋（报告执笔）

17. 汽车产业调研组

组长：江瑞

副组长：王英

成员：王吉英、张迎杰、回金楷（报告执笔）、桑子刚、李豹

18. 装备制造业调研组

组长：江瑞

副组长：王英、何庆

成员：王世杰、杨树华、张思庆、张春福（报告执笔）、李豹、李镭、赵进、何恩光、赵铁楠、姜立娟

19. 机床产业调研组

组长：姜军

副组长：赵佼

成员：于占东（报告执笔）、张胜强、黄宇

20. 磁动力产业调研组

组长：高科

副组长：王大心

成员：吴海峰、岳永华、孟继民（报告执笔）、王庆林、张立军、刘宏

21. 农产品加工调研组

组长：戴玉林

副组长：吕杰

成员：尹学义、李孟竹、李新华（报告执笔）、具本景、洪曦

22. 现代农业调研组

组长：戴玉林

副组长：吕杰

成员：尹学义、李孟竹、景再方（报告执笔）、具本景、洪曦

23. 数字经济调研组

组长：张军（报告执笔）

副组长：唐杰、张春英

成员：工广林（报告执笔）、姜健力（报告执笔）、邵树力（报告执笔）、于天水、李博、李兵、孟庆阳、吴波

二、书稿整理、编写、统稿

夏德仁、张连波、王英、孟继民（统稿执笔）负责本书的主题定位、篇章架构、全书统稿。

参与篇章整理、编写的有：中国东北振兴研究院高级研究员孟继民（第8章、第11章和第23章）；东北大学东北振兴研究中心主任刘海军、文法学院硕士研究生张润阳（第5章到第7章，第9章到第10章，第12章到第22章）；辽宁大学经济学院讲师高宏伟（总论部分统稿，补充撰写了第1章，改编了第2章、第3章、第4章）；东北大学工商管理学院博士生臧元基（第24章至第28章）；东北大学文法学院讲师刘钊（参与部分统稿）；辽宁省政府陈永满参事（对第12章内容进行了补充修改）；国家知识产权局沈阳代办处王庆林主任（对第7章内容进行了补充修改）；辽宁省政协研究室智库管理处马国锋（梳理、征集和补充资料）。编写统稿人员还跨篇研究、交叉编写、相互审稿，文责共担。

后记

在《辽宁产业研究》一书即将出版之际，我想就相关问题简要谈谈个人感想，供各位读者参考，并作为本书的后记。

辽宁的产业问题是一个十分复杂，而又广受关注的问题。作为“共和国长子”，辽宁为新中国工业体系的建立做出了重要贡献，“第一炉钢”“第一台机床”“第一艘万吨远洋货轮”等若干“全中国第一”，标志着辽宁经济曾经的辉煌。当时，辽宁的经济总量在全国各省、区、市中名列前茅，被尊称为“辽老大”。改革开放以来，辽宁经济发展取得令人瞩目的成绩，但同时也面临着体制转型、结构老化、资源枯竭等诸多挑战，经济总量在全国位次后移，特别是近年来发展相对滞后，各项指标逐年下滑。目前，辽宁的地区生产总值在全国各省、区、市的位次已经下滑到第16位。不言而喻，经济总量上的差距主要表现在产业发展的差距上。当前，在总结“十三五”、编制“十四五”规划过程中，如何把握辽宁的产业发展历史方位，如何评价过去、分析现在和展望未来，是摆在我们面前的一个重要课题，也是本书试图回答的问题。

在讨论辽宁产业问题时，我们经常听到一些诸如“东北经济崩溃”“辽宁断崖式下跌”“投资不过山海关”等悲观的说法，甚至有人提出“战略性放弃东北”论调。这些说法是言过其实和缺乏根据的，我认为对辽宁产业状况的评价应当系统地、历史地、辩证地看。根据本书对辽宁23个产业或行业的分析，我对辽宁的产业发展前景的判断是乐观的。首先，辽宁的工业基础仍然雄厚，国家在新中国成立初期对辽宁的重点投资和布局仍在发挥支撑作用，辽宁的石化基地、钢铁基地、重大装备制造基地在全国的地位仍然举足轻重，特别是国防工业在国内地位不可替代。其次，改革开放以来，特别是2003年实施东北振兴战略以来，国家在对外开放、国企改革、产业结构调整方面给予了辽宁一系列政策支持，辽宁省委省政府认真贯彻党中央、国务院支持辽宁振兴的重大决策，带领全省人民克服重重困难，持续推进体制改革和产业结构调整，尽管遇到许多挫折，但是在产业调整方面也实现了一些突破。特别是近几年，辽宁认真贯彻习近平总书记视察东北特别是辽宁时的重要讲话精神，在改造升级“老字号”、深度开发“原字号”、培育壮大“新字号”方面有了一些进展。直观地看，大连长兴岛、盘锦两个重点石化基地已初见规模，拉长石化产业链条有了一些突破性进展，智能装备制造业稳步发展，机器人制造在全国保持领先地位，集成电路、软件产业发展在全国也有一席之地。这些产业结构调整的成果给了我们一些启示，只要我们保持思想定力，遵循客观规律，寻找一条既符合产业发展规律，又符合辽宁实际的路径，扎扎实实地抓项目建设，产业结构调整的目标就一定会实现。在这方面，我们应当有信心，也要有耐心。

我们对辽宁产业发展保持乐观态度，并不等于盲目乐观，忽视所存在的问题。本书对辽宁在产业发展方面存在的一些矛盾和问题进行了分析，我认为这些分析是客观的，也是实事求是的。其中，最核心、最根本的问题是体制机制问题。从现象上看，辽宁老工业基地的“老”字表现在产业老化、设备老化、技术老化、人员老化。但究其根本，还是体制机制僵化、改革滞后、经济缺乏活力，以及由此而溯及或带来的观念落后、政府行为失当、投资环境恶化。辽宁是进入计划经济最早，退出计划经济最晚的地区，市场机制发育先天不足。本来应当由市场需求和竞争带动的结构调整在辽宁显得十分乏力。辽宁的国有企业经历过一轮改革，许多都成了上市公司，但是深层次问题并未解决，真正被市场主体需要的企业经营机制还未建立起来，具体表现为严重依赖政府、缺乏技术进步动力、人事管理制度落后僵化，优秀管理人才和技术人才严重缺乏，市场竞争力不升反降。市场机制不完善，突出表现在民营企业的发展受到阻碍方面，中小微民营企业，特别是科技型企业成长缺乏肥沃土壤，无论是从企业数量上看，还是从企业质量上看，都存在很大差距，与东南沿海地区民营企业铺天盖地发展的局面形成鲜明对照。早期靠政府扶持，在房地产开发、矿产资源开发等领域取得成功的大型民营企业，在完成资本原始积累后，向现代企业转型存在很大难度，它们对辽宁产业结构调整的贡献尚不能过高估计。所以，在“十四五”期间进一步深化国企改革，大力发展民营经济，完善市场机制，强化市场对资源配置的决定性作用，是推进产业结构调整的前提条件和根本措施。

产业结构调整的本质是优化资源或生产要素的重新配置和组合，在社会主义市场经济条件下，这种配置和重组需要一个良好的投资环境或营商环境。辽宁营商环境长期饱受诟病，根源在于没有处理好在社会主义市场经济条件下，政府与市场的关系问题。许多政府公务员的观念还停留在计划经济年代，习惯于“大政府”“强势政府”的行为模式，习惯于以领导者和管理者的身份，凌驾于企业之上，因此挫伤了企业积极性，挤压了企业发展空间，干扰了市场机制发挥作用。当一个地方营商环境出了问题，影响了企业的发展，企业可以用“手”投票，也可以用“脚”投票，用“手”投票即通过一些渠道投诉，提出批评建议，以敦促有关部门改进；而当用“手”投票无法奏效时，企业不得已采取用“脚”投票的方式，即转移投资，选择营商环境好的地方发展。企业或人才要发展，当然会选择一个适于发展的环境，“良禽择木而栖”，这是不以人的意志为转移的。前一阶段，辽宁一度出现的人才、科技成果和投资项目外流情况，实际上是用“脚”投票的结果。在这样一个严峻的形势下，我们能够做的事情就是下决心改善营商环境。要坚决贯彻习近平总书记关于东北和辽宁振兴重要讲话精神，以优化营商环境为基础，全面深化改革，以敢于刀刃向内自我革命的气魄，加快行政管理体制改革，重新界定市场与政府的关系，把政府的积极作用引导到宏观调控、市场监管、社会管理、公共服务、环境保护的轨道上，真正塑造起市场化、国际化、法治化的营商环境。辽宁当前产业结构调整的任务十分艰巨，但我认为，要把主要精力放在营商环境建设上，只要创造一流营商环境，就会逐步增强辽宁吸纳先进生产要素的能力，辽宁的产业结构调整的目标就一定会实现。

在社会主义市场经济条件下，政府所主导的产业规划和产业政策是十分重要的，特别是在实施东北振兴战略过程中，产业规划和产业政策尤为重要。在这方面要克服两种倾向：一是要克服无所作为的思想。有些人认为既然要发挥市场机制的决定性作用，就应当由企业来主导产业发展，政府不能管太多。我不赞成这种想法，理由是，即使是在完全竞争的市场经济条件下，政府的宏观调节也是必不可少的，需要以此来弥补市场机制的失效部分。在我国社会主义市场经济条件下，政府“看得见的手”在产业发展方面具有更加积极的作用。近些年东南沿海地区经济繁荣、产业发达的重要原因，除了市场机制较为发达外，政府积极的产业政策也发挥了不可忽视的作用。尤其是作为老工业基地的辽宁，市场机制不发达，企业历史包袱沉重，在改造传统产业、发展战略性新兴产业过程中，更需要政府发挥更大的、更加积极的作用。

二是要克服在推进产业发展过程中的盲目性。产业发展有一套内在的规律，政府在实施产业规划和产业政策时，应当了解这一规律、遵循这一规律。前一段时间，我们在基层调研过程中有一个明显感觉，即各级政府在发展产业方面的积极性很高，但在如何发展产业方面，却显得思路不清、缺乏办法。在问及当地“优势产业是什么，这些产业在全国和全球的地位是怎样的”“今后五年本地支柱产业如何发展”“如何拉长产业链”“如何形成有竞争力的产业集群”“如何利用国际、国内产业转移的机遇来发展本地产业”时，许多回答是模糊或不确定的，这说明我们的一些政府工作人员和企业领导人对产业发展的规律性的东西还没有完全把握，对国内外产业发展的最新动态也不甚了解。再联系过去十几年来，我们在产业发展中错失一些机会和由于盲目决策所造成的损失，就更应深切认识到加强理论学习、提高经济理论素养、普及产业经济常识的必要性。

本书编写组专门用“绪论”部分，将辽宁产业结构调整过程涉及的一些理论问题进行了梳理和解读，包括“产业生命周期”“技术进步与产业结构调整”“产业链和产业集群”“产业转移”等概念和范畴。我们想通过这一部分安排，使广大读者能够把实际问题与理论概念对上号，寻找解决问题的理论答案，进而系统把握产业结构调整的规律性。

我个人一直对产业问题研究保持着浓厚的兴趣，这不仅是由于我在大学工作期间做了一些产业经济方面的研究，更重要的是我在大连市工作期间，亲身经历了2003年开始的东北老工业基地振兴战略的实施，参与了作为东北振兴最重要内容的产业结构调整的艰难过程。八年多的时间，既有成功的收获，又有失败的教训，更有想做而未能做或做了没有做完的遗憾。我一直想把这些心得系统整理一下，从中悟出一些规律性的东西，并与更多同志进行分享，但是一直没有抽出专门时间做这项工作。到省政协工作之后，我有了一些调研时间，开始系统思考辽宁产业发展的问题。2019年，省政协为了提前对“十四五”规划编制提出资政建议，组织开展了“产业大调研”活动，由各位主席会议成员担任组长，深入各市和企业，对全省重点行业和领域进行了全面深入的调研分析，形成了23份调研报告，报送省委省政府，得到高度重视和充分肯定，一些建议已经被省委省政府采纳。之后，我又组织统稿组的同志认真学习习近平总书记关于东北和辽宁振兴重要讲话精神，以新发展理念为指导，对23份调研报告进行全面修改完善，又补充了一些“产业大调研”之后省政协有关部门的新的调研成果和政协委员、专家学者的有关意见建议，最终形成了书稿。尽管这本书还有一些不完善之处，但我仍希望读者通过这本兼有学术性和实践性的书得到一些启发，也期待书中的观点意见能为辽宁产业的振兴发展聊尽绵薄之力。

历经一年半的调研编写，《辽宁产业研究》一书马上要面世了。值此机会，我首先要感谢省委省政府领导同志和各有关部门对省政协产业大调研所给予的关心和支持。感谢所有参与产业大调研和编写此书的省政协各课题组的同志，各篇调研报告的执笔人，他们深入基层、深入企业了解情况，取得了第一手资料，并形成了报告，付出了辛苦的劳动。特别要感谢统稿组的各位成员，他们在后期修改、补充、完善、编撰过程中克服了许多困难，日夜兼程工作，使得这个书稿更具系统性。我还要感谢东北财经大学出版社和各位责任编辑，他们以高度的职业精神，一丝不苟精心审稿、认真把关，付出了大量心血和汗水。可以说，这本书是以上同志们共同的劳动成果，是集体智慧和力量的结晶，我向所有参与者表示敬意。

夏德仁

2020年12月